KB057193

Mad Travelers

최보문 옮김

이언 해킹

Mad Travelers

미치광이 여행자

바다출판사

차례

　벼락처럼 뇌리에 꽂히던 문구가 있었다. "떠나라 낯선 곳으로, 그대 하루하루의 낡은 반복으로부터." 1998년 광화문 교보빌딩 글판이다.

　'낡은 반복'에서 허우적댄다고 느낄 때면 의사사회에 전설처럼 회자되던 한 선배의 이야기가 떠오르곤 했다. 어느 날 퇴근길에 사라져 흔적을 찾지 못했는데, 이를 두고 납치냐 타살이냐 잠적이냐 온갖 추리가 오갔다. 시간이 흘러 관심사에서 멀어져가던 즈음, 한 지인이 그를 경기도 어딘가에서 목격했다. 경악하며 붙잡는 지인을 그는 덤덤히 바라봤다고 했다. 옆에 여자가 있었다고 했던가. 한마디 해명도 없이 모든 걸 등지고 다시 떠났다고 했던가. 그 선배만 있었을까. 상당량의 현금을 차 트렁크에 싣고 다니던 동료도 있었다. 떠났을 때 카드 사용으로 꼬리가 잡히지 않기 위해서라며 그는 허허롭게 웃었다. 실종과 복귀를 반복하다가 홀쩍 해외로 떠나버린 후배도 있었다. 묵묵부답이던 몇십 년 전의 세대와는 달리 젊은 세대들은 더 이상 입을 닫지 않는다. 생로병사의 고통을 밀어 올리는 시시포스의 나날에서 보람을 느끼지 못해서가 아니라고 했다. 어둠과 함께 출퇴근하고 병원에 갇혀 사는 회색빛 나날을 그저 참을 수 없었을 뿐이라고 당당히도 대꾸한다. 그렇다면 그 떠남은 "추억과 사전을 버리고, 빈주먹조차 버리"는, 재생을 향한 출발이었을까, 아니면 어느 샹송 가사처럼 인생의 "색과 향기를 찾아" 헤매는 강박적 여행의 시작이었을까?

　문득 자신이 매우 수고하고 있다고 느껴질 때면, 우리 모두는 가끔, 어떤 때는 매우 자주, 도주를 생각한다. 지금은 당연시되는 이런 욕구가 비정상적인 문제로 간주되던 시대가 있었다. 단순히 문제성으로 그치는 게 아니라 의학적 공식 질병명이 되어 정신병원에 입원하고 약물치료 및 최면치료의 대상이 되었던 그 시대는 19세기 말 프랑스의 '아름다운 시절'이었다.
　이 책*은 "시대적 정신질환의 실재성에 대한 고찰"이라는 원서의 부제가 말하듯이, '한때' '한 지역'을 풍미했던 한 정신질환이 과연 질병으로서 실체가 있었는지, 더 나아가 현재 논란이 되

----

*　이 책은 19세기 말 프랑스의 둔주 유행병 사건에 대하여 저자가 1997년 버지니아대학교에서 강의한 내용을 풀어내고 부록을 추가하여 동년에 출판된 것이다. 페이지-바버 강연(Page-Barbour Lectures)은 식민지 시대 버지니아주의 첫 정착민이자 주 발전에 기여한 가족에게 수여되는 명예인 'the first families'인 토머스 페이지(Thomas Page)와 제임스 바버(James Barbour)를 기린 것이다. 1907년부터 매년 세계 각국의 석학이 초빙되어 강의를 했는데, 저자가 강의한 당시 제목은 Strange Voyagers: The Epidemic of Dissociative Fugue in France between 1886-1910이다.

는 여러 정신질환의 실재성에 대해 어떻게 생각할 것인지 독자에게 넌지시 물음을 던지는 책이다. 저자가 주인공 알베르 다다의 행로를 따라가며 길동무의 시선으로 묘사해 보여주는 것은 불나방처럼 "완벽한 실존"의 순간에 매혹되어 끝없이 걸어가는 한 남자의 모습이자, 일상의 삶에 스스로를 옭아매고자 몸부림치는 무력한 남자의 모습이다. 그의 대척점에 서 있는 또 다른 주인공은 보수의 상징과도 같은 보르도에서 성실과 끈기로 자수성가한 위그노 난민 출신의 의사이자, 프랑스의 개혁을 꿈꾸며 의사 일보다 더 열성적으로 청소년 체육 진흥에 헌신했던 주치의 필리프 티씨에다. 이 둘에 의해 둔주遁走 유행병은 그 서막을 열게 된다. 뒤를 이어 수많은 '알베르들'이 줄지어 나타났다.

그리고 이들을 둘러싸고 벌어지는 전문가들의 논쟁은 시대적 한계에 갇힌 인간군상의 희비극이다. 현 의학교과서에도 주요 인물로 실리는 대가들이 당대에는 입증할 길이 없던 과학의 이름으로 서로 다른 병인론과 진단명을 주장하고, 당시 황금기를 구가하던 최면술은 둔주 환자의 잃었던 기억은 물론 없던 기억조차 찾아내는 개가를 올렸다. 환자의 감정과 인격에 반하는 월권행위도 최면치료의 이름으로 행해졌다. 희망과 자만을 구별하기 어려운 시대였다. 과학기술의 발전으로 삶이 풍성해지리라는 희망과 인간을 우열로 분류하여 통제함으로써 인류를 근본적으로 개선할 수 있다는 오만함이 뒤얽히면서 가까운 미래에 발아할 악몽의 씨앗을 심게 된다. 저자가 묘사하는 당시의 시공간과 사건들을 한 장의 종이 위에 압축해보면 무성영화의 한 장면을 보는 것 같다. 군과 경찰에 쫓기는 둔주자들과 그 뒤를 따라가는 서신과 진단서, 기억상실 중의 행적을 캐내려는 최면전문가, 논쟁을 위한 논쟁에 빠진 학자들, 환자의 책임면제를 소리 높이는 의사들, 그리고 애국심의 발로로 독일어권 의사들이 둔주 진단을 남발하며 어지러이 엉켜 돌아갈 때 유대인의 디아스포라는 서쪽으로 길게 이어지고 있었다.

둔주 유행병은 1887년 티씨에의 학위논문인 〈미치광이 여행자〉의 발표로 시작하여 1909년 낭트 총회에서 주요 질환으로서는 마지막으로 언급되기까지 약 22년 동안 번성했다. 그 후 제1차, 제2차 세계대전을 거친 1952년이 되어서야 DSM-I으로 귀환하였으나 관심의 대상이 되지 못했다. 반세기가 지난 2013년 DSM-5에서는 해리성기억장애의 여러 증상 중 하나로 격하되었다.

20여 년간 일세를 풍미했던 둔주는 왜 반세기가량 사라졌다가 다시 나타났으며, 다른 반세기 후엔 왜 증상의 하나로 축소되었을까? 독립된 질환명으로 무대의 중심에 섰던 시기가 왜 하필이면 대大여행의 시대가 활짝 열렸을 때, 게다가 세계로 뻗어 나가던 제국주의가 그 절정에 달했을 때였을까? 왜 유독 프랑스와 가까운 나라에서만 둔주가 진단되고 영국과 신대륙에서는 질환으로 인식되지 않았을까? 왜 프랑스였을까? 대혁명 이후 80년간 일곱 차례나 정치체제가 뒤엎어지며 피의 내전을 거친 곳, 산업혁명에도 뒤처지고 보불전쟁 패배로 막대한 전쟁배상금에 시달리던 곳,* 강박적 애국주의와 이동제한 법령으로 탈출구도 없이 내부로부터 곪아가던 곳, 영원하고 지속적인 것에 대한 믿음이 착실하게 무너져가던 '아름다운 시절'의 프랑스는 둔주를 탄생시키고 성장시킨 생태학적 틈새였다.

역사학자 에드워드 쇼터는 오늘날의 신경증적 증상은 18세기에는 기절이나 발작적 경련으로, 19세기에는 마비나 감각이상으로 나타났다고 기술했다. 즉 시대와 문화에 따라 그 사회에서 정신질환으로 인정되고 허용되는 증상이 달랐다는 것이다. 이런 생각에 다다를 즈음이면 저자가 첫 장부터 제기한 정신질환의 실재성이라는 질문과 대면하게 된다. 저자는 어떤 질환의 정의가 시대와 장소에 따라 달라진다면 그 질환은 시대성에 기대고 있다고 보아야 한다고 강조한다. 다원주의적 역사주의자이자 분석철학자인 저자가 굳이 현재 번성하고 있는 질환을 놔두고 과거 한때 어떤 곳을 점령했던 질환을 분석의 대상으로 삼은 이유는, 이 책에 적힌 농담처럼 논쟁을 피하기 위함이라기보다는, 질환의 역사적 우연성을 더 선명히 드러내기 위함이다. 질환의 흥망성쇠가 환경의 특정한 배치에 기대어 일어나는 사건이라면, 그 환경을 배제한 개인의 몸이나 정신에서 병인을 찾는 것은 비논리적일 수밖에 없다. 마찬가지로 배지가 없이 전문지식만으로 질환을 구성해낼 수

---

* 토마 피케티는 1789년부터 2010년까지 프랑스의 상속문서와 자료를 토대로 부의 불평등을 조사했는데 1789년 프랑스대혁명에도 불구하고 빈부격차가 줄기는커녕 제1차 세계대전까지 계속 증가하여 아름다운 시절(1880~1914)에 정점을 찍었다고 했다.

도 없다. 그렇다면 본태적이고, 합당하며, 실재하는, 그리하여 그 자체만으로 실체가 되는 정신질환의 근거는 무엇이어야 할까?

4장은 이런 질문들에 대한 저자의 분석이자 독자들이 숙고해 보아야 할 우리 시대의 또 다른 질문들로 이루어져 있다. 저자는 둔주 사건에 생태학적 틈새로 작동되는 다양한 벡터를 설명하면서 답이 있을 만한 곳으로 독자를 안내한다. 그런 점에서 저자 스스로 표현하듯이, 이 책은 일상의 것들을 다시 생각해보게 하는 철학적 우화다.

그럼에도 영구불변의 실체를 찾는 독자들에게는 퍼스의 프래그머티즘을 건넨다. 퍼스는 과학적 탐구란 "의심에서 믿음으로 나아가는 과정"이라고 보았다. 우연성에 흔들리며 진화하는 우주 속에서 역시 진화의 산물인 인류가 가진 지식은 역사적 우연성의 결과물이다. 저자가 사도 바오로의 트리오를 불러낸 이유다. 기독교 박해자였던 바오로는 예수의 행적을 직접 보지 않았어도 믿음을 말했다. 그가 말하는 믿음은 신이 내린 구원의 결정에 수동적으로 자신을 맡기는 것이 아니라, 그 결정을 받아들이겠다는 인간 개인의 결단에서 시작된다. 마찬가지로, 탐구를 해나가면 언젠가는 정신질환의 실체에 관해 연구자들의 완전한 동의에 도달하리라는 소망과, 그때 동의된 그것을 실체로 믿겠다는 결단이, "우연이 비처럼 쏟아져 내리는"* 세계에서는 탐구의 추동력

---

*   《우연을 길들이다》. 이언 해킹 저, 정혜경 역, 바다출판사, 1996

이 될 것이기 때문이다.

그러나 정신질환 분류법은 순수한 탐구로 이루어져 있지 않다. 어떤 정신질환은 과학이 말하는 인과적 결과로서 자연종인 반면, 어떤 질환은 불확실한 세계를 분류하고 현실적 목적과 관심사에 따라서 우리가 사용하기로 결정한 실용종이다. 환자와 의사의 목표, 다양한 계통의 연구자들이 가지는 과학적 목표, 보건행정 서비스의 목적과 국가정책의 우선순위 및 국가이념의 목적성, 다양한 의료 관련 기업의 이익 추구 등은 어떤 식으로든 간에 실용종으로서의 결정에 일정 역할을 해왔다. 이들 모두를 둘러싸고 있는 것은 정상과 질환 사이의 회색지대로서, 이 지대는 오래전부터 고정된 증상들과 사회적 변화 속에서 진화하는 증상들이 흩어져 있는 넓은 간척지와 같은 곳에 위치한다. 저자가 보기에 정신의학은 탐구의 여정을 시작하지도 않은 것 같다고 일침을 가하는 걸 잊지 않는다.

그런데 4장에 걸쳐 시대적 정신질환의 실재성에 대해 그렇듯 단호하게 결론을 끌어낸 이후 왜 저자는 다시 알베르 이야기로 돌아간 것일까? 앞의 4개의 장들을 집필하고 썼음이 분명한 서플먼트1은 알베르와 티씨에의 고향 보르도에 대한 묘사로 시작된다. 왕을 스스로 정할 정도의 교활함과 구심점을 갖춘 곳, 완고한 대지주 부르주아의 본거지, 자부심으로 질식해가던 곳, 파리와 달리 모든 게 이미 정해져 있는 곳, 다중인격의 고향, 둔주의 진원지인 보르도에서 알베르가 괴로워했던 것은 무엇이었는지 저자는 새삼 돋보기를 들이댄다. 그리고 이 지점에서부터 우리는 알베르를 한 인간으로서 이해하기 시작한다.

저자는 독자들이 "시골도시의 초라하고 어두운 거리에 서 있어 보았기를…… 우리의 강박적 여행자가 비로소 안전하다고 느꼈을 아름다운 정신병원의 넓은 회랑에 서 있어 보았"다고 느끼며 공감해주기를 희망한다. 그리고 알베르가 끝없이 걸어가며 느꼈을 황홀경과, 낯선 도시의 강렬한 매혹과 경이로움을 "성스러운" 시간이라고 표현했다. 아마도 알베르는 텅 빈 머리로 온몸을 열어 일순간 나타났다가 이내 사라지는 세상의 반짝임에 사로잡혔으리라. 그 순간 "그의 실존은 완벽했다." 저자가 서플먼트를 쓴 이유는 알베르와 티씨에의 교감에 따른 증상들이 역사의 흐름과 우연들이 중첩되면서 나타난 시대적 산물이라 할지라도, 그것은 실재했던 것임을 확인하기 위한 것이었으리라. 그래서 나는 냉철한 분석철학자인 저자가 알베르와 공감을 나누었다고 주장하고 싶다. "이 책을 집필하는 동안 나는 그 환자와 의사를 엿보아왔다기보다는 그들과 길동무를 해왔음을 깨닫는다"라고 적었듯이.

나는 언제부턴가 남김없이 분석되고 설명되는 세계를 생기 없다고 느끼기 시작했다. 인생의 표면에 머무르며 익숙함이 주는 편안함에서 행복을 느끼기 어려워진 것은 또 언제부터였을까. 그때 눈에 들어온 것이 이 책 원서 표지의 낡은 군화 사진이었다. 그래서 나 역시 알베르의 행로에 길동무하는 심정으로 번역을 잡았고 그가 갔던 행로를 트래킹하는 상상에 자주 빠졌다. "할머니조차 새로움이 되는 그 낯선 곳"으로 가끔은 나도 가고 싶었음을 고백한다.

끝으로 오랜 시간 묵묵히 기다려준 바다출판사와 이기홍 편집자에게 감사의 말씀을 드린다.

미치광이 여행자

머리말

이 책은 이제는 아무도 기억하지 않는 어느 정신질환의 유행에 관한 이야기다. 유행의 서막을 연 것은 한 미치광이 가스정비공과 열정적인 체육 선구자였던 그의 담당 의사였다. 나는 정신질환과 정신의학에 관한 사실이자 우화로서 이야기가 풀려나가면서 스스로 자명해지도록 책을 구성하였다. 여기에 묘사된 기이한 사건들은 우리로 하여금 시대적 정신질환에 관해 숙고하게 한다. 독자 중에는 책의 흐름을 따라가며 스스로 보석을 발견하는 모험을 즐기는 사람도 있겠지만, 체계적인 이론을 더 좋아하여 이 이야기가 어디에 쓸모 있을지 미리 알려주기를 원하는 사람도 있을 것이다.

내가 '시대적 정신질환'*이라고 칭하는 것은 어느 한 시대, 어

---

*   transient mental illness, transient는 '어느 한 장소에서 짧은 시간 머물거나 지속되는' 상태로, 대개는 '일시적' '잠시의' 등으로 번역된다. '일시적'으로 번역할 경우 한 개인에게 국한되는 것도 포함될 수 있으므로, 저자가 의도하는, 시대적·문화적·정치적 흐름을 따라 특정 시기에 특정 장소에서 나타날 수 있는 유행을 의미하지 않게 된다. 뒤에 나오는 '생태학적 틈새' 개념과 적합하도록 '시대적'으로 번역하였다.

느 공간에만 나타났다가 사라지는 정신질환이다. 한 장소에서 다른 장소로 퍼지기도 하고 때로는 같은 장소에 다시 나타나기도 한다. 특정 사회계급이나 젠더에 선택적이어서, 가난한 사람이나 부자, 여자나 남자에게 특히 집중해서 나타나는 경우도 있다. 그렇다고 해서 어느 개인에게 잠깐 나타났다 사라진다는 의미는 아니다. 시대적 정신질환은 특정한 시대에 특정한 장소에서만 존재한다는 뜻이다. 가장 유명한 시대적 정신질환으로는 히스테리아를 들 수 있는데, 무어라 설명하든 간에 히스테리아가 19세기 프랑스의 화려한 세기말적 징후였음은 분명하다. 비꼬기 좋아하는 사람들은 여기에 다중인격을 들이밀 수도 있고, 한술 더 떠서, 일시적 현상으로 증명이 될 만한 질환 목록을 길게 작성하려 들지도 모르겠다. 만성피로증후군, 식욕장애, 분노조절장애 등등. 작심하고 비판하려는 사람에게 무엇이든 대상이 되지 않겠는가.

시대적 정신질환은 그것이 '실재하는real' 것인지 '사회적으로 구성된' 것인지에 대한 진부한 논쟁을 불러일으킨다. 하지만 우리에게는 실재성이나 구성물 같은 개념보다는 우선은 더 다양한 생각의 도구가 필요하다. 이 책에서 나는 이론적 야심을 크게 잡지 않았다. 질환의 실재성 여부를 따지려 들지도 않았다. 단지, 그때 그곳에 시대적 정신질환이 어떻게 존재 가능했는지를 이해할 이론적 틀을 제시하고 싶었다.

이 책에서 가장 중요하게 강조하는 개념은 정신질환을 번성하게 하는 환경인 '생태학적 틈새'*라는 은유다. 이 틈새가 만들어지기 위해서는 몇 가지 벡터가 필요하다. 나는 네 가지에 초점을

미치광이 여행자

맞추었다. 첫 번째는 당연히 의학이다. 정신적 '질환'이 되기 위해서는 질병분류법이라는 진단명 체계 안에 들어와야 한다. 가장 흥미로운 두 번째 벡터는 문화의 양극성으로, 정신질환은 동시대 문화의 두 가지 요소의 중간에 위치해야 한다는 것이다. 양극의 한쪽 끝에는 당대에 낭만이자 도덕이라고 불리는 요소들이 있고, 다른 한쪽 끝에는 범죄이자 패덕의 요소들이 있다. 무엇을 미덕 아니면 패덕으로 볼지는 그 사회의 특성에 따라 달라진다. 미덕이 항상 고정된 것은 아니어서, 검소함은 근대 초기 유럽의 청교도들에게는 부르주아적 미덕이었지만 봉건시대의 시각에서는 그저 결점에 불과했다. 세 번째로 필요한 벡터는 식별 가능성이다. 고통이 뚜렷이 보여야 하고, 환자는 고통에서 벗어나고자 애써야 한다. 즉 '질환'으로서의 가시성이 있어야 한다. 마지막 벡터는 지금 우리에게도 익숙한 현상인데, 질환으로 인한 고통에도 불구하고, 당시의 문화에서는 도저히 불가능했던 어떤 해방구로의 기능도 해야 한다는 점이다.

이 책에는 호기심을 불러일으킬 만한 역사적 비화와 세세한 정보가 풍부하게 담겨 있다. 그렇다고 그저 이야깃거리에 그치

---

* ecological niche. '보금자리'라는 뜻의 프랑스어에서 파생된 단어 niche로 생물체의 생존을 설명하는 개념으로, 우리말로는 생태학적 지위, 적소(適所), 구도 등으로 번역되며, 여러 정의가 있다. 어떤 종이 번식할 수 있는 서식지라는 공간적 개념과, 먹이 사슬 내에서 차지하는 위치와 역할을 의미하는 생물학적 개념이 있고, 종의 생존과 환경조건의 특정한 집합을 다차원적으로 정의한 수학적 개념도 있다. 이 책에서는 특정 조건의 공간적 개념으로 사용되었고, 그것도 매우 한정된 공간을 의미하였기에 '틈새'로 번역하였다.

는 것은 아니다. 이야기를 예증 삼아 시대적 정신질환에 대한 생태학적 틈새 개념의 이론적 힘을 보여줄 것이다. 정신질환―그 사회에서 광기라고 간주하는 무엇―에는 으레 질환의 피해자와 질환을 치료하는 전문가가 있기 마련이다. 현대에 이들은 환자와 의사로 불린다. 그러나 3장에서 예로 든, 그리스 신화 속의 광기로 고통받는 자와 치료전문가들을 현대적 의미의 환자와 의사라고 부를 수 있을지는 망설여진다. 광기의 개념은 20세기 의학 범주 안에 있는 것들보다 훨씬 더 횡문화적이다. 1장에서는 1887년 시작된 '미치광이 여행자mad travelers'라는 유행병*의 첫 환자와 첫 의사를 묘사하는 데 상당량을 할애했는데, 그 광기의 피해자와 전문가 양자가 이 유행병에서 가장 중요한 역할을 했기 때문이다.

이 책은 세 부분으로 이루어져 있다. 본문인 첫째 부분은 다시 4개의 장으로 구성되어 있다. 1, 2, 3장은 당시 사건을 자세하게 서술한 것이고, 4장은 그 사건에 대한 의문들과 시대적 정신질환의 실재성을 숙고해본 것이다. 역사상 실재하기는 하였으나 잊혀져간 경악할 만한 사건들을 이 책에 다 담을 수는 없다. 많은 사건이 주석에 설명되어 있다. 물론 주석은 참조이기는 하나 이 책에는 필수적이어서, 본문에서 간략하게 언급하고 지나간 일들을 증언해주는 정보와 일화로 가득한 보고寶庫다. 서플먼트1, 2, 3은

---

*   epidemics, 유럽 대륙이라는 한정된 지역에서 22년이라는 일정 기간 동안 발생, 확산, 감소, 소멸의 단계를 거쳤기에 '유행병'의 조건을 갖추었다.

이 책의 주제와 연관된 내용이다. 끝으로 우리의 스타 환자와 스타 의사에 관련된 몇 가지 기록을 번역하여 수록하였다. 기록부터 읽어도 좋고, 본문부터 읽어도, 주석부터 읽어도 무방하다.

이 책의 바탕이 된 강연을 마친 지 얼마 지나지 않아, 나 자신이 우리 시대의 지적 풍조 중 묘하게 꼬인 부분에 대해 반감을 느끼고 있음을 깨닫게 되었다. 분명 주위에는 오래전에 죽은 한 환자와 역시 오래전에 죽은 한 의사의 관계에 대해 광적으로 몰두하는 현상이 존재하고, 그 열광은 사실과 허구의 경계를 모호하게 만들고 있다.

팻 바커Pat Barker의 3부작—《재생》《집안의 감시자》《유령의 길》—중 셋째 권이 부커상을 받았지만 첫째 권이 가장 좋다. 이 연작은 인류학자이자 셸 쇼크* 전문의사인 윌리엄 리버스William Rivers**와 시인인 시그프리드 서순Siegfried Sassoon을 모델로 한 소설로서, 헨리 헤드Henry Head 등의 의사와 윌프레드 오언Wilfred Owen,

---

* shell shock. 제1차 세계대전 동안 병사들이 앓은 외상후스트레스장애의 일종으로 이명, 기억상실, 두통, 현기증, 떨림 등의 증상을 호소했다. 1915년 영국의 심리학자 찰스 새뮤얼 마이어스(Charles Samuel Myers)가 이러한 증상들과 포탄(shell)의 폭발 사이에 관계가 있다고 보고 '셸 쇼크'라고 이름지었다. 우리말로는 '참호 쇼크'로 불린다. 오늘날 의학용어로는 쓰이지 않고, 대중문화에서 흔히 '전쟁의 상처'를 의미한다.

** William Halse Rivers Rivers(1864~1922). 영국의 인류학자, 신경학자이자 정신과 의사. 이름에 '리버스'가 한 번 더 들어간 것은 세례명을 적은 아버지의 의도였다고 한다. 제1차 세계대전 당시 셸 쇼크, 일명 참호공포증을 치료하고 연구했다. 신경학자인 헨리 헤드와 함께 스스로 자신들의 몸을 대상으로 신경학 생체실험을 하여 지금도 유용한 많은 연구성과를 이루어냈다. 리버스의 기이한 시각 능력 등 어린 시절의 이야기가 팻 바커의 《재생》 3부작에 나온다. 그의 가장 유명한 환자는 시인이자 소설가인 시그프리드 서순인데, 서순의 소설 《조지 셔스턴 회고록》 3부작에도 본명으로 등장한다.

로버트 그레이브스Robert Graves와 같은 작가들이 조연으로 다수 나온다. 내가 보기에 주인공 환자는 가공인물이다.

마거릿 애트우드Margaret Atwood의 《그레이스》는 150년 전의 사건을 다룬 것인데, 주인 가족을 살해한 하녀와 정신병원에 수감된 그녀를 연구하기 위해 찾아온 젊은 의사의 관계가 주요 내용이다. 젊은 여자는 실존 인물이고, 배경이 되는 온타리오 병원과 의사들도 실재했다. 단, 주인공 의사는 허구다.

이 책들은 모두가 소설이다. 작가들은 최근 대중을 사로잡고 있는 정신의학의 강박관념을 이용하여 과거의 사건을 전략적으로 불러내고 있다. 바커의 책들은 시종일관 외상후스트레스장애 PTSD를 다루고 있고, 다중인격은 3부에서 조금 나올 뿐이다. 애트우드의 작품에서 다중인격은 영원히 의문의 대상이다. 주인공 그레이스의 살인은 이차적 인격 상태일 때 저질러진 것일까, 아니면 그 인격은 꾸며낸 것일까? 매일 그레이스와 대화를 나누던 뉴잉글랜드의 착하고 젊은 의사가 아니라, 준準대단원 때까지 심령술 조사관 행세를 하던 행상인 제레마이어가 조작한 것이었을까?

오래전의 미치광이 환자와 의사가 등장하는 소설은 이외에도 많지만 대부분 따분하고, 1995~1996년의 작품 중에서 위의 두 소설만큼 흡입력 있는 책은 없다. 바커와 애트우드에 견줄 만큼 뛰어난 작품은 문화사 관련 저술들이다. 그중에서도 특히, 스타 환자로 다니엘 파울 슈레버*를, 스타 의사로 파울 에밀 플레히지히**를 그리고 스타 훈수꾼으로 지그문트 프로이트를 내세운 책

미치광이 여행자

들만큼 흥미로운 것은 없다. 작센주 대법원 법원장으로 지명되었던 슈레버는 편집성 정신분열증*** 환자로서 정신병원에서 회고록****을 저술했다. 그 글을 이용하여 엘리아스 카네티Elias Canetti는 《군중과 권력》(1978)에서 슈레버의 개인적 광기와 히틀러의 공적 광기를 감탄할 만큼 훌륭하게 대조해서 고찰했다. 카네티는 양자 모두 광적 권력 욕구에 사로잡힌 것으로 보았다.

카네티의 책은 이론적이지만, 슈레버라는 인간을 생생히 그려낸 책도 있다. 슈레버의 삶과 그 시대에 관해 세밀하게 조사한 책들이 최근에 나왔는데, 덕분에 슈레버에 관한 '모든 것'을 알게 되었다고 말하고 싶을 정도다. 윌리엄 니더랜드William Niederland의 열정적 연구서인 《슈레버 사례: 편집증적 성격에 관한 정신분석 개요》(1984)와 즈비 로테인Zvi Lothane의 《슈레버를 옹호하며: 영혼 살해와 정신의학》(1992)이 그것이다. 로테인이 찾아낸 수많은 사진 덕분에 슈레버 이야기에 등장하는 사람들의 용모까지도 알 수 있게 되었다.

---

*   Daniel Paul Schreber(1842~1911). 고등법원 판사였던 슈레버는 거세 망상, 구세주 망상, 편집 및 피해 망상 외에도 동물과 관련되는 기이한 망상 및 환청을 주 증상으로 하는 편집성 정신분열증 환자였다. 프로이트는 슈레버와 직접 만난 적은 없지만 슈레버의 책과 행적을 통해 잠재적 동성애 욕동으로 인한 편집증이라고 해석했다.

**   Paul Emil Flechsig(1847~1929). 독일의 신경해부 및 신경병리학자로서 후에 정신과 교수가 되었다. 슈레버는 플레히지히가 자신의 성기를 잘라내어 여자로 만들었다는 피해망상을 가지고 있었다.

***   우리나라에서는 '정신분열증'의 명칭에 의한 낙인효과가 옅어지기를 기대하여 대한의사협회의 주도로 2013년 '조현병(調絃病)'으로 개명되었다. 영어 schizophrenia는 그리스어 skhizein(분열되다)와 phrenos(횡격막, 심장, 마음)가 결합된 것이다.

**** 《한 신경병자의 회상록》(2010, 자음과 모음)

루이스 사스Louis Sass의 저서《망상의 역설: 비트겐슈타인, 슈레버 그리고 정신분열증적 마음》(1995)은 정신분열증 환자를 유아론唯我論자로 보고 슈레버를 통해 정신분열증을 환자의 내면으로부터 이해하려 시도했으며, 비트겐슈타인의 유아론과의 고투를 파악하려 한 책이다. 빠뜨려선 안 될 책으로, 토마스 베른하르트Thomas Bernhard가 한 문단으로 쓴 소설《비트겐슈타인의 조카》가 있는데, 이는 사스가 천착한 것과 동일한 주제를 앞서 다룬 역작이다. 베른하르트의 소설은 비트겐슈타인에 관해 쓴 것도 아니고, 그렇다고 슈레버에 관한 것도 아니나, 거기엔 비엔나 정신병자 수용소의 정원에서, 유아론자인 비트겐슈타인의 조카가 태양을 치켜보는 장면이 나온다. 에릭 샌트너Eric Santner는 더 깊이 파고들어,《나만의 은밀한 독일: 다니엘 파울 슈레버의 비밀스러운 근대의 역사》(1996)에서 광기로 가득 찬 슈레버의 마음속에 있는 근대의 세상과 독일이 일으킨 재앙의 본질을 들추어냈다.

나는 이 책들 대부분을 자전거 타는 의사와 가스정비공 환자에 관한 강연을 마친 후에 읽었다. (그 가스정비공은 통제되지 않는 여행의 욕구로 며칠씩, 몇 달씩, 때로는 몇 년씩 떠돌며, 신분증명서도 잃어버리고 자기가 누구인지도 잊은 채, 오로지 걸어가려는 강박적 욕구만으로 나아갔다. 어떤 날은 하루에 70킬로미터를 걷기도 했다.) 그래서 나는 이 책들이 보이는 광인과 그 의사들에 대한 집착이 꽤나 불편하게 느껴졌다. 광기에 관한 사실과 허구에서 우리가 얻으려고 애쓰는 것은 과연 어떤 종류의 이해인가? 오래전에 죽은 광인들과, 유사하게 광기를 품었을 오래전에 죽은 의사들에 관한 이야기로 감히 세상을 이해하는 척하는 것은 어떤 종류의 현실도피인가?

게다가 불쾌한 대칭점까지 보인다. 바커의 소설은 유명했던 실제 의사와 환자를 다뤘고, 애트우드의 소설에는 실로 모호한 환자와 의사가 나온다. 카네티에서 샌트너에 이르기까지 여러 작가들은 지금은 유명해진 슈레버와 그의 주치의들에 관한 사실을 다루면서 근대를 논했고, 덧붙여 비트겐슈타인과 히틀러에 관해서도 고찰했다. 그리고 나는 그들 작업의 축소판으로서, 세상에 알려지지 않은 환자와 똑같이 잘 알려지지 않은 의사에 관한 사실에 관해 쓰고자 한다. 물론 캐나다 작가들이란 허구든 사실이든 간에 알려지지 않은 영역에 관해 글쓰기를 좋아한다는 공통점도 있을 것이다. 그러면 이제 우리가 하려는 것은 무엇인가? 단순한 엿보기 이상의 것일까?

내가 이 불편함을 떨쳐낼 수 있었던 것은 정신의학에 관해 새롭게 쓰인 역사책들을 읽게 되면서부터였다. 예전에 우연히 집어든 의사학醫史學 책들은 한때 삶을 누리던 인간이었던 환자에 대해서는 거의 말하지 않았다. 우리와 똑같은 남자, 여자들이 어느때, 어느 곳에서 어떻게 무너져갔는지 어렴풋이나마 알기 위해서는 옛 프랑스식의 사례사事例史 이야기법이나 심지어는 프로이트 스타일의 서사법까지도 절실히 요구된다.

소설가들은 광기를 이해될 만한 것인 동시에 제정신이 아닌 것으로 여겼던 시간과 공간에 대한 감각을 우리에게 제공한다. 로테인과 니더랜드의 역사에 관한 작업도 그러하며, 더 넓은 범위의 주제를 다룬 사스나 샌트너의 저술도 그러하다. 카를 야스퍼스Karl Jaspers에 따르면, 슈레버가 써내려간 생각은 완전히 침투불가능하고 이해불가능한 것이어서 광기라는 것이 얼마나 접근하기 어려운 것인지를 보여주는 완벽한 표본과 같다. 그러나 지금은 슈레버의 생각이 어떤 점에서는 너무도 이해하기 쉬운 것이 되어, 이제는 의미를 발견하기 어려운 게 아니라 도리어 너무 많은 의미를 지니게 되었다. 이것이야말로 실재하는 위험이다. 우리가 슈레버라는 인간, 회복되어 집으로 돌아갔다가 또다시 악화되어 입원한 후 정신병원에서 죽음을 맞이한 그 미치광이 판사에 관해 말하고 있음을 망각하는 것 말이다. 우리가 가까이 다가갈수록, 내면으로 깊이 들어갈수록, 우리 역시 정신의학 의사학자들처럼 환자와의 접점을 잃어버리게 된다. 소설가들은 더 나은 방식을 제공하는데, 인생의 고통과 희극을 그대로 보여주고 심오한 문제는 피하게 해주기 때문이다.

독자들 중 누군가는 더 많은 역사를, 예컨대 정신의학의 정치성이라든가, 정신의학이 19세기 프랑스 정치와 얼마나 합이 맞았는지 등을 알기 원할 것이다. 그 대신, 나는 우리의 환자 알베르가 살던 시대의 보르도 건축물에 대한 묘사나, 알베르를 광기로 몰아간 시골 보르도의 폐쇄적인 삶이 어떠했을지에 대한 설명을 더 많이 담으려 했다. 나는 비록 소설가는 아니지만, 독자들을 자긍심에 질식해가는 시골도시의 그 초라하고 어두운 거리 속으로, 혹은 우리의 강박적 도보여행자가 비로소 안전하다고 느꼈을 그 아름다운 정신병원의 넓은 회랑 한복판으로 초대하고 싶었다. 그리고 우리 스타 의사의 사이클링에 대한 열정을 당시의 파리 소식보다 더 열심히 썼다. 나는 그동안 그 환자와 의사를 엿보아왔다기보다는 그들과 길동무를 해왔음을 깨닫게 되었다. 그리고 다른 측면에서 보면, 이 역할이야말로 이 책의 주제인 이론적 질문과 개념의 틀을 잡는 데 적합한 경험이었음을 깨닫는다.

일러두기

- 본문의 각주는 모두 옮긴이의 것입니다.
- 지은이의 원주는 후주에 수록했습니다.
- 도서는 《 》논문, 영화, 그림은 〈 〉로 묶었습니다.

1장   그는 왜 갑자기 떠났을까?

홀린 듯 갑자기 걷는 남자

모든 이야기는 "7월의 어느 아침, 닥터 피트르 병동의 한 침대에서 흐느껴 울고 있던 스물여섯 살의 젊은 남자를 주목하면서" 시작된다. "그는 오랜 도보여행에서 막 돌아와 탈진해 있었으나, 운 까닭은 그것 때문이 아니었다. 여행을 떠나려는 욕구에 한번 사로잡히면 자신을 억제할 수 없었기 때문에 울고 있었던 것이다. 가족을 버리고 일도 내던지고 일상의 삶도 내동댕이친 채, 그는 엄청난 속도로, 오로지 앞으로 앞으로만, 때로는 하루에 70킬로미터씩 걷다가, 종국에는 부랑죄*로 체포되어 감옥에 갇힐 때

---

* vagrancy. 정해진 거처를 떠나 방랑하거나 일하지 않는 영주민을 부랑자로 규정하고 누구도 그들에게 자선을 베풀지 말도록 한 법령은 14세기 영국에서 최초로 만들어졌다. 부랑을 범죄화한 것은 1530년 법령이다. 채찍형과 강제노동형, 귀에 구멍을 뚫는 형벌을 가했고 심하면 귀를 자르거나 사형에 처했다. 봉건제도를 지탱하고 영지의 생산성을 증대시키려는 목적이었다. 이 제도는 이후 유럽과 식민지, 북아메리카로 퍼져나갔고, 봉건제가 사라진 19세기에는 '비생산적 인구'라는 의미에 더하여 질병과 범죄

까지 쉼 없이 걸어갔다.”

이렇게 우리의 이야기는 보르도의 고색창연한 생탕드레Saint-André 병원의 한 병동에서 시작된다. 젊은 남자의 이름은 알베르, 지방 가스회사의 임시직원이었다. 이 사람이 바로 최초의 둔주遁走, fugue 환자다. 그는 알제리, 모스크바, 콘스탄티노플에 이르는 기이한 원정으로 악명 높았다. 신분증명서도 없이, 때로는 자기가 누구인지도, 왜 여행을 하는지도 모르는 채, 오직 향하고 있는 곳의 지명만 기억하며, 홀린 듯 강박적으로 걸어갔다. “제정신이 돌아오면” 어디에 갔는지 대부분 잊어버렸으나 최면상태에 빠지면 잊었던 몇 주 혹은 몇 년 간의 일까지도 모두 기억해냈다.

알베르에 관한 사례보고서가 강박적인 ‘미치광이 여행자mad voyager’라는 작은 유행병의 시작을 알렸다. 유행병의 진원지는 보르도였지만 곧 파리로 퍼져나갔고, 이어 프랑스 전역으로, 이탈리아와 독일로, 더 나아가 러시아로까지 확대되었다. 둔주가 독립적 질환의 지위를 획득하면서, 세속적인 느낌의 *방랑벽 Wandertriebe*, 혹은 고상한 분위기의 라틴어나 그리스어로 *보행성 자동증automatisme ambulatoire*, 결정성 보행증*determinismo ambulatorio*, *방랑광dromomania*, *배회광poriomanie* 등의 명칭이 붙었다. 둔주라는 명칭은 사실 오래전부터 존재했고, ‘예기치 않은 기이한 짧은 여행’이 간혹 몽롱한 의식 상태에서 일어나는 것을 의미했다. 그런데 1887년 한 의학사醫學士 학위논문이 출간되면서 독립적으로 진단

의 온상이라는 혐의까지 덧씌워졌다.

가능한 특정 유형의 광기insanity*가 되어버린 것이다.

그 정신질환은 정말 실재하는가?

알베르의 기이한 이야기는 매력적인 악당의 모험담이자 쓰디
쓴 비감을 느끼게 한다. 그런데 왜, 지금 그 이야기를 하려 하는
가? 현재 우리는 온갖 정신질환에 둘러싸여 있는데, 그 많은 신
경증 중 어떤 것이 꾸며낸 것인지, 문화적 산물인지, 의사가 확대
시킨 것인지, 아니면 그저 카피캣 증후군 같은 모방에 불과한 것
인지, 모호한 말이긴 하나 단적으로 말해서 어느 게 실재하는 것
인지 궁금하기 때문이다. 정신질환이라고 불리는 모든 것에 대해
지금 우리는 심히 혼란스럽다. 정신질환이란 환경적인 것이면서
동시에 선천적인 것이고, 심리적인 것이면서 동시에 신경학적인
것이라고 막연히 느낄 뿐이다.

월경전증후군**은 실재하는 것인가? 혹시 대다수가 남자인 정

---

* 　insane, mad, lunatic은 모두 '미친'으로 번역될 수 있지만 약간의 차이가 있다.
insane: '정신이 건강하지 못함으로 인해 고통받는'의 의미로 현대의 '정신증'에 가깝
다. 유럽과 북미에는 법적 용어로 남아 있다. mad: '무분별한' '이성을 잃은' 등으로 쓰
이며 음침한 병적 이미지와는 거리가 있다. 15세기 초부터는 '바보스러운'의 의미가 덧
붙여졌다. lunatic: '괴팍한' 혹은 '별난'의 의미 외에, luna의 어원에 따라 위험성을 나타
내는 들쭉날쭉한 행동을 의미하기도 하고, 근래에는 모욕을 주는 의미로 쓰인다. mad
traveler는 당시에도 정신병자로 간주되기보다는 '분별 없는, 바보 같은 여행광'으로 받
아들여진 것으로 보인다.
** 　현재 DSM-5에 등재된 월경전기분장애(premenstrual dysphoric disorder, PMDD)
는 월경전증후군(premenstrual syndrome, PMS)이 심각하게 발현되는 경우에 해당한다.

신과 의사들이 짜증나는 여자 환자를 다루기 위해 질병분류에 집어넣은 그 무엇은 아닐까? 법석 떠는 아이들은 항상 있어왔지만 언제부턴가 과잉행동이 되고, 이어서 주의력결핍이 되더니, 이제는 주의력결핍과잉행동장애ADHD가 되어 정신과의 약 처방 대상이 되었다. 이것은 실재하는 정신질환인가, 아니면 부모와 교사 혹은 통학버스 운전기사를 성가시게 하는 아이들의 행동을 의료화하려는 문화적 필요성에 의해 만들어진 정신의학적 인공물인가? 거식증과 폭식증은 환자 자신은 물론 가족에게도 엄청난 스트레스를 주고 그들의 고통은 분명히 눈에 보인다. 하지만 우리가 말하는 섭식장애가 여성의 아름다움에 관한 고정관념에 의해 조장하고 부모에 대한 반항이 합쳐져 나타나는 행동은 아닐까? 정말 '실재하는 정신장애'일까?

지금은 해리성정체성장애dissociative identity disorder로 개명된 다중인격장애는 미국 대학생의 5퍼센트가 걸리고, 급성 성인 정신과 병동 입원환자의 5퍼센트를 차지한다고 하는데, 이는 "정신의학적 실체를 가진 진짜 질병"일까? 아니면 의사와 미디어가 조장한 대로 심한 불안을 방종하게 표출하는 것일 뿐, 의학적으로 실질적 내용은 전혀 없는 것은 아닐까?

연구가 시작된 1950년대 이전까지 PMS는 여자들의 상상의 산물이라고 묵살되었다. 이후 시민운동이 개화된 1960~70년대 여성운동이 강력해지면서 DSM-III-TR appendix에 포함되었고 이후 수정을 거쳐 DSM-5에서 처음 공식 진단명이 되었다. 여성운동단체 중 일부는 이를 여성의 의료화에 불과하다며 반대하고 있고, 여성인류학계는 문화와 결부된 성차별적 진단이라고 비판하고 있다.

반사회성인격장애나 간헐적폭발성장애*를 진지하게 수용하여 수많은 폭력범죄를 이들 정신질환의 탓으로 돌릴 것인가? 아니면 범죄 요건을 정의하고 통제할 목적으로(범죄의 결정적 요인 중 하나인 체제적 빈곤은 덮어버린 채) 사법계와 의료계가 합작한 법의학적 장치의 하나로 볼 것인가?

실재성을 의심받는 질환은 과거 노이로제라 불렸던 것에 국한되지 않는다. 정신분열증(정확히 말하자면 '정신분열증군群')은 20세기 초 스위스에서 최초로 명명되었지만, 오래전부터 흔히 진단되던 병이었다. 그러나 이제 그 진단명은 점차 시들해져 가고 있다. 의약 개발이 거듭되며 개선된 항정신증제로 증상이 완화되었을 뿐만 아니라, 진단 빈도 자체가 실제로 감소하고 있기 때문이다. 정신분열증 전문 정신과 의사들은 이 무서운 병이 주로 젊은 층에서 발생하고 환자 자신은 물론 가까운 인간관계도 파괴한다고 말한다. 그러나 한편에서는 그런 질병은 현실에 존재하지 않고 그저 실체 없는 '과학적 망상'이라는 주장을 되풀이하는 반정신의학파 사람들도 있다. 정신분열증의 증상군은 그 조합이 매우 다양하나, 현재까지도 의학적 실체는 명확하게 밝혀지지 않았다.

그럼에도 나는 정신분열증에 관해서는 회의론자가 아니다. 여기서 내 관심사는 정신증이 아니라 한때 노이로제라고 불리던 신

---

* intermittent explosive disorder. DSM-III에 처음 등재된 이후 수정을 거쳐 지금까지 유지되고 있다. 처음에는 신체적 폭력만 진단항목에 들어 있었으나 DSM-5에서는 언어적·비폭력적 공격성까지 다 포함시켰다. 폭력행위로 법정에 섰을 때 개인의 책임면제 문제로 자주 논란이 되고 있다.

경증인데, 최근 폭발적으로 증가하는 추세다. 1997년 2월 4일 화요일자 《뉴욕타임스》의 과학면 헤드라인은 "변덕, 괴벽은 질병일지 모른다"였다. 이 기사는 신간 《그림자 증후군Shadow Syndromes》에 맞춰진 것인데, 그 책에는 준準임상적 자폐증, 우울증 등에 관한 내용이 담겨 있었다. 그림자 증후군이란, 질병으로 진단될 정도로 진단기준을 충족시키지는 않으나, "임상적으로 관심을 가질 만큼의 고통이나 기능장애"를 가지고 있는 경우라고 한다.

이는 그 책에서만 주장한 것은 아니다. 이 새로운 진단명을 지지하는 논평이 여러 신문에 실렸는데, 그중 주목되는 것은 로버트 스피처Robert Spitzer의 글이다. 그는 미국정신의학협회의 공식 분류체계인 《진단과 통계 요람Diagnostic and Statistical Manual》의 제작을 3번에 걸쳐[DSM-Ⅲ(1980), DSM-Ⅲ-R(1987), DSM-Ⅳ(1994)] 지휘한 바 있다.

이제 실재성에 관한 새로운 의문이 떠오른다. 우리 주변의 많은 사람들에게는 《뉴욕타임스》가 언급한 것처럼 '이상한' '별난' '얼빠진' 등의 수식어가 붙는다. 누구는 어릴 때부터 운동 몸치이고, 누구는 새 친구를 잘 사귀지 못한다. 그렇다고 이들이 준임상적 자폐증이라는 질병을(진짜 질병을!) 앓고 있는 걸까? 다중인격에 대해, 일부 회의론자들은 행복하지 않은 사람들이 의사 및 미디어와 협력하여 점진적으로 만들어낸 증상이라고 주장한다. 의사와 미디어가 외로운 사람과 몸치인 사람들을 그림자 증후군이라는 진단으로 조장한다는 점에는 (아직은) 의심의 여지가 없다. 우리 자신의 경험상 외롭고 몸치인 사람들에게 그 문제는 뿌리 깊은 것임을 알고 있다. 그런 행동은 충분히 실재적이다. 그런데 이를 질병으로 개념화해야 할까? 이런저런 문제를 다 제쳐놓더라도, 당신이라면 그림자 증후군이라는 질병에 대해 돈을 지불하고 약물과 각종 요법으로 전문가의 치료를 받겠는가? 금방 답을 찾기는 쉽지 않다.

왜 질병의 실재성이 문제인가?

옛날에도 이런 질문에 답을 찾으려는 열정은 뜨거웠고, 새로운 물음이 대두되어도 그러할 것이다. 이념은 강력한 힘을 발휘한다. 페미니즘, 마르크스주의, 과학주의가 판을 지배하려 힘겨루기를 하고, 정신의학과 반정신의학이 충돌한다. 로비는 격렬하고, 로비의 대상은 진단명을 진단 요람에 입성시켜줄 위원회일 수도 있고, 자신들의 문제에 통제권을 가지려는 환자와 환자 가족 집단일 수도 있다. 때로는 차분하고, 때로는 광신적이기까지 한 이런 움직임 뒤에서 끈질기게 사라지지 않고 도사리고 있는 것은 바로 이 질문이다. 정신질환이 합당하고 자연적이고 실재하는 것이며, 독립적인 실체라는 근거는 과연 무엇인가?

비트겐슈타인은 심리학에는 실험적 방법들과 개념적 혼돈이 있다고 했다.[1] 정신의학에는 그보다 훨씬 더 많은 것들이 있다. 의학·정신의학·심리학의 임상적 방법론이 있고, 정신분석에서 파생되어 변형되고 왜곡된 수많은 지파들, 자조 활동, 사제와 구루

스타일의 상담가가 있고, 역학疫學과 인구유전학 등의 통계적 방법론이 있고, 생화학·신경학·병리학·분자생물학 등의 실험방법론이 있으며, 인지과학의 이론적 모델링이 있다. 그리고 개념적 혼돈이 남아 있다.

과학지식이 충분히 쌓이면 이 문제가 사라질지도 모르지만, 아마도 그렇게 되지는 않을 것 같다. 무지의 세계는 끝이 없어서 새로운 지식으로 해결하기 어려운 개념적 혼돈은 지속될 것이다. 이렇게 생각하는 이유는 많겠지만, 내가 주목하는 것은, 인간에 대한 과학지식—그저 신념체계에 불과할지도 모르는—이 우리 자신에 대해 생각하는 방식을 변화시킨다는 점이다. 즉 우리에게 열려 있는 가능성을 보는 방식, 우리 자신과 이웃을 어떤 종류의 인간으로 받아들일지 판단하는 방식은 과학지식에 의해 변화한다. 지식은 일상의 삶과 사회적 관습에 영향을 미치고 이들은 다시 지식이 변화하도록 영향을 미친다. 이러한 상호작용으로부터 사회적으로 용인될 수 있는 증상과 질병의 조합들이 생겨난다.

실체를 명확하게 구별해낼 수 없는 이런 현상에 사람들은 때로 불편함을 표출하며 묻는다. 그 질병이 과연 실재하는 것이냐고. 최근 출간된 다중인격에 관한 졸저[2]의 1장 제목은 "그것은 진짜인가?"였다. 그리고 이렇게 썼다. "이 질문에 답하지는 않겠다." "이 책을 읽은 사람은 그 질문을 하고 싶지 않게 될 것이라고 기대한다." 헛된 기대였다! 사람들은 나를 조용히 구석으로 끌고 가 몇 번이고 묻는다. 네가 실제로 믿는 게 무어냐고, 다중인격이 실재하는 거냐고.

다중인격에 관해서는 확실히 특별한 종류의 회의론이 있다. 나에게 질문하는 사람들은 내가 명확하게 천사의 편에 서리라고 기대하는 경향이 있다(천사가 어느 쪽에 서 있다고 믿는지 모르겠지만). 그들은 내가 매우 공을 들여 세밀하게 묘사하고 깊이 공감한 증상들로 이루어진 질병이 명백히 실재한다고 말해주기를 바란다. 혹은 내가 심히 냉소적으로 묘사한 현상이 '사회적으로 구성된 것'의 일부분일 뿐, 그러한 질병은 실재하지 않는다고 말하기를 기대한다. 아니면 그 질병은 의사가 의도치 않게 야기한 것 iatrogenic이라거나, 혹은 치료사나 미디어가 조장한 믿음체계에 의해 만들어진 인위적 산물doxogenic[3]이라고 말해주길 원한다.

'실재하는real'이나 비슷한 의미의 '진짜true'라는 단어는 정신적 문제가 논란이 될 때마다 계속 등장할 수밖에 없을 것이다. 그 이유는 재정문제부터 책임문제에 이르기까지, 의미론에서부터 과학철학에 이르기까지 넓은 범위에 걸쳐 존재한다. 의료보험은 마땅히 실재하는 정신질환에 한해 지불되어야 한다. 책임문제는 난제 중의 난제다. 우리는 질병에 대해 엄중한 도덕적 태도를 가지고 있다. 어떤 질병이 실재하는 것이라면, 그 질병으로 인해 벌어진 일에 책임을 묻지 않는다. 혹은 그 질병을 야기한 악덕을 저질렀을 때만 책임을 따진다. 섹스, 음주, 나태함이 전형적인 악덕이다. 그러나 고가의 인공고관절수술을 하려는데, 그 이유가 농구 같은 청소년기의 운동을 중년이 지나서까지 계속했기 때문이라면, 비난받지 않고 책임도 추궁당하지 않는다. 우리의 문화는 늦은 나이가 되도록 젊은이의 활동을 지속하는 것을 미덕으로 간주하기 때문이다. 정신질환의 경우, 그 질환이 실재하는 것이라면 그에 대해 책임을 전혀 혹은 거의 묻지 않는다. 그래서 실재하는 질병의 명칭은 객관적이고도 개별적인 의미를 가진 지시항의 역할을 한다. 과학철학과 일반과학 등은 그 지시항이 생화학적이고, 신경학적이고, 기질적이며, 체내에 국소적으로 존재하는 것이어서 원칙적으로 실험실에서 분리할 수 있어야 한다고 요구한다. 이는 4장과 관련된 주제다.

나 같은 분석철학자들은 개념을 구별하고 의미를 명료히 하는 훈련을 받고, 이러한 작업이 혼란을 없애는 데 도움이 되리라고 기대한다. 그러나 가장 중요한 개념상의 어려움은 난공불락이다. 그 이유는 우리가 가진 개념의 바탕에는 본질적인 모순이 구성요소로 들어가 있고, 개념은 우리가 생각을 하는 데 필수적이기도 해서 포기할 수 없기 때문이다. 실재성과 책임의 문제는—계측 기준, 과학, 몸과 마찬가지로—이런 구성적 개념의 전형적 예다. 아무리 분석을 해도, 아무리 뜨거운 논쟁을 벌여도 뿌리 깊은 혼란이 완벽히 사라지기는 어렵다. 그럼에도 우리가 할 수 있는 일은 있다. 그중 한 가지는 혼돈의 구성요소가 분명하게 드러나는, 다루기 쉬운 사례를 면밀히 조사하는 것이다. 이제 알베르가 등장할 시간이 되었다. 자, 1890년대 둔주 유행병의 시대로 들어가 보자.

둔주를 둘러싼 그 밖의 문제들

그 유행병은 명쾌하게 통제되어서, 우리는 언제 어디에서 둔주가 시작되고 어떻게 수그러들었는지 정확히 알 수 있다. 이 진단은 이제는 거의 보기 어렵지만, 흥미롭게도 어떤 점에서는 현대적이다. 어느 한 시기에 어느 특정 지역에서만 눈에 띄다가, 유행·확산·쇠퇴하고, 다음 해에 다시 유행으로 이어진다는 점에서 최근의 전염병과 닮았다.

이 책의 사례와 같은 것이 골동품처럼 효력이 다한 것이 아님은 말해두어야겠다. 해리성둔주dissociative fugue는 미국정신의학협회APA와 세계보건기구WHO의 1990년대 진단 요람[4]에 나와 있는 진단명이다. 여기에는 사연이 있는데, 특히 미국에서 둔주는 기득권을 지닌 진단이기 때문이다. 다시 말해, 진단 분류체계 안에 계속 있어왔으니 그냥 놓아두는 것이고, 또한 4장에서 얘기하게 될 모종의 정치적 수사라는 이유 때문이기도 하다. 이 병명은 거의 진단되지 않고 있음에도, 마치 천연두처럼, 그리고 더 비근하게는 이인증장애*처럼 단지 '걸릴 수 있다'는 이유만으로 아직 요람에 기재되어 있다.

이 책의 사례를 읽으며 비통함을 느끼는 독자도 있을 것이다. 누군가는, 그래, 이 사람들은 '진짜 정신질환'(아마도 한 가지 이상

---

*   depersonalization disorder. DSM-5의 해리성장애의 하위 병명 중 하나로, 자신이 자기가 아닌 것 같은 느낌과 비현실감이 주 증상이다.

의)을 앓았어, 라고 말하고 싶을지도 모른다. 당시 의사들은 환자
들에게 꼭 맞는 진단명을 사용했고, 둔주는 실용적인 실체였다
고. 그러나 동시에 그 현상에는 당시의 사회적 분위기가 깊게 스
며들어 있다. 누군가는 이렇게 말하고 싶을 수도 있다. 그 사람들
이 무엇으로 고통받았든 간에(실제로 고통받았다!), 그 징후와 특
징은 전적으로 사회적으로 조건지어진 것이라고. 하지만 나는 내
방식으로 이야기하고자 한다. 나는 독자들이 들어본 적 없는 어
떤 정신질환*에 대한 진짜 이야기를 할 것이다. 독자들이 두드러
지는 특징을 금방 찾아내고 집중할 만큼 충분히 흥미진진한 이
야기일 것이다. 하지만 어찌 보면 이미 '죽었다'고 볼 수도 있는
이 질환이 오늘날 우리를 괴롭히는 모종의 문제를 축소판으로 보
여주고 있다고 생각할 독자도 있을 것이다. 그런데 왜 작금의 것
이 아닌 옛날의 사례를 들고 나왔는가? 굳이 이유를 대자면, 옛
이야기를 하면 즉각적으로 당파적 반응이 일어나지는 않을 것이
고, 반응이 일어날 즈음이면, 사람들은 오래전에 일어난 일련의
사건, 이토록 먼지 쌓이고 알려지지 않았으며 우리가 무심히 지
나쳤던 사건에 왜 당파적 반응을 보이는지 그 이유를 숙고할지도
모르기 때문이다.

　이 책에서 다루는 주제는 여러 갈래로 나누어진다. 둔주 자체

---

*　　개인적 · 사회적 차원의 질환(illness, sickness), 장애(disorder), 질병(disease)은 서
로 구별되는 개념이나, '장애'의 경우 기능장애와 혼돈될 가능성이 있어 '질환'으로 번
역하였다. mental disorder를 정신장애가 아니라 정신질환으로 기술한 것이 그 예다. 그
외 문맥상 실체를 가진 것을 언급할 경우에는 '질병'으로 하였다.

　　　　　　　　　　　　　　　　　　　　미치광이 여행자

는 현재로서는 다소 케케묵어 보이는 정신질환이지만 다양한 사회적 측면을 보여줄 수 있는 좋은 예다. 젠더 특이적이어서 남성에 주로 나타나고, 계급 특이적이며, 사회 통제 시스템—권력과 지식 등의 추상적 개념이 아니라 경찰과 군대 같은 것—과 직접적으로 연관되어 있다. 질병을 정의하고 그것을 옳은 진단이라고 인식시키는 데 의사 집단이 큰 영향력을 발휘했음을 보여주는 이야기도 있다. 둔주는 지난 20여 년간 문화사가들 사이에서 가장 큰 관심을 끌었던 19세기 말의 정신질환—히스테리아—과도 밀접한 관련이 있다. 또 오랫동안 수수께끼에 싸여 있던 최면술이 둔주에서도 큰 역할을 했다. 둔주는 오늘날까지도 번화한 도시의 수칫거리로 간주되는 홈리스와도 연관된다. 둔주 환자의 원형이라 할 수 있는 *유랑하는 유대인*Wandering Jew의 자취에는 틀에 박힌 반유대주의가 기저에 자리잡고 있다. 이 주제는 서플먼트2에서 자세히 다룰 것이다.

내가 이 책에서 말하려는 것은, 특정 양상의 둔주가 왜 그때 그 지역에서만 유행했는지 그리고 왜 더 이상 지속되지 않았는지에 대한 분석이다. 나는 이를, 얼마 전부터 타 학문 분야에서 유행하기 시작한, *생태학적 틈새*라는 은유로 설명하려 한다. 어떤 종류의 정신질환이나 증상들은 어느 한 시대와 공간에서는 무대 중앙을 차지하였으나, 다른 시공간에서는 존재하지 않는다. 상당히 오랜 기간 지속되었던 문화에서도 이러한 현상이 보인다는 것은 놀라운 일이다. 나는 이를 *시대적인 것*이라고 칭한다. 어느 한 사람에게서 일시적으로 나타났다가 없어진다는 의미가 아니라, 특정 시대에 특정 지역에서만 나타난다는 의미에서 그러하다. 시대적 정신질환을 가능케 하는 생태학적 틈새는 사회적인 것만도 아니고, 의학적인 것만도 아니며, 환자의 입장이나 의사의 입장 어느 한쪽에 국한된 성질의 것이 아님은 물론, 수없이 많은 다양한 요소가 연쇄적으로 연결되는 연결망 어디에선가 생겨나는 틈새다. 이 틈새가 어떤 유형의 질환이 발현될 수 있는 배지培地로 작용한다. 둔주의 배지가 되었던 세상의 공간은 좁았고 그 시간 역시 짧았다.

세계 최초의 자전거 타는 의사

보르도의 젊은 가스정비공 얘기를 우리가 처음 접하게 되는 것은, 〈미치광이 여행자Les Aliénés voyageurs〉[5]라는 의학논문답지 않은 낭만적인 제목의 논문에서다. 이 논문의 저자인 필리프 티씨에Philippe Tissié(1852~1935)는 결코 젊은 의학도가 아니었는데, 그가 모험담을 좋아했다는 사실은 벌써부터 우려되는 점이다. 그는 인턴의 평균 나이를 지나서 어느 병원에서도 인턴으로 뽑히지 못했을 것이다. 그가 알베르를 주목한 것은 그의 나이 33살 때였다. 티씨에는 14살에 고아가 되어 야간에는 툴루즈 기차역 구내서점에서 12시간을 일하고[6] 낮에는 지역 예술학교에서 음악수업을 들었다. 16살이 되자 낮에 배달원으로 일하고 야간학교를 다녔다. 그렇게 막노동을 해서 저축한 돈으로 두 누이동생이 교육을 받도록 마련한 다음, 23번째 생일에 생애 처음 인생 전환의 발을 내디뎠다. 보르도와 세네갈 사이를 운항하던 증기선 니제르Niger 호를 타고 여행을 떠난 것이다. 배 위에서도 화물창고에서 일을 했다. 그 배의 선의船醫는 그의 삶에 한 줄기 햇살과도 같았다. 티씨에를 격려하여 2년 후 보르도 의과대학 도서관 사서 보조원에 지원하도록 도움을 주었던 것이다. 그렇게 티씨에는 직업을 얻었고, 과학 학사도 마치고, 마침내 1886년 의학 학사를 따기 위한 모든 조건을, 논문을 제외하고는, 다 채우게 되었다. 그리고 피트르 교수의 병동에서 일하기 시작했다.

알베르 피트르Albert Pitres는 저명한 신경학자로서, 파리에서 샤르코Jean-Martin Charcot로부터 사사받았고, 1881년 33살의 젊은 나이에 보르도 의과대학 교수가 되었다. 같은 나이 때 티씨에는 아직 졸업을 하지 않은 학생이었다. 1886년 피트르 교수는 최면술과 히스테리아에 관한 강좌를 열었고, 알베르 다다는 당연히 그의 병동에 배정되었다. 그렇게 알베르와 티씨에는 운명적으로 만났다. 그 병동에는 60여 명의 환자가 있었지만, 티씨에가 알베르를 선택한 것은 우연이 아니었다. '그 환자'와 '그 의사'는 서로 정반대이면서 서로 닮은, 서로를 위해 만들어진 듯한 존재였다.

정반대인 점으로, 알베르는 겨우 문맹 수준을 벗어나서, 읽을 수는 있지만 쓰지는 못했다. 티씨에는 항상 글을 가까이 해서 청소년기에 단순 노동을 하면서도 책을 읽었다. 알베르가 통제되지 않는 욕구와 충동에 휘둘릴 때 티씨에는 목표를 세우고 차근차근 성취해 나갔다. 닮은 점을 굳이 꼽자면 티씨에 역시 알베르처럼 움직이기를 좋아하여 모든 움직임이 집결되는 기차역 서점에서, 배달일을 하며, 그 이름이 식민지로의 여행과 암흑의 땅 아프리카에서의 모험을 연상시키는 니제르 호에서도 끊임없이 움직였다.

티씨에에 관해서는 할 이야깃거리가 더 있다. 티씨에의 소년시절에 관해 알아낼 수 있었던 유일한 사실은 당시로서는 경이로운 최첨단 산물이었던, "말도 마차도 필요 없는 굉장한 발명품" 벨로시페데*를 처음 접했을 때의 이야기다. 1860년대 초 어느 날, 위대한 쥘 레오타르Jules Léotard가 툴루즈로 가는 길에 그의 마을을 지나갔다. "새鳥인간, 금세기 최고의 위대한 공중곡예사, 사이클링의 선구자 레오타르!"(그렇다, 현재 레오타드라는 운동복은 그의 이름을 딴 것이다.) 마을 아이들이 모두 뛰쳐나와 그가 휭~ 하고 지나가는 모습을 보았다. "커다란 두 바퀴에 탄 그가 하도 빨리 지나가서 그저 쇠와 나무가 삐걱대는 소리만 들렸다. 드디어 나는 자전거를 보았다!"라고 티씨에는 회상한다. 티씨에의 아버지는 마을 수레바퀴 제조공에게 의뢰하여 목조 세발자전거를 만들어주었다. 티씨에는 평생 그 자전거를 애지중지했고 그것은 후일 그의 직업의 일부가 되었다.

알베르가 티씨에의 주목을 받기 시작한 1886년, 자전거는 중류층 프랑스인들에게는 최고의 스포츠 기구였다. 사이클링이 실로

---

* vélocipède. 옛 자전거의 전신인 2륜 혹은 3륜차. 처음 나온 것은 발로 땅을 차고 달리는 형태였다가 나중에 페달이 나왔다.

미치광이 여행자

최초의 대중적인 즉 비귀족적인 프랑스 스포츠가 된 것이다. 그 얼마 동안의 이야기를 정리해보자. 1880년대 초에는 일반 대중도 세이프티 자전거를 쉽게 가질 수 있었다. 이는 현재 사용되는 자전거의 원조로서, 페달과 체인으로 동일한 크기의 바퀴 두 개를 돌리는 것이었다. 변속장치인 프리휠free wheel은 1881년에 개발되었다. 사이클링에 관한 최초의 잡지인 《자전거 스포츠》는 1880년 발간되어 오랫동안 인기를 누렸다. 1881년에는 사이클링 클럽 전국 연합인 프랑스자전거연맹이 설립되었다. 경마장은 항상 있었지만, 인간의 첫 육상 전용 경기장은 1884년에야 파리에 만들어졌다. 최초의 자전거 전용 경기장은 이보다 앞선 1879년 파리에 세워졌다. 1885년에는 몽펠리에에도 만들어졌고, 보르도가 즉각 그 뒤를 이었다. 이보다 꽤 오래전인 1869년 11월 7일부터 파리-루앙 사이의 사이클링 장거리 경주대회가 열렸다. 파리-보르도 경주는 뒤늦은 1891년에야 시작되었지만, 프로 사이클링의 역사에서는 이 하루 동안의 로드 레이스를 최초의 '클래식' 대회로 규정한다. 그해에 공기 주입식 고무 타이어가 프랑스에서 출시되었다. 1890년 1월에는 프랑스 자전거 여행클럽이 만들어졌다. 1890년대가 끝나갈 무렵에는 7만 3,000명이 넘는 사람이 자전거 여행 잡지 《프랑스의 명소와 유적 Sites et Monuments de France》을 정기구독했고, 발행 횟수가 30권이 넘었다. 지방의 호텔과 자전거정비소의 서비스를 평가하는 수많은 소책자도 쏟아져 나왔다.

'보르도' 하면 우선 와인을 생각하겠지만, 폐허 직전의 시골마을을 떠올리는 사람도 있을 것이다. 1863년부터 포도나무 병충해인 포도뿌리혹벌레phylloxera louse로 인해 보르도의 포도밭 전체가 초토화되기 시작했는데, 알베르가 살던 시기에 캘리포니아로부터 고목古木 포도 모종을 들여와 이식하면서 차츰 되살아나고 있었다. 또 알베르가 병원에 입원할 무렵 에밀 뒤르켐Emil Durkheim이 보르도로 이주해 강좌를 열었고, 그것이 현대 사회학의 시초가 되었음을 기억하는 사람도 있을 것이다. 그러나 보르도가 프랑스 최초의 대중 스포츠 활동의 중심지였다는 사실을 아는 사람은 그리 많지 않다. 알베르의 주치의인 티씨에는 보르도 스피드클럽의 공식 전담의가 되어 클럽 잡지인《스피드 스포츠》에 가끔 칼럼을 썼고, 잡지사는 여러 사람의 칼럼을 모아《사이클리스트를 위한 훈련, 경주, 관광 가이드》라는 책을 펴냈다. 티씨에는 보르도-파리 간 경주를 기획한 사람 중 하나였고, 출발선에 선 선수들 사진을 찍는 일도 맡았다. 그는 자전거를 타고 왕진을 다니곤 해서 동료 의사와 보르도 시민들의 입에 오르내렸다. 나는 세계 최초로 자전거 페달을 밟으며 왕진을 다니는 우리의 스타 의사의 모습을 즐겁게 상상해본다.

체육의 선구자가 되다

후일 티씨에가 프랑스 체육계의 리더가 되는, 놀랍기는 하나 꽤 복잡한 이야기를 여기서 자세히 말하지는 않겠다. 체육 분야는 프랑스가 국가와 청소년, 교육체계를 개혁하고 과거의 영광을 되찾기 위해 벌인 여러 전장 중 하나였다. 단순화시켜 보자면, 티씨에의 편에 선 사람들은 공교롭게도 드레퓌스*파와 상당 부분 겹쳤다. 프랑스와 별 관련이 없고 체육이나 오래전의 정치 스캔들과도 관계가 없는 우리네 같은 사람들은 쿠베르탱과 반드레퓌스파가 티씨에 같은 사람들의 분노와 항의를 묵살하며 밀어붙인 올림픽경기 정신에 더 큰 영향을 받았다. 티씨에는 영국식의 경쟁적 스포츠를 그다지 좋아하지 않았고 에어로빅, 스웨덴식 체조, 사이클링, 오래 걷기와 같은 합리적이고도 절제 있는 운동을 좋아했다. 그러나 이 모든 것은, 오래 걷기를 제외하고는, 우리의 이야기와 관련이 없다. 프랑스 체육의 역사를 읽다가 티씨에의 의학논문에 관한 대목에 이르면 조금 어리둥절해진다. 티씨에가 알베르를 연구한 이유가 그토록 먼 거리를 걸어갈 수 있는 그 남자야말로 바로 극한훈련의 살아있는 증례라고 주장했기 때문이다.[7]

체육 사학자들은 임상의사로서의 티씨에에 대해서는 잘 알지 못한다. 반면, 의사학자들은 프랑스의 정치적 갈등으로 인해 의료계, 특히 정신병 의사** 집단이 분열되고, 더 나아가 사회 전체

---

* 19세기 말 프랑스 군대의 기밀정보 누출사건에서 유대계 장교 알프레드 드레퓌스가 간첩으로 지목되었다. 식민지 유배와 강제노동형에 처해진 지 2년 후 진범이 잡히고 드레퓌스의 무죄가 확인되었다. 이후 로마가톨릭과 기존 권력층을 위시한 반유대주의, 인종차별주의적 세력 대 개신교와 일부 지식인 및 언론이 가세한 진보세력 간의 갈등으로 번졌다. 이 사건의 영향으로 반유대주의 풍조가 약화되고 정교분리법이 제정되었다. '드레퓌스'는 이제는 탄압받는 진보세력이나 희생자를 상징하는 일반어로 쓰인다.
** 정신의학이 독립된 의학의 분과로 정식 명칭을 얻기 전에는 '정신병자'를 보는 의사를 '광기 의사(mad doctor)' '정신착란 의사' 혹은 '정신병 의사'(alienist)로 불렀다.

가 양분되었던 사건에 대해 충분히 저술해왔다. 나는 졸저《영혼을 다시 쓰다*Rewriting the Soul*》에서, 반교권주의* 의사들에게, 또 일원론적 영혼이라거나 불멸의 영혼, 초월적·형이상학적 영혼 등등의 생각에 적개심을 가진 의사들에게 다중인격 개념이 얼마나 유용했을지에 관해 적은 바 있다. 그 의사들은 대개 실증주의자들이었다. 그 단어를 창조한 오귀스트 콩트Ausguste Comte가 본래 뜻했던, 프랑스어 고유의 의미에서 말이다. 즉 실증주의자란 실험과 관찰을 중시하여 이론을 경계하고, 보이지 않는 실체에 동의하지 않으며, 소위 형이상학이라 불리는 것에 이의를 제기하고, 데이비드 흄의 항상적 연접** 개념을 선호하여 인과율조차도 거부하며, 일반적으로는 심리학의 길잡이로서 '사고의 연상'이라는 스코틀랜드식 사상에 큰 영향을 받은 이들을 뜻한다. 덧붙이자면, 다중인격 이야기에 등장하는 의사들은 대개 공화주의자였다. 다시 말해, 왕정복고를 진심으로 반대하는 사람들이었다. 공화주의자, 실증주의자, 반교권주의자는 흔히 서로 밀접히 연결된다.

근래에는 비하하는 단어로 쓰이고 있고, 아직도 일부에서는 정신감정을 전문으로 하는 정신과 의사를 일컫기도 한다.

* 　반(反)성직자주의라고도 한다. 프랑스 제3공화정 당시 특히 반교권주의가 강해서 "교권주의는 프랑스 제3공화국의 적"이라고까지 하며 교권주의의 상징인 예수회를 추방하고 이들 성직자가 교육계에 들어오는 것을 금지했다. 특히 드레퓌스 사건을 통해 가톨릭교회가 정치 세력과 결탁하여 공화정을 위기에 빠뜨릴 수 있다고 보았다. 이에 자유교육을 주장하는 보수 세력에 맞서 교육 개혁을 강행했고 티씨에의 체육 개혁도 그 일환이었다.

** 　constant conjunction. 데이비드 흄은 원인과 결과 사이에 실재하는 법칙으로서 필연적 인과율이 있다는 것을 부정했다. 인과관계를 말하기 위해서는 관찰에서 얻은 인상과 관념 및 경험상 인접과 계기의 관계가 항상 결부되어 있어야 한다고 주장했다.

그러나 의사학자들은 이러한 세 가지 태도를 프랑스 삶의 다른 측면, 예컨대 체육과는 아직 충분히 연결시키지 못하고 있다. 프랑스의 대대적인 체육 운동은 큰 정치적 의미를 품고 있었다. 파리 코뮌을 지지하는 무정부주의자 파스칼 그루세Paschal Grousset는 영국 망명길에서 귀국하면서 프랑스 청소년에게 영국식의 경쟁적 스포츠를 체계적으로 도입하기로 결심하고 1890년 1월 파리에서 전국체육연맹을 설립했다.[8] 그로부터 겨우 두 달 후, 티씨에는 지롱드체육연맹Ligue Girondin pour l'Education Physique을 만든다. 지롱드는 보르도가 속해 있는 주다. 티씨에가 만든 연맹은 규모만 작을 뿐 전국연맹과 유사한 지방조직이었을까? 전혀 아니었다. 그 단체는 프랑스의 지방 체육협회들 중 유일하게 두각을 나타냈고, 여러 면에서 프랑스 체육계에서 전국연맹보다 훨씬 큰 역할을 했다. 오늘날 티씨에는 20세기 후반 프랑스의 중요한 화두가 된 지방분권주의의 선구자로서 체육계에서 칭송을 받고 있다. 사실 그는 지방분권주의자는 아니었다. 국가주의와 중앙집권제, 자코뱅주의*와 나폴레옹 그리고 파리에서 온 거의 대부분을 몹시 싫어했을 뿐이다. 단체 이름의 '지롱드'는 그저 지방을 가리키는 것만이 아니었다. 그것은 정치적 표명을 의미했다.

티씨에의 지롱드연맹은 1890년 초에 설립되었는데, 전해인

---

* Jacobinism. 프랑스혁명 당시 혁명정부를 이끌었던 자코뱅 클럽의 정치이념으로, 흔히 폭력적 억압을 통한 급진적 정치라는 뜻으로 사용된다. 하지만 현대 프랑스에서는 중앙집권 공화국과 강한 정부, 국가에 의한 경제 통제, 적극적 사회변혁과 평등 실현을 지지하는 이념을 의미한다.

1889년은 프랑스 대혁명 100주년 기념으로 파리 만국박람회가 열리고 에펠탑이 세워진 해였다. 그 직후에 보르도에서는 '지롱드당 기념비Monument aux Girondins' 건축이 시작되었는데, 이것은 지금까지도 보르도에서 가장 높은 기념비다.[9] 지롱드당은 1789년 온건한 개혁을 주장하던 브리소* 주변에 모여들던 사람들의 무리에 붙여진 명칭이었고, 이 중 많은 이들이 보르도 지역 출신이었다. 지롱드당은 로베스피에르와 급진 자코뱅당에게 패배했다. 20여 명의 당원이 단두대에서 처형된 일은 프랑스 공포정치 시대의 가장 극적인 사건 중 하나다.

오랜 세월 비바람에 씻겨 녹색으로 번들거리는 청동의 '지롱드의 준마들'은 솟아오르는 물줄기를 뚫고 탑을 둘러싸며 질주하고 있다. 이 경이로운 기념탑은 수도 파리가 벌이는 법석판과 대조되도록 지방도시의 절제와 정직함을 기념하기 위해 1894년 건설이 시작되었다. 대혁명 100주년인 1889년은 평온함과는 거리가 멀었다. 그해 봄, 포퓰리스트인 조르주 불랑제Georges Boulanger 장군은 제3공화국을 폐지하고 임시 국민투표로 국민의 의견을 묻는 인민독재정권을 세울 목적으로 대통령이 사는 엘리제궁까지 행진하려 했다고 알려져 있다.[10] 사실 그 쿠데타는 일어난 적도 없지만, 사람들은 그 일이 거의 성공할 뻔했다고 지금까지도 믿

---

*   Jacques Pierre Brissot(1754~1793). 프랑스혁명 동안 지롱드당을 실질적으로 이끌며 개혁을 주장한 인물로 인종차별철폐주의 협회를 만들고, 개혁 프로파간다로 유럽의 반혁명연합에 속한 대영제국, 네덜란드공화국, 합스부르크 왕가의 오스트리아에 전쟁을 선포해야 한다고 주장했다. 과격 급진파인 자코뱅당과 대립하여 온건의회주의, 소유권·재산권 옹호, 친부르주아적 정책 및 연방주의를 내세웠다.

미치광이 여행자

고 있다. 정치사를 길게 말할 생각은 없으나, 지롱드연맹을 설립한 티씨에는 이미 정치 활동에 깊숙이 관여하게 되었고, 그 의미도 대외적으로 명백했음은 지적해야겠다. 그 의미란 보르도가 가진 자기 이미지 중 한 부분인 독립적 중도주의였다.

중도주의는 모든 길로 통했다. 티씨에의 스승인 피트르 교수가 최면술과 히스테리아에 관한 학술서를 출간했을 때 제자 중한 사람은 이렇게 서평을 썼다. "생탕드레 병원의 히스테리아는 살페트리에르(파리에 있는 샤르코의 정신병원)의 *거대한 히스테리아*에 비하면 *꼬마 히스테리아다.*" 이 책에서 우리가 주목하는 의료계 인사들도 같은 정치적 관점을 가지고 있었다. 파리에서 활개를 치는 확고한 실증주의도, 정통 공화주의도, 극렬 반교권주의도 보르도에서는 중도 실증주의, 중도 공화주의 그리고 온건한 반교권주의가 되고 만다.

첫 번째 둔주 환자

가스회사의 고용인인 알베르는 이런 거대한 도식과는 무관했다. 그는 항상 머나먼 곳을 상상했다. 나는 알베르가 자기 담당 의사가 무엇에 관심이 있는지, 더욱이 프랑스 국내에서 어떤 정치적 격변과 투쟁이 벌어지는지 알고 있었으리라고는 생각하지 않는다. 알베르에 관해 더 설명하기 전에 미리 짚고 넘어가야 할 점이 있다. 알베르가 이 책의 스타가 된 이유는 그의 삶에서 일어난 사건 때문도, 그의 기이한 행동의 원인과 관련된 일 때문도 아니다. 그가 우리 이야기에서 중요한 이유는 뒤를 이어 줄줄이 나타나게 될 둔주 환자의 첫 번째 주자이기 때문이다. 알베르와 그를 진찰한 의사들은 둔주가 독립적 질환일 수 있음을 지나칠 정도로 분명하게 확인해주었다. 이제부터 내가 말하려는 사건은, 한 의사와 한 환자의 상호작용이 낳은, 반은 감응성 정신병*이라고 불리는 광기이자, 반은 광대짓인 환상적인 거래에 관한 것이다. 광대 짓으로도 유행병의 서막을 열 수 있다.

티씨에의 책은 알베르의 가족사를 짧게 언급하면서 이 기이한 이야기를 시작한다. 그 이야기는 마치 알베르가 긴 카우치에 누워 자발적으로 얘기하는 것처럼 보이지만, 사실은 거의 대부분이 최면에 의한 암시 상태에서 말한 것이다. 최면술은 수상쩍어 보이기는 하지만 어느 정도는 통제가 가능하다. 우리가 아는 한 가장 신뢰하기 어려운 증언이라 할 수 있겠다. 기록1은 알베르의 둔주에 관한 티씨에의 첫 보고서다. 알베르가 말했다고 알려진 그 이야기는 틀림없이 심한 가스코뉴** 사투리로 했을 텐데, 그 사투리는 지금은 거의 사라지고 아주 나이 많은 노인에게만 조금 남아 있다.

---

* 매우 밀접한 관계의 두 사람 사이에서 정신병적 증상이 공유되는 경우를 말한다. 지배적 성격의 사람이 가진 망상과 환각 등의 정신병적 증상을 의존적인 성격의 사람이 그대로 공유하는데, 두 사람을 분리해놓으면 대개는 의존했던 사람의 증상이 개선된다.
** 프랑스 남서부 가론강 좌안 지역으로, 로마시대에 피레네 산맥을 넘어 이주해온 바스크인이 거주했고 이들은 특이한 방언과 풍습으로 유명하다.

미치광이 여행자

당시 많은 의사들이 알베르를 진찰해보고 싶어했다. 그중에는 프랑스 군에 있던 의사들도 있었다. 물론 군의관이 봤다고 해서 진실을 증명하는 것은 아니겠지만. 군 의료진에 속해 있다면 그리고 이제 막 승진하여 프랑스 국군병원 중 가장 중요한 곳인 발드그라스로 발령된 의사라면 꾀병을 색출하는 훈련을 받았을 터이고 뱃속 깊이 의심하는 버릇이 있을 터였다. 그중 한 사람인 에밀 뒤퐁셸Emil Duponchel은 승진해서 떠나기 전 보르도에 배치되어 있을 때 알베르를 조사하는 데 참여하게 되었다. 그는 알베르가 "얼마나 쉽사리 최면에 걸리는지, 얼마나 즉각적으로 암시를 받아들이는지"를 이렇게 묘사했다. "최면상태의 그는 평소에는 기억하지 못했던, 모험으로 가득 찬 여행의 세세한 내용을 꽤 많이 끄집어내었다. 그렇게 조금씩 계속 정보를 찾아낼 수 있었고, 또 해외주재 프랑스 영사와 국내 행정부 및 군 당국자와 서신을 교환하여 얻은, 반박할 수 없는 외적 증거들을 끌어 모았다. 그리하여 감탄할 만한 인내심을 가지고 그의 낭만적 생존 양태를 순차적으로 재구성해낼 수 있었다."[11]

티씨에의 논문에 알베르를 그린 그림이 한 점 있고, 피트르 교수의 1891년 교재에 알베르의 사진이 네 장 실려 있다. 이 사진들은 알베르가 각기 다른 의식 상태에 빠져 있는 걸 찍었다고 하는데, 2개는 정상적 상태의 정면과 측면이고, 다른 2개는 각기 최면상태와 둔주에 빠져 있을 때의 사진이라고 적혀 있다(그림1). 그러나 주의하시라! 이 사진들은 한자리에서, 심지어 사진사의 작업실에서 찍은 것으로 추정되기 때문이다.[12] 이 사진들은 각각의 의식 상태에 있을 때 알베르가 어떤 모습을 보여야 할지를 보여주는 것일 뿐이다. 흔히들 사진이 과학에 있는 그대로의 객관성을 가져다주었다고 말한다. 더 이상 예술가의 감각이나 언어적 표현에 의지하지 않아도 된다고. 하지만 위험부담은 각자의 몫이다! 역사상 최초의 다중인격자인 루이 비베Louis Vivet는 삶의 여러 단계를 나타내는 10개의 인격 상태로 사진을 찍혔는데, 실은 기껏해야 두 차례 자리를 바꿔 촬영했을 뿐이고, 자세의 변화만이 최면암시 상태임을 나타낸다.

장 알베르 다다Jean-Albert Dadas는 1860년 5월 10일, 로맹 다다와 마리 뒤메르 사이에서 태어났다.[13] 어머니 마리는 1877년 50세의 나이에 폐렴으로 사망했다. 알베르는 감상적으로, 때로는 눈물지으며 항상 어머니를 추억했다. 아버지는 가스회사 직원이었는데, 한때 돈을 조금 모으기도 했지만 잃거나 탕진해버렸고, 1881년 61세의 나이에 뇌연화증*으로 사망했다. 아버지는 그 누구보다도 심한 건강염려증을 가지고 있었다. 안색이 좋지 않아 보인다는 말만 들어도 그대로 집으로 돌아가 아프다고 드러눕는 사람이었다. 하지만 나이가 들면서 "과도하게 성을 탐닉했고 자주 가출했으며, 노쇠해지자 진행성 마비 증상을 보였다." 거의 확실히 매독이었을 것이다. 큰아들은 프랑스 남부로 가서 가스회사 영업을 하다가 35세에 뇌막염으로 사망했다. 둘째 아들도 고향의 가스회사에서 일했는데, 아버지처럼 건강염려증으로 항상 두통을 달고

---

* 뇌의 혈류장애로 뇌의 실질조직이 괴사하여 부검 시 물렁하게 보이는 것.

미치광이 여행자

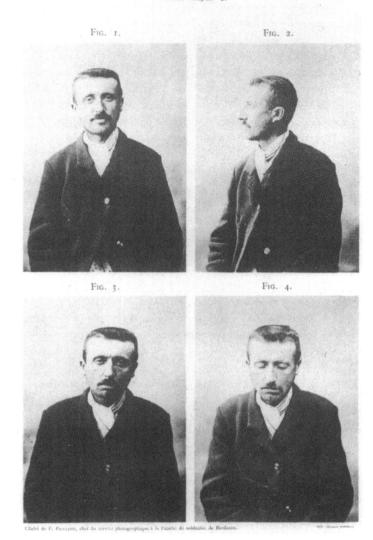

PLANCHE I.

FIG. 1.   FIG. 2.

FIG. 3.   FIG. 4.

Cliché de F. Panajou, chef du service photographique à la Faculté de médecine de Bordeaux.

그림1. 각기 다른 의식 상태일 때 알베르의 모습을 찍은 사진 네 장.
위: 정상 상태, 아래 왼쪽: '보행성 자동증'의 발병 말기, 아래 오른쪽: 최면 상태
사진: 보르도 의학부 사진감독 F. 파나주, 출처: 피트르(1891), 2권.

살다가 1892년에 사망했다. 누이는 건강했고 가스회사 직원과 결혼했다. 그 시대에 가스정비사는 본인이 일할 마음만 먹으면 일감이 끊이지 않는 견실한 전문직으로 인정받았고, 회사에 성실한 만큼 고용주도 직원 복지를 책임졌다.

알베르는 8살 때 나무에서 떨어져 뇌진탕으로 구토 증상을 겪은 후에 편두통이 생겼다. 이 일화를 접하면 둔주가 어릴 때의 두부외상과 관련이 있다고 생각할 수도 있겠으나, 우선은 티씨에의 이야기를 따라가 보자. 알베르는 12살에 가스설비 제작공의 견습생으로 들어가 착실하게 일했다. 그러던 어느 날 갑자기 사라져 버렸다. 그를 찾아나선 형이 근처 마을에서 떠돌이 우산 장수를 거들고 있는 알베르를 발견했다. 어깨를 두드리자 알베르는 마치 깊은 잠에서 깨어나듯 비쓱거리며 얼떨떨해했고 자기가 왜 여기서 우산을 나르고 있는지 놀라워했다.

이후 전형적인 패턴이 이어지기 시작했다. 코크스 구입 비용 100프랑을 받아 회사 사무실을 나선 그는 정신을 차리고 보니 자신이 파리행 표를 들고 기차 안에 있음을 알게 되었다. 당시 100프랑은 지금 돈으로 얼마큼 될까? 어린 티씨에가 기차역 서점에서 밤에 일할 때 월급이 30프랑이었고, 도서관 사서 보조원이었을 때 연봉이 1,200프랑이었다. 그러므로 100프랑은 아주 큰돈은 아니지만 제법 큰돈이었다. 어쨌거나, 파리 오를레앙 기차역의 벤치에서 잠이 들었다가 체포되어 2주일의 구류 후 석방되었다. 그러나 고용주가 가족에게 100프랑을 물어내라고 요구했으므로, 알베르는 몇 달간 다른 가정집에서 허드렛일을 해 그 돈을 마련한 후에야 집으로 돌아올 수 있었다.

매번 그런 식이었다. 우연히 어떤 장소에 대해 들으면 알베르는 그곳에 가야 한다는 강박감에 시달렸다. 얼마 후면 자기가 어디에 와 있는지 깨닫고 경악하곤 했는데, 흔히 돈 한 푼 없이 거리를 헤매고 있거나, 때로는 감옥에 들어가 있기도 했다. 그는 일거리를 찾으려 했고, 잡역부가 되거나 구걸을 하기도 했으며, 대체로 끔찍한 고생을 하고서야 겨우 집에 돌아오곤 했다. 누군가 마르세유에 관해 말하는 걸 듣고는 그곳에 갔고, 그곳에서 사람들이 아프리카 얘기를 하는 것을 듣고 알제리로 가는 배를 타는 식이었다. 알제리에서도 수많은 모험을 했고, 절망적인 몰골로 서 있는 그를 보고 한 주아브 병사가 집으로 돌아가라고 충고를 하기도 했다. 잡일로 푼돈을 벌고, 선장에게 애걸해서 배의 주방에서 설거지를 하며 프랑스에 돌아왔다. 엑스Aix에 도착했을 때는 추수철이었는데, 밭에서 임시 일꾼으로 일하다가 신분증이 없어 체포된 후 한 달간 강제노동형을 살았다.

알베르의 본격적인 여행은 제127보병연대에 자원입대하여 취사병으로 일하면서 시작되었다. 군에서 어릴 적 동무를 만나 함께 떠나자고 꼬드겼으나 그 친구는 제16용기병연대로 배속되어 떠났다. 그 후 소속은 달랐으나 결국 둘은 탈영했고, 혹한의 겨울 동안 알베르가 앞장서 걸어가며 벨기에와 네덜란드를 통과했다. 얼마 안 가 친구는 추위와 배고픔 그리고 심한 탈진으로 죽고 말았다.

독일에 이르러서는 뉘른베르크까지, 더 나아가 도나우강 하류까지 걸어갔다. 오스트리아 린츠에서는 신분증을 잃어버려 8일 간 감옥살이를 해야 했다. 교도소 의사는 알베르가 아픈 것을 보고 방면해주었다. 빈으로 가서는 고향 가스회사 매니저로부터 신원을 확인해주는 편지를 얻어 그곳 가스공장에서 일자리를 얻었다. 좀 더 여행을 한 뒤 프랑스 탈영병에 대한 일반 사면이 있음을 알고 집으로 돌아왔다. 두통과 설사로 줄곧 고생을 하면서도 그는 금방 다시 길을 떠나곤 했다.

어떻게 그토록 멀리까지 갔을까?

현대인이라면 이 탈주 이야기를 읽으면서 100년 전에 유럽을 여행한다는 것이, 나름 위험부담이 있기는 했지만, 얼마나 쉬운 일이었는지 알고 놀랄 것이다. 알베르의 상투수단은 이러했다. 낯선 장소에서 정신을 차리면 그는 프랑스 영사를 찾아가 보고했고, 영사는 보르도행 기차 4등칸을 탈 만큼의 돈을 주었다. 그러다가 우연히 어느 장소의 이름을 들으면, 홀린 듯이 그쪽으로 방향을 바꿨다. 외국에서는 프랑스 사람들에게 구걸하기도 했다. 프랑스 유학생들이 십시일반으로 돈을 모아주기도 했고, 위그노교도 이민자들이 모여 사는 마을은 언제나 프랑스인에게 친절했으며, 때로는 재외 프랑스인회가 약간의 돈과 빵을 주었다.

가장 멀리 달아난 것은, 자기 군복과 장비를 벨기에 몽스의 한 경찰서에 공손히 가져다 놓고는 동쪽으로 방향을 잡아 프라하,

베를린, 포즈나인, 모스크바로 갔을 때였다. 도중에 동프로이센을 지나면서 프랑스인 소유의 농원 저택에서 구걸을 하다가 사나운 개에게 물렸다. 흉터가 영구히 남을 정도로 심한 상처가 났고, 결국 농원 주인이 2주간의 입원비를 대주었다.

모스크바에서는 한 경감이 그를 유심히 쳐다보더니 "네 정체를 알겠다!"라고 말해서 알베르는 일순 기뻐했으나, 그건 착각이었다. 1881년 3월 13일 제정러시아 황제 차르 암살사건 이후 대대적인 범인수색작전의 와중이어서 무정부주의자로 체포되었던 것이다. 당시 그는 다른 무정부주의자들과 함께 3개월간 감옥살이를 했다. 죄수들은 세 무리로 분류되었는데, 하나는 교수형을 받을 자, 다른 하나는 시베리아로 보낼 자, 나머지는 터키로 추방될 자였다. 티씨에의 손을 거친 알베르의 대탈주 이야기는 무척 생생하다. 코사크 기병대의 감시하에 굶주린 집시들과 동행했는데, 알베르에 따르면 집시들은 "믿기지 않을 정도로 난잡"해서 빵 한 덩이 혹은 브랜디 한 모금에도 들판에서 다른 강제추방자들에게 몸을 팔았다고 한다. '애송이' 알베르의 기운을 북돋워주려고 노골적으로 유혹하기도 했으나 알베르는 동정을 지켰고 "평소 하던 대로" 자위를 했다. 티씨에의 사례보고서에 따르면, 알베르는 26살이 되도록 단 세 차례의 성경험을 했고, 빈에서 첫 경험을 했지만 "상습적인 자위중독자"였다. 그렇게 터키 콘스탄티노플까지 가서, 언제나 친절한 프랑스 영사관을 찾아가 여비를 얻은 후, 빈으로 돌아와 또다시 가스회사에서 일했다.

이 모든 게 환상이었을까? 아니, 실제로 일어난 일이었다. 파출

소, 영사관, 전 고용주, 그를 도와줬던 프랑스 사람들로부터 이 모든 게 사실임을 확인할 수 있다. 모스크바에서 체포된 일과 터키 국경까지 강제이송된 일은? 당시 신문을 읽는 사람이라면, 러시아 경찰이 무정부주의자들을 대거 검거했고, 그중 얼마를 처형하고 시베리아 유형지로 보내고 추방했는지 알 수 있었을 것이다. 알베르가 이런 정보를 엿듣기 위해서 모스크바까지 갈 필요는 없었다. 그는 군에서 글을 배웠고 먼 곳의 세상 이야기를 읽기 좋아했다. 모스크바에서 일어난 사건이 유럽에서 화젯거리였고, 따라서 알베르가 자신의 모험담을 완전히 지어냈을 수도 있다. 그러나 솔직히 말하건대, 그 의심 많은 뒤퐁셸이 그랬듯이, 나 역시 알베르의 이야기를 믿는다.

알베르의 여행 이야기에는 기묘한 일들이 수없이 많이 자세히 기록되어 있지만, 결말부터 말하자면, 알베르는 결국 자기 연대로 복귀하여 탈영죄로 형을 선고받는다. 알제리에서 3년간의 중노동형에 처해진 것이다. 그는 성실하게 일했다. 그러나 머리를 빡빡 깎인 뒤 참을 수 없는 두통에 시달렸고, 병원에서 지내는 시간이 많아졌다. 알베르는 모범수였고 고막에 외상이 있었기 때문에 군형에서 사면되었다.

보르도로 돌아온 그는 다시 가스회사에서 일을 하고, 사랑에 빠지고, 약혼하고…… 그리고 1885년 6월 18일 또다시 종적을 감췄다. 9월 초가 되어서야 베르됭에 나타났는데, 그동안 어떤 일이 있었는지 전혀 기억하지 못했다. 약혼녀는 그래도 정신이 똑발랐는지 그에게 다시는 자기를 찾지 말라고 했다. 알베르는 12월

미치광이 여행자

9일 일종의 구제용 기차표로 보르도로 돌아와, 1886년 1월 17일 생탕드레 정신병원에 입원했다. 그리고 2월 24일 피트르 교수 병동으로 이송되었다. 다음 날 피트르 교수와 조교들이 아침 회진을 갔을 때, 그는 사라지고 없었다. 5월 3일 다시 보르도로 돌아오기까지, 알베르는 대부분의 시간을 여행자 숙소에서 지냈다.

알베르는 어떤 사람이었을까? 알베르라는 인물과 그를 괴롭힌 것이 무엇이었을지 추론한 것이 서플먼트1에 적혀 있다. 그러나 지금은 단순한 사실로 만족하자. 그는 평소에는 집에서도, 직장에서도, 군의 취사병으로서도 성실한 일꾼이었고, 소심하면서 공손했고, 이성 앞에서는 수줍어했다. 술은 한 방울도 마시지 않았고, 둔주 상태에서는 음주에 관해 적개심까지 보였다. 집에서는 규칙적이고 평온무사한 생활을 했다. 그러다가 심한 두통, 불안, 식은땀, 불면이 시작되고, 하룻밤에 5~6회 정도의 심한 자위를 하는 등 그렇게 사흘쯤을 보낸 후 훌쩍 떠나버리곤 했다. 대개 그의 둔주는, 정확히 말하면, 무계획적인 건 아니었다. 돈을 모으고 나름 신분을 증명할 서류들을 꾸려놓았다. 마지막 순간에는 물을 몇 잔 마시거나, 가까운 바에 들러 무알콜 보리수 등의 음료를 주문해 마시고는, 떠났다.

둔주가 반복될 때마다 신분증을 잃어버리는 일이 잦아졌다.[14] 때로는 고의로 잃어버렸다는 생각이 들지 않을 수 없다. 둔주 인생의 후반부가 되어서는 자신이 누구인지, 어디에서 어떻게 도움을 받을 수 있는지 완벽하게 알고 있었다. 그의 여행에는 무언가 미묘한 것이 있었다. 떠나기 전 며칠 동안 몹시 힘들어했다는 것에는 의심의 여지가 없고, 그 이유가 떠나고 싶은 욕구 때문임은 확실하다. 그럼에도 길을 걸어가며 그는 다양한 의식 상태에 빠졌고 가끔은 의도적으로 그리했다는 추정도 가능해 보인다. 러시아 감옥에서 무정부주의자 죄수들의 운명이 결정되는 순간 그가 보인 반응은 "대단해, 차르는 나를 시베리아로 보낼거야! 꿈에도 생각해보지 않았던 곳으로!"였다. 밤에 자위할 때 환상 속의 여자는 낮에 보았던 여인으로, 둘이 함께 멀리 여행을 떠나는 공상에 빠져들기도 했다. 알베르는 티씨에가 칭한 "여행을 떠나려는 긴박한 욕구"때문에 자신이 정상적인 생활을 할 수 없다는 사실을 증오했다. 그러나 다른 한편으로 알베르는 여행하기를 원했고 어릴 때부터 머나먼 곳의 이야기에 매료되었다.

사람들은 떠돌이 생활을 하는 알베르를 그다지 주목하지 않았다. 노숙을 해도 개울에서 몸을 씻고 구두의 진흙을 털어내어 청결을 유지했다. "정신을 차리게 되면" 자신이 어떻게 그곳에 오게 되었는지 대개는 기억하지 못했다. 나중에는 앞뒤 사건으로 어디에 갔었는지를 대충은 알게 되었고 지나가며 본 풍경을 세세하게 말했다. 그 상세함이 내게는 도리어 더 의심스러웠지만. 그러나 개에게 물린 일과 같은 특정한 사건은 기억하지 못했다.

"팔에 있는 그 상처는 어떻게 생겼습니까?"

"어, 어릴 때부터 있었던 것 같은데요."

"아닌데요. 그건 물린 자국입니다."

"물린 거라고요? 제가 개에 물렸다고요?"

미치광이 여행자

그런 기억들은 최면에 빠지면 흔히 서서히 돌아오곤 했다. 알베르는 당시 히스테리아의 전형적 증상이라고 알려진 여러 증상을 가지고 있었다. 첫 진찰 당시 바늘로 혀를 찔러도 전혀 통증을 느끼지 못해서 바늘이 혀를 완전히 관통했는데도 아파하지 않았다. 당시 히스테리아 진단기준의 하나로 알려졌던, 터널 속에서와 같이 보이는 협소한 시야도 있었다. 과민한 피부 부위가 있는가 하면 완전히 무감각한 부위도 있었다.

알베르에 관해서 할 이야기는 더 있다. 그는 결혼도 했다. 1887년 7월 결혼했고 몇 년 후 딸 마르그리트-가브리엘을 낳았다. 알베르 가족은 파리에서 살았다. 아내가 결핵으로 죽은 후 딸은 야채를 재배해 내다 파는 가족에게 입양되었다. 알베르는 딸을 정기적으로 만나러 갔으나 둔주는 계속되었다. 그는 항상 북쪽으로 가고 싶어했다. 1901년 알베르가 베를린에서 발견되었는데, 그곳 사람들은 (티씨에의 말에 따르면) 그가 "티씨에의 여행자"임을 알아차리고, 당시 티씨에가 살던 프랑스 남서부의 작은 마을인 포Pau로 갈 수 있도록 도와주었다. 알베르는 한동안 그곳에서 티씨에와 함께 지냈다. 알베르는 1907년 11월 28일경에 사망했고, 티씨에는 12월 7일 애도의 글을 썼다.

딸 마르그리트-가브리엘은 15살 생일에서 6개월이 지났을 무렵 구인광고판을 보며 일자리를 찾고 있었다. 그때 한 여인이 다가와 재봉사 일자리를 제안했다. 다음 날 기쁨에 들뜬 그녀는 자기가 가진 옷 중 가장 좋은 원피스를 입고 새 직장으로 나갔다가 낯선 사람과 마주치게 된다. 이 장면을 지켜보던 한 매춘부는 "재

는 이틀이면 끝장날 거야"라고 말했다. 알베르의 딸은 인신매매
범에게 납치되었던 것이다. 기록6은 그 사건을 다룬 신문기사다.

알베르는 다중인격이었을까?

　보르도는 자전거의 도시일 뿐만 아니라 이중의식*의 도시이기
도 했다. 프랑스에서 다중인격의 거센 파도가 처음 시작된 곳이
기 때문이다. 이에 관해서는 좀 더 자세한 설명이 필요하다.
　엄밀히 말해서 다중인격이란 두 개 이상의 인격을 가지고 있다
는 의미로, 그것이 최초로 주목을 받은 것은 알베르가 생탕드레
병원에 입원하기 1년 전쯤이었다. 앞서 언급한 루이 비베가 그
주인공이다. 그에 관한 보고서가 1885년에 출간되었는데, 여기에
서 루이 비베를 '다중multiple'이라고 최초로 기술했다. '다중인격'
이라는 표현은 영어권에 소개될 때 루이 비베를 특별히 묘사하기
위해 붙인 단어다. 그러나 서로 다른 두 개의 인격이 번갈아 나타
나는 사람들은 오래전부터 있었고, 이들은 흔히 이중의식이라고
불렸다.
　근대에 들어 처음 주목을 받은 이중의식 사례는 보르도에서 발

---

*　　double consciousness. 1818년 벤저민 드와이트(Benjamin W. Dwight)가 2개의 영
혼을 가졌다는 환자 3명의 사례를 발표했다. 그 이후 19세기 말까지 계속 사례가 발견
되었다. 이중의식(double consciousness), 이중인격(double personality)을 거쳐 다중인격
(multiple personality)에까지 이르며, 이들 모두가 지금의 해리성정체성장애를 의미한다.
문학평론에서 말하는 이중의식과는 구별된다.

견된 펠리다Félida다. 1906년 피에르 자네Pierre Janet가 하버드대학교에서 강의한 내용을 여기에 인용하겠다. "그녀는 사상의 역사에서 상당히 중요한 역할을 한 인물입니다. …… 펠리다가 없었다면, 콜레주 드 프랑스에 과연 심리학 교수 자리가 생겼을지, 히스테리아의 정신상태에 대해 하버드대학교에서 이렇게 말할 기회가 제게 주어졌을지 장담할 수 없습니다."

펠리다가 이중의식 사례로 처음 공식 언급된 것은 1876년 1월 14일 보르도의사협회 모임에서였다. 하지만 발표자인 외젠 아잠 Eugène Azam이 그녀를 처음 만난 것은 이보다 18년 전 최면에 관한 초기 실험 때였다. 아잠은 보르도와 가스코뉴에 충성하는 철저한 지방분권주의자이자 저명한 부르주아 의사였다.

자수성가한 티씨에와 부르주아인 아잠은 전혀 다른 계급에 속해 있었지만 당연히 서로를 알고 있었다.[15] 아잠은 알베르에 대해 지대한 관심을 표했고 알베르가 이중의식이라는 해석을 지지했다. 아잠은 알베르가 평상시보다 이차적 상태인 "완벽한 몽유증상태"*에 빠져 있을 때 더 똑똑하다고 생각했다. 1890년에 출판된 최면에 관한 대중서적에는 대부분 티씨에의 글에서 발췌한 알베르에 대한 긴 설명이 인용되어 있다. 거기에는 "닥터 티씨에가 아잠 교수의 입회하에 알베르에게 최면을 거는 모습"을 그린 판화(그림2)가 실려 있다. 그 책의 영어판은 1890년 런던에서, 이듬

---

* somnambulism. 의식이 명료하지 않은 상태에서 일상적 행동을 하는 증상을 총칭했다. 당시에는 현재의 수면장애 중 하나인 몽유병(sleep walking)은 물론, 간질발작 후의 배회 증상, 최면하의 행동까지 모두 포괄하는 의미로 사용했다.

그림2. 아잠 교수(오른쪽)의 입회 아래 알베르(가운데)에게 최면을 거는 닥터 필리프 티씨에(왼쪽). (출처: Foveau de Courmelles, 1890)

해 미국 필라델피아에서 출판되었는데, 거기에는 티씨에의 학위 논문에서 추려낸 한층 더 자극적인 글들이 실려 있었다.

　여기서 강조해야 할 두 가지가 있는데, 하나는 알베르가 생탕 드레 병원에 입원한 지 몇 달이 지나서야 최면을 받았고 (우리가 알 수 있는 한) 그전에는 한 번도 최면을 접한 적이 없었다는 사실 이다. 당대의 수많은 히스테리아와 다중인격 환자들은 최면술 문 화에 노출되어 있었으나, 알베르는 그 영향을 받지 않았다. 나중 에 합류했을 뿐이다. 다른 하나는, 티씨에는 알베르가 다중인격 에 속한다고 어느 정도 인정하기에 이르렀으나, 그건 학위논문 을 출간한 이후의 일이었다. 후일에야 티씨에는 "일차적 인격"과 "이차적 인격"이라는 아잠의 용어를 사용하여 알베르가 두 가지

　　　　　미치광이 여행자

인격을 가지고 있다고 생각하곤 했다.[16] 알베르는 그런 식으로 이중의식과 비교되곤 했다.

티씨에는 알베르에 대한 관찰기록을 자신의 저서 《꿈》에도 실었다. 프로이트는 《꿈의 해석》에서 티씨에의 책에 관해 9번이나 언급했지만, 단지 일반적 차원에서 말했을 뿐 각별한 의미는 아니었다. 티씨에는 알베르의 둔주가 흔히 꿈에서부터 시작된다는 생각에 도달했고 깜짝 놀랄 꿈치료법을 개발했다.[17] 내 생각으로는 알베르가 티씨에의 꿈치료에 실제로 영향을 받았던 것으로 보이는데, 이는 어디까지나 사견에 불과하다. 서플먼트1에 알베르에 관한 내 추론과 최면의 위험한 영향에 대한 고찰을 실었다. 비록 알베르가 패러다임*이기는 하지만, 이 책에서 알베르에게만 초점을 고정하고 싶지는 않다. 이제 한걸음 물러나 몇 가지 전반적 요점에 주목해보자.

첫째, 2장에서 확인하겠지만, 알베르가 둔주라는 유행병의 시발점이었고, 더 정확히 말하자면 티씨에가 둔주라는 진단명을 유행시킨 사람이었다. 둘째, 최근 20년간 다중인격 즉 해리성정체성장애를 겪는 사람 10명 중 9명은 여자였다. 이에 다음과 같은 뜻밖의 의문이 생긴다. 남자 다중인격은 어디에 있는가? (답들 중 하나는, 감옥이다.) 세기말의 프랑스에서도 다중인격 10명 중 9명은 여자였다. 그때 남자 다중인격은 어디에 있었을까? 우리가 알

---

* 토머스 쿤(Thomas S. Kuhn)은 패러다임(paradigm)의 뜻을 두 가지로 정의했는데, 여기에서는 '표준적 모델'의 의미로 쓰였다. 이보다 더 널리 쓰이는 다른 하나는 사회 전체가 공유하는 이론이나 방법, 문제의식으로 이루어진 체계다.

베르에 주목한다면, 그 답은 금방 찾을 수 있다. 그들은 바로 길 위에 있었다.

우리의 주인공 둔주 환자는 떠도는 길 위에서도 평범하지 않았다. 술도 마시지 않았고, 깔끔했으며, 예의 바른 태도를 취했고, 가난한 노동자에 속했으나 희망 없는 극빈층은 결코 아니었다. 1880년대 프랑스에서 점차 사회적 문젯거리라고 보기 시작한, 일거리를 찾아 떠도는 대규모의 뜨내기 일꾼이나 하릴없이 돌아다니는 부랑자들과는 달리, 둔주 환자들은 기능공, 배달원, 사무원, 소규모 상인 등이었다. 둔주 환자들은 중산계급 출신은 아니었으나 도시 출신이거나 직업이 있었다. 소작농이나 농부 출신의 둔주 환자는 보고된 바가 없다.

여행에 미친 대관광의 시대

주로 광기에 대한 미셸 푸코의 전례를 따라가면, 광기가 온전한 정신을 비추는 거울인지를 묻는 질문에 이르게 된다. 푸코의 이례적 사례를 통해, 광기가 계몽주의 시대의 인식처럼 이성의 시대를 비춰보는 거울이 아니라, 광기의 존재가 그 시대의 사상적 구도에 필수적으로 필요했던 것은 아니었는지를 묻게 되는 것이다. 그러나 둔주의 경우, 둔주가 무언가 중요한 구도의 필수적인 부분이었을 거라는 견해에는 나는 반대한다. 둔주를 비춰보던 것은 어떤 종류의 사상이 아니라, 관광의 시대였다. 티씨에

미치광이 여행자

는 그 흐름을 읽고 있었다. 알베르가 아직 살아있던 1901년 발간된 책에서 마지막으로 알베르를 언급하며 티씨에는 바로 그 단어를 사용했다. 알베르가 "병적 관광pathological tourism"으로 고통받고 있다고.

정확한 말이다. 당시는 관광의 시대였다. 여러 해 동안 유럽과 동부 지중해 연안에서 여행사업을 운영한 토머스쿡앤드선*은 영어권 세계에서 여행사업의 완벽한 범례였다. 여기서 말하는 것은 영국 귀족이나 대지주 혹은 헨리 제임스의 소설에 나오는 미국인들이 벌이는 호화스런 대륙 순회 여행이 아니다. 대중적 단체관광을 말하는 것이다. 쿡은 금주운동 회의에 참석하는 복음전도사들을 실어 나르는 객차 대여업으로 사업을 시작했다. 19세기 후반에는 '쿡의 여행자'라고 불리는 사람들이 온 세상을 돌아다니고 있었다. 세기말에 이르자 연간 700만 개의 티켓이 팔렸다. 물론 돈을 지불해야 했지만, 영어로 소통할 수 있는 한 이들 여행자 사이에 계급은 존재하지 않았다.[18]

소규모 여행사가 많이 생겼는데, 프랑스보다 독일에 더 많았다. 관광사업은 프랑스 남부로 퍼져나갔고, 보르도와 비아리츠보다는 니스와 칸 쪽으로 더 크게 확산되었다. 대중여행객을 위한 호텔의 대건축시대가 활짝 열렸다. 스위스에서 매년 완공된 호텔

---

* Thomas Cook & Son. 1841년 창업한, 근대적 의미에서 세계 최초의 여행사다. 1855년부터는 유럽 국가의 단체여행을, 1872년부터는 세계일주 단체여행을 시작했다. 1928년 쿡 가문의 소유를 떠나면서 여러 곳으로 소유권이 이전, 흡수 및 합병되었다가 2019년 9월 파산했다. 쿡 사가 한국에 영국인 단체관광객을 보낸 것은 1970년대 초부터다.

숫자만 봐도 스위스를 목적지로 하는 여행이 얼마나 확산되었는지 알 수 있다. 1882년은 스위스에서 호텔 건축이 폭발적으로 급증한 해인데, 알베르는 누군가가 스위스에 대해 말하는 것을 듣고 그리로 가야 한다는 강박에 시달렸고, 결국 그렇게 했다.

여행은 '쿡의 여행자'만의 것이 아니었다. 여행은 반항이자 시, 플로베르*의 오리엔탈리즘, 이집트로의 여행, 살람보**였다. 보들레르의 *산책자****, 불타는 호기심에 가득 찬 방랑자, 시간에 얽매이지 않는 자, 모든 것을 깊숙이 응시하는 자였다. 보들레르는 보르도의 호텔 발코니에서 품고 있던 환상을 단숨에 써내린 후 보르도 항에서 배를 타고 떠났다. 아르투어 랭보****는 둔주 환자였을까? 아니면 미치광이? 누군가는 그렇다고 말할 것이다. 그러면 여행자? 맞아! 그런데, 미친 여행자라면? 랭보 자신도 자주 '둔주'라는 말을 입에 담았는데, 그것은 단어의 원래 의미인 '도주'를 뜻했다. 그는 알베르보다 더 머나먼 이국으로 떠났고, 에티

---

* 프랑스의 사실주의 작가 플로베르의 대부분의 소설을 관통하는 주제는 부르주아 계급의 현실도피적 성적 환상과 연관된다. 이때 동양은 지형적 개념이 아니라 중동 지역은 물론 근동, 동, 동남아시아를 대상으로 한 총체적 타자의 개념이자 서양문명을 비추는 거울의 기능을 가지게 된다.

** 플로베르의 소설 제목이자 주인공 이름으로서, 반란군을 진압하는 진압군 대장의 딸 이름이다. 사라진 고대문명국가 카르타고를 배경으로 하여, 19세기 유럽과는 전혀 다른 문명, 다른 풍경의 거칠고 신비로운 이국 정취를 그려냈다. 낭만주의자들에게는 현실에서 실현 불가능한 꿈과 희망을 충족시킬 수 있는 이상향처럼 읽혔다.

*** flâneur. 보들레르의《악의 꽃》에 실린 시로 대개는 '산책자'로 번역되어 있다. 프랑스어 동사 '거리를 어슬렁거리다' 혹은 '배회하다'의 명사형인 이 단어는 유랑인의 의미도 가지고 있는데, '산책자'는 건달처럼 어슬렁거리는 느낌을 주지 않는다.

**** 프랑스 시인. 상징주의의 상징과 같은 시집《지옥에서 보낸 한 철》단 한 권을 내고 19세에 붓을 꺾은 후 37세에 죽을 때까지 아프리카와 중동 등을 떠돌았다.

미치광이 여행자

오피아의 중심부까지 나아갔다. 그가 그리로 갔던 시기에 알베르도 거기에 있었다. 말라르메는 초기 시 〈바다의 미풍〉에서 스스로에게 다짐한다. "달아나리! 저 멀리 달아나리!" 그리고 이렇게 끝맺는다. "나는 떠나리라."

쥘 베른은 지구의 중심부로, 달로, 해저로 떠나는 여행과 (알베르가 13살일 때 나온) 《80일간의 세계일주》로 모든 세대의 마음을 사로잡았다. 여행 저널리즘의 황금기였다. 로버트 루이스 스티븐슨*은 《당나귀과 함께 한 세벤 여행》에서 병든 보르도 포도밭을 구원한 미국 캘리포니아 내파와 소노마의 싱싱한 포도밭을 이야기했다. 여행기의 한쪽 끝에는 마크 트웨인이 있었고, 반대편 끝에는 여행안내서를 펴낸 칼 베데커Karl Baedeker가 있었다. 둘은 서로 이어져 있었다. 내가 버클리의 캘리포니아대학교 도서관에서 북부 프랑스와 독일에 관한 옛 베데커 책을 찾았더니, 사서는 밴크로프트 도서관에 있는 마크 트웨인 컬렉션에서 찾아보라고 했다. 정말 그랬다. 새뮤얼 클레먼스[마크 트웨인의 본명]는 베데커 안내서를 호주머니에 넣고 다녔다! 알베르도 십중팔구 호주머니에 프랑스어판 베데커를 지니고 다녔으리라.[19]

대중적 관광여행은 새로운 종류의 정신질환과 행동양상이 자리잡을 수 있었던 생태학적 틈새의 일부분이었다. 그리고 이러한 사실을 어느 누가 티씨에보다 잘 알 수 있었겠는가? 야외운동의

---

* 《보물섬》《지킬 박사와 하이드 씨》 등으로 유명한 스티븐슨은 1879년 프랑스 남부 세벤을 둘러보고 여행기 《당나귀와 함께 한 세벤 여행》을 썼다.

위대한 옹호자이자, 멋진 체육관 시설과 육상트랙을 배격하고 프랑스 국토 전체가 하나의 운동 트랙, 일주 트랙이라고 주장했던 이 의사보다 더 잘 포착할 수 있었겠는가? 그러나 관광은 생태학적 틈새의 한 부분에 불과했음을 나는 강조하려 한다. 알베르 시대의 여행에는 부랑자 공포라는 어두운 면도 있었다. 이는 3장에서 다시 자세히 이야기할 것이다.

여행자의 눈에 비친 세기말 풍경

우리가 알베르에게 매혹되는 이유는 여행이 교양 있는 중산층의 삶에 일부분이 되었기 때문이다. 그러나 그 배후에는 관광 이상의 것이 있다. '여정voyage'은 자기발견의 은유다. 1581~85년에 보르도 시장을 지냈던 미셸 몽테뉴는 현재 우리가 에세이라고 부르는 글의 장르를 창조한 인물이다. 하지만 그는 여행일기라는 또 다른 장르에도 작으나마 기여했다. 몽테뉴는 담석증의 고통을 덜기 위한 건강상의 이유로 떠밀리듯 여행을 떠나곤 했으나, 1580~81년 오스트리아와 스위스를 거쳐 로마에 이르는 여정을 아주 사소한 것까지 꼼꼼히 기록했다. 로마에 5개월간 머물면서 로마시민권을 얻었는데, 고향 보르도가 자신을 시장으로 선출했다는 소식을 듣자 전혀 기뻐할 수가 없었다. 이제부터 계속 고향에 눌러앉아야 하기 때문이었다. 몽테뉴에게 여행이란 도주는 결코 아니었지만, 일종의 탈출이었고, 《수상록》의 한 주제에서 다음 주제로 넘어가는 막간 휴식이었다.

삶이 하나의 여정이라는 생각은《천로역정》을 읽은 영국인들에게 각인되어 있었을 것이고, 독일사람이라면 괴테의《이탈리아 기행》을 떠올릴 것이다. 몽테뉴, 버니언, 괴테. 이들은 여행에 관해서만 쓴 것이 아니라 여행지의 문화를 열렬히 찬미했다. 여행이란 때로는 긍정적이고 때로는 부정적인 우리의 다면적 도덕의식을 상징한다. 여행시간의 10퍼센트를 교회 구경에, 20퍼센트를 먹는 데, 나머지 70퍼센트는 쇼핑에 쓰는 현대의 단체관광은 엄청난 도덕 부재의 현장이다. 크루즈는 바보들의 배*다. 토마스 만은《베네치아에서의 죽음》에서 "대중여행의 흉포하고 불안한 얼굴을 빛나는 우화"로 포장하였다.[20]

당시 여행자에게 세계는 어떻게 보였을까? 졸저《영혼을 다시 쓰다》의 서문에서, "비에 젖은 파리의 거리를 그린 어느 멋진 포스터"를 들여다보면 이중의식을 지닌 사람의 눈에 비친 세계가 어떤 모습이었을지 알 수 있다고, 바로 "인상파 화가의 그림"처럼 보였을 것이라고 적은 바 있다. 1998년 봄, 파리에서 전시회가 하나 열렸는데, 줄리엣 윌슨 바로Juliet Wilson-Bareau가 이를《마네, 모네 그리고 생라자르 역》(1998)이라는 화려한 카탈로그에 담았다. 파리 사람들은 생라자르 기차역을 유럽의 중심으로 보았다. 유럽광장 한가운데 있는 이 역은 공학기술의 승리를 뽐내는 유럽

---

*   1965년작 영화 〈바보들의 배〉는 여객선 '그랜드호텔'에 승선한 온갖 부류의 사람들의 이야기를 그렸다. 푸코의 책을 통해 알려진 '광인의 배'와는 상관이 없다.

교로 이어진다. 생라자르 역에서 사방으로 뻗어나가는 거리명들은 알베르에게는 성스럽기까지 했다. 콘스탄티노플가, 비엔나가, 모스크바가…….

인상파 화가들이 모여든 곳도 바로 이곳이었다. 귀스타브 카유보트Gustave Caillebotte의 〈파리의 거리, 비 오는 날〉―어느 카페에서 내가 보았던 포스터가 바로 이 그림이었다―은 리스본가와 모스크바가가 교차하는 곳을 그린 것이다. 카유보트 집안은 유럽 광장 근처에 많은 땅을 소유하고 있었고, 그의 가장 유명한 작품들은 유럽교를 그린 것이다. 마네는 1872년부터 상트페테르부르크가 4번지에 살았고, 그의 명작 〈철도〉('생라자르 역'이라고도 불린다)는 로마가에서 그린 것이다. 모네는 1878년부터 (카유보트의 후원으로) 로마가에 인접한 에든버러가에서 살면서, 생라자르 역의 기차를 그린 인상파의 고전 작품 12점을 남겼다. 에밀 졸라는 이렇게 선언했다. "이것이 바로 오늘의 회화다. …… 우리 예술가들은 기차역에서 시를 발견해야 한다."(윌슨 바로의 카탈로그, 105쪽) 1877년의 인상파 전시회는 사실상 철도, 기차역, 유럽교, 유럽 지구 전반에 관한 것이었다. 따라서 우리는 알베르가 놀라운 여행을 시작했던 무렵에 여행자의 눈에 세계가 어떻게 보였을지를 뚜렷이 알 수 있다. 카유보트가 흙길을 걷는 모네를 그린 〈산책하는 클로드 모네〉는 알베르의 또 다른 자아의 초상일 수도 있다.

알베르의 강박적이고도 통제할 수 없던 여행은 자기를 발견하기 위한 여정이라기보다는, 자아를 제거하는, 총체적으로 요령부득의 여정이었다. 2장에서는 그 여행들이 어떻게 '미치광이 여행'

이라는 유행병의 서막을 열었는지 그리고 유행을 구실로 하여 어떻게 미치광이 여행을 실재하는 정신질환으로 확립할 수 있었던지를 설명할 것이다. 알베르의 이야기는 다양하게 읽힐 수 있다. 여행은 서양문명 전체에서, 《오디세이아》에서부터 우주의 외계에 이르기까지, 그리고 그 중간 어딘가를 순례하고 있을 존 버니언의 영혼까지, 수많은 것을 상징하기 때문이다.

중요한 주제들이긴 하지만 이야기가 잠시 옆길로 샜는데, 우리의 핵심 주제가 정신질환의 실재성임을 잊지 말자. 티씨에는 군사재판소가 의학적 자문을 구하지도 않고 알베르를 판결한 것에 대해 분노하며 이렇게 썼다. "이 불쌍한 젊은이의 망가진 인생과, 법에 저촉될 때마다 감옥에 보내졌던 일을 생각해보면, 치안판사의 오만함과 한심한 무능을 규탄하지 않을 수 없다. 그 판사는 무식하게도 이렇게 말했다. '마음의 질병을 식별하기 위해 왜 의사의 도움이 필요한가? 광기가 명백하다면, 그자의 방종함과 분노 발작을 모든 사람이 알아볼 터이고, 이중인격이 있다면, 의사에게만 보여주는 인격도 있을 것이다!'"

티씨에는 연구서 말미에 "이것이야말로 이 논문이 끝내고자 하는 교훈"이라고 썼다. 오늘날 법정이 의학전문가의 증언을 듣는 것은 당연한 일이다. 비록 우리 마음속에 과거의 단순한 법률학의 신조—'광기가 어떤 것인지 우리 모두 다 알고 있다!'—에 대한 갈망이 여전히 숨어 있는 건 아닌지 의심되기는 하지만 말이다. 어쨌든 사회는 계속 발전해왔다. 오늘날 문제가 되는 것은 전문가의 법정 증언이 아니다. 전문가가 우리에게 알려주는 것과, 환자가 '환자'가 되는 과정 사이의 관계다. 전문가의 지식과 '환자'의 행동이 어떤 영향을 주고받는지 그 상호작용에 대해 우리는 아직 명확히 알지 못한다. 그것이 이 책이 추구하는 근본 주제다.

미치광이 여행자

2장

방랑은 병이다

늘어가는 환자, 불붙은 논쟁

어떻게 한 유형의 정신질환이 출현하고, 자리 잡고, 특정 지역과 시대를 장악한 다음, 사라지는 것일까? 나는 구체적 사례를 통해 독자들을 그 해답으로 안내하려 한다. 1장에서는 환자 한 명을 예로 들었는데, 이번 장에서는 여러 명이 등장한다. 알베르와 그를 진료한 의사들은 어떻게 그 많은 둔주 환자들(혹은 둔주라고 진단된 사람들)이 줄지어 나타난 현상을 초래한 것일까? 이것은 단지 둔주에만 국한된 것이 아니라, 현재까지 존재했던 모든 정신질환을 생각하기 위한 범형範型이기도 하다.

둔주의 발생 기록을 여기서 다 언급할 수는 없지만, 그 유행은 지역별로, 국가별로 일정한 패턴을 그리며 확산되었다. 1887년 보르도, 1888년 파리, 머지않아 프랑스 여러 지역과 이탈리아 북부로 퍼져나갔다. 10년이 지난 1898년, 한 독일 의사가 프랑스 문헌을 들여다보다가 문득 부르짖었다. 독일의 둔주 환자들은 다

어디에 있지? 독일에서는 아무도 연구하지 않았나? 동료들이 모여들었다. 그 후 5년 동안 독일에서 둔주 연구논문 수가 급증했고, 심지어 실태보고서를 출간하여 다른 독일 의사들이 최신의학에 뒤처지지 않도록 했다. 이것은 시작에 불과했다. 러시아가 그 길을 따라갔다.[1]

독일의 둔주 유행은 프랑스와는 차이가 있다. 독일의 경우, 둔주가 자리잡을 수 있는 틈새가 프랑스보다 늦게 형성되었을 뿐만 아니라, 의학적·사회적·군사적 배경도 달랐다. 더 흥미로운 사실은, 미국에서는 둔주가 '발생'하지 않았다는 점이다. 지금 우리가 들여다보려는 현상은 일종의 실험관찰과도 같다. 변수를 통제할 수 없는 실험이지만, 둔주가 어떤 환경에서는 흔한 진단명으로 성행했고 왜 다른 환경에서는 언급조차 되지 않았는지를 생생하게 들여다볼 수 있게 해준다.

우선, 둔주의 중심부인 프랑스에서 이 유행병의 동태를 기술할 필요가 있다. 1887년에 일어난 일은 앞에서 말했다. 이 장에서 살펴보려는 시기는 1888년부터 1895년 사이의 7년으로, 사례들이 경쟁적으로 보고되고 축적되어 뒤섞이고 합쳐지면서 다른 무언가가 만들어지던 둔주 정점의 시기였다. 나는 보르도에 대해 이렇게 말해왔다. 지방의 수도이자 부르주아의 최고봉, 자부심으로 가득한 곳, 뜨거운 남부의 햇살 아래 어둠을 품고 있는 곳. 그러나 우선은 대도시 파리에서 시작해야 한다. 지방이 유행의 서막을 열었다 해도 유행하는 진단명이 되기 위해서는 수도의 지지가 필요한데, 파리는 그렇게 했다.

미치광이 여행자

파리는 도리어 더 크게 판을 벌였다. 예기치 않게도 당시 정신 질환의 핵심으로 간주되던 부분까지 건드리면서 논쟁의 불을 댕긴 것이다. 당시에 엄청났던 이 논쟁은 오늘날의 시각에서 보면 거의 의미가 없다. 하지만 이 논쟁이 일어나지 않았다면 둔주는 당대 최첨단 질환이 아니라 그저 한때의 호기심거리로 지나가 버렸을 것이다. 지금부터 나는 오래전 '미치광이 여행자'의 병인病因에 관해 벌어졌던 심각한 의견 대립을 가능한 한 간결하게 묘사하려 한다. 독자들은 그 논쟁이 현재 몇몇 정신질환을 둘러싸고 벌어지는 논쟁과 놀랄 만큼 유사하다는 점을 발견할 수 있을 것이다.

히스테리아냐 간질*이냐?

당시 정신병리의 양대 미스터리는 히스테리아hysteria와 간질epilepsy이었다. 보르도는 둔주가 히스테리아의 한 종류라고 했고, 파리는 잠재적 간질이라고 했다. 둘 사이를 중재하려는 평화주의자들은 어떤 둔주 환자는 히스테리아이고 어떤 둔주 환자는 간질이라고 했다. 한동안 훨훨 타오르던 이 논쟁은 종국에는 뭐가 뭔

---

*   질병명에 의한 사회적 낙인효과를 제거하기 위해 2012년 대한뇌전증학회에서 간질을 '뇌전증'으로 개명했다. 2014년에는 보건복지부가 법령 용어에서 간질이라는 명칭을 뇌전증으로 고치도록 했다. 그럼에도 이 책에서 간질의 단어를 그대로 쓴 이유는, 이 장에서 다루는 논란에는 예전의 낙인효과가 여실히 드러나므로 이를 굳이 새 명칭과 결부시키는 것은 온당치 않다고 판단했기 때문이다.

지 모르게 뒤죽박죽이 되어버리고는 사그라들었다. 하지만 이 논쟁은 둔주를 진단명으로 번성하게 만든 환경요소 중 하나였다.

히스테리아는 오늘날 거의 진단되지 않는 반면, 간질은 의학기술의 발전으로 그 이해 수준이 크게 달라졌다. 고대부터 그리스어 명칭으로 불린 이 두 질환은 1887년 프랑스 정신의학계에서는 쌍벽을 이루는 수수께끼였다.[2] 파리 살페트리에르 병원에 있던 당시 최고의 저명한 신경학자 장 마르탱 샤르코는 종종 '히스테리성 간질hystéro-épilepsie'에 대해서 말했는데, 오늘날의 우리에게는 터무니없이 들린다. 히스테리아와 간질에 대해서는 많은 의사학자와 문화사가들이 집중적으로 연구해왔으므로 여기에서는 간략하게 말하려 한다.[3] 단, 현대적 의미가 있는 두 가지 사실, 히스테리아에 관한 것 하나와 간질에 관한 것 하나는 반드시 기억을 일깨울 필요가 있다.

먼저, 남성의 히스테리아 문제다. 히스테리아는 그 이름이 말하듯 여성의 문제였고, 따라서 남자에게 나타날 경우는 오직 여성화되었을 때뿐이었다. 그런데 샤르코는 건장한 남자 노동자의 히스테리아도 타당한 진단이라고 주장했다. 누군가는 이것이 권력을 장악했기 때문이라고 나쁘게 해석하기도 한다. '돌아다니는 자궁'이라는 뜻에서 명칭이 유래한 히스테리아 환자는 현대적 의미로 산과·부인과를 진료하는 여성담당 의사들의 진료영역에 속했다. 샤르코는 자신이 연구를 할 목적으로 히스테리아를 신경학 영역으로 끌어들이고자 했다. 히스테리아를 자궁 전문의로부터 빼앗아오는 데 남자 히스테리아가 줄지어 발생하는 것보다 더 나

미치광이 여행자

은 방법이 어디 있었겠는가?

어쨌든 히스테리아에 관한 한 샤르코를 이길 사람은 아무도 없었다. 그래서 남자와 여자 모두 히스테리아가 될 수 있었다. 양성 모두에게 히스테리아의 유전적 소인素因이 있다고 관대하게 인정해주었다. 19세기 퇴화에 관한 연구는, 비록 대략의 소묘에 불과하기는 했지만, 현대에 질병의 유전적 근거를 찾는 연구와 유사했다. 남녀 모두 히스테리아의 소인을 유전, 노골적으로 말해서 질이 나쁜 혈통으로 보았지만, 유발원인은 남녀가 결코 같지 않다고 여겼다. 여자는 도덕적 이유로 히스테리아를 일으키는 반면, 남자의 경우는, 아주 어릴 때 발병한 경우를 제외하고는, 신체적 외상이나 쇼크가 주원인이고, 더불어 산재에 의한 중독이나 알코올중독도 원인으로 작용한다고 했다.

샤르코를 이해하기 어렵게 만드는 점 중 하나는 용어 사용법이다. '*트라우마*'는 오늘날 정신적 상처를 의미하는데, 샤르코는 본래의 의미대로 신체적 외상에 대해 사용했다. 샤르코는 더 나아가 트라우마의 의미를 쇼크로까지 확대했는데, 쇼크 역시도 순수하게 신체적(혹은 생화학적) 원인으로 생기는 것이어야만 했다. 당시 트라우마의 개념은 샤르코 주변 어디에서나 신체적인 것에서 정신적인 것으로 이행되어가고 있었고, 여기에 그가 일부 기여하기도 했지만, 정작 본인은 결코 거기에 휩쓸리지 않았다. 요컨대 그는 성인 남자의 경우, 어린 나이에 발병했거나, 기차사고나 납중독 등으로 신체적 트라우마를 가진 경우에만 히스테리아로 진단했다.

이제 잠재적 간질로 넘어가 보자. 당시 간질은 대발작grand mal 이 일어나기 취약한 상태를 의미했다. 19세기 중반에 새로운 해석이 등장했다. 간질은 경련발작이 일어나는 뇌의 상태인데 전형적인 대발작만 나타나는 것은 아니라고 했다. 1850년대 후반 영국의 젊은 의사이자 저널리스트인 헐링스 잭슨John Hughlings Jackson 은 간질과 매독에 관한 지론을 바꾸고자 새로운 견해를 담은 논문 한편을 발표했다. 기분과 행동의 갑작스러운 변화를 포함하고 개념을 일반화해서 간질에 대한 사고방식을 바꾸길 원했던 것이다. 아무 이유 없이 분노발작에 빠지는 경우가 그런 예였다. 잭슨은 간질의 그리스어 어원에 담긴 본래의 의미가 그대로 보존되어야 한다고 생각했다. 그리스어 *epilepsia*는 "무언가에 붙잡히는 것, 외부에 있는 '*무언가*'에 *사로잡힌 상태*"를 의미했다. 그리하여 간질이라는 개념의 재정립이 시작되었다.

잭슨은 간질 증상을 유형화하는 작업에 착수하여, 이를 잭슨형 간질Jacksonian epilepsy이라 칭하고, 대발작 여부로 구별하지 않았다. 그는 샤르코가 강의 중에 과하다 싶을 정도로 칭찬한 몇 안 되는 동시대인이었다. 프랑스에서도 모렐Bénédict Auguste Morel이 유사한 견해를 밝혔다.[4] 잭슨은 당대의 저명한 신경학자인 샤르코가 거장이라고 인정할 만큼 실로 비범한 임상 감각을 지니고 있었다. 실제로 1991년 출간된 간질성 기억상실과 둔주에 관한 한 논문은, 과거 문헌들 중 간질성 둔주의 임상 양상을 충실하게 기술했고 거기에 더하여 부검으로 국소적 뇌손상까지 확인한 문헌을 조사한 것이었는데, 그 논문이 가장 주목한 것은 1888년 출판된 잭

미치광이 여행자

슨의 보고서였다. 103년 동안이나 서가에 꽂혀 있으면서 계속 후대가 읽는 임상의학 및 병리학 저서는 그리 많지 않다.

잠재적 간질에 관한 말이 여기저기서 나오기 시작했다. 발작증상 대신, 간질의 "심리적 등가증상" 혹은 "발작 등가증상"이라고 불린 특이한 증상을 보이는 환자도 있었다. 어떤 간질 환자는 발작 후 몽롱한 상태로 정신없이 헤매고 돌아다니곤 했으므로, 이에 비추어보면 순수하게 간질이 원인인 둔주도 있을 수 있지 않겠는가?

간질발작과 그 등가증상을 연관시킨 논리는 단순히 유사성에 따른 것이었다. 예를 들어, 어떤 사건 후에 거의 기억상실이라 할 정도로 깜박 기억이 안 난다면, 이것은 간질발작 후의 기억상실이나 의식 혼탁과 비교됨 직하다는 것이다. 어지럼증이나 두통이 전조증상으로 나타날 경우에도 똑같이 적용될 것이다. 야뇨증이 있을 때에도, 성홍열이나 어릴 적 두부외상의 병력이 있을 때에도, 이 모든 것은 바로 간질이 잠재해 있다는 증거였다. 불시에 둔주로 행방불명이 되는 일도 이 그림에 들어맞았다. 병의 원인에 대한 추측이 난무했는데, 예를 들어, 부모의 알코올중독과 유전성 간질 사이에 밀접한 연관이 있다는 주장, 즉 알코올중독인 부모는 잠재성 간질을 가졌다는 주장도 나왔다. 또한 많은 간질 환자가 발작 후에 폭력범죄를 저지르기 쉽고, 이후 자기가 저지른 범죄를 기억하지 못하며, 이에 대해 법적으로 책임을 물을 수도 없다는 믿음이 폭넓게 퍼져 있었다. 실로 으스스한 사회적 위협거리였다. 몽유증 상태의 히스테리아나 단순히 최면에 걸린 자가 범죄를 저지르고 암살자가 될 수도 있다는 말과 마찬가지로 무시무시한 일이었다.

퇴화는 히스테리아와 간질의 두 가지 질환과 깊이 연루되어 있었다. 의사들, 소설가들, 넓게 보면 사회 전체가 히스테리아가 한 세대에 나타나면 다음 세대에는 간질이 나타나서 인종 전체가 퇴화해버리는 무서운 가능성을 상상했다. 이로부터 '*히스테리성 간질*'이라는 수수께끼 같은 개념이 등장했다. 정신과 환자를 볼 때면 의사는 환자 친척들의 건강과 생활태도를 집요하게 조사하게 되었다. 군의관 뒤퐁셸은 알베르 다다에 관한 티씨에의 관찰기록을 읽자마자 맨 앞 장에 간결하게 '유전'이라고 적어놓았다. 티씨에도 알베르의 관찰기록을 정리하며 "*알베르는 유전병*"이라는 말로 글을 시작했다. 이 말은, 건강염려증이었던 아버지가 노화, 진행성 마비* 및 뇌연화증으로 사망했고, 이 아버지의 불안정한 기질이 알베르에게 유전되었음을 의미했다.

1887년 티씨에가 논문 〈미치광이 여행자〉를 출간했을 때, 샤르코는 65세로 전성기의 정점을 지나고 있었다. 세계사적 관점에서 보면, 샤르코의 제자 중 가장 유명한 지그문트 프로이트가 2년 전 파리에서 학위과정을 밟고 당시는 샤르코의 저서를 독일어로 번역하느라 바쁘던 시기였다. 블로일러Eugen Bleuler는 프로이트가 입학하기 직전에 샤르코의 제자가 되어 함께 연구했다. 이런 외국인 제자들 외에도, 샤르코는 여전히 한 세대의 프랑스 제자들

---

* 매독의 말기상태인 뇌매독

미치광이 여행자

을 길러내고 있었다. 하지만 그에게는 적도 많았고, 총애했던 몇몇 제자들이 바빈스키Joseph Babinski처럼 후일 뼈아프게 배신하기도 했다.

샤르코의 확신: 둔주는 간질 때문이다

샤르코의 화요 강좌(혹은 공연이라고도 부를 수 있는 강연)는 한두 명의 환자를 무대에 세우고 극적으로 증상을 내보이게 하여 관중의 찬탄을 받는 걸로 유명했다. 1888년 1월 31일 화요일에는, 알베르보다 훨씬 짧은 둔주 경력을 가진 남자를 세웠다. 37살의 '멩Mén'이라는 이름의 남자는 촛대 등의 구리공예품을 판매·수리하는 회사에서 배달원으로 일하며 청구서를 전달하거나 수금도 했다. 그가 처음 도주했던 때는 1887년 5월 15일로, 당시 36살이었다. 첫 번째보다 훨씬 더 극적이었던 두 번째 도주는 7월에 있었다. 복잡한 파리 시내를 통과하며 상품을 판촉했는데, 어느 순간 엉뚱한 기차표를 가지고 돈 한 푼 없이 기차에 타고 있음을 깨닫게 되었다. 요금을 물지 않으려 센강에 뛰어들었으나 소용없었다. 구출된 뒤 이송된 철도 진료소로 검표원이 찾아왔다.

8월 27일 또 한 번의 둔주를 겪은 후 그는 살페트리에르 정신병원에 가게 된다. 남성 히스테리아를 강력히 주장해온 샤르코는 멩을 히스테리아로 진단하지 않았을까? 그렇지 않았다. 멩은 근래에 쇼크나 외상 등의 그 어떤 병력도 없었고, 있다 해도 히스테리아가 발병하기에는 나이가 너무 많았다. 샤르코의 의견은 이러했다. "이 남자의 병은 간질에서 기인한 것이다. 그동안 진료한 환자들의 증상에 근거해서 내가 만든 용어인 '보행성 자동증'이라는 명칭을 이 환자에게도 적용하겠다. 이 환자들은 자동적으로 [즉 무의식적으로] 걸어 다니면서, 자신이 무의식 상태에 있다는 아무런 외적 징후도 보이지 않기 때문이다."[5]

샤르코는 다른 진단 가능성을 전혀 인정하지 않았다.[6] 확인할 수 있는 방법이 하나 있었는데, 바로 약이었다. 오늘날에도 똑같은 식의 논리가 적용된다. 이 환자가 우울증인가, 아니면 양극성 기분장애인가? 약을 써보시라. 프로작과 같은 약에 반응이 좋으면 우울증이고, 리튬이 잘 들면 양극성장애일 가능성이 높다. 당시 정신과적 특이성이 가장 뛰어난 것으로 간주되던 약은 바로 브롬화칼륨potassium bromide이었다. (클로랄chloral도 널리 사용되기는 했지만 정신과에서만 사용되지는 않았다.)

브롬화칼륨은 부작용에도 불구하고 터무니없이 남용되었다. 런던의 한 병원에서 연간 2.5톤의 브롬화칼륨이 사용되었다는 기록이 남아 있다. 프랑스 의학 학술지에는 브롬화칼륨을 사용해서 만든 무수히 많은 특허의약품 광고가 실렸다. 예를 들어, 앙리 뮈르 시럽le sirop de Henry Mure은 "간질-히스테리아-노이로제"에 특효라고 광고했다. ("완전히 순수한 화학물로서 작업자에 의해 정밀하게 수학적으로 계산된") 이 약 한 티스푼에는 2그램의 브롬화칼륨이 쓴 오렌지 시럽에 들어 있었다. 2그램은 당시 일일 표준 용량이었다. 샤르코는 멩에 대해 이렇게 단언했다. "이 남자의 도주 증상이 간질발작의 등가증상이라면, 내가 치료할 수 있다." 샤르코는 순환식 처방을 했는데, 첫 주에는 매일 4그램씩, 둘째 주에는 5그램, 셋째 주에는 7그램 그리고 넷째 주에는 다시 4그램을 투약하는 식이었다. 그러곤 환자에게, "평생 브롬화칼륨을 끊어선 안된다"라고 경고했다.

처음 14개월 동안은 다 잘되어가는 듯했다. 하지만 약 때문에 몸이 무겁고 피곤해지자 하루 복용량을 1그램으로 줄였다가 1888년 9월부터는 아예 복용을 중단해버렸다. 다음 해 1월 18일 고용주의 꽤 많은 돈을 들고 다시 떠나버렸다. 그가 들고 간 900프랑은 티씨에가 도서관 사서 보조원으로 일할 때의 월급 9개월치에 해당했다. 8일 후 브레스트 항구에 도착했는데, 자신이 어떻게 그곳에 오게 되었는지 전혀 기억하지 못했다. 하지만 이미 200프랑을 써버린 뒤였다. 또다시 그런 일이 일어날까 두려워진 그는 경찰에 보호를 요청했다. 자초지종을 설명하며 샤르코의 편지를 보여주기까지 했다. 경찰은 "오, 그러셔?" 하고는 부랑죄로 체포해버렸다. 치안판사는 멩의 수중에 남아 있던 700프랑을 훔친 돈으로 간주했다. 6일 후, 파리에 있는 멩의 고용주로부터 당혹스러운 전보가 오고 난 뒤에야 그 불쌍한 남자는 풀려날 수 있었다. 샤르코는 멩과 같은 사람이 식별될 수 있도록 의사의 서명과 관인이 찍힌 공식 확인서를 항상 지니고 다니도록 해야 한다고 주장했다. 그렇게 해야 부랑자와 구별될 수 있고 난처한 처지에 빠졌을 때 벗어날 수 있다고 했다.

1889년 2월 12일, 샤르코는 진전된 논의에 대해 논평하며,[7] 멩에 관한 두 번째 발표를 다음과 같은 확신에 찬 말로 마무리했다. "그의 증상은 단지 간질의 특수한 증상일 뿐입니다. 브롬화칼륨 덕분에 그는 좋아졌고, 나는 계속 이 약으로 치료할 것입니다." 샤르코는 그 후 멩에게 어떤 일이 일어났는지 청중에게 결코 알리지 않았다. 그 일은 한 의대생의 기록으로 알려졌는데, 그는 샤르코의 제자도 아니었다. 조르주 수Georges Sous의 기록에 따르면, 브롬화칼륨을 상당히 증량했음에도 불구하고 멩은 1889년 12월 14일부터 긴 둔주를 3차례나 겪었다. 그 사이사이엔 짧은 둔주도 여러 번 있었는데, 지난 몇 시간 동안의 일을 까맣게 잊은 채 낯선 장소에서 깨어나곤 했다. 알려진 마지막 둔주는 1890년 6월 30일에 일어났고, 경찰이 집중적으로 수색했으나 이후 다시는 발견되지 않았다.

둔주의 두 가지 패러다임

영영 행방불명되었다는 사실과 무관하게, 멩은 도시적 간질의 새로운 패러다임이 되었고, 알베르라는 지방적 히스테리아의 패러다임과 나란히 대비되었다. '패러다임'이라는 단어는 토머스 쿤의 저서《과학혁명의 구조》로 널리 알려진 후 지금은 지나치게 남용되고 있다. 여기서 내가 의미하려는 것은, 멩과 알베르가 각기 최초의 사례이자 표준이 되어 이후 이 분야의 연구들이 이들을 모델로 하여 이루어졌다는 점이다. 이는 쿤이 확립한 이 용어의 두 가지 의미 중 하나다.[8] 그렇다고 멩이나 알베르가 전형적인 간질성 둔주 혹은 히스테리성 둔주라는 의미는 아니다. 이들 둘은 전형으로 삼기에는 지나치게 완벽하거나 너무 예외적이다. 이들 두 사람은 뒤이어 출현한 환자들을 진단할 때 최우선으로 참조하는 사례가 되었다는 의미일 뿐이다.

샤르코가 멩에 관해 처음 발표한 직후, 군의관 뒤퐁셸이 알베르에 관한 글을 발표함으로써 두 패러다임의 갈등에 신호탄을 쏘아올렸다. 뒤퐁셸은 알베르와 다른 군인 둔주 환자에 대해 묘사한 뒤 이렇게 말했다. "그 유사성에 따라 내가 *결정성 보행증*이라고 지칭한 것을 보행성 자동증에 견주어 구별할 필요가 있다." 이 명칭은 프랑스에서는 주목을 끌지 못했으나 이탈리아에서는 표준 용어가 되어, 간질성이 아닌 히스테리성 둔주를 가리키게 되었다. 샤르코는 알베르를 어떻게 생각했을까? 사실 그다지 염두에 두지 않았다. 간질성인 멩과는 전혀 다른, 그저 괴짜라고 생각했을 뿐이다.

두 패러다임은 샤르코파와 피트르 같은 반샤르코파 사이에 경쟁을 불러올 수밖에 없었다. 비록 반대파일지라도 거장에 대한 존경심에서 드러나게 적개심을 보이지는 않았지만. 어쨌든 논쟁은 큰 선전효과를 불러왔다. 사람들로 하여금 둔주나 자동증에 관해 생각해보도록 만든 것이다.

하지만 여기에는 훨씬 더 중요한 점이 있다. 둔주가 진단명으로 확립되도록 배지를 제공한 생태학적 틈새는 다양한 요소로 이루어져 있는데, 이들 요소는 서로 다른 방향으로 작용하는 힘을 가지고 있으므로 나는 이를 '벡터'라고 칭한다. 1장에서는 미덕인 관광여행에 대해 말했고, 3장에서는 악덕인 부랑죄를 다룰 것이다. 이 한 쌍의 요소는 서로 연합하여 둔주를 양성하는에 적절한 토양이 되었다.

그런데 이와는 매우 다른 종류의 요소도 있다. 새로운 종류의 광기로 인식시키는 데 가장 쉬운 방법은 기존의 질병분류학에 끼워넣는 것이다. 이 말은 질병분류학상 상위의 질병군에 속하는 하위 질병으로 들어감을 의미한다. 상위 질병군 후보로는 두 가지가 있었으니, 히스테리아와 간질이 그것이었다. 쿤이 결정적으로 철학에 기여한 것은, 새로운 종류의 과학을 수용하기 위해 기존의 자연과학 분류법을 깨뜨려야 할 때 과학혁명이 일어난다고 한 주장이다. 거꾸로 말하면, 새로운 것이 기존 질서에 들어맞는다면 혁명은 필요 없게 된다. 간질이냐 히스테리아냐의 논쟁은 새 질환을 널리 알리는 역할을 했다. 또한 어느 쪽이 이기든 상관없이 둔주는 혁명을 일으키지 않고도 기존의 정신과 질병분류체계 안으로 확실히 진입할 수 있었다. 장기적 안목에서 보면 둔주에는 좋지 않았다. 히스테리아가 상위 질환의 무대에서 멀어지면서 거기에 부속된 모든 하위 질환을 함께 끌고 퇴장했기 때문이다. 하나의 속(히스테리아)이 부서지면 거기 있던 종(히스테리성 둔주)도 흩어진다.

이 지점에서 나는 상당히 불편함을 느낀다. 멩과 알베르는 실재했던 사람들이다. 의학계는 그들을 패러다임으로 이용했고, 나는 생각을 전개할 표본으로 그들을 이용하고 있다. 그런데 그들

미치광이 여행자

개인의 삶은 어떠했을까? 이미 오래전에 죽은 사람들의 운명을 안타까워하는 것은 감상에 불과하겠지만, 그들의 삶이 행복하지 않았음은 확실하다. 나는 오래전에 죽은 이들이 정신의학의 이야깃거리로 볼모잡히는 일을 걱정스럽게 생각한다. 그들이 비교적 순조롭게 살아갈 때에는 지나간 자취마다 상당량의 기록을 남겼다. 우리는 프로이트의 환자들, 가령 도라Dora에 대해 엄청나게 많은 것을 알고 있고, 프로이트 사후 그 환자들의 삶에 대해서도 안다. 결코 행복했다고는 말할 수 없겠지만, 어쨌든 그들은 삶을 영유한 한 인간으로서 우리에게 알려져 있다. 우리가 그들에 대해 알 수 있는 까닭은 그들이 부자였고, 좋은 일가친척이 있었기 때문이다. 예를 들어 울프맨*은 러시아혁명 이후 러시아에 있던 막대한 재산을 잃었지만 여전히 부자였다. 브로이어의 환자 안나 O., 즉 베르타 파펜하임Bertha Pappenheim은 사회복지운동가이자 페미니스트로서, 특히 착취당하던 독일의 가난한 유대인 여성들을 위해 헌신하는 선구적 활동을 했고, 이를 기려 1952년 독일에서 기념우표가 발행되었다. 그러나 멩과 알베르는 한순간 스쳐지나 갔을 뿐, 그들의 배우자나 아이들에 대해 우리는 거의 알지 못한다. 아는 거라곤, 알베르의 아내는 젊은 나이에 결핵으로 사망했고, 재봉사 직을 얻었다고 기뻐하던 딸은 매춘업자에게 유괴되어

---

*　　세르게이 판케예프(Sergei Pankejeff). 우크라이나 오데사 출신의 러시아 귀족으로 우울증, 자살사고, 수면장애와 함께 항상 관장을 할 정도의 극심한 변비 등의 증상이 있어 프로이트로부터 정신분석을 받았다. 그가 나무에 흰 늑대가 가득 올라선 꿈을 꾸었기에 프로이트는 신변을 숨겨주기 위해 '울프맨(Wolfman)'이라는 별칭을 붙였다.

사라졌다는 것뿐이다. 우리가 가지고 있는 것은 그런 재난을 암시하는 흔적뿐이다. 그런데 알베르 같은 사람과 결혼한 착한 여자는 어떤 사람이었을까? 그토록 불운한, 몰개인화시킨 사람들을 패러다임으로 이용하는 데 나 자신 매우 불편하지만, 그들은 그렇게 이용되었다.

부아쟁의 반론: 둔주는 히스테리아 때문이다

어쨌든 두 패러다임이 충돌하며 일으킨 논란을 좀 더 자세히 들여다보자. 샤르코의 두 번째 강연 후 한 달이 채 지나기도 전에 파리의 샤리테 병원 의사 두 사람이 둔주 사례를 발표하고, 샤르코의 간질 진단에 조심스럽게 반론을 제기했다. 〈보행성 자동증과 떨림 증상을 가진 히스테리아 사례〉[9]라는 제목의 논문에서, 이들은 "보행성 자동증은 흔히 간질에 의한 것으로 간주된다"라고 말했다. 사태가 얼마나 빨리 진전되어갔는지 주목할 필요가 있다. '보행성 자동증'이라는 용어가 등장한 지 채 1년도 되지 않았고, 샤르코의 잠재성 간질 진단 역시 그러했다. 그럼에도 이 두 상태는 '으레' 연관되는 것으로 널리 알려지게 된 것이다.

7월에는 샤르코파가 아닌 쥘 부아쟁Jules Voisin이 이중인격을 가진 둔주 환자에 대해 발표했다. 이중인격을 가진 자는 거의 여자라는 젠더 편향은 여전해서, 그가 제시한 사례도 36세의 가정부 여자였다. 그녀는 아이를 8명 낳고 그중 5명만 생존했는데 자녀 중 누구도 간질이 없었고, 조상의 가계를 샅샅이 뒤져봐도 간질의 자취는 찾지 못했다. 그녀는 전형적 히스테리아로서, 몸의 반쪽에 국한된 무감각, 잦은 두통, 수면 중 나타나는 떨림 발작을 보였다. 그 외에도 목이 졸려 질식되는 느낌, 발작적 기침, 변덕스러운 감정 변화, "난소 부위의 통증", 식욕 저하와 불면 등 12가지 이상의 히스테리아 증상이 있었다. 그녀는 보행성 자동증과 이중인격의 두 가지 진단하에 최면으로 치료되었다. 이 점이 결정적이었다. 간질은 최면에 반응하지 않기 때문이다. 부아쟁은 이렇게 단언했다. "이 사례는 어떤 관점에서 보든 매우 흥미롭다. 나는 우리 사회가 둔주, 보행성 자동증이라는 현상에 더 많이 관심을 가져줄 것을 희망한다. 무의식 상태에서 일어나는 둔주는 의학 분야에서 그리 드물지 않고, 이들 대부분은 잠재성 간질로 분류된다. 그러나 이들 중 상당수가 사실은 히스테리아에서 나타나는 이중인격의 사례로 간주되어야 한다고 나는 믿는다. 이 환자는 그 사실을 뒷받침하는 놀라운 예다."[10]

그가 사용한 "드물지 않고" "대부분은"이라는 단어에 주목하자. 이제 막 이름을 얻은 둔주가 어느새 다반사로 진단이 되고 있었던 것이다. 그해 8월 6일에 열린 정신의학회 총회 발표에서도 부아쟁은 히스테리아가 둔주의 원인이라는 주장을 계속 옹호했다. 전달하려는 메시지는 긴 제목에 그대로 담겨 있었다. 〈히스테리아에서 나타나는 무의식적 둔주, 보행성 자동증, 이들 둔주와 간질성 둔주의 감별진단〉. 부아쟁은 5명의 히스테리성 무의식적 둔주 사례를 보고했다. 샤르코와 평화를 유지하기 위해, 둔주에는 히스테리성과 간질성이라는 두 가지 뚜렷한 유형이 있다고 주장했지만 그가 히스테리성 둔주를 선호했음은 명확하다. 선천성 간질 환자도 순수한 히스테리성 둔주를 나타낼 수 있다고 했으니 말이다! 그가 제시한 5명 모두는 아잠이 명명한 "이차적 의식 상태"에서 일어난 둔주 사례였고, 최면으로 모두 성공적으로 치료되었다.[11]

이 모든 일이 벌어진 1889년은 대혁명 100주년을 기념하는 만국박람회와 에펠탑 준공으로 수선스러웠던 해였다. 또 1장에서 말한 바와 같이 이 해는 정치적으로 뒤숭숭한 시기였음에도(주 10번 참조. 1888년 중반부터 쿠데타가 이미 예견되던 상황이었다), 수많은 단체가 자축행사를 벌였고, 파리는 온갖 학술총회로 가득 찼다. 쥘 부아쟁, 티씨에 등이 발표한 정신의학회 총회는 8월 4일부터 10일까지 열렸고, 생리학적 심리학 총회의 부속 회의로서 첫 국제 최면치료학회가 8월 8일부터 12일까지 열렸다. 최면치료학회에 참석했던 윌리엄 제임스William James는 당시 분위기를 이렇게 보고했다. "최면에 관한 본래의 살페트리에르[샤르코의] 원칙, 즉 뚜렷한 병리적 상태가 3단계로 발현하고, 원인은 신체적인 것이라는 원칙은 이제 과거의 유물이라고 모든 이가 생각하는 것 같았다."[12] 제임스는 그날의 엄숙한 진행과정을 판결문을 읽듯이 전한다. "그 토론에서 가장 놀라웠던 점은, '심령psychic 연구'라는 이름과 연관된 수상적은 영역에서 일을 벌이고 있는 누군가에게 이 사태를 떠넘기고 꽁무니 빼는 경향이 뚜렷했다는 점이었다." 여하튼 간에 사람들은 즐거운 시간을 보냈다. "총회가 열린 토요일 밤 에펠탑 플랫폼에는 이성이 아닌 다른 무언가에 대한 두려움과, 영혼이 아닌 다른 무언가에 대한 감동이 벅차게 밀려오며 회의의 막을 내렸다." 그날 심리학, 히스테리아, 최면에 관한 국제 명사들이 모두 회의에 참석했으나 샤르코는 참석하지 않았다.[13]

최면학회 일정에는 그 유명한 살페트리에르 병원 참관이 있었는데, 샤르코의 병동이 아니라 부아쟁의 병동이 선택되었다. 부아쟁은 정신증psychotics 환자도 10명 중 한 명꼴로 최면으로 증상이 완화되었다고 호언했다. 그 최면법은 파리의 샤르코 스타일이 아니라 낭시의 이폴리트 베른하임Hippolyte Bernheim 스타일이었다.* 요컨대, 샤르코의 권세가 급격하게 내리막길을 걷고 있었고, 그 이유는 둔주라는 소소한 것 때문이 아니라, 히스테리아와 최면술의 본질 그리고 그 상호관계라는 주요 쟁점 때문이었다.

티씨에의 논문은 1887년에, 샤르코의 논문은 1888년에 출간되었고, 최초로 논쟁이 벌어진 것은 1889년이었다. 이후로는 이 영역에 아무나 발을 들이게 되면서 온갖 수사여구로 꾸며진 수많은 사례가 마구잡이로 발표되기 시작했다. 예를 하나 들겠다. 부아쟁의 제자인 생토뱅Saint-Aubin이 9명의 사례를 발표했는데, 모두 부아쟁이 진료했던 환자였다. 9명 중 첫 번째 사례가 바로 경범

---

* 당시 최면의 양대 세력은 파리의 샤르코파와 지방인 낭시의 베른하임파였다. 살페트리에르 병원의 샤르코파는 최면의 핵심이 몽유증 상태에 이르는 의식의 변화라고 주장했고, 지방의 베른하임은 암시의 효과가 핵심이라고 주장했다. 양대 세력은 서로를 교조주의자, 시골뜨기라고 비꼬곤 했다고 한다.

죄를 저지른 비행소년 루이 비베로서, 내가 최초의 진정한 다중인격이라고 부르는 사내다.

부아쟁은 1885년 비베가 남자 다중인격이라고 자랑스럽게 발표했다. 둔주가 의학적 질환이 된 이후인 1889년에는 비베에게 새로운 진단명이 소급해서 추가되었다. 즉 비베는 둔주 환자가 되었다. 왜 그랬을까? 부아쟁과 제자들은 히스테리성 둔주의 정당성을 확립할 필요가 있었기 때문이다. 비베는 유용한 협력자였는데, 많은 연구자들이 열정적으로 그에 관해 논문을 써댔기 때문이다. 그는 최면으로 치료된 히스테리아 환자로 알려져 있었다. 또 그는 둔주 환자였다. 고로, 둔주는 간질이 아니라 히스테리아라는 결론이 되는 것이다.[14] 부아쟁의 제자가 다시 나서서 감별진단이 필요하다고 주장했다. 최면이 효과적이고 브롬화칼륨은 아무 효과가 없다는 것도 주장의 일부였다. 우연히도, 9명 중 한 명만이 '비행'을 저질렀다. 그 환자는 둔주 상태에서 32프랑을 가지고 달아났다(그는 '책임능력 결여'라는 이유로 무죄 석방되었다).[15]

예나 지금이나, 의사들은 어떤 환자는 좋아하고 어떤 환자는 싫어하는 것을 피할 수 없다. 부아쟁의 제자는 한술 더 떠서, 히스테리아들은 문제가 있지만 기본적으로 매력적인 인물들이라고 주장했다. 반면에 갑작스런 충동에 사로잡히는 간질 환자들은 침울하고, 지저분하며, 경박하다고 묘사했다. 갑자기 발작을 일으키는 잠재성 간질 환자는 "불결하고 음란하여, 전시장이나 극장, 교회 등의 공공장소에서 성기를 노출하고, 방뇨하고, 경악할 만한 동작을 하고, 혹은 계단, 집 마당, 길거리에서 벌거벗은 채 발견되

미치광이 여행자

기도 한다"라고 적었다.

생토뱅은 다음과 같은 사례도 보고했다. 한 남자가 기차 칸에 앉아 있다가 호주머니를 비우더니 모자를 벗고 시계를 그 안에 넣고는, 8살 여자아이의 무릎에 방뇨를 하고 나서 앉았다. 함께 여행하던 동료가 화를 내자 제정신을 차린 그는 벼락이라도 맞은 듯 깜짝 놀랐다. 이것이야말로 전형적인 간질성 둔주 환자의 모습이다! 간질 환자는 불쾌하고 미치광이 같은 반면, 히스테리성 둔주 환자는 전혀 그렇지 않다. 이 말이 암시하는 것은, 샤르코가 화요 강좌에서 보여준 매우 예의 바른 사람들은 간질성 둔주 환자가 아니라 남자 히스테리아임이 분명하다는 것이다.

생토뱅이 자기 논문에 대한 변론을 펼친 것은 1890년 7월 21일이었다. 그로부터 3일 후에는, 의대생 조르주 수가 맹의 실종을 알게 해주었다. 수는 샤르코의 치료법이 효과가 없었음을 알려줬지만, 그럼에도 샤르코의 모델에 충실했다.[16] 수의 사례들을 읽어보면 그것은 외설적인 간질 환자가 아니라 서글픈 사연들이었다. 예를 들어, 기술자로 일하던 32세 남자가 시시때때로 자기 가게의 문과 창을 열어놓은 채로 2~3일씩 사라지곤 했다. 마지막으로 사라졌을 때는 르아브르에서 트루빌로 가는 배에 승선했다가, 당시 제3공화국 대통령이었던 아돌프 티에르의 사유지 외곽에서 체포되었다. 조르주 수의 사례 중 가장 흥미로운 사람은 가게 점원으로, 전형적인 간질 환자였는데 오래전부터 발작이 있었고, 브롬화칼륨 효과가 좋았으며, 가끔 둔주가 있었다. 이 사례들이 암시하는 것은 한마디로 말해서, 충동적으로 떠났다가 돌아오는 간질 환자가 사실은, 샤르코의 환자 멩처럼, 좋은 사람이었다는 말이다. 칙칙하지도, 외설적이지도 않은.

생토뱅과 조르주 수의 논문은 둘 다 동일한 수사법을 사용하고 있다. 즉 질병 X에는 마땅히 낙인이 찍혀 있고, 당신은 X에 걸린 사람과는 조금도 관련되고 싶지 않다. 반면 질병 Y는 근본적으로 품위 있는 영혼을 가진 사람에게 일어나는 불운이다. 당신이 의사라면 좋아하는 사람에게 X라고 진단하고 싶지 않을 것이다(당신이 어느 편에 설지 다음 중 선택하시오. X=히스테리아, 혹은 X=간질). 이 얼마나 훌륭한 의학적 수사인가! 이젠 좀 우아한 분위기의 환자로 넘어가보자.[17]

닥터 프루스트의 특이한 환자

내가 찾아낸 긴 사례 목록의 환자들은 대개 노동자이고, 성실한 시민이자, 급료는 적어도 정규직을 가진 사람들이었다고 앞서 말했다. 물론 그렇지 않은 사례도 있다. 여기 파리의 변호사였던 33살의 에밀을 소개하겠다. 그는 지금까지의 사례들과는 다른 사회계급에 속해 있고 사례가 보고되는 장소도 다르다. 내가 가진 사례들의 출처는 의학회 모임이나 학회 기록, 의대졸업생의 학위 논문 그리고 앙드레-르블랑André-LeBlanc이 연구하던 보르도 정신병자 수용소들의 실제 기록이다. 그러나 이제는 지식인의 공간으로 가보려 한다. 1890년 1월 20일, 도덕철학학술원의 모임이 열렸다. 그날의 강의 내용을 요약한 장문의 초록이 다음 날 발행된 《의학 회보Bulletin Médical》에 실렸다. 편집인의 말은 다음과 같다. "이 호는 학술원의 가장 저명한 인사 중 한 분[피에르 자네의 삼촌인 폴 자네]의 공식 요청으로 발행되었다. 그는 이번 사례인 보행성 자동증과 이중인격에 대해 풍부한 학식을 가진 분이다. 현대 철학의 권위자 중 한 사람인 이 분이 발의하고…… 청중이 승인하여…… 점점 더 많은 철학자들이 신경병리학의 특정 측면의 중요성을 인식하고 있음을 표명하기 위한 것이다."[18]

강의의 제목 자체가 반샤르코적인 〈히스테리아 환자의 보행성 자동증〉이었다. 에밀은 "히스테리아의 모든 징후를 나타냈다." 그는 거의 "순식간에 최면에 걸려서" 허공의 어느 한 점을 보라고 지시하거나 손바닥 치는 소리만 들어도 수면 상태에 빠져들었다. 심지어 증권거래소 거리의 한 카페에서 거울을 들여다보다가 스스로 최면 상태에 빠지기도 했다. 따라서 그가 이따금 기억을 잃는 것은 놀라운 일이 아니었을 것이다. "새 인생, 새 기억, 새로운 '나'가 개화되었다. 걷고 기차를 타고 여기저기를 방문하고 물건을 사고 도박을 했다." 에밀이 이차적 상태에서 한 일들은 평상시에 하던 일과 완전히 무관하지는 않았다. 1888년 9월 23일, 제정신으로 돌아오기 전 그는 의붓아버지를 방문해서 싸움을 벌였다. 10월 중순이 되어서야 정상 상태로 돌아왔는데, 그동안 그가 한 짓의 예를 들자면, 주교인 삼촌을 찾아가 집기를 때려 부수고 책과 필사본까지 찢어버렸다. 또한 두주 동안 500프랑의 빚을 지고 갚지 않아 결국 사취 혐의로 고발되었다. 그가 어디에 있는지 아무도 몰랐기에 궐석재판에서 유죄선고를 받았다. 하지만 의학적 근거가 제시되자 판결은 파기되었다.

그는 또다시 어딘가로 도주해서 돌아다니다가 소액을 훔치고 체포되었다. 두 명의 저명한 전문가가 그에게 호의적인 증언을 했고, 사건은 기각되었다. 최면을 걸자 첫 번째 둔주 때 도박을 하려고 500프랑을 빌렸던 일을 기억해냈고, 어떤 게임을 하고 어떻게 돈을 잃었는지 자세히 묘사했다. 두 번째 둔주는 최면의 힘을 보여주는(따라서 그것이 히스테리성 둔주라는) 더욱 강력한 증거를 제공했다. 에밀은 의식 상태가 바뀌기 전, 자기 지갑에 226프랑이 들어 있음을 알고 있었다. 이차적 의식 상태에서 지갑이 없어졌는데, 깨어난 후 지갑의 행방을 전혀 기억하지 못했다. 6개월 후 실시한 최면에서, 지갑을 호텔에 두고 온 일을 기억해냈다. 최면에서 깨어나, 호텔로 편지를 보내보라는 말을 듣고 그대로 했는데, 다음 날 우편으로 지갑을 돌려받았다. 이제 우리는 히스테리성 둔주가 되기 위한 핵심 기준이 어떤 것이었을지 쉽게 짐작할 수 있다. 즉 자신이 한 여행에 대한 기억상실 혹은 혼란한 기억이 있어야 하고, 그 문제가 최면으로 해결되어야 한다.[19]

독자들에게는 에밀이 그리 낯설지 않을 것이다. 그날 학술원에서 에밀에 관해 발표한 사람은 의사이자 공중보건 공무원인 아드리앵 프루스트Adrien Proust 교수로, 마르셀 프루스트의 아버지다. 해리解離의 역사에 관해서 백과사전적 지식을 가진 대표적 연구자인 앙리 엘렌버거Henri Ellenberger는 어느 이중인격 환자에 관하여 "마담 베르뒤랭Verdurin*의 살롱에서 벌어진 잡담"을 언급하며 다음과 같이 평했다. "바로 이 이야기를 마르셀 프루스트의 아버지 아드리앵 프루스트가 주요 정신병리 사례로 발표했음은 주목할 만하다." 아마도 이런 일로 인해 사태가 더 빨리 진전되었을 수도 있다. 왜냐하면 닥터 프루스트의 논문의 핵심(이자 제목)인 보행성 자동증을 아들인 마르셀 프루스트는 전혀 거론하지 않았고, 《되찾은 시간》(1927)이 출간될 즈음에는 프랑스에서 그 병이 실질적으로 사라져버렸기 때문이다.

마르셀 프루스트의 소설에 나오는 닥터 코타르는 "분별력을 지닌 사려 깊은 사내"로서, 동의할 수 없는 주제가 나오면 살짝 대화의 방향을 돌리는 사람이다. 그는 "의사들이 흔히 그러듯이 지시하기보다는 이해하기 쉬운 철학적 용어를 사용하여" 마담 베르뒤랭의 하인이 사고로 화상을 입은 후 어떻게 완전히 딴사람으로 변해버렸는지, 글씨체도 바뀌고 성격도 고약하게 바뀌어, 결국 해고당하게 되었는지 얘기한다. 식사를 끝내고 베네치아 스타일로 꾸민 흡연실로 자리를 옮긴 후에, "닥터 코타르는 내게 보이러 데리고 오겠다고 제안한 자기 환자 중 한 명의 사례를 들어 실제로 인격이 나누어지는 현장을 목격한 경험을 말해주었다. 그 환자는 닥터 코타르가 살짝 관자놀이를 건드리기만 해도 곧바로 이차적 의식 상태로 넘어가서 다른 의식을 가진 자신에 대해서는

---

*   프루스트의 소설 《잃어버린 시간을 찾아서》에 나오는 인물로, 화가이자 살롱을 운영하던 실제 인물인 마들렌 르메르(Madeline Lemaire)를 모델로 했다고 한다.

아무것도 기억하지 못했다. 원래는 매우 정직한 사람이었는데, 이차적 상태에서는 수치심이라곤 전혀 느끼지 못하는 말 그대로 망나니가 되어 도둑질로 여러 차례 구속되었다."[20]

이것은 1890년 아드리앵 프루스트가 보고한 에밀에 관한 이야기일까? 아니면 이것저것을 뒤섞은 얘기일까? 어차피 상관없다. 에밀은 중류층 출신의 변호사이므로 둔주 환자의 전형적 유형으로 보기는 어렵다. 둔주 환자의 원형이라고 볼 수 있는 사람들은 성실한 장인, 기능공, 사무원, 혹은 정규직 노동자거나 징집된 병사들이었다. 그들은 파리의 변호사도 아니었고 뜨내기 일꾼도 아니었다. 에밀은 둔주 동안 사기꾼이자 협잡꾼이었다. 전형적 둔주 환자는 도둑질을 하지 않았다. 만일에 그랬다면 딴 데 정신이 팔려서 혹은 배가 고파 약간의 음식을 훔쳤을 뿐이다.[21]

레이몽의 통합: 둔주의 세 가지 유형

다시 히스테리아-간질의 주제로 돌아가자. 양쪽 진영은 새로운 사례를 계속 발표했고, 보르도도 톡톡히 한몫을 했다. 피트르의 책《히스테리아 강의》제2권에는 알베르의 사진 4장(그림1)과 함께 둔주에 대한 논평이 풍부하게 실려 있다. 또 피트르의 지도하에 쓰인 둔주에 관한 많은 논문 중 하나에는 이런 서언이 있었다. "보르도 의과대학에 머무는 동안, 피트르 교수의 외래클리닉에서 중증은 아니더라도 매우 고통스러운 문제를 호소하는 많은 환자를 검사할 기회가 있었다. 그들은 걷고자 하는 욕구에 압도되어 이를 충족하기 위해 자기도 모르게 모든 것을 내던지고 떠났다고 말했다." 그리고 18명의 사례를 제시했는데, 여기에는 우리의 불쌍한 알베르의 고생에 관한 약간의 추가 정보도 있지만, 대부분은 간질성·히스테리성·신경쇠약성으로 분류된 새로운 둔주 사례들이었다.

이것이 1892년 보르도에서 일어난 일이다. 샤르코는 1893년에 사망했다. 이제 파리에 있는 어느 누구도 더 이상 대가의 분노가 자기에게 향할까 두려워하지 않아도 되었다. 그리고 재고조사할 시간이 되었다. 1894년이 되자 주요 실태조사가 나오기에 충분할 만큼의 둔주 보고서가 쌓였다. 총 40개의 사례가 요약되었다. 그 목록은 완성된 것으로 보기에는 한참 멀었고, 게다가 간질 계통의 환자 수를 늘리기 위해 히스테리아 진단을 제거하고 간질 진단에 끼워넣은 사례도 포함되어 있었다. 다음 해에는 통합작업을 위한 두 가지 시도가 이루어졌다. 실태조사와 통합작업은 확립된 분야에서만 하게 되므로, 말하자면 이 분야가 무르익었다고 보았던 것이다. 당연하게 하나는 보르도에서, 다른 하나는 파리에서 하게 되었다. 그리고 대도시 파리의 작업이 표준으로 인정받았다. 샤르코 사망 2년 후, 후임자인 퓔정스 레이몽Fulgence Raymond은 그 시점까지 진행된 상황을 신중하게 정리해 나갔다.[22] 처음 착수한 대상은 조금 덜 체계적으로 기술된 보르도 사례들이었다.

이러한 의료계 상황에서 둔주 환자가 계속 증가하자 둔주를 일으키는 원인을 구별할 새로운 명명법을 모색하게 되었다. 보행성 자동증은 독립된 질병으로 볼 수 없었고, 그것은 "다양한 원인으로 일어나는 일화적인 병적 행동으로서, 주요 노이로제와 연관된다고 지금은 잘 알려져 있다"라고 여겼다. 때로는 간질의 등가증상으로 나타나고 때로는 히스테리아의 등가증상으로 나타날 때도 있다고 했다. 히스테리성 둔주 환자는 알 수 없는 강박적 충동에 굴복하여 마치 최면암시를 받은 것처럼 행동한다고 했다. 이런 환자는 최면으로 치료해야 하지만, 간질성이라면 브롬화칼륨이 효과적이라고 여겼다. 그러나 히스테리아나 간질 증상 없이 충동적으로 부랑생활을 하는 다른 환자도 있다고 했다.[23]

그 원인이 히스테리아도 아니고 간질도 아닌 이 새로운 종류의 둔주 환자에게는 신경쇠약증이라는 미국식 이름표가 붙기도 했다. 피트르와 가까워진 동료 에티엔 레지스Etienne Régis가 다른 이름을 고안해냈다. *방랑광dromomanie*[24]이 그것이었다. 독자들 중에는 체육의 열렬한 신봉자인 티씨에가 이 신조어를 만드는 데 일조했으리라고 의심하는 사람이 있을지도 모르겠다. *dromo*는 그리스어로 경주로를 의미하기 때문이다. 레지스는 방랑광이라는 단어로 강박적 도주 욕구에 사로잡히는 신경증적 성향을 의미하고자 했다. 둔주는 일화적 사건이고, 방랑광은 둔주가 일어나는 질병이 되었다. 이 명칭은 히스테리성과 간질성 둔주는 물론이고, 둘 중 어느 쪽에도 들어맞지 않는 사람에게 두루 적용되었는데, 미국에서 수입된 새로운 진단명인 신경쇠약증도 포함되었다. 의사들은 보행성 자동증보다 이 명칭을 더 좋아했는데(레지스가 한 말이다), 이 명칭에는 자동증도, 기억상실도, 정체성의 변화나 혼란도 함의되어 있지 않기 때문이었다. 우리가 생각하기엔 뚜렷한 원인과 특정 증상군을 가진 특별한 질병으로 볼 수 없는 데도 말이다. 히스테리아와 간질에는 이론적 배경요소가 있는 반면, 방랑광은 순전히 기술적記述的 용어였다. 그 용어는 앞서 말한 바와 같이, 질병분류학의 구조를 얼마간 파괴하는 것이었지만 구성 원칙은 있었으니 바로 '退化'였다. 온갖 종류의 둔주에 다 갖다 붙일 수 있는 방랑광은 후일 광범위한 '퇴화 프로그램'에 병합되었다. 이는 3장에서 얘기할 것이다.

그런데 왜 방랑광이라는 단일 명칭을 고집했을까? 이유 중 하나는 법적 문제를 들 수 있다. 당시에는 무엇이 둔주 환자들을 괴롭히는지 설명할 길이 없었다. 히스테리아냐 간질이냐의 논쟁은 결론이 나지 않았다. 원인이 순수하게 심리적(히스테리아)인 것인지, 간질성인지, 혹은 뇌손상에 의한 것인지 여부는 그리 중요하지 않았다. 필요했던 것은, 둔주 환자가 무심코 고용주의 돈을 가지고 무심코 둔주를 떠났다든가, 혹은 더 심각하게 탈영을 했다든가 하는 뭔가 나쁜 짓을 저질렀을 때, 무죄를 입증해줄 수 있는 진단명이었다. 이러한 설명이 1902년 출간된 레지스와 피트르의 공저 《강박사고와 강박행동》[25]에 실려 있다.

파리로 시선을 돌려보자. 샤르코는 히스테리성 둔주의 존재를 부정하지는 않았지만, 드물다고 여겼고 그저 흥미가 없었을 뿐이다. 그는 정신질환의 신경학적 근거를 찾길 원했고, 간질이 둔주의 근거라고 확신했다. 반샤르코파 역시 간질성 둔주의 존재를 부정하지는 않았다. 다만 히스테리성 둔주가 훨씬 더 많다는 입장을 고수했을 뿐이다. 레이몽은 1895년의 주임강좌에서 그동안 보고된 사례를 모아 조사한 결과를 발표했다. 그는 전임자인 샤르코에게 과도한 존경을 표하기는 했지만, 확실한 간질 환자도 히스테리성 둔주를 일으킬 수 있다고 주장했다. 한 환자가 두 가지 질병을 동시에 가질 수 있고, 히스테리성일 경우 브롬화칼륨이 아닌 최면치료가 우선되어야 한다고 했다.

레이몽의 환자 중 그런 사례들이 있었다.[26] 그날 강의의 주인공은 31세의 P.라는 남자로서 도주한 적이 한 번 있었는데 정신을 차린 후 당시의 일을 기억하지 못했다. 정황을 들어보니 도망갈 만한 이유가 있었다. 아내가 파리로 가고 없을 때, 술에 곤드레가 되어 귀가하지 않고 낯선 여자와 하룻밤을 보냈다. 그러곤 낭시를 떠나 브뤼셀로 갔고 수중에 돈이 떨어져가면서 점점 더 형편없는 숙소에서 지내게 되었다. 그가 집을 떠난 날은 2월 3일이었는데, 11일에 벨기에 수도 외곽지역에서 눈 속에 잠든 채 발견되었다.

덧붙이자면, P.는 문제가 생길 때마다 떠나버리는 걸로 해결해 왔다. 순서대로 설명하면, 이 프랑스 남자는 17세 때 독일군에 징집당하지 않기 위해 로렌에 있는 집을 떠났고, 남아프리카 탐사대에 참가 신청은 했으나 부상을 당하는 바람에 떠나지 못했다. 그 후 프랑스 탐험가 브라자Brazza의 탐험대에 소속되어 아프리카 가봉에서 2년을 지냈다. 24세에 결혼을 했지만 아내는 곧 그를 떠나버렸고, 그걸 이유로 가족들은 그가 북아프리카에 주둔하는 프랑스 외인부대에 지원하지 못하게 말렸다. 26세에 재혼한 뒤

동부철도회사에 취직해서 파리 기차역에서 일하며 안정적인 생활을 했다. 2년간 가봉에서 지낸 경험을 글로 써서 지리학회 간행물에 실리기도 했다. 여행과 도주는 그의 영혼 깊이 각인되어 있었다.

레이몽은 P.에게 최면을 거는 데 애를 먹었다(레이몽은 그 이유가 "필시 P.가 낭시 출신이라 그렇다"라고 빈정댔는데, 이것은 낭시에 있는 베른하임파를 조롱한 것이었다). 그러나 불시에 계속 최면을 걸자 P.는 그동안의 기억을 회복했고 히스테리아 진단을 받았다. 그리하여 P.가 레이몽의 히스테리성 둔주 패러다임이 되었다. 확신을 얻은 레이몽은 둔주를 정의했고 간질성, 히스테리성 그리고 자신이 칭한 *정신쇠약증*psychasthenia적 둔주의 감별진단 기준을 공표했다. 세 번째 범주인 정신쇠약증은 원래는 피에르 자네가 만든 용어인데, 기억상실과는 별 상관이 없다. 이 범주의 둔주 환자는 자신이 어디에 갔었는지를 매우 잘 기억해냈다. 떠나고자 하는 욕구를 억제할 수 없었으나 의식의 상실이나 히스테리아의 특징적 증상은 없었다. 정신쇠약성 둔주는 전형적인 퇴화 증상이다.

레이몽이 주장한 둔주의 특징은 세 가지다. 1)여행하려는 혹은 아무런 동기 없는 어떤 행동을 지속적으로 수행하려는 통제할 수 없는 강박적 욕구가 존재한다. 따라서 모든 종류의 자동증은 우선적으로 둔주로 분류된다. 2)그 행동은 평상시처럼 그리고 겉보기에 정상인처럼 똑똑하게 수행되며 폭력적이지 않다. 3)둔주 이후에 그 행위를 전혀 기억하지 못한다.

히스테리아, 간질, 정신쇠약증을 감별해내려면 세 번째 항 즉 기억장애의 정도에 주목해야 한다. 기억장애가 있으면 간질이나 히스테리아이고, 정신쇠약증은 기억에 이상이 없다. 게다가 히스테리성 둔주는 흔히 최면이나 암시로 기억이 회복될 수 있다. 그렇다고 이것이 감별의 핵심은 아니다. 둔주가 간질성이나 히스테리성이라고 확신이 들면, 다음 단계로 "지적 능력의 정도와 행위의 통일성을 살펴봐야 한다. 이것이야말로 둔주, 정확하게 말하면 히스테리성 증상과 간질의 질주성 전조 증상이 구별되는 지점이다." 여기서 '질주성 전조'란 때때로 발작이 나타나기 직전에 목적 없이 헤매고 다니는 행동을 말한다. 레이몽이 명확하게 말하지는 않았지만, 샤르코의 사례였던 멩은 그렇게 목적 없이 제자리에서 원을 그리며 걸어다닌 적이 한 번도 없었다! 레이몽은 히스테리성 둔주의 핵심 개념을 선언한 것이었고(티씨에의 입장에서는 재선언이지만), 그건 성공적이었다. 간질성과 히스테리성 모두 둔주로 인정되기는 하지만, 히스테리아 진단이 살아있는 한 (오래 가진 못했다!) 단연 히스테리성이 우세할 것이기 때문이었다.[27]

치료에 관해서는, 간질성 둔주는 약물로 치료하고, 히스테리아는 최면요법으로 치료해야 했다. 환자가 간질과 히스테리아를 동시에 가지고 있다면? 이때에도 암시와 최면이 증상 완화의 가장 확실한 길이었다. 정신쇠약증에 의한 둔주는 다양한 형식의 도덕적 설득이 치료법이었다. 고정관념을 없애야 한다고 주장하면서도, 유전성 퇴화자에게는 최면을 거는 것도 약물을 사용하는 것도 적절한 방법이 아니라고 했다.

미치광이 여행자

아마도 윌리엄 제임스는 레이몽의 강의에 대한 피에르 자네의 해설서 사본을 직접 자네로부터 얻었을 것이다. 제임스는 1896년 하버드대학교 로웰 강연에서 분명 그 해설서를 사용했다. "예외적 정신상태"라는 표제의 강연에서, 제임스는 어떤 종류든 간에 기억장애가 있는 이례적인 정신상태 혹은 비정상적 행동—다중인격을 포함하여—을 모두 보행성 자동증이라는 이름으로 총칭했다. 말하자면, 보행성 자동증을 그 이름 아래 여러 질병을 귀속시키는, 소위 정신과 의사들이 말하는 상위 질병명으로 사용한 것이다. 제임스는 그 주장이 어떻게 받아들여질지 당시 청중의 반응을 떠보려 했던 것 같다. 그는 그 강연 내용을 글로 출판하지 않았고, 그 단어를 인격이 나누어지는 증상을 총괄하는 개념으로도 더 이상 사용하지 않았다.

여태까지 우리는 둔주의 대유행 시기를 지나고, 그 본질에 대한 논쟁을 거쳐서, 일시적이나마 해결에 이르는 과정을 살펴보았다. 의학계에서 벌어진 이 논쟁은 둔주 진단에 중요했는데, 그로 인해 의사들의 관심을 끌었기 때문이다. 나는 이와 같은 전문가들 사이의 극심한 의견 대립이 둔주를 새로운 정신질환으로 자리매김하고 유행으로 이어지게 하는 데 크게 일조했다고 본다. 또한 그러한 의견 대립이 기존의 질병분류학 체계 속으로 쉽게 침투하게 해주었음도 주목할 만한 점이다. 쿤의 과학혁명, "자연종 natural kinds"으로의 변환(여기에서는 정신질환 종류로의 변환)이 필요 없었기 때문이다.

둔주 진단이 유행하게 된 두 번째 요소는 1장에서 자세히 살펴보았다. 둔주 환자들을 풍자한 관광여행 말이다. 관광여행은 긍정적이고 좋은 활동으로 인정되고 있었다. 낭만적이고도 지적으로 보람 있는 활동으로 간주되고 있었음은, 베데커 가이드북의 인기와 더불어 프랑스여행클럽이 발행한 《프랑스의 명소와 유적》이 30호까지 나온 사실로도 미루어 짐작할 수 있다. 여행은 건강에도 좋다고 하여 7만 3,000명에 달하는 프랑스여행클럽 유료회원들이 자전거로 여행을 다니거나 신종 스포츠인 등산을 즐겼다. 이는 둔주가 자리잡을 수 있었던 생태학적 틈새의 일부분이었다. 그러나 한편으로 여행에는 어두운 측면도 있었는데, 특히 프랑스의 강박적 부랑자 공포가 그것이다. 의사들은 자신이 진료하는 둔주 환자들이 부랑자가 아니라고 주장하려 했고 이를 입증할 서류를 환자들에게 제공했다. 하지만 이 어두운 측면(3장에서 설명할 것이다) 역시 틈새의 한 부분이었다.

새로운 정신질환의 특징 중 하나는 양면적 방식으로 문화 속에 깊이 파고든다는 점이다. 간단히 말해서, "동일한 하나의 것"에 두 가지 설명이 있어서, 한편에서는 미덕으로, 다른 한편에서는 악덕으로 해석이 되어 그 사이로 새 정신질환은 교묘히 미끄러져 들어간다. 그리하여 둔주는 관광여행과 부랑의 경계에서 생명력을 얻게 되었다. 이 해석이 매우 단순하기는 하지만, 적어도 당대 사회가 용인하는 것과 용인할 수 없는 것 사이에 시대적 광기가 착상된다고 나는 생각한다. 1장이 유쾌하고 건강하며 따뜻하고 건전한 측면을 보여주었다면, 3장에서는 불운에 찌든 떠돌이와 경찰로 가득한 음울한 측면에 대해 말하려 한다.

무력한 남자들의 도주

이 장에서 마지막으로 말하고 싶은 주제는 몸으로 표출되는 남성의 무력함이다. 이것은 19세기의 히스테리아란 "몸으로 표현한 여성의 무력함"이라는 어느 해석을 읽고 차용한 문구다. 여자가 아니라 남자라고? 물론이다. 1907년 미국의 한 신경학자가 둔주에 대해 강의하며 말했다. "나는 조사 초기에 남자가 절대 다수를 차지한다는 사실에 놀랐다. 꽤 많은 사례보고서를 조사한 끝에 2명의 여자를 겨우 찾아낼 수 있었다. …… 왜 여자에게는 보행성 자동증이 없었던 걸까? …… 그 시대에 여자로서 길고 복잡한 여행을 떠나기 어렵다는 건 극히 자연스러운 일이기는 하나, 히스테리아라면 그 병으로 '규정된' 증상 중 적어도 하나라도 가졌어야 하는 것 아닌가?" 지극히 당연한 말씀이다! 좀 더 정확하게 말하자면, 꾀죄죄한 옷차림에 돈 한 푼 없이 멍한 상태에 있는 남자라도 며칠간은 큰 탈 없이 여행할 수 있었다. 기민한 감을 가진 경찰에게 체포되기 전까지는 말이다. 그러나 여자라면 절대로 그렇게 할 수 없었다. 그때나 지금이나.

둔주 환자의 기록을 조사하며 내가 가장 놀랐던 점은 젠더 차이가 아니라 직업 및 사회계급의 차이였다. 단지 부유하지 않다거나 중산층이 아니라거나 하는 문제보다 더 특별한 무언가가 존재했다. 나는 둔주 환자들의 기록을 읽어가면서 그 패러다임이 가스정비공과 배달원이라는 사실을 알았다. 레이몽의 더 최신 패러다임은 기차역 사무원이었다. 내가 찾아낸 사람들은 작은 가게의 점원, 목수, 거울제작자, 재단사, 구두수선공 등이었다. 어느 정도 교육은 받았으되, 12~15살이면 일꾼으로 나서야 했고, 하다 못해 견습생으로라도 일을 해야 했다. 대부분 도시에 살았고, 농부는 소작농이건 자작농이건 간에 한 사람도 없었다. 이들은 날품팔이 노동자도 공장노동자도 아니었다. 완전히 자율적으로 일한 건 아니지만 적어도 직접적으로 감시받지는 않을 만큼 상당한 자유를 누렸다. 알베르는 코크스를 사오라거나 여성복 재단 작업장에 가스 분출기를 설치하라는 등 다양한 임무를 받고 여러 곳에 출장을 다녀오곤 했다.

우리는 선택편향에 주의해야 한다. 혹시라도 의무기록에 남지 않은 중류층 둔주 환자가 동등한 비율만큼 있지 않았을까? 가능한 일이다. 그러나 프루스트의 에밀 사례가 보여주듯이, 부유하다고 해서 고의로 보고서 목록에서 배제하지는 않았던 것 같다. 도리어 역선택 효과가 있어서, 실제로 배제된 것은 부자가 아니라 가난한 사람이 아니었을까 하고 나는 의심한다. 둔주 환자로 진단이 되려면 집이 있어야 한다. 오늘날 정신의학 진단 요람이 해리성둔주를 어떻게 정의하는지 보라. "둔주 환자는 집 혹은 직장을 버리고……"라고 되어 있다. 그러므로 둔주 환자로 정의되려면 집이나 직장이 있어야 한다. 이 정의는 1891년 피트르가 더 은유적으로 묘사한 둔주 환자의 모습에도 그대로 함축되어 있다. "다시는 페나테스Penates[집안의 수호신]를 저버리지 않겠다고 모든 신들에게 맹세하고 집으로 돌아갔지만, 조만간 새로운 발작이 나타나 또다시 탈선행위로 이어졌다." 둔주 환자는 가정의 수호

미치광이 여행자

신을 가져야 했으니, 따라서 가정을 가져야 하지 않았겠는가. 이로부터 우리는, 본래 가지고 있던 다른 의학적 질병에 의한 게 아니라면 둔주 환자라고 진단되는 진짜 하층계급 사람은 거의 발견되지 않았으리라고 추정할 수 있다. 루이 비베에 관해 다시 떠올려보면, 그는 인격의 다중성 때문에 별개의 연구대상이 되었다가 둔주 환자로 재분류되었다.

따라서 선택 오류의 가능성을 과소평가해서는 안 된다. 부랑죄로 수감되었다가 풀려나 다시 길을 떠난 많은 둔주 환자들을 우리가 단지 찾아내지 못한 것일 수도 있다. 그럼에도 모든 전형적 둔주 환자에게는 매우 비슷한 사회적 배경과 뚜렷한 특징이 있다. 그들이 가진 문제는 다양했지만, 현실의 일상적 삶에서는 모두가 이상하게도 무력한 사람들이었다. 그들은 자신이 통제할 수 없는 삶으로부터의 해방구—무슨 말로 표현하든 그건 도주였다—를 둔주에서 발견했고, 둔주가 끝나면 최면이라는 도구를 통하지 않고서는 자신의 둔주에 대해 아무것도 기억하지 못했다. 나는 이들에게서 일말의 사기나 꾀병의 흔적도 찾지 못했다. 내가 본 것은 오히려 일상의 삶에 적응하지 못한 무력한 남자들의 모습이었다. 붕괴되기 직전의 정신적 위기를 수시로 겪었던 이 남자들은 정신질환으로 낙인찍힘으로써 오히려 자유로워졌고, 그렇게 정신질환자가 됨으로써 책임으로부터도 자유로워졌다. 의학은 그 무력함을 배양하여 당대의 문화, 관광여행과 부랑죄라는 양극단이 내포된 문화적 토양에서 성공적으로 의료화를 이루어내었던 것이다.

3장   아름다운 시절이 낳은 광기

광기와 여행

여행은 언제 광기가 되는 걸까? 광인은 언제 여행으로 광기를 드러내는 것일까? 여행하는 자의 광기가 언제 독자적인 특수한 광기로 간주되는 걸까? 광인도 때때로 여행을 했지만, 그들의 여행이 특별한 종류의 광기로 제시된 적은 없었다. 예를 들어, 1825년경 독일의 젊은 시인 에두아르트 뫼리케Eduard Mörike는 클라라 마이어와 사랑에 빠졌고 연작 가곡 〈페레그리나〉[1]로 그녀를 불멸의 연인으로 만들었다. 다른 남자들도 그녀를 강렬한 미인으로 묘사했다. 그녀는 그리스도교 신앙부흥 순회설교단의 일원이었는데, 순회설교가 금지된 후에는 강박적으로 정처 없이 떠돌아다니는 발작이 이어졌다. 그녀는 졸도했다가 깨어나서는 자기가 어디에 있는지 어리둥절해지곤 했다. 그녀는 광인이라 여겨졌지만 무력했고 매혹적이며 사랑스러웠다. 만일 그녀가 1880년대 프랑스에 살았더라면 둔주 환자로 공식 인정을 받았으리라. 하지만 그녀는 의학 연보에 실리지 못했고, 우리는 그저 시구를 통해 그녀를 그려볼 뿐이다.

생각해보면, 불가항력적 충동에 쫓겨 정처 없이 배회하는 행동은 광기에 빠지기 딱 좋은 방법이다. 우리는 목적 없이 강박적으로 떠도는 행위가 왜 인류 역사의 과정에서 더 자주, 더 여러 곳에서 광기의 한 종류로 생각되지 않았는지를 물어야 할지 모른다. 우리는 무분별해 보이는 짧은 여행뿐만 아니라 그 시대와 그 공간에서 단순한 미친 짓을 넘어 광기의 한 유형이라고 진단된 여행도 살펴봐야 한다.

고대 그리스의 미치광이 여행자들

인간조건에 관한 얘기라면 언제나 그렇듯이 그리스 이야기를 빼놓을 수 없다. 서구의 문학은 두 개의 서사시로 문을 열었는데, 하나는 집단의 역경을 그린 《일리아스》이고, 다른 하나는 한 남자의 시련과 성취를 그린 《오디세이아》다. 이 두 요소가 서구 사상의 두 개의 공식 축인 공동체와 개인을 정초했다. 《오디세이아》는 여태까지 전해진 것 중 가장 위대한 여행 이야기다. 심술궂은 독자는 오디세우스가 정말로 심한 미치광이였다고 볼지 모르겠으나, 그 이야기는 광기에 관한 것이 아니다. 오디세우스는 숱한 좌절에도 불구하고 혼돈을 극복하고 승리를 쟁취한 인간이다. 알베르 다다는 오디세우스의 서툰 모방꾼이었다. 그토록 멀리 여행을 하고 수많은 모험을 했지만 알베르에게는 여행 자체가 강박관념이었다면, 오디세우스는 강박적 생각으로 여행을 했으나 그것은 자신을 향한 탐구가 되었다.

길 위에서 잭 케루악Jack Kerouac*이 광인이 아니었듯, 오이디푸스도 광인이 아니었다. 그리스 신화에 나오는 많은 인상적인 사건들은 등장인물이 어딘가로 가는 노정에서 일어난다. 오만했던 오이디푸스는 델포이와 다울리스 사이의 좁은 길을 걸어가다가 맞은편에서 마차를 타고 오던 아버지와 마주친다. 비극이었고 피할 수 없는 운명이었으나, 미친 것은 아니었다. 광기 어린 여행이 자신을 비춰보는 거울이자 광기로 인식되려면, 그 여행은 특별하고 경탄할 만해야 하고, 비극적일지라도 고양시키는 것이어야 한다. 오이디푸스와 오디세우스는 실로 광기 어린 여행이 점유했던 그리스 공간의 한 부분이었다.

그러면 그리스의 광인들은 누구였나? 현대의 정신질환 개념을 고대 그리스에 끼워 맞추려 한다면 그건 엄청난 시대착오다. 그럼에도 여기에는 주목할 점이 있다. 어떤 상태를 단순히 광기가 아니라 질환이라고 지칭하려면, 치료를 요청할 전문가, 치료하려

---

* 1922년 미국 출생으로 기존 체제를 거부하고 갖가지 직업을 전전하다가 제2차 세계대전에 해군으로 참전했다. 종전 후 광활한 미국 서부와 멕시코 등을 걸어서 혹은 히치하이크로 여행했다. 이 체험을 바탕으로 쓴 《길 위에서》는 1957년 출간되었는데, 전후 가치관의 혼란과 세대갈등 속에서 방황하던 젊은 세대로부터 열광적인 반응을 얻었다. 책임과 의무에서 벗어난 젊음의 도취와 무모함, 히치하이크 중 벌어지는 강렬한 만남, 술과 재즈 음악, 변두리 삶의 역동적인 모습, 서부의 거친 자연에 대한 묘사가 길 위에서 펼쳐진다. 잭 케루악의 책을 성서처럼 가슴에 품은 젊은이들이 도취의 세계를 찾아 방랑 여행을 떠났다.

했거나 혹은 치료했던 전문가가 있어야 한다. 그리스 신화에는 그러한 전문가들이 나온다. 그들은 약초나 돌가루로 만든 약으로 미치광이 여행자들을 치료했고, 그 외 춤치료, 수水치료 등 다양한 방법을 동원했다.[2]

그리스에서는 끊임없이 미치광이 여행자가 나타났다. 예를 하나 들어보자. 티린스의 프로이토스 왕에게는 세 딸 이피노에, 리시페, 이피아나사가 있었다. "헤시오도스의 말에 의하면, 디오니소스 의례를 거부했기 때문에, 또 다른 작가 아코우실라오스Acusilaus의 말에 따르면, 나무로 만든 헤라의 신상을 헐뜯었기 때문에…… 세 딸은 성장하면서 점차 미쳐갔고…… 광증에 빠진 세 딸은 아르고스 땅 전역을 헤매고 다니다가 나중에는 아르카디아와 펠로폰네소스를 지나, 가장 난잡한 방법으로 사막을 건너 도망쳤다."[3] 한 의사가 이 광기를 치료할 방법을 알고 있었다. 의사 멜람포스는 힘센 젊은 남자들에게 "시키온 산에서부터 광란의 춤을 추고 고함을 지르면서 여자들을 쫓게 했다. …… 추적당하던 중 큰딸은 사망했지만 두 딸은 다행히 정화되어 제정신을 찾았다." 이 신화의 다른 버전에서는 멜람포스가 딸들을 약초로 치료했다고 한다. 혹은 아르테미스 신전에서 비밀스런 정화의식을 치렀다거나, 클레이토르 강에 몸을 씻도록 했다고도 한다.[4]

그리스 신화에서는 모든 게 거대하다. 누군가는 라캉이라면 멜람포스의 치료비 책정방식을 좋아했을 거라고 비꼰다. 치료비로 왕국의 3분의 1을 요구하다니! 프로이토스 왕은 거절한다. 딸들의 광기는 악화되고, 왕국의 다른 여자들도 똑같은 식으로 미쳐갔다. 결국 멜람포스는 형 비아스의 몫으로 왕국의 또 다른 3분의 1을 요구했고, 프로이토스는 굴복하고 만다. 세 딸 중 한 명은 죽고 둘만 살아남았다. 프로이토스는 약속대로 두 딸을 멜람포스와 비아스 형제에게 결혼시켰고, 그럼으로써 왕국을 가족의 울타리 안에 보존할 수 있었다.

라타—말레이의 방황하는 여자들

이런 미치광이 여행자들에 관해 글을 쓰는 우리 같은 학자들에게는 다행스럽게도, 질병의 실재성이라는 귀찮은 물음이 고개를 내밀 즈음 우리는 다른 방향, 또 다른 시대와 장소로 이끌려 간다. 20세기 초에 이 신화의 한 판본을 해설한 에세이 《황금 가지》를 쓴 인류학자 제임스 프레이저James Frazer 경은 프로이토스의 세 딸 이야기를 정신질환의 실재성이라는 우리의 주제에 꼭 맞게 해석했다. "그 전승은 신화적 장치를 이용하여 아르고스 여자들 중 일부가 일시적으로 앓았던 실재했던 어떤 정신병을 묘사한 것일 수 있다. 우리는 이를 말레이반도의 야생 자쿤족 여자들이 잘 걸린다고 하는 유사한 형태의 일시적 광기와 비교해볼 수 있다."[5]

프레이저는 식민지를 여행한 인류학자이자 고고학자인 이버 에번스Ivor Evans의 1920년 저서를 인용해서 다음과 같이 말한다. 자쿤족 여자들은 "일종의 광기—아마도 히스테리아의 한 종류—에 빈번히 사로잡혀 저마다 노래를 부르며 홀로 밀림으로 뛰어 들어가서는 그곳에서 며칠 밤낮을 머물다가 마침내 거의 벌거벗거나 옷이 갈가리 찢긴 채 돌아왔다. 현지 제보자에 의하면, 이 일이 처음 일어난 것은 몇 년 전이었는데, 아직도 2~3개월에 한 번씩은 나타난다고 한다. 어느 한 여자가 시작하면, 곧 다른 여자들이 똑같이 따라 했다."[6]

프레이저가 말한 "야생 자쿤족"은 토착 원주민으로서, 말레이인들이 말레이군도에 이주하기 전부터 그곳에 살던 사람들이다. 그곳에서 무슨 일이 벌어졌든 간에 우리의 주제인 시대적 정신질환을 여기서 보게 되는 것 같다. 내가 말하는 시대적(일시적)이란 병적 상태가 고작 몇 주간 한시적으로 나타났다는 의미가 아니라, 그 질환이 오직 근래에만 출현했다는 의미다. 즉 이 기이한 행동 양상이 처음 '발생'하기 시작한 것은 불과 "몇 년 전"부터였다.

프레이저는 우리의 시선을 고대 그리스에서 20세기 말레이반도로 옮겨놓았다. 무관한 이야기에 속절없이 휘말린다는 느낌이 들지도 모르겠으나, 놀랍게도 그 사이에는 탄탄한 연결고리가 있다. 예상과 달리 이는 살페트리에르와 그리 멀리 떨어져 있지 않기 때문이다. 2세기 전부터 유럽 여행가와 행정가들은 '라타*latah*'라고 불리는 말레이인들의 광증에 강렬한 흥미를 보여왔다. 현재 인도네시아로 불리는 곳을 다녀온 영국인과 네덜란드인들의 보고에 따르면, 말레이인들은 갑자기 아무런 이유도 없이(유럽인들 시각에서는) 이상한 행동을 하고 퍼덕거리며 온몸을 떨다가 걷잡을 수 없이 외설스런 말을 외치고(coprolalia), 다른 사람이 하는 행동과 말을 그대로 따라했다(echolalia).

샤르코의 제자인 조르주 질 드 라 뚜렛Georges Gilles de la Tourette이
이를 듣게 되었는데, 그 시기는 우연히도 알베르가 보르도의 생
탕드레 병원에 입원하기 전 마지막 둔주를 할 때였다. 뚜렛은 시
베리아 사람들과 미국 메인주의 프랑스계 캐나다인들 중에 매우
유사한 행동을 하는 사람들이 있다고 주장했다. 메인주에서는 이
들을 "*뛰는 사람jumper*"*이라고 불렀는데, 이 명칭은 아마도 캐나
다인들이 아니라 뉴잉글랜드인들이 그렇게 부른 데서 유래했을
것이다. 뚜렛은 살페트리에르에 있는 입원 환자에서도 그와 똑같
은 행동을 관찰했다고 주장했다![7] 이런 일은 흔히 일어났다. 예를
들어, 서플먼트2에서 소개할 유랑하는 유대인이 둔주 진단을 받
고 살페트리에르에 갇히게 된 사연이 그러하다. 파리의 이 정신
병원에서는 세상의 변방에서 온 그 어떤 이례적인 것도 모두 질
병화되고 말았다. 뚜렛은 새로운 병리현상을 제안했고, 그것은
이제 뚜렛증후군이라고 불리며 올리버 색스의 글**로 널리 알려

---

*   1878년 조지 밀러 비어드(George Miller Beard)는 미국 메인주 북부의 울창한 숲
속 무스헤드 호수 근처에 사는 프랑스 출신의 벌목꾼들 중 일부가 놀람반사를 보이는
데, 그 정도가 매우 심하여 마치 펄쩍 뛰어오르는 듯이 온몸의 근육이 경직되었다가 풀
리는 증상을 관찰했다. 이는 1880년 의학보고서로 출간되었다. '뛰는 사람'으로 불린
이 증후군에는 반향어(echolalia), 반향행동(echopraxia)이 포함되었고, 강한 암시성을 가
지고 있어서 명령하는 말을 들으면 반사적으로 그대로 행동을 했다(심지어 가족을 때리
라는 소리에 즉각 가족을 때리기도 했다). 대개 외진 곳에 소외된 벌목꾼 가족 사이에 나
타났고, 개인적으로는 신경질적이고 소심한 성격이었다. 파리의 샤르코가 제자인 뚜렛
을 보내 이를 조사하게 했고, 뚜렛은 이를 "간질성 틱 장애"로 신경학적 질환이라고 했
으나, 최초 보고자인 비어드는 이를 심인성이자 문화권증후군이라고 주장했다. 유사한
증상군으로는 동남아시아의 라타, 시베리아의 메리아체니(Meryachenie)가 있다.
**   올리버 색스, 《아내를 모자로 착각한 남자》(1985)

졌다. 유능한 진단의사였던 샤르코는 제자의 잘못을 교정하여 라타와 뚜렛증후군을 구별해주었다. 어쨌든 뚜렛증후군이 말레이 반도의 라타를 통해서 교과서에 실렸다는 건 사실이다.

그러면 라타는 무엇일까? 최근 생물학에서 사회학에 이르기까지 다양한 의견이 제시되었다. 로널드 사이먼스Ronald Simons는 모든 인간에게서 나타나는 놀람반사startle reflex와 같은 것으로서, 기본적으로 생물학적 행동이며, 말레이군도 외 세계 여러 곳에서 일종의 사회적 기능을 가진 행동이라고 주장했다. 인류학자 마이클 케니Michael Kenny는 순수하게 사회적인 현상으로서, 말레이 사람들의 삶의 일부에 속한 문화적 산물이지, 생물학적이거나 인지적 요인과는 상관없다고 오래전부터 주장해왔다. 다른 지역의 사람들도 유사한 행동을 보인다면, 그것은 각 문화 특유의 원인에 의한 것이지, 인류가 공통적으로 가지고 있는 생물학적 소립자 같은 무언가 때문은 아니라는 것이다.[8]

히스테리아가 절정에 달한 시기에 의사와 인류학자들은 모두 라타를 히스테리아라고 보았다. 정신분석이 최고로 유행하던 시기에 프로이드파 사람들은 라타의 통제할 수 없이 터져 나오는 음란한 행동을 강조하며 이는 강한 성적 억압에서 비롯된 것이라고 주장했다. 1990년대에는 이 괴상한 행동의 생물학적·인지적 원인으로 기울어져, 놀람반응의 한 종류라는 의견이 나왔다. 하지만 적어도 말레이의 정신과 의사 한 명만은 라타와 둔주를 명백히 연결시켰고, 방황하는 경향이 핵심 현상이고 흉내내기와 외설스러움은 부수현상이라고 주장했다.[9] 만일 1890년대의 영어권 세계에서 둔주가 히스테리아보다 더 지배적인 진단이었다면, 영국사람들도 라타를 둔주의 변종이라고 보고 욕설과 음란함은 부차적인 것으로 여기지 않았을까?

요약해보자. 프레이저는 고대 그리스에서 여자들이 정처 없이 황야를 떠돌게 하는 분명한 정신질환이 존재했는가라는 물음을 객관적 질문이라고 여겼다. 이 말은, 만일 1920년대의 전문가가 고대 그리스로 간다면, 말레이의 밀림 여행가가 라타를 '히스테리아'로 여긴 것처럼 그 질문에 답할 수 있을 것이라는 의미다. 그러나 내 생각은 다르다. 사막과 산속을 헤매고 돌아다니며 때로 가축의 행동을 따라 하는 것은 그 신화가 말하는 시대에 미치는 방법이었거나 아니면 미친 사람으로 보일 수 있는 방식이었다. 나는 라타에 대해서도 같은 생각을 가지고 있다. 물론 라타 논쟁[10]에 뛰어드는 것은 무모하긴 하지만 말이다. 여기서 내가 제안하려는 것은, 아르고스인이건 자쿤족이건 간에 그 여자들이 무슨 병을 앓고 있었는지 정신과 의사에게는 묻지 말자는 것이다. 대신에, 우리는 그리스 문화의 혹은 자쿤족 문화의 어떠한 것이 이런 행동을 광기의 표출로 보이게 했는지를 물어야 한다.

광기가 태어나는 곳—생태학적 틈새

생태학적 틈새라는 생물학적 은유가 여기서 진가를 발휘한다. 현재까지 지구상에 존재한 수많은 생명체는 확실한 생존방법을 지니고 있다. 이에 더하여 특정 서식지에 특정 종이 출현하기 위해서는 매우 특별한 환경적 조합이 필요하다. 또한 수렴진화의 법칙도 작용한다. 유사한 틈새에서는 기능적으로 유사한 종들이 진화한다. 주머니쥐가 그 예다. 복부 육아주머니에 새끼를 품고 다니는 주머니쥐는 시궁쥐와는 다른 종임에도 불구하고 동일한 생활방식을 가지고 있고, 인간의 도시생활에 쉽게 적응하는 습성마저도 동일하다. 하지만 우리의 주제와 관련해서는 그 관계가 역전된다. 즉 주머니쥐와 시궁쥐가 유사한 생태학적 틈새에 서식하는 전혀 다른 종이라면, 그리스의 미치광이 여행자와 프랑스의 둔주 환자는 전혀 다른 생태학적 틈새에 살면서 유사한 광기를 보인 사람들이다. 나는 19세기 메인주의 프랑스계 캐나다인과 말레이 부족민에 대해서도 감히 동일한 표현을 사용하겠다. 라타는 아직도 말레이시아에서 발생하고 있으나, '뛰는 사람'은 캐나다에서든 미국의 접경지역에서든 지금은 발견되지 않는다. 어떤 곳에서는 틈새가 오래도록 지속되지만, 다른 곳에서는 금방 사라져버린다.

생태학적 틈새의 특성을 파악하려면, 우리는 거기에 서식하는 종의 사례가 필요하고, 동시에 사례로 든 종과 조금이라도 닮은 종이 전혀 없는 다른 비슷한 서식지가 필요하다. 여태까지는 둔주의 실재성에 초점을 맞추어왔지만, 이제부터는 둔주를 광기의 한 종류로 변성시킨 틈새로 우리의 관점을 확장시켜보자. 이를 위해서는 둔주가 발견된 새로운 환경과, 둔주가 발견되지 않은 비슷한 환경을 비교해볼 필요가 있다. 이것이 이번 장의 주제이지만, 주제의 특성상 다양한 지역을 살펴봐야 한다.

나는 둔주와 비슷한 행동이 광기로 간주되는 상황에 주목했다. 그리스 신화가 그러하고, 말레이의 라타도 "일종의 광기에 사로잡힌" 것으로 묘사된다. 내가 듣기로는, 아주 오래전부터 페루의 긴 연안도로를 따라 한없이 걸어가는 미치광이 도보여행자들이 있었다고 한다. 마치 그 황량한 야생의 연안을 끝없이 걸어가는 것이 광기를 표출하는 의례라도 되는 듯이. 인류학자와 정신과 의사들은 더 많은 실례를 가지고 있다. 이들이 모두 동일한 생물학적 원인에 의해 표출되는 다양한 광기의 모습들이라고 말하고 싶은 유혹이 들지만, 이는 그저 가능성일 뿐이다. 질문을 바꾸어보자. 여차여차한 문명권에서 이러한 행동이 광기의 표출 방식이 될 수 있게 해주는 것은 무엇인가? 이 질문을 안고 이제 1890년경의 둔주로 돌아가 보자.

답을 찾기 위해서는 둔주가 의학적 진단명으로 용인된 사례와 그렇지 아니한 부정적 사례를 모두 살펴볼 필요가 있다. 짧은 기간 동안이었지만 둔주는 프랑스에서, 이후 유럽대륙 대부분에서 서식할 틈새를 찾았다. 그러나 영국과 미국으로는 건너가지 않았다. 왜 대서양 한쪽에는 둔주가 있었는데, 다른 쪽에는 없었던 걸까? 어떤 환경에서는 당대 최고의 의사들이 진단의 세세한 점을 놓고 논쟁을 벌인 반면 다른 환경에서는 그러한 문제가 전혀 일어나지 않는 것은 어째서일까?

이 물음을 제기하기 위해서, 나는 둔주가 미국에서는 의학적 실체로 진지하게 고려된 적이 없었다는 점을 설명할 것이다. 그런 다음 다시 유럽으로 돌아가서 퇴화자, 부랑자, 경찰과 군대 등 둔주의 어두운 측면을 들여다보려 한다. 나의 생태학적 접근법이 옳다면, 서식환경이 파괴되면 그 질환은 변이되거나 사라질 것이다. 따라서 이번 장은 내가 마지막 둔주 환자라고 부르는 한 사내의 이야기로 끝난다. 묘하게 알베르를 연상시키는 그는 프랑스에서 둔주를 다룬 마지막 대중강좌에서 보고되었다. 그때가 1909년이었다. 둔주 유행병은 겨우 22년간 지속되었을 뿐이다. 그럼 먼저 미국에서부터 시작하여 이 주제들을 차례대로 훑어보겠다.

미국에서는 왜 둔주 진단이 유행하지 않았을까?

둔주 진단명이 미국에 정착되지는 않았으나 시도가 없었던 것은 아니다. 분명히, 앞서 있던 진단명이 보행성 자동증을 수용하는 것을 방해했을 수도 있다. 1850년 루이지애나주 의학회는 흑인종의 특징을 연구하기 위해 위원회를 구성했다. 그들이 발견한 특징 중 하나는 소수의 노예만이 도망치려는 성향을 가지고 있다는 것이었다. 이는 틀림없이 광기의 한 종류라 여겼고, 그리하여 위원회는 "도망광drapetomania"이라는 진단명을 발명해냈다. 그 단어는 도망친다는 의미의 그리스어에서 유래했다. 주인으로부터 벗어나 도망치려는 노예는 도망광이라는 광기로 고통받고 있기 때문이라고들 말했다.[11] 백인 의사가 발명한 도망광은 진단명으로서는 단명했으나 남부 백인의 마음속에는 오래도록 남아 있었다. 이런 일은 당시 다반사 중 하나에 불과했다. 예를 들어, 1850 년 통계를 보면 남부에서보다 북부, 특히 매사추세츠주에서 정신병에 걸린 흑인이 훨씬 더 많았음을 알 수 있다.

보행성 자동증은 이와는 다른 것이었다. 미국의 의사들은 이 새로운 질환의 최신 정보에 민감했다. 샤르코의 두 번에 걸친 멩에 대한 강의가 몇 주 이내에 정확하게 요약되어《의학 뉴스》에 실렸다.《란셋Lancet》에 실린 한 영국인의 보고서는 멩에 대해 약간의 회의를 내비쳤고―"거의 믿기지는 않지만, 만일에 인정된다면 법적-의학적 견지에서 매우 흥미로운 특이한 사례"―미국의 논평가들은 이 의견을 적절히 존중했다.[12]

1890~1905년 사이의 신대륙에도 같은 시기의 프랑스였다면 히스테리성 둔주로 불렸을 사람들이 꽤 존재했다. 그러나 미국이 주목한 증상은 다른 것이었다. 정신질환자로 간주되었던 많은 남자들이 여행을 다녔고, 더러는 놀랍도록 먼 거리를 돌아다녔다. 둔주 동안에는 자신의 이전 정체성을 잊어버렸고, 어디에 갔는지도 기억하지 못했다. 어떤 경우에는 최면으로 기억을 찾기도 했다. 그러나 이들은 둔주로도, 보행성 자동증으로도 진단되지 않았다. 이들의 진단명은 이중의식 혹은 다중인격이었다. 그런데 이들은 '남자들'이었다. 1890~1905년의 미국은 2세기 전 처음으로 이중의식이 명시적으로 진단된 이래 다중인격으로 기록된 사람 대부분이 남자인 유일한 장소이자 시기다. 단순하게 보면 다음 두 가지 설명 중 하나에 해당할 것이다. 한 가지는 그들은 사실 둔주 환자인데 다중인격으로 잘못 진단된 경우다. 따라서 그

들이 남자였다는 것은 상관없지만 다중인격으로 집계되어서는 안 된다. 아니면 오직 그때에만 국한해서 미국의 의사들이 대부분 남자인 둔주 환자들을 진료하면서 젠더 비율을 맞추려고 이들을 다중인격으로 분류했을 가능성도 아주 없지는 않겠다.

'옳은' 진단이 무엇인지는 여기서 나의 관심사가 아니다. 오늘날 해리장애를 진료하는 많은 의사들은 이렇게 말할 것이다. 19세기 말 미국 의사들은 옳은 방향 곧 '해리장애'로 갔고, 반면 프랑스 의사들은 잘못된 방향 곧 '둔주'로 갔다고. 내가 말하려는 요점은 미국의 몇몇 사례는 히스테리성 둔주에 딱 들어맞았지만 이 진단명은 미국 땅에서 언급된 바가 없다는 것이다. 둔주에 관한 프랑스 문헌이 대서양을 건너 미국에서 진지하게 받아들여진 건 1906~7년이었는데, 신중하게 논의되기는 했지만 그땐 이미 이상할 정도로 광채를 잃은 후였다.

오직 한 명의 미국인만이 둔주 환자로서 유명해졌다. 앤설 본 Ansel Bourne은 매사추세츠주 코번트리에 살던 영적으로 다시 태어난 목사였다. 어느 날 갑자기 종적을 감춰버린 그는 2개월이 지난 어느 날 아침 일어나 보니, 자신이 펜실베이니아주 노리스타운에서 존 브라운이라는 이름으로 작은 잡화점을 하고 있음을 알게 되었다. 자신이 어떻게 그곳에 오게 되었는지, 지난 2개월간 무슨 일이 있었는지 기억하지 못했다. 그가 사라진 날은 국가와 가족적 가치의 재탄생을 기념하는 날이었으니, 그는 말하자면 세 번째로 재탄생한 자였던 셈이다. 윌리엄 제임스가 그를 단독 면담했고 자신의 책 《심리학 원리》에서 이를 주제로 논했다. 보스

미치광이 여행자

턴의 저명한 심령학 연구자 리처드 호지슨Richard Hodgeson은 《심령
연구학회보》1891년호에 본의 이야기를 30쪽 넘게 썼다. 왜 하필
그 잡지였을까? 보스턴 사람들은—헨리 제임스를 떠올려보시
라—심령과 관련된 모든 것에 열광했고, 다중인격의 이차적 상
태는 영혼이 깃들지 않은 상태일 거라고 의심하고 있었기 때문이
다. 프랑스도 결코 모르지는 않았지만, 다중인격 논쟁에 심령술
을 가미한 것은 영어권의 꽤나 대담한 시도였다. 심령주의는 뉴
잉글랜드에서 다중인격을 키워준 생태학적 틈새의 한 요소였다.
호지슨은 본을 "이중의식의 일례"로 보고했고, 윌리엄 제임스도
그 방식으로 기술했다. 본은 명백히 둔주 환자가 아니었다. 그는
일생 동안 오직 한 번 떠났고, 옛 삶을 망각한 채 새 삶을 살았기
때문이다.[13]

앤설 본은 워낙 유명했던 사례다. 덜 유명하긴 하지만 히스테
리성 둔주에 더 들어맞는 사례도 있다. 버지니아주 "북부 도시"
에서 사업을 하던 50세의 존경받던 남자가 갑자기 사라졌다. 6개
월 후 "먼 남부 도시"에서 발견되었는데, 무슨 일이 있었는지 기
억하지 못했다. 발견 당시 바싹 말라 쇠약해져 있었고 사라질 때
입었던 옷을 그대로 입고 있었다. 그는 결코 본이 했듯이 새로운
안정된 삶을 찾으려 하지 않았다. 그가 한 행동은 완벽한 둔주였
지만 그저 "이중인격" 환자라고 보고되었다.[14] 프랑스에서 둔주의
전형적 증상이라고 보던 강박적 도주 행동, 목적 없이 방황하기,
기억상실과 최면에 의한 기억 복구 증상을 보이는 환자를 보더라
도 미국의 의사들은 "다중인격의 일례"라고 보고했다.[15] 한편으

로는 확실한 간질 환자도 다중인격으로 해석했는데, 정신의학은 물론 심령주의 입장에서도 그렇게 발표하는 게 이득이었기 때문이다.

일단 달아나서 완전히 종적을 감췄다가 자신이 누구인지 자각하고는 그동안의 행동은 기억하지 못하는 것이 미국식이었던 것 같고, 이는 히스테리성 둔주와 이중의식의 중간 어디쯤엔가 위치하고 있었으나 항상 이중인격 혹은 다중인격의 틀 안에서만 기술되었다. 소설마다 다중인격이 등장했는데, 어느 정도였냐 하면, 기이한 행동을 잔뜩 묘사한 소설과 다중인격에 관한 의학보고서가 마치 경쟁이라도 하듯 앞서거니 뒤서거니 발표가 되면서 어느 것이 더 첨단인지 헷갈릴 정도였다.[16] 마크 미케일Mark Micale은 19세기의 여러 소설들이 히스테리라는 질환의 본을 떠서 쓰인 것이 아니라, 거꾸로 의학적 설명이 소설을 따라갔다고 주장하기도 했다. 다중인격 자체가 소설과 같았고, 사실과 허구 사이를 넘나드는, 내가 다중적 일대기multobiographies라고 부르는 장르에 알맞았다. 기억상실은 스릴러물의 주요 테마이긴 했으나, 특수 증후군으로서의 둔주는 문학의 주요 테마가 되지 못했다. 조르주 심농*의 작품 대부분이 둔주의 연구물 시리즈라고 인정하지 않는 한 말이다.[17]

앤설 본과 버지니아의 사업가는 아르투어 슈니츨러Arthur

---

*   Georges Simenon. 벨기에 출신의 소설가. 파리 경찰청 매그레 반장을 주인공으로 한 누아르 추리소설의 대가.

Schnitzler의 1926년 소설《꿈 이야기Traumnovelle》에서 잠깐 다시 불려나온다. 주인공은 자신이 미국식 둔주 환자―즉 다중인격―가 된다면 어떨까 곰곰 생각해본다. "그는 정신의학에 관한 책에서 읽었던, 소위 이중인생double-lives이라 불리는 기이한 사례들을 떠올렸다. 평범하게 살던 남자가 갑자기 사라지고 흔적도 찾지 못하다가 몇 달 혹은 몇 년이 지나서 돌아오는데, 그동안 자기가 어디에 있었는지 기억하지 못했다."[18] 이것은 한 남자가 도망쳐버리기 위해 둔주인 척해볼까 궁리하는 그런 단순한 경우가 아니었다. 주인공은 (다의적 의미로) 이미 자신이 누구인지 망각하는 '몰아지경'에 빠져 있었기 때문이다.

미국의 둔주 환자들

둔주는 미국에서 뒤늦게 학문적 연구대상으로 부상했다. 미국의 유명한 다중인격 연구자 모턴 프린스Morton Prince는 1906년 자신의 환자인 전형적 미국 스타일의 다중인격자 샐리 뷰챔프*에 관한 700쪽에 달하는 책을 출간했다. 그녀에게는 수없이 잦은 둔주 병력이 있었으나 보행성 자동증으로 진단되지는 않았다. 같은

---

*   Sally Beauchamp. 본명은 클라라 노턴 파울러(Clara Norton Fowler)이고, 가명이 크리스틴 샐리 뷰챔프였다. 보스턴의 신경학자 모턴 프린스에게 23세이던 1898년부터 1904년까지 진료를 받았다. 프린스는 샐리가 서로 다른 3개의 인격을 가지고 있다며 최초의 다중인격으로 의학계에 보고했다.

해, 프린스는 심리학 학술지《이상심리학 저널》을 창간하고 다중인격 관련 논문으로만 창간호를 채웠다. 그중 하나가 〈다양한 형태의 보행성 자동증의 임상적 감별진단〉으로, 그건 여기저기서 베낀 논문이었다. 주제는 간질성 둔주와 히스테리성 둔주의 감별진단으로, 17년 전 쥘 부아쟁이 대부분 논의한 것이었다. 논문의 저자는 샤르코에 동조했고, 히스테리아에 대한 경멸을 숨기지 않았다. "둔주에 대한 일부 의사들의 태도는 샤르코 시대 이후로 급진적으로 변화되었는데, 지금 보기에는 히스테리아 덕분인 것 같다."[19] "샤르코 시대 이후"라는 어구는 조금 이상하다. 샤르코가 논문을 출간한 게 1888년과 1889년이었고, 논문의 저자가 둔주를 넓은 개념의 그물망으로 포획하려 한 대표적 인물로 예를 든 부아쟁도 1889년에 논문을 발표했기 때문이다.

회의론으로 가득 찬 이 논문에 자극받아, 미국의 처음이자 마지막으로 진지하게 둔주를 연구한 미국신경학회장 휴 패트릭Hugh Patrick은 1907년 학회 인사말에서 "우리나라에서 이 주제는 아직 체계적인 관심을 받지 못했다"라고 말했다.[20] 그는 보행성 자동증에 대한 1891년 피트르의 정의에 따라 프랑스 문헌을 조사하여 시카고의 자기 진료소에서 새로운 사례 6명을 찾아냈다. 그러나 이들을 '미치광이 여행자'라고 부르기에는 조금 주저된다. 비록 이들의 둔주가 강박적이고 거의 반半의식 상태에서 일어났으며 기억상실을 동반하기는 했지만, 그들은 멀리 도망칠 매우 당연한 이유가 있었기 때문이다. 패트릭도 이를 잘 알고 있어서, 의학적 둔주는 반은 의도적이고 반은 충동을 이기지 못하는 것이라고 했다. 그는 세기말의 전형적인 공처가 사례를 제시했는데, 아내는 짜증스러울 때면 남편에게 "귀싸대기를 날렸다." 빚에 허덕이다가 '부정행위'로 고소당한 사업가의 사례도 있었다.

그리고 드디어 첫 흑인 둔주 환자가 등장한다. 그의 이야기는 패트릭의 것보다는 흑인 인권 운동가 W. E. B. 듀보이스Du Bois의 기록을 읽는 게 낫다. 그는 43세의 숙련된 제철소 직원이었다. 1902년 홍수로 집과 모든 재산을 잃으면서 운명의 굴레가 돌아가기 시작했다. 다음 달에는 공장 압연기에 다리를 다쳤다. 다시 일을 시작할 수 있게 되자 공장이 문을 닫았다. 그에게는 혈기왕성한 자식 4명과 억센 아내가 있었고, 일거리는 찾지 못한 채 빚만 늘어났다. 1905년에는 기차사고로 이가 몇 개 부러지고 뇌진탕이 일어났다. 1906년에는 노상강도에게 의식을 잃을 때까지 얻어맞았다. 그가 불안정한 정신상태를 보였던 적은 딱 한 번 있었는데, "하루는 10달러를 들고 집에 와서 한 아이에게 몽땅 쥐어주고는 계속 '아이처럼 행동하며 놀았다.'" 1906년 그가 마지막으로 둔주를 보인 것은 가족에게 줄 크리스마스 선물을 마련할 수 없을 때였다. 그는 여러 차례 전형적인 둔주를 보였고, 최면상태에서는 어디에 갔는지 기억해냈다. 자세한 사연을 다 들으면 눈물을 흘릴 사람도 있겠지만, 내가 감명받은 것은 이 남자의 용기와 가족에 대한 헌신 그리고 지독한 불행을 의연히 헤쳐나간 아내의 태도다. 만일에 내가 그런 상황에 놓였다면 훨씬 일찍 무너져버렸을 것이다. 패트릭은 그를 히스테리성 둔주라고 발표했다.

세 명의 사례가 더 있었는데, 패트릭은 모두 히스테리아로 보았고, 심지어 샤르코의 패러다임인 멩에 대해서조차 의심했다. "샤르코와 그의 제자들은 어떤 둔주 환자는 히스테리아 진단이 딱 맞는데도 그 가능성은 아예 염두에 두지도 않았던 것 같다." 패트릭의 논고는 프랑스의 어떤 둔주 논의보다 모범적이고 훌륭했다. 하지만 이것은 폐기처분된 후에야 '그건 완벽했어!'라고 칭송하는 현상을 상기시킨다. 저 위대한 차이나 클리퍼*처럼. 혹은 앞에서 초기 자전거에 관해 말했으므로 그것에 비유하자면, 특허받은 세이프티 자전거가 등장하면서 큰 앞바퀴를 지닌 페니파딩**이 구식이 된 후에야 '그건 자전거 경주장에서 가장 빠른 두 바퀴였어!'라고 말하는 것처럼. 이들 오래전의 발명품들은 한때 그 무엇보다 빠른 속력을 자랑했지만, 곧 호기심의 대상에 불과해졌다. 마찬가지로 패트릭의 연구도 히스테리아 진단이 쇠퇴하면서 시대에 뒤처진 것이 되었다.

미국이 둔주의 서식처가 되지 못한 이유는 명확하다. "젊은이들이여, 서부로 가라!" 둔주 환자들은 떠나서 다시 돌아오지 않았던 것이다. 이 표어는 영국인에게도 어느 정도 적용되었다. 영국인은 프랑스인보다는 용이하게 신대륙이나 식민지의 다른 영

---

*　　China clippers. 팬아메리카가 개발하여 1935년 11월 첫 운항된 미국 최초의 민간 항공우편용 횡태평양 쾌속비행정. 당시 세계에서 가장 큰 비행정이었다. 그 이름은 조종석 부분을 칙칙한 황갈색으로 칠했기 때문이었다. 그 후 나온 비행정은 제각기 다른 이름을 가지고 있었으나 모두 '차이나 클리퍼'로 통용되었다.

**　　penny-farthing. 커다란 앞바퀴와 매우 작은 뒷바퀴가 달린 초기 자전거로, 이름은 영국의 큰 동전인 페니와 작은 동전인 파딩에서 유래했다. 한동안 유행하다가 안전자전거에 의해 밀려났는데, 앞바퀴가 클수록 속도가 빨라서 지름이 1.5미터까지 커졌다.

토로 사라질 수 있었다. 영국인은 아예 이주해버릴 수도 있었으나 그건 프랑스식 생활방식이 아니었다. 모턴 프린스의 저널 첫호에는, 본국에서 송금해온 돈으로 생활하며 뉴욕주 로체스터에 살던 한 영국 남자가 실제였든 환상이었든 간에 미국 북부의 숲과 서부 대초원을 떠돌다가 캐나다까지 유랑했다는 보고가 실렸다.[21] 바다를 건너는 이런 활동과 맞먹을 만한 역할은 프랑스 남자들에게 주어지지 않았다. 오직 몇몇 프랑스 남자만이 아프리카나 동남아시아로 건너갔는데, 그곳의 가혹한 기후는 이들 개척자의 방랑을 좌절시켰다.[22]

둔주 환자 중 탈영병이 많은 이유

영어권 나라가 둔주에 관심을 가지지 않은 데에는 또 다른 이유가 있었다. 영국과 미국에는 징집제가 없었고, 프랑스와 독일의 탈영범 범주에 해당하는 개념도 없었다. 여기서 말하는 탈영범은 전쟁의 공포에 질려 도망친 병사들이 아니다. 그런 병사들은 지금은 외상후스트레스장애 클리닉으로 보내진다. 교조적인 현대의 트라우마 정의 때문에 해리장애를 전문적으로 진료하는 정신과 의사들은 전쟁터에 있었던 정신적 트라우마로 상처받은 병사들 사이에서 둔주를 찾는 것이 당연하다고 생각한다. 그런데 사실은 정반대였다. 둔주는 평온하고 단조롭고 지루하기만 한 군대생활의 의학적 실체였다. 1870년에 둔주 환자로 불린 최초의 탈영병들은 사춘기도 채 지나지 않은 젊은이들이었고, 프랑스에서 의학적 실체로서의 둔주 진단은 1914년 이전부터 시들해져가고 있었다. 제1차 세계대전 때 셸 쇼크로 정신적으로 붕괴된 병사들은 기회만 있으면 도망쳤지만, 그들은 더 이상 둔주 환자가 아니라 다른 이름으로 불리게 되었다. 의학적 진단으로서의 둔주는 19세기 말 '아름다운 시절la belle époque'의 종언을 고하는 한 현상이었다.

　병역은 두 가지 결과로 이어졌다. 첫째, 유럽대륙에서 길 위의 젊은 남자는 영어권 나라에서보다 훨씬 더 철저한 조사와 통제를 받았다. 프랑스 시민이 자신의 거주 지역을 떠나 다른 곳으로 여행하려면 통행증을 소지해야 한다고 명시한 나폴레옹 법전의 법률은 19세기 내내 효력을 발휘했다. 이 법은 준수하는 법이 아니라 위반하는 법으로 악명이 높았지만, 아무리 그렇다 해도 법은 존재했다. 이 법은 개인의 이동을 통제하는 방법이자, 특히 탈영병을 조사하는 방편이 되었다. 통행증에 덧붙여, 병역을 마친 모든 젊은 남자는 군복무 기간과 재입대 의무가 발동되는 상황을 명기한 병역수첩을 지니고 다녀야 했다. 이와 관련된 상황은 이미 우리에게는 익숙하다. 알베르는 거듭 서류를 잃어버렸기에 불심검문에 걸리면 혹은 한데에서 잠을 자거나 몽롱한 상태로 걷다 발견되면 의심을 피할 수 없었다. 한번은 둔주 상태에서 전당포에 시계를 저당잡힐 때 병역수첩을 신분증명서로 이용했는데, 나중에는 그마저도 잃어버렸다. 시계와 수첩을 어쨌는지 기억하지 못했으나, 최면을 걸자 그 전당포를 기억해냈고(시계는 아직 그곳

　미치광이 여행자

에 있었다), 수첩을 놔두고 떠났던 공원도 기억해냈다. 영국이나 북미에서는 죄를 짓지 않는 한 둔주 환자들은 눈에 띄지 않았다. 프랑스에서는 걸핏하면 조사를 받았고 서류가 없으면 감옥이나 정신병원으로 보내졌다.

병역의무제의 두 번째 결과는 전문가의 대두였다. 계획적 탈영범과, 의학적 상태로 책임이 면제될 자를 구별하기 위해서 의학-수사 전문가 집단이 필요해졌다. 프랑스와 뒤이어 독일 및 러시아의 육군과 해군 전문가들 중 관련된 저술을 한 사람들이 탈영한 징집병을 옹호하는 경우는 매우 흔했다. 그럼으로써 그들은 군의 여타 직군과 달리 전문가로서의 독립적 권위를 확립할 수 있었다. 영국과 미국의 육군이나 해군 군의관이 탈영병을 편들어 주었다는 증거는 찾을 수 없다. 물론 당시 영국과 미국의 군인은 자원병이었다.

근래 프랑스의 둔주 상황을 살펴보는 것도 흥미로울 것이다. 최근 보고서는 오직 3개만 찾을 수 있었는데 1956년, 1967년, 1993년에 나왔다. 각각 10명, 62명, 29명의 둔주 환자를 실었는데, 두 번째인 62명의 사례보고서는 그중 5명에 대해서만 상세하게 기술했다.

프랑스는 아직도 병역의무제이고,* 신분증명서를 가지고 다녀야 하며, 여전히 경찰은 누구든 '통제'할 수 있다. 즉 아무런 이유

---

* 1905년부터 실시된 프랑스의 징병제는 1996년에 평시 징병이 중단되었고, 2001년 자크 시라크 행정부에 의해 폐지된 후 모병제로 전환되었다.

를 대지 않고도 신분증을 제시하라고 요구할 수 있다. 그리고 의학적 전통은 사라지지 않음을 상기시키듯, 두 번째와 세 번째 보고서를 쓴 사람들은 보르도의 의사들이었다. 주목할 점은 첫 번째 및 세 번째 보고서의 사례를 합한 39명의 둔주 환자가 모두 평화 시에 징집된 군인이었다는 사실이다. 1956년 보고서는 프랑스의 식민지 전쟁들이 본격적으로 발발하기 전에 징집된 탈영병들을 다루었고, 1993년 보고서는 모든 전쟁이 종식된 후에 탈영한 병사들을 다루었다. 두 번째 보고서에 나오는 병사 5명은 자원병과 징집병이 섞여 있었지만, 모두가 시골마을 근처에 주둔하고 있었고 해외파병 가능성이 없는 부대들이었다.[23]

독일의 경우 1898년 이후에야 둔주가 의학적 실체로 등장했다고 말한 바 있다. 히스테리아, 특히 남성 히스테리아가 독일에서는 샤르코 시대의 프랑스에서만큼 주요 화제가 되지 못했다는 사실은 중요하다. 더욱이 조기치매dementia praecox*와 같은 새로운 독일식 진단명이 등장하면서 히스테리아는 프랑스에서조차 사라져가던 중이었다. 독일 의사들이 탈영병을 구제하려 군법정에 탄원서를 제출해도 남성 히스테리아의 진단으로는 변론으로서 쓸모가 없었다. 프랑스에서는 20세기 초까지도 히스테리성 둔주가 유용한 탄원 사유였지만, 독일에서는 잠시 반짝하다가 곧 잠재성 간질에게 그 자리를 빼앗겼기 때문이다. 때로는 이러한 현실적

---

* 조현병 즉 정신분열증의 전 명칭. 이른 나이인 청소년기에 발병해서 치매에 이르기까지 만성 황폐화의 과정을 밟는다는 의미로 붙여졌다.

미치광이 여행자

여건이 의학적 실체의 형세를 결정짓는 핵심 요인이 된다. 자세한 것은 서플먼트3에 기술되어 있다.

둔주는 퇴화 때문이다!?

그런데 왜 군법정은 군 생활의 지루함 때문에 탈영이 일어난다는 생각은 하지 않았을까? 알베르가 처음 입원한 병동의 정신과 의사인 피트르는 제자인 레지스와 공동으로 1902년에 책을 출간했다. 레지스는 둔주 충동의 근본적 성향을 포괄적으로 지칭할 수 있는 '방랑광'이라는 신조어를 만들었던 바로 그 의사다. 책의 제목은 《강박사고와 강박행동》으로, 그 책의 주제 중 하나인 둔주는 징집병에게서 흔히 볼 수 있다고 했다. 징집의 강제성 때문에 그렇다고 해석했을까? 아니었다. "징집병에는 온갖 수준의 퇴화자가 섞여 있는데, 이는 *신체검사처럼 엄밀한 심리적 선별검사 체계가 없기 때문이다.* 그리고 타고난 도주 성향으로 인해 엄격하게 훈육되는 병사들이 더 병적 충동에 내몰린다고 설명할 수 있다."[24]

이것은 징집병의 심리검사 필요성을 역설한 초기 탄원이었다. 또한 탈영 행위를 의료화해야 함을 암시하는 것이었다. 이러한 전략을 '압제적 의학'이나 푸코의 권력/지식 등의 근래 유행어식 표현으로 생각해서는 안 된다. 분명 권력이 문제되는 것이었고, 의사가 잡고자 하는 권력이며, 그럼으로써 의사 자신들이 탈영병

사례에 대해서는 전문가임을 공언하고자 한 것이었다. 그러나 그 목적은 탈영병에게 감옥형이나 장기간의 중노동형이 떨어지지 않게 하려는 것이었다. 방랑광이라고 진단될 수만 있다면 탈영병은 석방되거나 가벼운 벌을 받았다.

레지스는 화려한 전적을 가진 한 둔주 환자를 예로 들었다. M.은 한마디로 말해서, "히스테리성 퇴화, 둔주와 도둑질 충동, 매우 희박한 책임감"으로 요약된다. 도둑질? 정확히 말하면 도둑질은 아니었다. 이 남자는 자전거를 계속 빌려 타다가 자전거 수리공 일자리를 얻었고, 어느 날 마을에서 가장 빠른 자전거를 타고 사라져버렸다. "그의 처지에서는 훔치는 게 매우 쉬웠음에도 불구하고 그가 한 행위는 도둑질이라는 단어의 원래 의미에 맞지 않을 뿐만 아니라, 가져간 물건에서 어떤 식으로도 이익을 취하려 하지 않았다." 한번은 그가 사라진 후 지방신문이 그를 미치광이 고객이라고 묘사하며, 상인들에게 어떤 물건도 그에게는 팔지 말라고 경고했다. 그는 군에서도 탈영했다. 레지스가 최면치료를 시도했고 잠시 도움이 되는 듯했으나 결국은 완전히 종적을 감춰버렸다. 이 사례를 정리하며 레지스는 다음과 같이 결론지었다. "1)M.은 히스테리성 퇴화자로서, 지적으로도 도덕적으로도 미약하고 충동적 유혹에 저항할 수 없는 사람이다. 2)[발견될 경우] 해당 행위에 대한 처벌이 없어서는 안 되겠지만 현저하게 가벼워야 한다."

퇴화! "M.은 실은 퇴화된 자다…… 퇴화의 몇몇 신체적 징후가 보이고…… 심신미약의 퇴화를 보일 뿐만 아니라 모친과 조모처럼 히스테리아를 가지고 있다." 퇴화란 무엇인가? 이는 프랑스가 영국과 독일에 비해 쇠락하고 있음을 근본적으로 설명하는 만능 개념이었다. 19세기 내내 퇴화 개념은 저출산율과 관련이 있다고 보았고, 따라서 자살, 매춘, 동성애, 광기 그리고 무엇보다도 부랑죄와 연결되었다. 2장에서 집요하게 퇴화를 연구하던 프로그램에 대해 언급한 바 있다. 이제 그것을 자세히 들여다볼 시점이다. 19세기 내내 프랑스는 퇴화를 국가적 문젯거리로 여겼고, 특히 독일과의 전쟁에서 패하면서 이 우려는 더욱 악화되어 프랑스 국민의 집단적 쇠약함을 입증하는 증거가 되어버렸다.[25]

퇴화는 곧바로 유전과 연결되었다. 샤르코는 간질, 히스테리아, 신경쇠약이 단순한 방식은 아니더라도 어떤 식으로든 유전되는 질환이라고 확신했다. 거기에 히스테리아 환자의 가족들이 있었다. 히스테리아를 배출한 가족은 가계도의 다른 가족들과 구별되었는데, 이를 추적하면 원인이 된 허약한 기질적 혈통을 찾아낼 수 있다고 보았다. 예를 들어, 알코올중독(만성 음주)과 음주광 dipsomania(폭음) 같은 명백한 결함이 있었다. 둘 다 유전성이어서 병적 혈통을 형성하고, 결국은 퇴화가 대를 이어 나타나는 가계가 된다. 그리하여 술고래는 히스테리아를 낳고 히스테리아는 간질을 낳는다. 히스테리아와 간질을 가진 자는 퇴화자들이다. 따라서 히스테리성 둔주 환자 및 간질성 둔주 환자 역시 퇴화된 자들이라는 것이다.

노마디즘과 우생학

미국에서 왜 둔주 진단을 받아들이지 않았는지 또 하나의 이유가 여기에 있다. 미국에는 퇴화 프로그램이 없었기 때문이다. 미국에서 퇴화와 가장 유사한 것으로는 열등성 프로그램이 있었다. 미국 흑인의 열등함을 체계적으로 증명하고, 퇴화를 예방하기 위해 백인-흑인 간 잡혼을 금지할 것을 주장하는 연구 프로그램이었다. 따라서 도망 노예의 광기인 도망광에 대해서는 논할 여지가 있었지만, 방랑광에 대해서는 논할 필요를 느끼지 못했다. 더없이 단순한 논리였다. 우생학의 기세가 고조되면서, 유럽 동부와 남부에서 오는 이민자는 모든 점에서 영국이나 북유럽 혈통에 비해 열등하다는 믿음이 확고해졌다. 따라서 좋은 혈통이 희석될지도 모른다는 우려 때문에 그들의 이민을 중단시켜야 했다. 이것이 유럽의 퇴화 프로그램이 미국에서 자리잡게 된 사정이다. 우생학과 둔주의 접점을 보여주는 놀라운 실례를 하나만 들겠다. 유명한 찰스 데이번포트Charles Davenport는 콜드스프링하버연구소의 실험진화학과장이자 '미국을 청정하게 지키자'라는 캠페인을 이끌던 과학자였다. 노르웨이인? 오케이, 시칠리아인? 입국 불가! 1915년 워싱턴 D.C.의 카네기연구소는 158쪽에 이르는 데이번포트의 연구서를 출간했는데, 그 제목은 다음과 같았다.

통제 박약.
노마디즘 혹은 유랑 충동.

미치광이 여행자

유전형질과의 특수한 연관성에 관하여.
기질의 유전성.

'기질의 유전성' 항의 부제는 "쌍둥이와 자살 사이의 특수한 연관성에 관하여"였다. 현지 조사에 든 총비용은 "우생학기록관의 설립자이자 후원회장인 해리먼E. H. Harriman 부인과, 록펠러John D. Rockefeller 씨가" 지원했다.

우리의 주제와 관련 있는 것은 '노마디즘' 개념이다. 책의 제목 '통제 박약Feebly Inhibited'은 당시 통용되던 단어 '정신박약feeble-minded'을 암시하려 의도된 것이었다. 데이번포트의 견해는 인류에게는 타고난 노마디즘 성향이 있지만, 이는 문명과 문화에 의해 억제된다는 것이다. 미치광이 여행자는 문자 그대로 자기 통제가 미약하여 걸리는 유전적 병이고, 통제 박약은 프랑스의 퇴화 개념과 어느 정도 상응한다고 보았다.

용어에 관해서는 1장 서두에서 논한 바가 있다. 독일에서 둔주를 칭했던 '방랑벽Wandertrieb'은 병적 색채가 없이 습관성과 기질을 의미할 뿐 도리어 동경의 대상이었다. 반면 '방랑자vagabondage'는 빈곤의 의미가 내포되어 있어서 동경과는 거리가 멀다. "둔주는 보통 극단적인 사례에 적용되고, 극심한 병적 특성을 지니고 있어서 의식이 정상적이지 않고 장애가 있다. 방랑광은 보행성 자동증과 동의어로 사용된다. 노마디즘은 인종 혹은 부족의 방랑 성향을 의미한다. 이렇게 다양한 용어들을 고려하여 나는 '노마디즘'이란 단어를 사용하려 하는데, 여기에는 인종의 의미가 함축되어 있기 때문이다. 현대적 관점에서 보면 모든 유전적 특성은 인종적이다." 그 책에 실린 100개의 가계도에서 총 168명의 남자 노마드를 찾아낸 데 반해 여자 노마드는 15명뿐이었다. "이 사실에서 유추할 수 있는 가설은 노마디즘은 성염색체를 통해 유전되는 반성伴性, sex-linked 유전 경향이 있다는 것이다." 사용된 자료는 가설과 딱 들어맞았다. 뒤를 이어 과학적이라고 불리는 온갖 방법이 동원되었다. 경쟁 가설들도 고려의 대상이 되었다. 예를 들면, '인간사회에서는 남자가 노마드가 되기 더 쉽다' 같은 가설도 있었다. 그러나 실제 집시들을 보거나 집시연구회의 자료를 보면 딱히 그렇지만도 않다. "이 모든 증거는 노마드적 충동이 가정에 대한 애착을 '결정하는' 단일 반성유전자의 결여에서 기인한다는 가설을 뒷받침한다." 이런 주장들이 당시의 유전학 논리로 신중하게 논의되었다.("노마디즘은 아마도 반성 열성 단성잡종 monohybrid 상태일 것이다.") 그렇다면 그 광기는 사라졌는가? 그렇지도 않다. 미국은 정신의학에서 우생학으로 초점을 옮겨갔지만, 결론은 이렇게 도출되었다.

노마드 충동은 우울증, 편두통, 간질, 히스테리아 같은 다양한 종류의 행동양상이 간헐적으로 나타나는 가족에게 자주 발생한다. 이들 상태가 노마디즘의 원인이라기보다는, 오히려 억제력이 주기적으로 마비되면서 평소 억압되었던 노마드 충동이 폭주한다고 결론지을 수 있다. 정신박약과 치매환자는 이런 주기적 마비 상태에 빠지지 않더라도 목적 없이 헤매고 돌아다닌다. 주기적 정신병이 흔히 수반되기는 하나, 노마드 충동의 근본적 원인은 아니다. 단지 그 충동이 쉽게 표출되도록 하는 조건일 뿐이다.[26]

100개의 가족력을 정리한 초록은 그 자체로 흥미진진하다. 저자가 그 자극적인 이야기들을 정리하면서 얼마나 흥분을 했던지 수많은 곳을 이탤릭체로 강조해놓았다. (예를 들어, 사례1: "이 사례의 어머니의 아버지는 서부에서 온 범법자였다. 때로 고주망태가 되도록 마시고 살인사건에도 연루되었다.") 표제어 중에는 여자에게 국한된 것은 아니지만 특별히 여성을 상징하는 증상도 나온다. 그 증상은 "흔히 억제할 수 없는 이상성욕의 상징으로 사용되는데, 성적 영역에서 다양한 반사회적 행동으로 이어지게 된다"라고 설명했다. 음주는 이 이야기들에서 당연히 중요한 역할을 했고, 때로는 오히려 멋진 행동으로 표현되기도 했다. (사례94: "그는 알코올중독자로서 기회만 있으면 술을 마셔댔다. 73세가 되자 전국을 자전거로 여행하겠다는 광적인 생각을 키워갔다…… 자전거를 타지 않을 때는 몇 시간씩 쉬지 않고 걷겠다고 마음먹었다.")

퇴화 개념은 전혀 다른 환경인 미국으로 건너가 우생학 운동으로 변화되었다. 노마디즘은, 비록 광기가 가정적 본능을 억제한다고는 하지만, 광기는 아니었다. 노마디즘은 가정 본능 유전자가 출현하기 이전 시대로의 원시적 퇴행이었다. 노마디즘은 유전성이었고, 데이번포트가 단언했듯 "모든 유전적 특성은 인종적이다."

부랑자 공포와 반부랑자법

　1890년의 프랑스로 돌아가면, 퇴화라는 무대의 고정인물인 알코올중독자와 음주광이 둔주의 장에서도 역할을 맡고 합류하게 되었다. 그리고 그들은 전형적인 히스테리성 둔주와는 다른 새로운 유형의 둔주가 되었다. 어디에서 주정뱅이를 찾을 수 있겠는가? 경찰청 옆의 특수진료소에는 "공공질서를 교란시키는 광인 부류의 사람들이 다 모여 있었다." 샤르코가 아직 권세를 잡고 있던 1889년에는 그곳이야말로 "발현된 그대로의 자연적 증상을 가진" 환자를 검사할 이상적인 장소였다. 샤르코가 청중에게 보여주던 환자들과는 달리 자연적 상태의 증상을 볼 수 있었다는 말이다.[27] 히스테리성 자동증과 알코올성 자동증 환자라고 하는 두 명의 사례가 제시되었는데, 둘 다 술에 취해 헤매고 다니지는 않았다. 그 두 명에게서 나타난 둔주는 술에서 깨어난 후에 벌어진 일이었고, 간질성 둔주와 매우 유사하기는 했지만, 면밀한 조사 결과 알코올중독이 보행성 자동증의 확실한 원인이라는 결론이 내려졌다.

　경찰이 찾는 사람은 술주정뱅이와 탈영병만이 아니었다. 퇴화 프로그램은 유전이론과 사회적 골칫거리가 만나는 접점에서 효력을 나타냈다. 퇴화 프로그램의 초점은 현재의 것과 그리 다르지 않다. 오늘날 우리에게 익숙한 자살 유전자, 알코올 유전자, "동성애 유전자", 폭력 및 범죄 성향 유전자 등이 그것이다. 19세기 프랑스 과학자가 1997년에 환생한다 해도 전혀 놀라워하지 않을 것이다. 100년 전 그가 찾아 헤매던 문제이기 때문이다.

19세기의 퇴화 목록을 보면, 20세기 후반과 마찬가지로, 시기마다 다른 항목이 등장한다. 19세기 초에는 자살, 광기, 범죄와 매춘이 선택적 대상이었다면, 1870년 이후에는 부랑자나 방랑벽이 주요 관심거리였고, 1885년이 되자 뜨내기 일꾼이 심각한 사회문제로 대두되면서 강력한 일련의 반부랑자법이 통과되었다. 그 법은 상습적 부랑자와 구제 가능한 부랑자를 엄격하게 구별하여, 구제 가능한 부랑자에게는 서약을 받고 일종의 가석방 형식으로 방면했다. 또한 그들이 집이라고 할 만한 곳을 찾을 수 있도록 도움을 제공했다. 반부랑자법은 같은 해 통과된 재범법과 밀접한 관련이 있었다. 재범법에 의하면 상습범은 가혹한 환경의 식민지 유배형에 처해질 가능성이 컸다. 상습적 부랑자는 추방지에서 징역형을 받기 쉬웠다.

그런데 1897년의 부랑자와 1997년의 노숙인은 어떤 차이가 있을까? 현대의 노숙인은 1세기 전 프랑스의 부랑자와는 그 의미가 크게 다르다. 오늘날 노숙인은 가정이 없음을, 다시 말해서 1980년대의 큰 공포인 핵가족의 붕괴를 의미한다. 1880년대 프랑스 사람들에게 부랑자는 인종적 퇴화, 생식불능, 혹은 프랑스 인종으로부터 마땅히 제거되어야 할 특성을 번식시키는 사람을 의미했다.

자크 동즐로Jacques Donzelot는 부랑자에 관해 과장되게 기술하기를, "부랑은 보편적 정신병리가 되어, 부랑의 프리즘으로 비춰보면 모든 범주의 광기와 비정상이 분류될 수 있다"라고 말했다. 부랑 행위는 곧바로 의료 영역으로 포섭되었다. 부랑자는 당연히 퇴화자였다. 그리고 많은 부랑자가 당연히도 보행성 자동증을 앓아야 했다. 이 시점에서 장 클로드 본Jean-Claude Beaune의 연구에 관해 말해야겠다. 그는 프랑스의 둔주 사태에 관해 책 한 권 분량에 달하는 연구논문을 발표했는데, 그 논문은 논쟁을 불러오기는 했지만 매우 통찰력이 있었다. 〈방랑자와 기계장치, 보행성 자동증에 관한 에세이: 1880~1910년 프랑스의 의학, 기술 그리고 사회〉가 그 제목이었다. 본이 명시한 연도는 부랑자에 대한 공포의 시작과 끝을 표시한다. 본은 떠돌이와 뜨내기 일꾼을 의료화하고 의학적으로 감금해버리는 것을 일종의 "집단학살"이라고까지 표현했다. 가끔 실제로 살해하기도 했겠지만 대개는 시설에 가둠으로써 특정 부류의 사람들을 사회에서 제거하는 것을 의미했다. 그는 "방랑자 살해"라는 표현도 썼지만 단지 은유적 표현이었을 뿐이다.[28] 그는 부랑자들이 수용소와 감옥에서 소멸되었다고 단언했다. 본은 그것이야말로 둔주와 보행성 자동증에 관해 진지한 의학적 논의가 필요한 이유라고 했다. 그렇다면 정말 당시의 의사들은 자신의 역할이 그러하다고 생각했을까? 어느 정도는 그러했을 것이다. 르네 벡René Beck은 리옹 의과대학 교수직에 지원하기 위해 부랑과 광기 사이의 관계를 주제로 1902년에 논문을 제출했다. "부랑자는 체계적으로 사회에서 제거되어야 한다. 그들은 유해할 뿐만 아니라 무엇보다도 병든 자라는 점에서 돌봄을 받아야 하기 때문이다"라고 그는 주장했다. 이것이 사회적 골칫거리에 대한 자유주의적 해결방식의 대표적 예다. 돌봄시설에 넣어서 시야에서 제거해버리는 것 말이다.

반부랑자법이 적용되는 범위는 실로 놀랄 만했다. 앙드레 R.이라는 사람에 관한 흥미로운 이야기가 있는데, 그 배경은 프랑스의 한 오지 마을이다. 앙드레는 1892년 그 마을에 들어와 점쟁이와 치료사 일을 하며 눌러앉았다. 오지였음에도 즉각적으로 사이비 의료행위와 부랑자법 위반이 그에게 적용되었다. 앙드레가 가지고 다니던 책에 최면술과 타로에 관한 내용이 있었다는 게 혐의점이었다. "저는 의료행위를 하지 않았어요. 그저 점을 쳤을 뿐입니다. 약초를 달라고 해서 요구를 들어준 것뿐입니다." 그는 비용을 요구하지는 않았지만, "선물"은 받았다. "저도 먹고살아야하지 않겠습니까." 그는 벌금을 내고 계속 그 마을에 머물렀다. 그를 면담한 의사와 법정 전문가 증인은 다음과 같이 기록했다. "언젠가 다시, 부득이한 이유로, 또는 병든 마음이 무언가 새로운환상에 사로잡혀서 그는 여행자의 지팡이를 들고 떠돌다가, 그런사람들에게 정부가 제공하는 쉼터의 문을 두드릴 게 틀림없다. 현대사회의 질서를 교란하기 시작한 수천 명의 *무법자*outlaws 중한 명인 그의 삶에 일어났던 일을 여기에 기술한다." "무법자!"이 미국식 단어가 프랑스어 텍스트에 사용된 걸 보니, 미국의 거친 서부와 프랑스의 오래된 촌락이 뒤섞인 느낌을 주는 게 기분이 묘하다.

동종요법을 하고 점을 치던 떠돌이 행상인에 대한 이런 식의사고방식은 동즐로와 본이 방랑에 대해 논하는 방식을 확인해준다. 그럼에도 동즐로와 본은 방랑자에 대해 지나치게 낭만성을 부여했던 것 같다. 부랑자 공포의 원인 중 하나를 묵과했다는 점에서 그러하다.[29] 당시 프랑스는 공화주의와 권위주의(왕당파, 보나파르트주의자, 종교계 거물들이 뒤섞인 것을 그렇게 부른다면) 사이에서 권력과 국가개념을 선점하려는 경쟁으로 정치계 전체가 뒤숭숭한 시기였다. 경제적으로도 불황이어서, '아름다운 시절'은 대량실업으로 비틀거리고 있었다. 경기불황은 남자들로 하여금 더 나은 곳을 찾아 멀리 떠나게 하거나, 아니면 자포자기에 빠져 길거리를 헤매게 했고, 이는 1장에서 언급한 거의 성공할 뻔했던 1889년 불랑제의 쿠데타에 불을 지폈다. 불랑제주의자들은 이 음울한 분위기를 일종의 국가사회주의로 몰아가서 독일로 진군하여 보불전쟁의 복수를 할 뻔했다. 앙드레 R. 같은 개인들의 무죄 방면을 위한 탄원에도 불구하고, 그러한 사회환경에서 그들을 자유로운 영혼이라고 부르는 것은 그저 급진파의 허장성세에 불과하다.

본과 동즐로의 이야기에서 진짜 현실은 그 뒤에 도사리고 있는 경찰과 감옥이다. 샤르코의 환자 멩은 센강에 뛰어들었다가 기차역 진료소로 잡혀갔다. 다음 둔주에서 브레스트에 갔다가 그곳 경찰에게 도움을 청했으나 또 감옥에 감금되었다. 알베르는 거듭 체포를 당했다. 티씨에의 추정에 따르면 알베르는 둔주 기간의 절반을 감옥에서 보냈다. 경찰은 이들에 대해 어떻게 생각했을까? 의학 문헌으로는 이를 알아낼 수 없음이 분명하다. 그러나 확실한 자료가 하나 있는데, 파리 경찰청 의사 브농R. Benon과 주로 검찰측 전문가 증언을 한 정신병원 의사 프루아사르P. Froissart

가 공저한 일련의 논문이 그것이다.

이들 두 사람의 글은 어떤 점에서는 그 명쾌함에서 모범이라 할 정도다. 그들은 둔주는 사회질서의 맥락에서만 정의될 수 있다는 단순명료한 관점을 견지했다. 2장 말미에서 말했듯이, 통상적 거주지에서 통상적 삶의 방식을 가진 사람이 일탈을 저질렀을 때에만 둔주라는 용어가 적용된다. 샤르코의 불운한 환자 멩이 첫 둔주에서 영영 돌아오지 않았다면(마지막 둔주에서 그랬듯이), 그건 둔주가 아니라 실종으로 기록되었을 것이다. 마찬가지로, 브농과 프루아사르는 둔주의 정의에 '거주지'라는 단어를 넣었다. 그들은 둔주가 아니라 방랑하는 사람을 정의하길 원했던 것이다. 그들은 히스테리아냐 간질이냐를 놓고 벌이는 의사들의 끝없는 논쟁에는 아무런 관심이 없었다. 유전적 둔주 혹은 방랑광이라는 이유로 피의자들이 무죄방면되는 것도 원치 않았다. 그들은 "둔주는 반사회적 행위"라고 강력하게 주장했다. "모든 사람은 자기가 속한 사회에 의무를 가지고 있다. 본능을 따랐든 자유의지였든 간에 사회적 계약을 깨뜨리는 순간부터 그 사람은 스스로 법의 보호 밖에 서 있게 되는 것이다. 자신의 거주지를 포기하는 둔주 환자가 바로 그 예이며, 둔주를 반사회적 행위로 보아야 할 이유다." 둔주가 "질주성 간질, 자동증적 몽유증, 알코올중독 및 여러 이탈 행위와 구별되는 점은 이들 질환을 가진 자들은 *둔주 환자처럼 사라져버리지 않는다는 데 있다.*"[30] 한마디로 말해서, 경찰은 의학적 진단의 정확성 여부는 상관하지 않겠다는 말이다. 집에 머물거나 일터에 있기만 하면 그 사람이 무슨 병에 걸렸는지는 관심 밖이었다. 도망을 갔다면 정당한 이유가 있든 어떤 사유가 있든 간에 반사회적 행위로 구금되거나 처벌을 받아야 했다.

그리하여 경찰과 의료계는 정면으로 부딪치게 된다. 레지스는 온갖 종류의 병적 도망 행동을 엄호할 수 있는 비특이적 진단명으로서 방랑광을 제시했고, 이것이 무죄 탄원의 근거로 사용되었다. 여행자나 통과자에게도 무죄를 주장할 변명거리가 되었다. 경찰은 정신과적 진단은 아무 상관이 없다고 맞섰다. 병을 앓더라도 집에만 있다면 경찰이 상관할 바가 아니나, 집을 떠난다면 그 행위 자체로 이미 반사회성을 드러낸 것이고, 그때부터는 경찰의 관할에 놓여야 한다고. 이런 식의 강경노선을 표현하는 기록이 많이 있는데, 이 또한 부랑 행위에 대한 의료화된 폭력의 하나였다. 이러한 공격이 1910년경까지 이어졌다. 브농과 프루아사르의 논문들이 정점에 이르던 때가 1908~9년이었으니, 그들은 이 공격의 막바지 주자들이었다.

둔주의 쇠퇴와 종말

이제는 둔주가 어떻게 쇠퇴했는지 간략히 살펴보자. 부랑자 공포가 사라졌다는 것이 의심할 여지없이 가장 중요한 요인이었다. 둔주가 태어나게 된 생태학적 틈새의 필수 요소가 사라진 것이다. 다른 요소들도 사그라졌는데, 여기에서 중추적 역할을 한 인물이 요제프 바빈스키다. 한때 샤르코의 애제자였던 그는 최면술이 가진 최악의 월권적 측면에 매혹되었다. 1887년에는 자석으로 한 환자의 히스테리아 증상을 빼내어 다른 환자에게 이식하는 실험을 보여주기도 했지만, 얼마 지나지 않아 그런 착각에서 빠져나왔다. 1899년 9월에는 샤르코의 강연 방식을 그대로 본떠서 55세 여자환자에 대해 발표했다. 그녀는 지난 10년간 여러 차례의 짧은 둔주를 떠났다가 돌아왔다. 간질성이었을까, 히스테리성이었을까? 기록에는 이 질문이 남아 있지만, 세부내용은 모호하게 적혀 있다. 바빈스키는 스승이 그랬듯 간질 진단 쪽을 편들어 매일 2그램의 브롬화칼륨을 처방했다. 마지막으로, 그는 히스테리아 환자를 데려와 청중 앞에서 최면을 걸어, 마치 장애물이 눈앞에 있다는 듯 그것을 돌아 걸어오게 했다. 최면에서 깨어난 후 짧은 둔주 동안의 일을 묻자 전혀 기억하지 못했으나 다시 최면을 거니 전부 기억해냈다. "비슷한 상태가 저절로 발현해서 24시간 지속된다면, 그것이 진정한 보행성 자동증 발작이겠는가?" 이는 샤르코가 정의한 보행성 자동증과는 맞지 않았다.

몇 년 후, 바빈스키는 히스테리아를 맹공격해서 둔주가 속했던 진단분류 구조를 무너뜨리고야 만다. 1908년 4월 9일부터 5월 14일까지 파리에서 열린 신경학회 회의에서 그는 오랫동안 부글거리던 분노를 활화산처럼 터뜨렸다. 그의 주장에 따르면, 히스테리아의 전형적 증상은 강력한 암시 효과인데, 암시는 의사가 직접 걸었을 수도 있으나, 주위로부터 흡수한 문화적 영향이 더 크다고 했다. 오이디푸스 반응에 빗댄다면, '아버지' 샤르코는 살해당했고, 그의 창조물인 히스테리아 역시 살해당한 셈이다. 유명한 '바빈스키 반사'는 히스테리성 암시와 신경학적 손상을 감별 진단하는 방법이라고 했다. 바빈스키는 히스테리아에 등을 돌렸고, 일찍이 1916년부터 군 의료기관에서 맡은 상당한 권한의 지위를 이용하여 병사의 히스테리아 증상은 신경학적 이상이 아니라고 주장하면서 샤르코의 가르침을 맹렬히 부정했다. 그것은 암시에 따른 증상으로 명칭부터 바꿔야 한다며, 그가 선택한 이름은 "피티아티즘pithiatism"*이었다. 공포증에 대한 간단한 치료 후에 병사들은 원인이 무엇이든간에 자신이 있던 전선으로 복귀해야 했다. 왜 증상이 생겼는지와 상관없이 원대 복귀가 최고의 치료법이라고 했다. 그의 책은 프랑스에서 출간되자마자 곧바로 영어로 번역되었다.

아무리 영향력이 큰 바빈스키일지라도, 그리고 샤르코에 대한 오이디푸스적 분노로 훨훨 타오르고 있었다 해도 이런 큰일을 혼자 힘으로 이뤄낸 것은 아니었다. 히스테리아에 대한 회의론이 이미 자리를 잡고 있었다. 마크 미케일의 주장에 따르면, 새로운 종류의 진단명들—한 예로 얼마 후 정신분열증으로 개명될, 독일에서 들어온 조기치매가 있다—이 쇄도해 들어오며 이미 의혹의 장이 마련되어 있었다. 히스테리아는 장렬히 산화하여 "의학 교과서 안 수백 군데로 흩어져 스며들어 갔다"라고 미케일은 묘

---

* 1918년 바빈스키가 히스테리아를 대신할 명칭으로 제안한 것인데, 그리스어 *pithanotes*(설득력 있음)에서 유래되었다. 히스테리아가 암시에 의해 발생한 것이라면, 그 증상도 암시로 제거될 수 있다고 본 것이다.

사했다.[31] 즉 히스테리아의 잡다한 증상들이 새로운 질환군들 속으로 재배치되었다는 것이다. 쿤의 마지막 저작의 관점에서 볼 때, 이는 과학혁명의 드물지만 명백한 예다. 히스테리아라는 분류가 다른 것으로 대체되면서 더 이상 히스테리아의 과거 정체를 알아보기 어려울 정도가 된 것이다. 쿤에 따르면, 과학혁명의 과정에서 어떤 분류명이 폐기될 때에는 과거의 분류 개념(언어적 실체이든 사전적 항목이든 간에)이 새로운 분류 개념으로 옮겨갈 수 없다. 따라서 과거의 생각과 관행은 새로운 방식으로 사고하는 사람들에게는 말 그대로 이해불가다. 바빈스키의 말로 표현하면, 옛 분류와 새 분류의 구조 및 언어는 동일한 표준으로는 잴 수 없는 것이 되어버리는 것이다.

내가 생각하기에, 쿤은 히스테리아가 진단명으로서 소멸된 현상을 이해할 수 있는 분석틀을 제시했다. 하지만 나는 여기서 지성사의 거대한 도식을 파헤치려 하기보다는, 단지 우리의 호기심의 대상인 둔주에 대한 생각이 어떻게 변화해왔는지를 들여다보고 싶을 뿐이다.

새 진단명들이 활발히 사용되기 시작하면서 둔주도 거기에 합류했다. 조기치매는 세기말의 프랑스에서 유행하기 시작했고 1906년에는 확실하게 정착되었다. 프랑스에서 그 진단명을 사용한 선구자 중 한 명인 모리스 뒤코스테Maurice Ducosté는 보르도 의과대학 졸업자였다. 그는 최초로 조기치매 환자에서 둔주를 찾아냈고, 일 년도 채 지나지 않아 모든 종류의 정신병에 자신의 진단 방식을 적용했다. 당시에는 조기치매가 그런 식으로 이해되고 있었기 때문이다. 뒤코스테는 '둔주'라는 용어는 그지없이 모호하다고 생각했다. 법정에서 의학적 도움을 제공하는 것이 사회적 이유로 점차 중요해지기 시작했는데, 다행히도(?) 용어의 모호함은 책임 면제를 주장하는 데 하등의 문제가 되지 않았다.

뒤코스테는 자기 고향인 보르도의 전통에 충실해서, 자신의 견해는 특별히 새로운 게 아니라고 단언했다. 그러면서 티씨에의 책을 주의해서 읽기만 했더라도, 둔주가 다른 여러 정신병에서 일어날 수 있는 일화적 사건에 불과하다는 것을 알았을 것이라고 단언했다. 티씨에가 자기 논문의 절반을 알베르의 묘사로 채웠지만, 그래도 둔주를 5가지 유형으로 분류하는 것으로 글을 시작했다고 말했다. 섬망성, 환각성, 치매성, 충동성 둔주 그리고 마지막으로 알베르에 해당하는 포로증*에 의한 둔주가 그것이다. 티씨에는 둔주를 일으킬 수 있는 다른 정신병도 언급해놓았다. 곧 색정광, 폐소공포증, 광기에 의한 식인증 그리고 낭광**이다. 뒤코스테는 알베르를 여러 둔주 유형 중 하나로 다루면서 둔주 연구를 처음부터 다시 시작하자고 제안했지만, 실은 둔주의 원인 목

---

* 捕虜症, the captivated. 17~18세기 동안 향수병이 유럽의 군대를 휩쓸었다. 특히 용병, 포로, 징집병들에게 많이 나타났고 증상도 다양하여 우울, 불안, 불면, 식욕 저하, 좌불안석에서 심할 경우 죽음에까지 이를 수 있었다. 군에서 탈영해 집으로 돌아가려는 강렬한 욕구와 행동에 대하여 스위스 군의관이었던 요하네스 호퍼(Johannes Hofer)는 1688년 nostalgia(鄕愁)라는 신조어를 만들었고, 이후 향수는 질병명에 오르게 된다. 특히 18세기 후반 프랑스 대혁명과 나폴레옹 전쟁 중 포로에서 흔히 나타났기에 포로증(the captives, the captivated)이라고 불렀다. 19세기 초반 질병명에서 빠지고 일반 단어로 사용되었다. 20세기 들어 이민자, 난민과 관련되어 다시 거론되고 있다.
** 狼狂, lycanthropy. 자신이 늑대가 되었다는 망상을 가지고 늑대처럼 행동하는 것.

미치광이 여행자

록에 조기치매를 새로 추가했을 뿐이다. 한마디로 말해서, 둔주에 관한 논의는 빙 돌아 제자리로, 즉 아직 독립된 진단명이 아니었던 출발점으로 돌아왔던 것이다.

둔주 진단명에 회의적인 현대 의사라면 왜 그 많은 둔주 환자들을 현재의 조울병(양극성정동장애)으로 진단하지 않았는지 의아해할지도 모르겠다.[32] "조躁" 상태에서 둔주가 일어났을 수 있기 때문이다. 그러나 문헌을 보면 이 가능성은 대두된 적이 없었다. 프랑스에서는 1850년대부터 순환성 정신병folie circulaire이라는 진단명이 있었고, 그건 오늘날 양극성장애라고 불리는 상태와 그리 다르지 않다. 이와 관련된 1903년의 토론 기록을 하나 찾아낼 수 있었다. 아래에 전문을 옮겨본다.

티베Thivet: 여태까지 나온 둔주 유형에 순환성 정신병에 걸린 환자와 발작 시에 배회증徘徊症 증상을 보이는 환자를 추가할 수 있겠습니다.

발레Ballet: 전적으로 동감합니다. 그걸 증명할 사례도 많고요. 특히 기억나는 사람이 한 명 있는데 천성이 참했습니다. 그 친구를 만났던 당시 저는 젊었기에 시간이 지나 되돌아보고 나서야 그를 순환성 정신병이라고 진단할 수 있었습니다. 보통은 매우 가정적인 사람인데, 어느 날 발작적으로 흥분해서 모험을 찾아 떠나버리고 말았지요.

프랑스 둔주 시대의 종말을 알리는 신호탄이 올라간 것은 1909

년 8월 2일부터 8일까지 낭트에서 열린 정신병 의사와 신경학자의 총회에서였다. 총회의 두 가지 주제는 군대에서의 정신질환과 둔주였다. 둔주 주제에 관한 모든 발표문에는 조기치매 환자의 둔주 일화가 들어 있었다. 빅토르 파랑Victor Parant은 둔주 특성에 따른 유형을 분류하는 내용의 발표를 했다. 멜랑콜리성 둔주, 몽상적 둔주, 간질성 둔주, 조기치매에서 나타나는 충동적 둔주, 방랑광의 둔주, 이차적 의식 상태의 둔주 그리고 의도적 둔주가 그것인데, 이들은 특수한 유형이라고 했다. 일반적 둔주는 위에 열거한 둔주에 해당되지 않는 나머지 둔주를 모두 포함한 것이었다. 과거의 구분법은 무너지고 말았다.[33]

위의 목록 중 멜랑콜리성 둔주에 주목해보자. 그 오래된 멜랑콜리아라니! 파랑은 낭트 총회에 참석한 보르도 대표단 중 한 사람의 의견을 고려하여 이를 제안한 것이었다. 그는 보르도 외곽에서 개인 정신병원을 운영하고 있던 가스통 랄란Gaston Lalanne이었다. 그는 〈멜랑콜리아 환자의 둔주와 박해받는 멜랑콜리아〉라는 논문에서 〈미치광이 여행자〉라는 둔주에 관한 최초의 논문을 다시 언급하며, 그 논문의 저자[티씨에]가 미치광이 여행자를 특별한 종류의 여행 광기monomanie des voyages로 보는 것은 완벽한 실수라고 주장했음에 주목한다. 환자는 그저 복합적인 우울증상에 시달리고 있을 뿐이라는 것이다. 랄란의 발표에는 기억상실이 없는 멜랑콜리성 둔주 사례 6명이 포함되었다.[34]

히스테리아에 대해서, 경찰의警察醫 대표단의 브농과 프루아사르는 이렇게 비꼬았다. "여태까지 출간된 논문들로 판단하건대,

미치광이 여행자

소위 '간질성'이라고 불리는 둔주와 소위 '히스테리성'이라고 불리는 둔주는 현재로서는 질병명이 되기가 힘들 것 같다." 우리가 그때 낭트 총회에 있었다면 정신의학의 새 시대가 열리고 있다고 느꼈을 것이다. 히스테리아는 무대 중심에서 물러나고, 샤르코의 영향은 실질적으로 사라졌다. 독일 정신의학이 무대 전면으로 나서고 있었다. 둔주는 구슬픈 소리를 내며 멀어져갔다. 파랑이 낭트 총회에 대한 논평을 정리하고 있을 즈음, 둔주 환자들은 연이어 급증하고 있었으나 그 대열에 히스테리성 둔주가 없었다는 말은 사실이다. 그리고 이 책의 출발점이자, 최초의 둔주 환자에게 완벽히 들어맞는 것처럼 보였던 진단명으로서의 히스테리성 둔주는 의학계에서 사실상 소멸되었다.

그렇다고 프랑스의 정신병 의사와 그 후손인 정신과 의사들이 계속 출현하는 둔주 환자를 외면했다는 말은 아니다. 그 분야에 지속적으로 관심을 보이던 사람들은 이따금씩 사례를 발표했다. 로제 뒤푸이Roger Dupouy는 1909년 낭트 총회 이후의 사례를 모은 책을 공동 저술했다. 거기에는 전년도에 열린 디종 총회에서 저자들이 발표한 사례도 들어 있었다. 그들은 예전 분류법을 무시한 채 다시 둔주를 강박성, 피해의식적, 히스테리성의 세 종류로 나누었다. 뒤푸이는 둔주가 더 이상 독립적 질병이 아니라고 공식 발표된 이후에도 계속 둔주를 세분해갔다. 꽤 시일이 지난 1925년에는 또 누군가와 공동 집필한 논문에서, 간질성 둔주와는 매우 대조적인 '대둔주'라고 칭한 새로운 유형을 창조해서 의학계의 관심을 끌어보려고 했다. 그러나 그 유형의 원형은 이미

1908년 디종에서 발표한 사례였다. "우리가 언급한 대둔주 환자가 보이는 보행성 자동증은 간질이 아니다. 그것은 모든 점에서 전형적 몽유증과 매우 유사한 *각성-유주流走증vigil-ambulisme*이다. 예전에는 히스테리아와 연관지었고, 분명 신경증과도 매우 흡사하지만 혼동해서는 안 된다." 저자들은 자신들이 오랫동안 간질 환자를 봐왔지만, 샤르코의 멩처럼 똑똑하게 행동하는 사례는 없었다고 말했다.

논쟁은 점점 시들해졌다. 1933년 루이 마르샹Louis Marchand은 간질성 보행성 자동증에 관한 조사 결과를 발표했는데, 간질 병동의 환자 중 둔주를 보인 사람은 한 사람도 없었다고 했다(뒤푸이가 옳았다). 그러나 외래 환자 1052명의 조사에서는 6.4%가 둔주였다고 했다(뒤푸이는 엉뚱한 추론을 한 것이다). 간질성 둔주는 병원의 병동이 아니라 노상에서 일어나는 현상이기 때문이다. 간질성으로 길을 헤매던 환자들 중 3명의 여자와 2명의 남자는 둔주 이외에 두드러진 간질 증상을 보이지 않았다. 잠재성 간질이라는 진단은 유효하다고 마르샹이 알려준 셈이다.

독립된 주요 진단명으로서의 둔주가 스러져가고 있다는 사실은 마르샹이 인용한 논문의 수로 확인된다. 1910년 이전에 출간된 논문은 77개였으나 1918년 이후에는 15개에 불과했고, 그조차도 대부분이 마르샹이나 로제 뒤푸이, 앙리 클로드Henry Claude(1869~1946)가 단독으로 혹은 공저한 것들이었다. 클로드는 집중적으로 유년기 둔주에 관해 저술했고, 극심한 우울증의 뒤를 이은 조증 상태에서 나타나는 둔주에 관해 공동 집필했다. 둔주

미치광이 여행자

뿐만 아니라 해리장애 전체가 한물간 구닥다리가 되어 어떻게 그들만의 이야기로 변해갔는지는 1937년의 한 일화를 상기해보면 알 수 있다. 당시 앙리 클로드는 히스테리아와 정신분열증의 관계에 관해 막 발표를 끝낸 참이었다. 그러자 청중석에 있던 피에르 자네가 손을 들고 이렇게 말했다. "클로드 씨가 저희들의 오래전 연구인 히스테리아 환자의 해리에 관해 흥미로운 방식으로 상기시켜주신 데 감사드립니다. 그런데 듣다 보니 지금이 1937년인지, 아니면 클로드 씨가 무슨 마술이라도 부려서 우리를 1892년으로 데리고 간 건 아닌지 어리둥절해집니다."[35] 피에르 자네가 다중인격, 더 넓게 보면 해리 현상의 대부로 알려져 왔다는 사실은 아이러니하다. 자네 자신은 다중인격이 *순환성 정신병*이라고 결론을 지었는데도 말이다. 그리고 자네가 말한 핵심 내용은 해리장애가 1892년에는 그럼 직하게 보였을지 몰라도 1937년의 시점에서는 더 이상 현실에 적용될 수 없다는 말이었다. 둔주 역시 마찬가지였다. 1887~1909년의 프랑스에서 둔주는 시대적인 것이기는 했지만 의미 있는 정신질환이었다. 그리고 이제는 더 이상 그렇지 않았다.

마지막 둔주 환자

그리하여 나는 잠시 감상에 빠진다. 알베르는 어떻게 필리프 티씨에, 자전거 타는 미래의 체육 선각자의 상상력을 사로잡게 되었을까? 아마도 모험 때문이 아니었을까? 알베르가 진정으로 괴로워하던 그 고통에 연민을 느끼면서도 매력 넘치는 악당의 모험 이야기에 은밀히 기쁨을 느끼는 낭만주의자들은 낭트 학회에서 내린 결론에 실망하지만은 않았을 것이다. 그 학회 참석자 중에는 조제프 그라세Joseph Grasset 교수도 있었다. 그 역시 지방 출신으로서, 지중해 연안의 역사 깊은 몽펠리에 의과대학에서 전생애를 보냈다. 1889년에 출간된 백과사전의 '히스테리아' 항목에 112쪽에 달하는 글을 써서 전국적 인지도를 얻었다. 그것은 샤르코식의 설명이었지만, 자신의 신경질환 교과서들이 판을 거듭하면서 독자적인 해석을 발전시켜나갔다. 1905년에는 프로이트의 이론을 예고하는, 마음-뇌의 지형도를 명확하게 제시했다. 유명한 논문 〈두 세계에 관한 연구〉에서 그는 두 가지 정신에 관해 저술했는데, 하나는 의식이고 다른 하나는 무의식으로서, 각각은 뇌의 특정 부위와 상응하며, 히스테리아는 이 두 정신이 적합하게 상호작용하지 못할 때 발생한다고 했다. 그러나 둔주 부분에 이르러서는 다시 판에 박힌 보르도 스타일의 설명만 되풀이했다.

낭트 학회에서 그라세는 한 환자의 사례를 소개했는데, 그 환자 이야기를 읽으면 20여 년 전 처음 둔주를 연구한 학자들의 초심을 느끼게 해줄지도 모르겠다. 논문의 부제 "떠도는 한 탈영병의 이야기"는 그 느낌을 제대로 전해준다. 이야기의 주인공은 알베르처럼 혹독한 고난을 겪지는 않았으나 그의 이야기 역시 알베르의 것만큼 매혹적이다. 앙리 C.는 문자 그대로의 마지막 둔주

미치광이 여행자

환자는 아니다. 그러나 충동적이고 통제할 수 없는 여행욕구와 혼돈스러운 기억을 가진 사람을 특별한 정신장애자로 취급하던 20년간의 프랑스 관습에 종지부를 찍은 사람이다. "그는 *둔주에 반 미친 자*로서 탈영을 거듭하면서 거의 있음 직하지 않은 여정을 지나왔고, 군이 그의 책임 이행 능력에 대해 의학적-법적 전문가의 감정을 요청하지 않았더라면 군법정에서 중형에 처해졌을 사람이다."

앙리가 처음 탈영한 때는 채 20살이 되기도 전인 1901년이었다. 그러나 그게 그의 첫 충동적 여행은 아니었다. 파리에서 카페 종업원이라는 좋은 직장을 가지고 있던 17살에 벨기에로 떠났다. 다음 해에는 당시 일하던 다른 카페를 나와 미디 지역의 여러 곳을 떠돌며 가끔 포도밭이나 근해 염전에 일거리가 생기면 막노동을 했다. 1900년 군에 입대하여 자기 친구가 그 근처 마을에 산다는 이유로 몽펠리에에 배치해달라고 요청했다. 쾌활한 성격으로 군에 잘 적응하던 그를 장교들은 매우 좋아했다. 그러나 심한 우울증 발작에 빠져 도망가 버리고 말았다. 내가 우울증이라고 해석한 그의 상태는 그 자신의 말에 의하면 *심한 암울함*cafard*인데, "자기 안에 있던 암흑이 자신을 사로잡는" 상태를 의미했다.

군 기록에는 총 8번의 둔주가 기록되어 있다. 그는 둔주가 어떻게 시작되었는지 거의 기억하지 못했으나 둔주 인생 후반부로 갈수록 매우 정확하게 장소와 날짜를 기억했다. 그는 사기꾼이라

---

* 특히 열대지방에서 백인이 나타내는 심한 우울이나 무감정 상태를 일컫는 말.

고 불러도 될 정도로 얻어먹는 데 타고난 재주를 가지고 있었고, 가끔 노동으로 돈을 구하기도 했다. 프랑스에서 추방된 종교단체의 난민 행세를 하기도 했고, 다른 여러 나라의 국민인 척 가장하고 그 나라의 영사로부터 돈을 얻어내곤 했다. 카페에서는 그 마을 프랑스 주민의 이름을 콕 집어내서 도움을 청하는 데 이용했다. 그의 둔주 중 가장 멋진 것은 1903년 9월 9일 시작되어 이탈리아, 독일, 오스트리아, 헝가리, 루마니아, 세르비아, 불가리아, 터키, 러시아, 스위스를 거쳐 간 여행이었다. 그 여정의 막판에 빈 주재 프랑스 대사관이 33프랑을 준 일이 있었는데, 거기에 편지까지 써줘서 오스트리아와 스위스의 국경관리국에 제출하고 기차를 탈 수 있었다. 그의 행적을 보면 의아하지 않을 수 없다. 그는 혹시 알베르 이야기를 들었던 것은 아니었을까? 모방범이었을까?

스트라스부르에 도착해서는 독일 장교에게 자신은 프랑스 탈영병이고 독일군에 자원입대하겠다고 말했다. 거기에서 푼돈을 얻어내고는 다시 길을 떠나 뮌헨으로 가서는 프랑스 사무관을 찾아가 돈을 주면 프랑스로 돌아가 탈영범으로 자수하겠다고 말했다. 물론 그는 돌아가지 않았다. 그럼에도 그의 여행은 언제나 프랑스에서 끝이 났는데, 항상 자기 부대에서 최대한 멀리 떨어진 곳에 있는 경찰서에 신고하고는 부대로 복귀시켜달라고 청했다. 그는 여러 번 감옥형이나 중노동형을 선고받았지만 대개는 정신병원으로 귀결되었고, 그곳에서 형을 감면받았다. 한번은 이탈리아인 행세를 하여 프랑스 외인부대에 입대하고는 알제리 오랑에서 복무하다가 다시 충동적으로 도망쳐 나오기도 했다. 그의 둔주 행적은 진짜였다. 앙리는 지나온 자취마다 상당량의 기록을 남겼는데, 그가 돈을 얻어낸 여러 기관들에 기록이 남아 있고, 군의관들이 끈기 있게 보낸 편지들로도 그 흔적을 조사할 수 있다.

한 전문가는 앙리에 대해 설명하면서 "그는 무엇보다도 도덕 *관념이 없어서……* 선악이 무엇인지 그 개념조차 가지고 있지 않다. 권위, 윗사람, 애국심, 의무, 참회가 무엇인지 전혀 알지 못한다"라고 기록했다. 도움을 얻어내기 위해서 자신의 신원을 속였지만, 결코 도둑질하지 않았고 남에게 신체적 상해를 입힌 적도 없었다. 군 서류에는 앙리가 종교적·정치적·사회적 문제들에 철저히 무관심하다며 경멸하는 언어로 기록해놓았다. 그는 공화국 대통령의 이름도 몰랐다. 압생트를 마시긴 했지만, 음주는 둔주의 원인이라기보다는 둔주 도중에 생긴 결과였다. 의사들로서는 탈영 당시에조차 그가 정신병 상태에 있었다고 판단하기가 어려웠는데, 그 이유가 탈영과 관련된 군법 때문만은 아니었다. 하지만 그들은 앙리가 다음과 같이 책임능력이 감소된 상태라고 결론지었다. 즉 1)둔주 초기에는 책임능력이 심하게 감소되었고, 2)둔주 후반부에서는 어느 정도 감소되었으며, 3)"보행성 자동증 발작"이 아닌 상태에서 행동할 때에는 약간만 감소되었다고 보았다.

나는 둔주가 대중관광의 거울 이미지라고 말했다. 어떤 점에서는 앙리 C.가 나의 거울 이미지다. 그의 8번째이자 서류에 기록된 마지막 둔주는 1907년 8월 26일 시작되었는데, 그는 내가 깊이 사랑하는 행로를 지나갔다. 그 직전 그는 몽펠리에 위치한 군 병원에 갇혀 있었는데, 거기에서 또 한 번의 극심한 암울증 발작에 시달렸다. 그는 감금된 병실 창문의 쇠창살을 부수고(이건 그가 했던 유일한 기물손괴 행위로서 나중에 50프랑의 벌금형을 받았다) 도망쳐 나와 프랑스 남부의 페르피냥을 향해 떠났다.

페르피냥에서부터는 웅장한 알베르산의 바위 사이로 그물처럼 이어진, 프랑스와 스페인 사이의 옛 밀수꾼들의 길을 따라 걸어 갔다. 그즈음의 피레네산맥 기슭에는 작은 꽃들의 바다가 드넓게 펼쳐져 있고, 앙리는 숨 막힐 듯 도취되어 그 길을 걸어갔을 것이다. 그 지방의 양봉가들은 세계 최고의 꿀을 생산한다. "세상에서 가장 작은 약사"[36]가 백악질 토양에서만 자라는 저마다 달리 특색 있는 꽃으로부터 만들어내는 꿀에는 고대로부터 전해지는 약 성분이 들어 있다. 노인들은 돌더미를 훑어내며 약초를 캐는데, 타임이나 성요한초(서양고추나물)처럼 흔한 것도 있지만, 어떤 것은 매우 희귀해서 그 지방 카탈로니아에서만 이름을 가진 것도 있다. 앙리는 카탈로니아를 지나 멀리 바르셀로나까지 계속 걸어갔다. 스페인 땅에서 처음 마주친 대도시 헤로나에서는 자기 부대원에게 편지를 쓰기까지 했다. 르불루Le Boulou라는 국경 마을에 이르러서는 늘 그랬듯이 프랑스 경찰에 자수했다.

그 경로는 둔주를 위한 최고의 지역이다. 아마도 당신은 꽃이 가득 피어난 산비탈이나 바람이 휘몰아치는 암석투성이 길 위에서 남의 눈에 띄지 않길 바라며 불안스레 걸어가는 남자를 지금도 마주칠지 모른다. 예전에는 스페인에서 피난처를 찾으려는 멍한 얼굴의 프랑스 보병이었다면, 오늘날은 프랑스로 숨어들어 가려는 당황한 모로코 사람일 가능성이 크다. 아니면 그저 불안한 불법 이민자일 수도 있다. 90년 전이었더라면 그는 명백한 정신질환자였을 것이다. 보행성 자동증이라고 진단된.

4장   그 병은 정말 실재했을까?

미뤄온 질문들에 답하다

이제는 여기까지 오면서 떠올랐던 질문들에 대해 답을 찾을 때가 되었다. 질문들이란 예컨대 이런 것들이다. 왜 그들은 익숙한 집을 떠나 정처 없이 떠돌았을까? 무엇이 그 남자들을 내몰았던 걸까? 그리고 어떻게 그들의 둔주가 의학적 질환으로 탈바꿈되었을까? 바뀌게 된 그 추동력은 무엇이었을까? 상식적이고도 과학적 사고방식을 가진 의사들이 둔주를 진짜 정신질환으로 확신했던 걸까? 대중사회도 병으로 받아들였을까? 둔주 환자 자신은? 왜 굳이 둔주 환자, 방랑자, 부랑자 등으로 구별했을까? 그들은 혹시 다른 병을 가진 것은 아니었을까? 이 장은 이런 의문에 대해 답을 찾아나가는 과정이다.

오늘날 둔주에 관심을 가진 사람은 거의 없을 테고, 오래전 사그라진 질환을 두고 격한 논쟁을 재점화하려는 사람도 없을 것 같은데, 이것은 옛 질환을 분석 대상으로 할 때 얻을 수 있는 좋은 점 중 하나다. 사실 이들 질문에 대한 답은 지금의 우리에게는 그리 중요하지 않을지도 모른다. 그럼에도 이 질문과 답에 대해 숙고해봐야 하는데, 그 이유는 현재 우리 주변에 넘쳐나는 정신질환에 대해 가지고 있는 묘한 불편함이 이들과 겹쳐 보이기 때문일 것이다. 사회적 논란을 거쳐 이제는 질병분류체계에 등재된 여러 정신질환에 대해 누군가는 이런 생각을 해보았을 것이다. 그것도 병이야? 다른 목적이 있는 건 아니야? 그게 정신질환으로 실재하는, 그런 것이란 말이야?

이 장에서 던지는 질문과 그 답을 찾아가는 논리적 과정 및 사고의 틀은 현 상황에도 적용될 수 있다는 점에서 명징하게 드러나는 것이어야 한다. 나는 명확하게 그 답을 제시하려 한다.

의학적 진단명이 되는 과정

둔주를 독립된 의학적 실체로 확립시켜준 것은, 달리 말해서 둔주가 번성하도록 서식처 기능을 한 것은 생태학적 틈새였다. 틈새를 구성하는 요소를 나는 '벡터'라고 칭하였는데, 기계학에서 유래된 이 용어는 질병의 동태를 이해하는 역학疫學에서도 사용된다. 나는 이를 은유로 사용하려 한다. 기계학에서 벡터는 크기와 방향성을 가지고 있는 힘이다. 여러 힘이 여러 방향으로 작용할 경우, 그 결과는 어우러져 만들어진 최종 산출물이다. 그러나 힘의 크기와 방향을 계산하는 대수학을 생태학에 적용할 수는

미치광이 여행자

없으므로 이 은유만으로는 틈새를 충분히 설명하지 못한다. 그럼에도 이 은유의 장점은 여러 가지 현상이 서로 다른 방식으로 동시적으로 작동하면서 생성되는 틈새가 특정 행동양상을 어떻게 강화시키는지를 단적으로 보여준다는 데 있다.

'질병분류법'은 최우선으로 꼽을 수 있는 벡터다. 둔주는 어느 쪽으로든 기존 분류법에 들어맞았다. 히스테리아로도, 간질로도, 아니면 두 가지 공존진단으로 해도 적합했으므로 어디에 삽입하든 기존의 분류체계를 바꿀 필요가 없었다. 논란이 되었던 이유는 기존 분류법에 적합한지의 문제가 아니라, 어느 상위체계 아래에 넣어야 할지의 문제였다. 그 논란이 당시 의사들과 정신병 의사들에게 이론적 흥미를 느끼게 했고, 그 관심이 분류체계 안으로의 진입을 용이하게 만들었다.

둔주는 당시 중대하게 인식되었던 두 가지 사회적 현상의 중간지대에 위치했다. 낭만적 관광여행이라는 미덕과 범죄적 부랑이라는 악덕, 이 양극단의 문화적 관념 사이에 놓여 있었다. 이 주제는 중류층에게는 매우 중요했는데, 하나는 레저 활동이자 환상충족적 도피이고, 다른 하나는 하층사회에 대한 공포를 표상하기 때문이었다. 따라서 하나의 현상으로서의 둔주를 놓고 보면, 구체적 이득도 없는 여행을 되풀이하는 것에 흥미가 없는 보통사람들이나, 자신의 환상을 통제할 수 있는 사람이거나, 그것도 아니면 환상에 탐닉해도 아무 문제가 없는 계층의 사람에게는 관심거리가 되지 않았다. 그러나 이도 저도 아닌 일부 사람들에게 둔주는 부자들의 느긋한 관광여행과 범죄적 부랑 사이에서 찾아낼 수 있던 매우 좁은 폭의 선택지였던 것이다. 이 '문화적 양극성'을 나는 두 번째 벡터로 든다.

그리고 양극단 사이에 생긴 이 좁은 길은, 스스로 범죄적 일탈을 저지를 수는 없었으나 일상의 삶과 평범한 사람들 속에 녹아들지 못했던 남자들에게 해방구로 기능했다. 둔주 환자 대부분은 꽤 많은 독립성이 보장되는 안정적인 직업을 가지고 중소도시에 살고 있었다. 수입과 가족적 상황은 여행의 여유를 담보해주었으나, 그럼에도 불구하고 대부분은 사회적 기술에 문제를 지니고 있었다. 그 계층의 특성 중 하나인 뿌리 깊은 도덕심으로 범죄행위를 혐오했던 반면, 둔주는 유혹적인 탈출구였다. 일상에 매인 삶과 자유 사이의 경계선, 규범과 일탈 사이를 가르는 좁은 담장 위에서 경험할 수 있던 도피처가 둔주였던 셈이다. 이러한 '해방구로의 기능'을 나는 둔주의 세 번째 벡터로 든다.

세기말의 프랑스에서는 감시와 검열체계가 실질적으로 작동되고 있었다. 둔주 환자들이 멀리 떠나려면 탈영병과 징병기피자를 색출해내는 정밀한 검열체계를 통과해야 했고, 반드시 서류를 구비해야 했다. 조사기관의 눈을 피해 유럽대륙을 돌아다니기는 어려웠다. 잡힐 경우 처벌을 피하려면 남들이 이상하게 볼 정도로 불안해하고 이상행동을 보이거나 괴상한 행동 등의 무언가로 정신병자처럼 보일 수 있는 행동을 해야 했고, 이런 행동은 경찰은 물론 대중에게도 쉽게 포착되었다. 이것이 '가시적 식별 가능성'의 벡터다.

생태학적 틈새라는 은유는 풍성한 생명복합성 안에서의 삶을 생각하게 한다. 그동안 나는 아동학대 현상에 항상 기생적으로 붙어서 언급되는 다중인격의 유행에 대해 말해왔다. 20세기 초 미국에서 다중인격은 심령술spiritism*에 기생해 있었다고 말하기도 했다. 기생이라는 은유는 생물학적인 것이나 그 범위는 너무 한정적이고, 달리 생각하면, 다중인격을 번성시켰던 문화적 요인이 그것 하나밖에 없었다는 의미로 들려서 모욕적이기까지 하다. 그러나 생태학적 틈새 개념은 그와 정반대다. 그 단어는 하나의 현상 이면에 수많은 벡터가 작동되고 있음을 일깨우기 때문이다.

어느 한 틈새가 어떤 한 질환을 번성시켰음을 입증하려면 두 가지 조건이 충족되어야 한다. 긍정 요인과 부정 요인이 그것인데, 관련 벡터가 활성화되어 틈새가 형성되면 질환이 번성하고, 벡터들이 사라지면 그 질환도 사라져야 한다. 과거의 시대를 대조군으로 들자면, 미국과 영국은 문화적 양극성과 식별 가능성 벡터가 존재하지 않았고, 둔주가 유행하지 않았다. 문화적 양극성 면에서 볼 때, 미국과 영국 모두에서 부랑은 사회적으로 주요 문젯거리가 아니었고, 미국에서는 관광여행사업이 기업화되지 않았을 때였다. 식별 가능성 측면에서는, 양국 모두 여행서류를 조

---

* spiritualism과 spiritism 모두 심령주의로 번역되기는 하나, 세부적인 면에서는 차이가 있다. spiritualism은 '유심론'으로도 번역되고 철학적 논리라고 주장하는 사람도 있다. 양자 모두 영혼이 존재하고 따라서 죽은 자의 영혼도 존재하므로 특정 방법으로 소통할 수 있다고 보는데, spiritism은 여기에 더해서 환생을 믿으며 종교적 특성이 강하다. 모두 영미에서 19세기 초에 발달해서 19세기 후반에 최고조에 달했다. 전통 종교의 쇠락과 새로운 종교들의 부흥운동, 최면술 등의 정신적 현상에 대한 관심 등과 연관된다.

직적으로 조사하지 않았고, 신분증명서조차 필요로 하지 않았다.

대조군은 현재에도 존재한다. 미국정신의학협회의 《진단과 통계 요람》(DSM) 1994년판에는 해리성둔주가 등재되어 있다. 그러므로 둔주는 현재의 질병분류법에도 적절하다. 그러나 과거의 둔주와 비교해볼 때, 현재 해리성둔주는 거의 진단되지 않고 있다.* DSM 개정작업 중 데이비드 스피겔David Spiegel을 위원장으로 하는 해리장애위원회가 근래의 사례를 조사했는데, 사실상 단 하나의 보고서도 발견하지 못했다. 둔주 환자가 미국의 어느 길에서도 발견되지 않는데, 그 진단명이 미국의 진단 요람에 버젓이 존재하는 것은 왜일까?

그 답은 불친절하다. 진단 요람에 해리장애 대분류가 도입된 것은 다중인격 옹호자들의 끈질긴 책략이 빛을 본 1980년이다. 해리장애는 아직도 논란이 많다. 다중인격 운동가들이 쓴 다중인격의 최근 역사에 대한 회고록들을 보면, 그들이 얼마나 DSM의 중요성을 내세우고 있는지 놀랍기만 하다. 1980년 DSM-III에 등재되면서 다중인격은 확실히 자주 진단되었다. 이 진단을 옹호하는 사람들은 마치 다중인격이 그저 우연히 1980년판 DSM에 들어온 것처럼 글을 쓴다. 사실은 그 운동의 역사를 회고하는 그 저자들의 집요한 로비에 의해 DSM에 등재된 것인데도 말이다.

해리장애가 그 자리를 유지하는 데 일조한 요인 중 하나는 질

---

* DSM-5에서 해리성기억장애에서 나타나는 둔주는 드문 편이어서 일반 인구의 0.2%라고 한다. 조현병의 빈도와 비슷하다.

미치광이 여행자

병분류법의 구조로서, DSM은 하나의 대분류 아래에 여러 개의 소분류가 속하도록 해놓았다. 따라서 대분류인 해리장애 항에 속하는 소분류에는 해리성정체성장애, 해리성기억장애, 그리고 이인증이 속하고, 해리성둔주는 해리성기억장애의 하위분류에 속한다. 이인증은 해리성장애로 보이지는 않지만, 해리장애 전문가들은 분류체계의 구조적 틀을 흔들지 않기 위해 그 자리에 그대로 두길 원한다. 둔주 역시 같은 이유로 거기에 있다.

1994년 DSM-IV의 해리장애위원회의 위원장 스피겔은 현재 미국 정신의학계에서 가장 성공한 연구자 중 한 사람이고, 자기 분야에서는 강력한 영향력을 가진 인물이다. 그는 많은 전문분야를 표방하고 있다. 여태까지의 업적 중 가장 유명한 것은 유방암 환자에 대한 연구로서, 병에 대해 긍정적인 태도를 가지고 심리적 자기개선에 도움이 될 다양한 활동에 참여하는 환자는 우울한 환자보다 18개월 이상 생존율이 높았다는 연구가 있다. 외상후스트레스장애 연구의 선두에 서 있는 그는 해리장애에 관한 한 누구보다도 트라우마를 신봉하는 트라우마 연구자다. 말이 나온 김에 한마디 하자면, 미국에서 집단재해에 휘말린 피해자들이 겪는 불운 중 하나는 트라우마의 장기적 영향을 측정한다는 명목으로 트라우마 학자들이 몰려와 평생토록 추적한다는 사실이다.

스피겔은 해리장애의 원인에 관한 논의를 트라우마로 향하도록 강력하게 방향타를 돌린 사람이다. 해리장애가 트라우마에 의해 생겼다고 믿게 한 것이다. 그는 일화적으로 둔주를 보인 트라우마 사례를 찾아내도록 독려했다. 특히 병사들 중 트라우마와 둔주가 함께 일어났는지 그 병력을 조사했다. 찾아낸 건 그리 많지 않았다. DSM-IV가 나오기 이전에, 심인성 기억장애와 둔주에 관한 "종합 논평"을 써서 DSM-IV에 결정적인 영향을 미친 사람은 '해리 및 다중인격 연구 국제협회'의 1991~92년 회장인 리처드 로웬스타인Richard J. Loewenstein이었다. 로웬스타인은 자신이 20세기의 문헌을 조사해보니 이론적 관점이 다양하여 결론에 도달하지 못했다고 강조하면서(그는 19세기의 둔주 유행에 대해서는 알지 못했던 것 같다) 논평을 쓰게 된 의도를 이렇게 밝혔다. "기억장애와 둔주의 개념적·임상적 문제를 고찰하고, 특히 해리장애가 극심한 정신적 트라우마와 어떻게 관련되는지에 초점을 맞추어 살펴보았다. 트라우마가 해리장애의 발병에 의미 있는 결정요인으로 작용한다는 것이 최근에 와서야 체계적으로 인식되고 있기 때문이다."

문헌조사에서 "기억장애와 둔주"는 흔히 함께 언급되는데, 트라우마는 기억장애와 관련된다. 기억장애로 진단된 사람에게 둔주 일화가 일어나기도 하고 그 반대 경우도 있기 때문에 기억장애와 둔주를 감별진단하는 건 골치 아픈 일이다. "기억장애와 둔주"라고 나란히 붙여서 말하면 오해를 불러일으키기 쉽다. 전시 상황과 관련된 과거의 연구 대부분이 기억장애를 강조했기 때문이다.[1]

해리장애의 트라우마 병인론을 이론화하는 데 몰두했던 검토위원회가 간과한 것은, 어느 한 역사적 시기에 나타난 병사의 둔주는 공포가 아니라 지루함과 연관되어 있었다는 사실이다. 군에

미치광이 여행자

서 발생한 둔주에 관한 현대의 연구결과 중 내가 들여다본 것은 3장에서 기술했다. 프랑스 군인에 관한 3개 보고서에는 상세하게 기술된 44명 외에도 목록에 57명의 환자가 더 있었는데, 이 숫자는 미국의 다중인격 운동단체가 찾아낸 다중인격자보다 훨씬 더 많다. 상세하게 기술된 44명은 대부분 신참 징집병으로, 프랑스 국내에 주둔하고 있었다. 이들 중 누구도 의미를 둘 만한 트라우마를 경험한 적이 없다고 했다.[2] 따라서 향후 기억장애 연구에서, 둔주가 전시에 가장 흔히 보고된다고 주장하려면 상당히 신중을 기해야 할 것이다.[3] 아마도 "현재로서는 해리장애의 트라우마 병인론을 확인해주는 신뢰할 만한 통계자료는 없다" 정도로만 말하는 게 나을지 모르겠다.

나는 둔주 환자가 신체적이든 심리적이든 어떤 종류든 간에 대부분 트라우마를 경험했는지 안 했는지에 관해서는 특정 관점을 고수하지 않는다. 세상 어느 누가 트라우마 없이 살아갈 수 있겠는가? 게다가 지금처럼 트라우마에 대해 드넓은 이해심을 보이는 세상에서? 사실 미국 사례가 한 명 있기는 하다. "한 젊은이가 군에 입대해서 둔주 상태로 1년간 복무했다." 매우 불행했던 이 미성년 병사는 덩치가 워낙 커서 어릴 때 학교에서 놀림감이었고 항상 비참한 상태였다고 한다. 그러나 "트라우마"가 "불행"과 동의어가 아닌 한, 그 사례가 외상후 둔주를 입증하지는 못한다.

그렇다고 나는 트라우마가 해리와 상관없다고 주장할 생각도 없다. 다른 내 저술에서 정신적 트라우마, 특히 아동학대가 다중인격과 어떻게 연관되는지를 면밀히 살펴봐야 한다고 주장해왔다. 여기에서 나는 역사적 사실에 관해 논쟁할 여지가 없는 설명을 하려 한다. 둔주로 진단된 병사들은 평화 시에 징집된 젊은이였고, 가끔 자원병이 섞여 있었다. 그들은 전장에서 상처받은 재향군인이 아니었다.

그럼에도 해소되지 않는 의문은 남는다. 왜 오늘날 미국에서는 둔주가 진단되지 않는가? 진부한 답변은 둔주는 다른 여러 질병에서 부수적으로 일어나는 사건이지 그것 자체로 주 질병이 되지 않는다는 것인데, 그리 시원한 설명은 아니다. 한때는 둔주라고 불렸을 사례마저도 지금은 더 이상 둔주를 떠올리게 하지 않는다. 1997년 2월 7일자 《샌프란시스코 크로니클》에는 "간질을 앓는 실종 소녀를 찾을 수 있도록 경찰이 도움을 요청하다"라는 헤드라인의 기사가 실렸다. 16세 소녀가 "가출"을 했는데, 아이가 평소 복용하던 간질약을 지니지 않고 나갔다며 가족이 걱정하고 있다는 이야기였다. 1세기 전이었다면 그 소녀는 간질성 둔주 환자로 보도되어 수색 대상이 되었을 것이다. 오늘날에는 둔주 같은 뭔가가 자리 잡을 틈새가 존재하지 않는다. 단지 이런저런 질병에서 일화적으로 둔주가 사건화될 뿐이다.

나는 틈새라는 은유를 사용했지만, 다른 은유도 많이 회자되고 있다. 미셸 푸코의 독자들은 정신질환을 기술할 때 담론 혹은 담론구성체라는 언어학적 은유를 남발하고 있다. 이는 현재 의심할 바 없이 가장 인기 있는 은유다.

나는 이 현상이 애석하기만 하다. 푸코는 새로운 관점의 어법을 얼음에 예리하게 조각해놓았다. 시간이 지나 더 이상 그 어법이 필요치 않게 되자 그는 무심히 등을 돌려 떠나갔고 그의 조각상은 내버려진 채 녹아내렸다. 푸코의 천재성을 따라가지 못하는 독자들은 반쯤 녹은 얼음조각을 냉동고에 넣어두고는, 마치 아직도 한밤중 극지대의 태양에 반짝이고 있다는 듯이, 무언가 대단한 것을 품기라도 한 듯, 깊이 생각해보지도 않고 이를 재생산하고 있다.

오해하지 마시길. 나는 푸코에게 큰 빚을 지고 있다. 1975년과 그 이후—영어권 나라들에서 푸코 연구가 상승세를 타기 얼마 전—출간된 일련의 책들에서 나는 내 작업이 그 경이로운 철학자로부터 얼마나 많은 영향을 받았는지 항상 감사의 말을 써놓았다. 나는 그의 사상을 이용하곤 했으나 그의 어휘를 베끼지는 않았다. 둔주와 관련해서 "담론"이라는 은유를 고려하지 않은 이유는 푸코를 흠집 없이 고이 놔두고 싶은 내 소망과는 상관이 없다. 담론이라는 용어가 둔주를 설명하는 데 적절치 않다고 판단했기 때문이다. 물론 언어는 생태학적 틈새를 구성하는 중요한 한 축이기는 하나, 우리를 둘러싼 물질적 현존이라는 이 세상에서 어떻게 살아가고 무엇을 하는지가 틈새를 구성하는 가장 넓은 바탕이 된다. 이 세상에 만들어진 틈새를 설명하려면 각 구성요소마다 가지고 있는 고유한 특성을 세밀하게 그려내야 한다. 이 책에 나오는 예들은 서로 다른 다양한 벡터의 작용을 보여주고 있다. 틈새를 말하려면 어느 한 요소나, 어느 한 담론에만 초점을 맞추지 않는 것이 중요하다. 작동하고 있는 권력이나, 개인의 고통, 또는 생물학적 측면 등의 그 어떤 하나에 초점을 맞추다 보면 틈새를 파악하지 못하게 된다.

은유로서의 틈새의 특징 하나는 새로운 진단명을 존재 가능하게 만들어주는 복잡성—다양한 요소들이 얽히고설켜 만들어내는—과 그 범위다. 내가 일반화시킨 것 중 유일하게 새로운 것은 선-악의 대립쌍의 존재뿐이다. 새로운 질환에 의해 가동되는 선악에 관한 대중적 생각이, 역설적이기는 하나, 역할모델이라고 부르는 전형을 창조해낸다. 이 세상에는 선도 악도 존재한다는 생각은 양극성의 신비적 요소와는 아무 상관이 없다. 꽤나 뚜렷하게 구별되는 "선(혹은 악)"의 요소가 있을 수도 있겠지만, 이런 생각은 광기가 미덕과 범죄성 사이 어디쯤엔가 맴돈다는 생각보다 더 극적이다.[4]

히스테리아는 19세기 프랑스 사회에서는 물론 의사학자들도 집중적으로 연구했기에 무모하게 그 영역에 뛰어들 생각은 없다. 그럼에도 불구하고 그 변화무쌍한 질환을 설명하는 데 생태학적 틈새 개념은 놀랍도록 잘 들어맞는다. 손만 뻗으면 닿는 곳에 질병분류법이라는 벡터가 있었다. 히스테리아를 부인과 영역에서 신경과 영역으로 옮기기만 했는데도 샤르코의 진단명이 활짝 만개했던 것이다. 이런 식으로 관리된 히스테리아는 놀랍도록 가시적이고, 이것이 식별 가능성 벡터로 작용했다. 그리고 히스테리아는, 2장에서 말했듯이, 당시 여성의 무력함을 온몸으로 표현할 수 있던 해방구였다.

문화의 양극성 벡터는 어떠했을까? 낭만적 미덕과 섬뜩한 악덕의 양극단 사이 어디 즈음에서 히스테리아는 부유하고 있었을

미치광이 여행자

까? 미케일의 견해에 따르면, 히스테리아가 소설에 등장하고 예술가들 스스로가 히스테리아로 자신을 표현하던 사태는 히스테리아가 흔한 의학적 진단명이 되기 훨씬 전부터 일어난 일이다.[5] 그것은 낭만적이고 고결한 자태와 잘 어울렸고, 심지어는 사회적 억압을 넘어서 미덕과 부합되는 행동으로 보였다. 그것에 필적할 만한 효과를 낼 수 있는 것은 순수한 광기뿐이었다. 다른 한편에서는, 쾌락에 빠져 통제되지 않는 육욕의 제물이 된 여자와, 자신이 무슨 짓을 하는지도 모르고 범죄행위를 저지르는 남녀의 악덕에 대한 공포가 자리 잡고 있었다. 히스테리아는 문화의 양극성이라는 이론적 모델에 거의 완벽하게 부합될 뿐더러 생태학적 틈새라는 전체 도식과도 잘 맞는다. 은유로서의 생태학적 틈새는 그 속에서 시대적 정신질환을 재고해볼 수 있는 일종의 도식으로 적당하다. 그렇다고 그게 다는 아니다. 어떤 도식이나 형식이든 간에, 거기에 질환의 내용은 들어 있지 않다. 도식은 단지 직물의 씨줄과 날줄일 뿐, 생생한 삶을 보여주지는 않는다.

그들은 사실 어떤 병을 앓고 있었을까?

의사학자들은 과거의 인물이 가졌던 증상을 유추하여 현재의 진단명으로 소급진단하는 것은 어리석은 유희에 불과하다고 오래전부터 말해왔다. 물론 이런저런 유명인사—히틀러 같은 괴물이나 바이런 같은 시인—를 대상으로 흥미를 유발해서 재미있게 교육하려는 한 방편이 될 수는 있겠다. 어떤 경우에는, 현재로서는 꽤 드문 진단범주에 해당할 만한 기이한 인물상을 찾아내길 좋아하는 전기작가도 있다. 이제는 거의 소멸되어버린 히스테리아나 둔주 환자 등의 특정 부류의 사람에게 초점을 맞추고 그들의 "진짜 질환"이 무엇이었냐고 논의하는 것은 전혀 의미가 없다. 그 이유 중 하나는 그들 대부분이 앓고 있던 질환은 오늘날의 진단명과 정합하는 것이 거의 없기 때문이다. 이는 쿤의 논제를 놀랍도록 선명하게 보여주는 예다. 2장에서 말했듯이, 어떤 한 분류체계가 무너지면, 예전 범주에 있던 것들은 새로운 범주의 분류체계로 옮겨가지 않는다.

소급진단의 불가능성은 학문적으로는 옳다. 의사학의 공식 관점에서도, 과학철학의 교육 면에서도 그러하다. 그러나 타당성에 무게를 두는 여러 가르침처럼, 소급진단에도 독선적인 공염불 이상의 무언가 의미가 있음도 사실이다. 현재까지의 경험에 비추어 옛 사례를 언급할 수는 있을 것이다. 예를 들면, 한 세미나에서 내가 둔주에 대해 발표를 마치자, 초빙인사 두 사람이 "그건 우리 환자 이야기네요"라고 말했다. 스탠리 클라인Stanley Klein과 대니얼 캐플런Daniel Kaplan이 일하고 있는 작은 클리닉은 공공의료재단이 아닌 공공복지재단이 지원하고 있다. 지역사회두부외상재활서비스CHIRS: Community Head Injury Rehabilitation Services는 중증 뇌손상으로 의료체계가 제공하는 치료를 다 받고도 후유증이 남아 일상생활에 장애가 있는 사람들에게 서비스를 제공하고 있다. 환자는 대부분 남자, 그것도 젊은 남자들이다. 오토바이 사고, 건설현장 사

고, 벌채작업 사고, 술집에서의 싸움 등으로 뇌손상을 입을 가능성이 가장 큰 인구집단이 그들이다.[6]

과거 심한 두부외상 환자는 거의 사망할 수밖에 없었다. 그러나 베트남전쟁 이후 비약적으로 발전한 의학기술로 사고 후 90분 이내에 외상센터에 도착하면 생존할 가능성이 매우 높다. 그들은 다양한 종류의 후유증을 지닌 채 회복될 가능성이 큰데, 치유가 된다 하더라도 그 과정은 매우 느리게 진행된다. 중증 뇌외상 환자의 가장 큰 문젯거리는 잠깐 동안의 기억상실, 이유 없이 갑작스레 폭발하는 분노발작 그리고 둔주다. CHIRS에는 환자의 병력을 잘 알고 있는 한두 명의 사회복지사가 환자마다 항상 대기하면서 어느 때든 실질적인 지원을 하고 있다. 환자들은 사회복지사의 전화번호가 적힌 표를 항상 지참하고 다닌다. 기억이 사라진 느낌을 안고 어디에선가 깨어났다거나, 이를테면 자신이 어떻게 캐나다 토론토에서 미국 서해안까지 왔는지 알 수 없는 상태에 있다면, 그 번호로 전화를 한다. 여기에서 우리의 주제와 관련된 것을 발견할 수 있다. 사회복지사는 기억의 잃어버린 부분들을 채워주는 역할을 하는데, 묘하게도 최면하에 기억 회복을 유도하던 19세기의 일을 연상시킨다. 그러나 CHIRS 환자들은 비교적 운이 좋은 사람들임을 잊지 마시라. 내가 아는 다른 남자들의 이야기는 유감스럽게도 슬픈 이야기다. 예를 들어, 한 공장노동자는 선반에 있던 받침대 더미가 머리 위로 떨어지면서 두부외상을 당했다. 그는 때때로 어느 순간 이후의 일들은 조금도 기억하지 못하게 되어 직장을 잃게 되었다. 산업재해보상위원회는 외상의 초기 치료만 해주고, 그 후에 일어난 발작에 대해서는 회사에게 책임을 지우지 않았다.

19세기 둔주에 소급진단을 붙여보는 놀이는 유혹적이다. 알베르가 어릴 때 나무에서 떨어져 생긴 두부외상으로 인해 후유증을 앓았던 것이라고 충분히 주장할 수 있다. 이에 관한 논의가 서플먼트1에 있다. 다른 둔주 사례에서도 두부외상의 흔적이 발견된다. 1887~1909년 사이에 프랑스 의학보고서에 기록된 둔주 환자들 중 일부가 뇌손상의 장기적 후유증을 앓았다는 사실은 무시하고 지나칠 수가 없다. 그러므로 둔주 유행에는 당시의 과학기술과 방법으로는 식별해낼 수 없었던 신경학적·생물학적 요인도 있었을 것이다.

이것은 둔주 유행의 한 가지 측면만 설명할 뿐이다. 그렇다면 조금 다른 관점에서 접근하기 위해, 히스테리아 유행에 관한 일레인 쇼월터Elaine Showalter의 분석을 따라가 보자. 쇼월터가 사례로 든 것에는 사탄숭배 의식에서 일어나는 아동학대, 외계인에 의한 납치, 다중인격, 정부가 자신을 감시한다는 망상 등이 있고, 또한 만성피로증후군과 걸프전증후군도 포함되어 있다. 히스테리아에 관한 한 가장 저명한 페미니스트 역사학자 중 한 사람인 쇼월터는 히스테리아는 소멸되지 않았다고 주장한다. 나도 전적으로 동의한다. 히스테리아라는 단어에는 흔히 두 가지 의미가 함축되어 있는데, 하나는 여성스러운 과잉감정적 반응이고, 다른 하나는 집단적인 무분별한 과잉흥분을 의미한다. 최근에 일어나고 있는 외계인과 사탄에 관한 터무니없는 소동은, 심리상태가 유행병처

미치광이 여행자

럼 확산된다는 사실과, 전염성을 가진 집단적 과잉흥분이라는 히스테리아의 본래 의미를 괴기스러운 양태로 보여주는 것이다.

쇼월터는 우리 시대의 히스테리아들이 가지고 있는 공통점 한 가지를 지적한다. 그것은 사악한 타자에 대한 극도의 공포로서, 외계로부터 왔다던가, 아니면 영혼 깊은 곳에서 나오는 것이든, 연방정부 요원이든, 그것도 아니면 잔혹한 가장이나, 사막에 투하된 혼합 독가스의 모습으로 나타난다. 그녀는 몇몇 악명 높은 실례를 묘사하면서 "세상을 놀라게 한 이런 사례들은 심리적 유행을 유도해내야 하는 현대의 사회운동과 연결되는 개인적 히스테리아의 실례"[7]라고 했다. 이들 유행심리 사태의 거의 대부분에는 사탄과 악마들이 등장하는데, 나는 이것이 우연의 일치가 아니라고 본다. 나는 이 사건들이 본질적으로 '악마'라는 기독교의 특이한 존재와 관련이 있다고 의심한다. 악마는 지난 2000년 동안 기독교인들이 유대인, 이교도, 여성 그리고 소위 마녀라 불린 사람들에게 저지른 자신들의 잔학행위를 정당화시켜주는 희생양이 아니었을까.[8] 매드 보머mad bomber*는 미 연방 건물 사무실이 악마에게 봉헌하는 장소라서 파괴했다고 말했다. 우연의 일치겠지만, 걸프전 전장에 거대한 사탄**이 있었다는 사실을 잊지 말

---

* 1940년대부터 1950년대 사이 16년간 뉴욕의 극장, 터미널, 공공도서관, 사무실 등에 최소한 33개 이상의 폭탄을 심어두고 22번의 폭발을 일으킨 자로서, 본명은 조지 메테스키(George Metesky)다. 해병대 특수 전기기사였다가 제대한 후 회사에서 일하던 중 산업재해를 당하고 나서 원한으로 범죄를 저질렀다고 말했다. 편집성 정신분열증으로 정신장애로 판정되어 치료감호를 받은 후 석방되었다.
** Great Satan. 1979년 이란 과격파가 미 대사관에 침입, 외교관들을 인질로 잡는

자. 그렇다고 "히스테리아적" 과잉감정과 광기의 집단적 감염이 특별히 기독교적이라는 것은 아니다. 쇼월터가 실제 사례로 든 대부분에서, 나는 히스테리아가 사탄이나 사탄의 대리인과 연결되어 있다는 사실에 주목했을 뿐이다.

19세기 말의 둔주는 현대의 이런 현상과는 전적으로 다른 것이다. 둔주 환자를 진료한 의사들 중 많은 사람은 악마가 끼어들 틈을 주지 않는 실증주의자이자 공화주의자(반군주정주의자)이며 과학자였다. 과거 둔주 유행의 역동성과 현재 벌어지고 있는 대규모의 집단 히스테리아를 나란히 놓고 봐야 한다면, 현재의 유행성 공포심리는 1880년대의 부랑자 공포에 비교될 수도 있겠다. 그러나 결정적인 차이점이 있는데, 그건 현재의 유행성 히스테리아에 물든 사람은 저마다 자신이 악마에 씌었다고 생각한다는 점이다. 비난하고 쫓아내고 벌하여 파괴시켜버려야 할 적은 저 멀리 외부에 있는 존재다. 그러나 히스테리성 둔주에서는 희생양의 자취를 찾기 어렵다. 역사적으로 심리적 증상의 전염 현상은 항상 존재했으나, 둔주에서만큼은 악마가 촉매 역할을 하지 않았다. 의사 역시 악마에게 기회를 주지 않았다. 가장 근접한 희생양의 예는 본의 부랑자 공포에 대한 연구와 이를 역설한 동즐로의 저술에서 찾아볼 수 있다.

좀 더 전통적인 의학적 접근방식은 우리에게 무엇을 알려주는

사건이 일어난 후 호메이니가 이를 옹호하며 미국을 비난한 말에서 유래했다. 이후 한동안 이란 외교성명 등에서 미국과 영국의 별칭으로 쓰였다.

미치광이 여행자

가? 어떤 경우에는 소급진단이 타당해 보이는 사례도 있다. 해리성둔주는 DSM-IV와 ICD-10에 모두 수록되어 있다. 두 곳의 진단 정의는 히스테리성 둔주에도 맞을 것으로 예상되는데, 정확한 이유는 이 분류법들은 이전 시대의 것을 본떠서 만든 것이기 때문이다. 1990년대 기준을 기계적으로 적용한다면, 휴 패트릭이 말한 1907년 흑인 제철소 직공의 비극적 이야기를 포함한 많은 둔주 사례가 해리성둔주의 틀에 들어맞는다고 말할 수 있다. 이 사실로부터 유추할 수 있는 결론은 공식 진단기준에 의하면 측두엽 간질이나 문제행동을 일으키는 뇌손상이 있는 환자는 해리성 둔주에서 제외되어야 한다는 것이다.

이 지점에서 우리는 주의할 필요가 있다. 3장에서 논의되었던 많은 사례들, 특히 쥘 부아쟁이 진료 중이었거나 조사했던 환자들은 이중의식 환자로 불렸다. DSM-IV는 이중의식을 해리성둔주와 분리시켜서 해리성정체성장애로 분류했다. 소급해서 지금의 질병분류법을 적용하면 옛날의 둔주 환자들 중 일부는 해리성둔주 환자가 아니라 해리성정체성장애 환자였을 것이다.

이러한 결과는 사실을 구별하는 일이라기보다는 어떻게 결정할지의 문제다. 분류체계가 달리 결정되었다면—윌리엄 제임스가 1896년 로웰 강연에서 넌지시 주장했던 분류방식처럼—모든 둔주 환자는 둔주 항목에 넣고, 떠돌아다니지 않는 다중인격만 다중인격 항목으로 분류되었을지 모른다. 그러나 현재의 분류방식을 적용해서 옛 둔주 환자들이 "진짜로" 어떤 질병을 앓았는지 알아내려 한다면 그건 임의적인 것에 불과할 것이다. 그들이 해리성둔주였는지(얼마간의 기억상실을 동반하는), 아니면 해리성기억장애였는지는(둔주가 일화적으로 나타나는)* 단순히 결정의 문제가 되어버리기 때문이다.

굳이 19세기 말 둔주 환자들이 앓던 병을 묻는다면, 진단 요람에 만족하는 사람들에게는 이렇게 대답할 수 있겠다. 해리성정체성장애와 측두엽 간질 혹은 뇌손상이 있는 사람을 제외한다면, 그 환자들은 해리성둔주를 앓고 있었다.

당시 의사들은 그 진단을 정말 확신했을까?

오늘날과 마찬가지로 당시에도 이와 비슷한 질문이 있었고 그 답은 여러 가지였다. 샤르코는 히스테리성 둔주에 대해 회의적이었으나, 그의 제자 피트르는 실재하는 질병으로 확신했다. 어떤 원인이든 그게 질병이라면, 특정 상황에서 질병을 발현시키는 소인과 신체적·신경학적 배경이 있어야 한다고 두 사람은 믿고 있었다. 신경학적 근원이 있을 것이라는 이 믿음은 확립된 사실이라기보다는 연구할 주제였다. 샤르코의 계획이 현재의 유전연구만큼 근거가 갖춰져 있었다고 주장하려는 것은 아니지만, 지금의 기획과 샤르코의 기획안은 한 바구니에 들어 있는 달걀처럼 동일

---

* DSM-5는 해리성기억장애에서 일화적으로 둔주가 나타날 때 해리성둔주라고 분류했다.

미치광이 여행자

한 성질의 것이어서 실제로는 샤르코의 직계후손이라 불러도 무방할 정도다. 샤르코의 것, 현재의 것 모두에서 논쟁과 가장 거리가 먼 논거는 가계 내 질병발생률이다.[9] 차이가 있다면 당시 샤르코에게는 현재처럼 유전연구를 촉진시켜주는 덴마크의 의무기록이나 가계도, 입양 등에 관한 공적 지원체계가 없었다는 점이다.

나는 19세기 당시의 의사들의 믿음이 정당한 것이었는지 자문해보았다. '*참된*'이라는 단어와 달리, 찬양받는 단어인 '*정당한*'은 관계적이다. 믿음은 유효한 근거와 동의된 개념체계가 그 바탕에 있는지 여부에 따라 정당해진다. 히스테리아가 유전적이며 신경학적 문제로 생긴다는 믿음은 1997년에는 전혀 정당하지 않으나, 1887년 프랑스에서는 정당했다. 그러면 히스테리성 둔주는? 그건 논쟁의 여지가 있었다. 샤르코는 히스테리성 둔주에 대해 회의적이었다. 지금의 독자들도 샤르코만큼 회의적일 것이다. 그러나 1907년 미국신경학회 회장 휴 패트릭은 샤르코가 가졌던 회의론이 잘못된 것이라고 주장했다. 모든 근거가 둔주의 실재성을 가리킨다고, 심지어 샤르코의 대표적 사례인 멩조차도 히스테리성이라고 주장했다. 티씨에는 물론 패트릭을 포함한 많은 의사들도 히스테리성 둔주는 실재하는 정신질환이라고 확신했다. 돌이켜 보면 그들의 확신은 정당하지 않았다. 좀 더 신중했어야 했다. '아마도 실재일 거야'라고 모두가 그렇게 생각하는 순간 그건 이미 정당한 실재가 되어버린다. 당시 의사들은 실재한다고 믿었던 것이다.

히스테리성 둔주는 실재하는 정신질환이었나?

이 질문의 시제는 혼란스럽다. 현 시점에서 과거의 진단에 대해 묻고 있는 것이기 때문이다. 실재성은 시제와 상관없어야 하므로, 히스테리성 둔주가 현 시점에서 실재하는 정신질환인지를 질문하면서도 우리가 가리키는 대상은 과거의 환자, 과거의 진단이다. 현재의 진단체계인 DSM-IV와 ICD-10의 권위를 인정하든가, 혹은 그것이 지금으로서는 최선의 진단기준이라고 생각한다면, 그 답은 간단히 도출된다. 즉 히스테리성 둔주는 해리성둔주의 옛 명칭이 된다. 진단 요람에 따르면 그것은 정신질환이다. 따라서 미국정신의학협회와 WHO가 승인한 진단기준에 의하여 히스테리성(혹은 해리성) 둔주는 실재성을 얻게 되는 것이다.

그런데 유감스럽게도 현재의 진단 요람에 어떤 이름으로 등재되었는지에 상관하지 않고, 과연 둔주가 실재하는 질환이었는지 관심을 가지는 사람들이 있다. 이런 사람들은 현재의 진단 요람보다 더 신뢰할 수 있는 권위적 전적典籍을 원한다. 나 같은 철학자가 전문가보다 더 아는 체하는 것은 오만이다. 그리하여 우리는 난관에 봉착했다. 둔주의 실재성을 묻는 사람들은 DSM의 답을 원치 않고, 나는 그 이상의 것을 답할 자격이 없다. 어쩐다?

한 가지 해결 가능한 길이 있기는 한데, 적어도 철학자에게는 유용한 방법이다. 그건 프래그머티즘*을 불러내는 것이다. 미국

---

* 일반적 단어로서의 실용주의는 효율적으로 목적을 달성하는 것을 최우선으로 보

의 고전철학인 프래그머티즘이 유용해 보이는 시점이 바로 지금이다. 내가 말하는 프래그머티즘은 지금처럼 온갖 모양으로 변질된 것이 아니라, C. S. 퍼스Peirce가 창조하고 1897년 스스로 '프래그머티시즘pragmaticism'이라고 명명한 바로 그것이다(그가 의미한 프래그머티즘의 특징이 없는 것은 진짜가 아니다). 그가 스스로 자기 철학의 이름을 바꾼 이유는 자신이 창작한 것이 다른 사람들, 심지어는 윌리엄 제임스를 비롯해서 그를 지지하는 사람들에 의해 오용되는 것을 혐오했기 때문이다. 1878년의 유명한 에세이 〈생각을 명확히 하는 법〉에서 퍼스는 참된 것the true과 실재하는 것the real을 어떻게 식별할 수 있는지에 대해 간략하게 기술했다. "연구자 모두가 궁극적으로 동의하도록 운명지어진 판단을 참된 것이라 한다면, 이 판단이 지적하는 대상이 실재하는 것이다."[10] 퍼스는 여기서 "운명이란 반드시 이루어진다는 의미에 불과하다"라고 설명했다. 또한 다른 글에서 퍼스는 연구자 모두가 동의하도록 운명지어진 무언가가 있다고 인정하기 위해서는 성 바오로가 말한 세 가지 미덕인 믿음, 소망, 사랑과 유사한 뭔가를 불러일으켜야 한다고 말했다. 정신의학의 경우라면 훨씬 더 어마어마하게 필요할 것 같다.

내가 일관되게 프래그머티즘의 입장에 설 수 있는 몇몇 영역

고 이념이나 원칙은 부차적인 것으로 보는 태도를 의미한다. 프래그머티즘(pragmatism)이 실용주의로 번역되기는 하나 찰스 샌더스 퍼스의 철학적 입장을 강조하기 위해 흔히 프래그머티즘과 실용주의를 구분해서 사용한다. 제임스를 비롯한 여러 영미철학자에 의해 변용된 사상과 구별하기 위해 자신의 사상을 프래그머티시즘(pragmaticism)이라고 칭했다.

중 하나는 프래그머티즘 그 자체다. 쓸모가 있을 때에는 이용하라. 쓸모가 없을 때에는 취하지 마라. 왜 여기에서 퍼스가 편리한지 독자들은 금방 이해했을 것이다. 퍼스는 바보짓을 하지 않고도 끝없는 논쟁의 늪에 빠지는 것을 피할 수 있게 해주기 때문이다. 나는 퍼스가 말한 실재에 대한 설명을 대체적으로는 지지하지 않는 편이다. 옥스퍼드대학교의 언어철학자 J. L. 오스틴Austin이 말한 '*실재적real*'이라는 형용사에 대한 문법적 고찰이 실재에 대한 그 어떤 철학적 사고보다도 더 핵심을 짚은 것이라고 오래전부터 나는 주장해왔다.

계속 탐구해나가다 보면 그 끝에서 해리성둔주의 정체를 파악할 수 있으리라고 단언하기는 어렵다. 정신의학은 탐구의 여정을 시작도 하지 않은 상태다. 그러나 미래에 탐구 방향이 어떠할지 충분한 근거를 가지고 추정할 수 있는 지점까지는 도달했다. 둔주가 심각한 집단토론의 주제가 될 정도로 주요 질환이라고 인정받았던 마지막 시간은 1909년 낭트 총회다. 독일에서는 좀 더 오래 정당한 대상으로 논의가 이어졌다. 그 논의가 오늘날 진단 요람에 수록된 것의 시조가 된다. 그러나 정신과 의사들이 외래와 병동에서 그런 진단을 하고 있기 때문에 요람에 수록된 것은 아니다. 둔주가 분류체계에 포함된 이유는 해리장애 대분류 항을 지탱하는 여러 하위분류 항으로서 지지대 역할을 하기 위해서다. 둔주의 프랑스 전통에서는, 특히 말 그대로 '둔주의 고향'인 보르도에서는 아직도 둔주가 논의되고 있다. 노兵진단은 죽지 않고 단지 사라질 뿐이라는 옛말이 여기에도 해당되는 걸까? 아니, 노병인 둔주는 죽고, 해리성둔주는 죽음의 침상에 누워 있다. 사실을 직시하자면, 낭트 총회에서 선언된 둔주의 죽음이 그리 시기상조는 아니었을 것이다.

프래그머티즘은 마치 교묘한 속임수와 같다. 우리가 알고 싶은 것은, 둔주가 "연구자 모두가 궁극적으로 동의하는" 광기로 인정될지 여부가 아니다. 우리는 둔주가 실재하는 질병인가를 묻고 싶은 것이다!

누군가는 둔주가 기질적으로, 신경학적으로, 생의학적으로, 심지어는 유전적으로 뚜렷한 질병으로 증명이 되었냐고 묻기도 한다. 만약 유전성이라고 증명이 된다면, 그리고 유전질환이라는 것이 종국에는 인류가 동의하게 될 바로 그 어떤 것임이 증명이 된다면, 퍼스의 기준에 따라 실재한다고 간주할 수 있을 것이다. 모든 사람이 다 정신질환에 대해 생물학적 입장을 취하는 것은 아니다. 그럼에도 많은 이들이 각자 자기 나름으로 판단하여 둔주가 실재하는 정신질환이 아니라는 데 동의할지도 모른다. (예를 들어, 프로이트는 아예 둔주에 관심조차 없었고 마찬가지로 다중인격도 무시해버렸다.) 내가 생각하기로는 둔주가 실재하는 질병이 아닌데, 이는 광기에 대한 다른 여러 입장과 공유될 수 있는 관점 중 하나다. 퍼스는 관점을 공유할 때 요구되는 중립적 프래그머티즘의 기반을 제공한다.

그런데 우리는 왜 퍼스식 답에 이렇게 불만스러운가? 무언가가 부족하다고 느끼기 때문에 그러할 것이다. 지금 우리는 실재하는 정신질환이라는 생각에 사로잡혀 객관성의 함정objective difficulty*에 빠져 있다. 인간이 원래 실재성을 혼동하기 쉬운 성향을 가져서 그런 게 아니라, 정신의학 자체가 발전의 도상에 있기 때문이다. 우리가 느끼는 혼란은 실은 정신의학의 진단과 치료에 관한 급격한 발전 자체에서 오는 문제임에도 불구하고, 우리는 실재성의 문제라고 생각하고 있는 것이다. 철학자 힐러리 퍼트넘 Hilary Putnam은 실재성의 논의에 관한 문제점을 이렇게 지적했다. "우리가 흔히 겪는 철학적 오류는 '실재'란 어떤 단일한 것을 지시하는 것이어야 한다고 주장하는 데 있다. 실재란 인간의 삶과 언어의 변화에 따라 그 개념을 재조정하는—그리고 어쩔 수 없이 재조정해야만 하는—끝없는 과정에서 찾아지는 것이다."[11]

우리는 정신질환에는 무언가 고정불변의 아주 특별한 것이 있어서 진짜 질환에는 가짜와 구별되는 실재가 있을 것이라고 생각한다. 질환의 실재성이라는 개념은 퍼트넘이 말한 대로 현 시점에서 재조정될 수밖에 없다고 나는 믿는다. 그 이유는 생물학적·생화학적 정신의학이 급격하게 변화되고 있기 때문이다. 지난 200년 동안 정신과 의사들은 정신질환은 기질성이라는 신념과, 언젠가는 그 원인이 틀림없이 밝혀지리라는 비전을 가져왔다. 그러나 블로일러와 프로이트처럼 그 비전을 신봉하던 대표적 인물들도 심리적인 치료를 하면서 자기 신념과 하등 모순됨을 느끼지

---

*   과학적 실증주의는 논리적으로 질서정연한 객관적 실체가 있다는 믿음에 근거하고 있다. 그러나 현대의 사회심리학적 실험이 보여주는 것은, 객관성이라고 불리는 것은 다수의 주관적 경험에 관한 공통적인 근거를 찾는 것과 같고, 따라서 사회적으로 구성되는 실체라는 것이다. 그리하여 모두가 동의하는 객관적 실체는 동의하지 않는 단 한 사람의 출현으로 허물어지게 되는 함정에 빠지게 된다.

않았다. 당시에는 정신질환의 생물학적 원인을 믿는다 하더라도 치료적인 면에서는 별다른 방법을 가지고 있지 못했던 것이다. 샤르코가 간질 환자에게 브롬화물을 사용한 것처럼 말이다. 오늘날 브롬화물은 의미 있는 약물 효과를 기대하기보다는 완화요법으로 사용된다.

지금의 상황은 다르다. 효과적인 약물치료법이 광범위하게 등장하여 생물학적 접근방식의 효과를 보여주고 있다. 동시에 소위 역동정신치료라 불리는 심리치료도, 심각한 중증 환자를 제외하고는, 아직도 많은 의사들에게는 타당하게 보이는 것 같다.

이러한 혼동은 아직 해결되지 않았다. 미국의 정신분석은 난잡한 상태지만, 유럽과 남미에서는 여전히 강세를 유지하고 있다. 나는 온갖 파벌의 정신분석가가 모여 있던 취리히에서도 그렇게 말했다. 그들 중 많은 이들이 정신분석의 가치에 대해 매우 복잡한 생각을 가지고 있었다. 그곳 사람들은 정신분석에 매몰되어 있기는 하나 약물치료를 원하는 환자를 약물처방해주는 곳으로 전원하는 데 전혀 문제를 느끼지 않는다. 그들 식으로 표현하자면, 그들은 완치가 아니라 어떻게 환자를 이해할 것인지를 말하기 때문이라는 것이다.

실재하는 정신질환이 무엇인지는 철학이 아니라 의학이 조만간 밝혀내게 될 것이다. 그때까지는 당분간 프래그머티스트가 되는 것이 순리이겠다.

오늘날의 정신질환에 대해 말해주는 것

아직 답을 구하지 못한 질문이 남아 있다. 무엇이 어떤 한 가지 행동양상을 정신질환으로 탈바꿈시키는가? 그렇게 질환명을 얻게 되면 그 질환은 실재성을 획득하는가? 이를 알아보기 위해 우선은 나에게 익숙한, 지금은 해리성정체성장애로 개명된, 다중인격 사례를 적용해서 재차 질문해보고자 한다.

첫째로, 근래에 해리성정체성장애가 다시 개화하는 현상은 무엇 때문일까? 예를 들어, 1970년대 미국에서 다중인격이 재등장했을 때처럼 다중인격이 번성해질 수 있는 문화적 양극성―대중여행/부랑, 낭만/공포, 미덕/악덕 등―과 같은 것이 지금 다시 형성된 것일까? 나는 그렇다고 본다.

다중인격과 맞물려 있는 현상 중 세상의 어두운 측면이자 가장 사악한 것에는 아동학대가 있다. 긍정적 요소로는 다중인격 운동권이 집착하는 자기정체성과 자아 개념에 대한, 낭만적으로 보이기까지 한 자기도전이 있다. 동시적으로 일어나는 이 두 가지 현상은 자아해방과 연관되는 것으로 간주된다. 이들은 순수한 "포스트~" 시대의 영광을 분열시킴으로써 근대적 헤게모니를 전복한다. (포스트모더니즘은 정의상 독해, 특히 자기독해의 다양성을 의미하는데, 이는 마치 독일 낭만주의에서 시는 쏙 빼버린 채 진부하게 되풀이하는 것과 마찬가지다.)

사람들은 내가 다중인격을 말할 때 자아 개념을 논하지 않았다고 비판해왔다. 자아 개념을 말하지 않은 건 맞지만 실 내용은 전혀 다르다. 1970년 이후로 넘쳐나는 새로운 정체성의 선택 가능성—성별 전환까지도 가능한—에 대한 우려는, 19세기 말 둔주 유행 당시 관광여행을 바라보던 시각과 유사하다. 새로운 정체성을 향해 활짝 열린 낭만적 개방은, 아동학대의 후유증으로 알려진 자아 정체성의 혼돈과 신뢰감의 상실이라는 어두움과 극적으로 대비된다. 《영혼을 다시 쓰다》에서 주장했듯이, 질병으로서의 다중인격은 철학의 전통적 난제인 마음, 자아, 영혼, 개인 혹은 정체성에 대해서는 아무것도 알려주지 못한다. 다중인격은 그 서식처인 틈새를 미화하기 위해 자아 정체성과 관련된 문화적 사건들을 이용해왔다. 다중인격이란 다양한 목적으로 이용될 수 있는 일개 아이디어란 것 외에는 '자아'에 관해 아무것도 말하지 않는다.

그렇다면 어느 한 시대, 어느 지역에서 다중인격 같은 시대적 정신질환이 존재할 수 있게 해주는 것은 무엇인가? 여기에서 나는 쌍을 이루는 사회적 통념의 역할을 재발견한다. 미덕의 영역에는 사회적 압력으로 받아들인 정체성으로부터의 해방이 있고, 악덕의 영역에는 아동학대가 있다. 이 한 쌍의 개념이 문화적 양극성 벡터를 구성하는데, 이는 한 가지 벡터에 불과하다. 생태학적 틈새에서는 수많은 요소가 상호작용하고 있고, 그중 가시성 벡터는 항상 문젯거리다. 말 그대로 다중인격은 매우 눈에 잘 띈다. 옛날, 교차로에 서서 둔주 환자들을 잡아채던 경찰의 번뜩이던 시선이 아니라, 토크쇼를 보는 시청자의 시선에 포획되고 있는 것이다. 또한 다중인격 운동에 영향을 미친 페미니즘, 트라우마 연구, 생존자 운동, 가족 붕괴에 대한 전 국민적 공포 등등도 간과되어서는 안 될 요인이다. 덧붙여 정신의학 내부의 해리장애에 관한 역사가 있고, 1970년 출간된 앙리 엘렌버거의 《무의식의 발견》을 통한 피에르 자네의 재발견도 영향을 미쳤다. 1970년은 다중인격이 무대 정면에 등장한 결정적 시간이다.

둘째로는, 의학적 진단명으로서의 다중인격이 '정당한지'를 묻는 사람들이 있다. 그 '정당성'은 《진단과 통계 요람》의 공식 입장이 아니고, 한때 관행 타파적이라고까지 불렸던 다중인격을 진단체계에 입성시키기 위한 시민운동의 정당성을 의미한다. 그리하여 의사의 진단을 정당하다고 받아들일 것인지, 그 진단이 실재성으로 이어진다고 인정해야 할 것인지가 이 질문에 함의되어 있는 것이다. 개인적 견해를 밝히자면, 의사와 시민운동가들이 좀 더 자기비판적이기를 바라기는 하지만, '그렇다'라고 말할 수밖에 없다.

나는 그런 식의 시민운동도, 운동권 인물들도 좋아하지 않는다. 그런 식의 운동에는 항상 과잉이 존재하기 때문이다. 그럼에도 그런 일이 시민운동으로 가능했던 이유는 인간이 가진 근본 성향의 많은 부분을 만족시켜주기 때문이다. 명백한 사실 중 하나는 의사들에 의한 의학적 논리화 작업이야말로 그 운동을 정당화시켜준 최대 요인이었다는 점이다. 의사들이 사태가 진행되던 도중에 회의를 느꼈다 할지라도 그즈음에는 이미 법적 다툼의 와중에 있어서 입을 다물고 있어야 했겠지만.

프레더릭 크루스Frederic Crews* 등은 거의 기업체 수준의 강력한 프로이트 때리기를 하는 과정에서 부차적으로 '치료적으로 불러 낸 기억'에 대한 비판 그리고 자연스레 이어지는 다중인격 때리 기에도 관여했다. 의심할 바 없이 생각을 주고받는 변증법 속에 서 '때리기'가 불려나온 것이지만, 어느 편이든 간에 그들의 수사 적 과장법은 내게는 별로 인상적이지 않다. 미켈 보르히-제이콥 슨Mikkel Borch-Jakobsen은 프로이트파 중에서 표면적으로는 온건파 였는데(그러나 종국에는 매우 선동적 입장으로 돌아섰다), 저명한 원 로 정신과 의사이자 최면전문가인 허버트 스피겔Herbert Spiegel과 의 대담집을 출간했다. 《뉴욕 리뷰 오브 북스》는 "시빌Sybil**은 다중인격이 아니었다"라는 제목의 서평을 실었다.[12] 허버트 스피

---

*   버클리대학교 영문학 교수로서, 한때 정신분석에 입문했으나 1970년을 시작으 로 프로이트를 비판하는 저서를 연이어, 단독으로 혹은 공저로 출간했다. 정신분석 치 료 효과의 비일관성, 비효율성 그리고 이론적 비논리성 및 프로이트 자신의 이미지 조 작을 혹독하게 비판했고, 이는 정신의학의 과학화 방향과 맞물려 1990년대에 최고조에 달했다.

**   《시빌》은 작가 플로라 레타 슈라이버(Flora Rheta Schreiber)가 1973년에 발표 한 책으로, 다중인격 환자 시빌 도싯(Sybil Dorsett)과 정신분석 의사인 코넬리아 윌버 (Cornelia Wilbur) 사이의 치료과정에 관한 내용이다. 시빌의 본명은 셜리 메이슨(Shirley Mason)으로 제7일안식일예수재림교 가정에서 엄혹하게 성장했고 정신적 불안정으로 윌버를 찾았다. 시빌이 윌버에게 의존적으로 되어가면서 자기 의사의 관심을 끌기 위 해 당시 윌버의 주 관심사였던 다중인격을 연기하기 시작하여 종국에는 16개의 인격으 로까지 확대되었다. 윌버는 당시 고백제로 사용되던 중독성이 강한 펜토탈나트륨을 주 사하고 면담을 진행하곤 했다. 나중에는 시빌이 윌버의 옆집으로 이사하여 경제적으로 의존하면서, 윌버가 사망할 때까지 그녀의 그늘 아래에서 살았다. 윌버 사망 후 언론과 의 인터뷰에서 사실을 폭로했는데, 시빌이 어릴 때의 기억을 말하면 윌버가 그 기억에 인격의 이름을 붙여줬다고 했다. 《시빌》은 1976년 TV 영화화되어 시빌 역을 샐리 필드 가 맡았고, 2007년 TV 영화판에서는 윌버 역을 제시카 랭이 맡았다. 슈라이버의 책은 600만 부가 팔렸다.

겔*은 현대의 첫 다중인격자이자 소설의 주인공으로 각색되어 널리 알려진 시빌의 주치의인 코넬리아 윌버Cornelia Wilbur의 자문의였다. 프레더릭 크루스의 경탄할 만한 반프로이트 논쟁이 처음으로 《뉴욕 리뷰 오브 북스》에 실린 것은 우연이 아니다. 다른 양상도 뚜렷해졌다. 보르히-제이콥슨은 라캉의 칼럼을 쓰며 점진적으로 회의론으로 기울었고, 정신분석의 서막을 연 그 유명한 환자 안나 O.에 대한 폭로 기사도 써나갔다. 시빌이 현대 다중인격 운동단체가 흔들던 깃발이었다면, 안나 O.는 당시의 정신분석 운동이 휘두르던 깃발이었다. 이들 최초의 환자들을 최악의 인물로 그려낸다 해도, 그들을 시조로 시작되었던 운동이 부패했다거나 거짓이었다거나 사악했다는 결론으로 이어지지는 않는다. 그렇게 생각한다면, 유전과 관련된 허무맹랑한 허구에 빠지는 것과 마찬가지일 것이다.

허버트 스피겔의 말을 글자 그대로 받아들인다 해도, 극도로 괴벽스러운 의사였던 코넬리아 윌버가 불안에 시달리던 젊은 여자 시빌로부터 다중인격의 원형을 창조해낸 것이 잘못된 일이라고 생각되지는 않는다. 시빌이 스피겔 앞에서는 다중인격 환자로

---

* 미국의 정신과 의사로서 시빌의 정신분석의였던 윌버가 진단에 관해 자문을 구한 의사다. 스피겔은 시빌이 최면암시에 잘 걸리는 걸 발견하고는 대학강단에 시빌을 세워놓고 최면을 시연하곤 했다. 시빌이 윌버가 자신의 기억에 인격의 이름을 붙여줬다고 고백하자, 스피겔은 이를 그들 사이의 게임 정도로만 생각했다고 한다. 《시빌》의 저자 슈라이버가 공저를 청했는데, 스피겔이 시빌은 다중인격이 아니므로 진단을 달리 해야 한다고 주장하자, 슈라이버는 화를 내며 다중인격이라고 정하지 않으면 책을 낼 수가 없다고 했다. 출판사가 그렇게 요구했기 때문이라는 것이다. 후일 언론 인터뷰에서 시빌 사건이 "미국 정신의학의 수치스러운 일"이라고 말했다.

미치광이 여행자

행동하지 않았다는 데 나는 동의한다. 다중인격은 모든 상황에서 다중인격으로 행동하지는 않고, 형편에 따라서 자기 증상을 부정하는 것이야말로 다중인격의 전형적 특징 중 하나임을 간과해서는 안 된다. 그렇다고 신문기사 제목과 반대로, 시빌이 명백한 다중인격이었다고 말하려는 것은 아니다. 단지 스피겔과 회의론자들의 반복된 인터뷰가 그다지 흥미진진하지 않다고 말하려는 것뿐이다.

이 주제는 이쯤에서 놓아주자. 내가 생각하기로는, 다중인격 운동 초기에 운동권 의사들은 진단과 치료방식에서 자신의 정당성을 확신했을 것이다. 그러나 시간이 지나면서 운동가들은 무모해지기 시작했다. 현란한 여타 시민운동과 마찬가지로 운동권의 어떤 리더는 믿을 만하고, 어떤 이들은 협잡꾼에 불과하다.

정신질환은 항상 실재성의 문제로 의혹의 대상이 되어왔고, 해리성정체성장애도 마찬가지다. 퍼스의 실재에 관한 기준으로 따져보면, 그것들은 실재가 아니라는 결론이 나온다. 그러나 이는 믿음, 소망, 사랑의 문제이기도 하다. 어떤 정신질환은 정신분열증처럼 실재한다. 예를 들어, 정신분열증의 경우, 여러 다른 주장에도 불구하고, 앞으로 20년 이내에 몇 가지 유형으로 밝혀질 수 있으리라고 나는 기대한다. 정신분열증이 신경학적·생화학적 혹은 그 어떤 신체적 기능장애로 밝혀질 경우, 이론적으로도 충분히 납득되고 임상적으로도 명료하게 설명되는 치료법이 발견되리라는 희망을 가져본다. 그 분야 연구자들 대부분이 품고 있는 희망임에 틀림이 없는데, 이런 대세에 반하는 생각을 하는 소수도 있는 것 같다. 이 희망이 이루어진다면, 정신분열증은 명백히 실재하게 되고, 어쩌면 현재 정신분열증군에 속하는 여러 질환도 독립적인 실재가 될 것이다.

그러나 해리성둔주의 경우, 지나간 역사는 오직 한 번으로 끝날 가능성이 큰데, 그 이유를 다음과 같이 추론해본다. 1997년 봄의 상황은 1897년 당시의 봄과 유사하다(정확한 연도를 들이대는 것은 꽤 편리한 수사법이다). 1997년이 되기 몇 년 전에 다중인격에 관해서는 이미 간결하고도 실제적인 의견 통합이 이루어졌다. 1992년과 1994년에 정신의학의 질병분류법이 각각 발표되었다. 두 분류법 모두에 다중인격이 올라가 있다. 미국 진단 요람에서의 명칭은 해리성정체성장애이고 감별진단 기준도 제시되었다. 한 세기 전의 정신의학계는 그다지 관료적이지 않았는데, 예를 들어 1895년 퓔정스 레이몽은 히스테리성, 간질성 및 신경쇠약성 둔주에 관해 권위 있는 설명과 함께 이 셋을 구별할 감별진단 기준을 제시한 바 있다. 이 사건이 나로 하여금 100년 사이를 유비해보게 했다.

미래에는 어떠할까? 1897년의 미래는 지금이 아니라 1909년이었다. 1907년 휴 패트릭이 히스테리성 둔주를 강력히 지지하긴 했으나, 3장에서 지적했듯이, 그 선언은 진부했다. 1909년은 낭트에서 신경학자와 정신병 의사의 총회가 열렸던 해인데, 당시 양대 주제 중 하나가 둔주였고, 둔주가 독립된 질환으로 다뤄진 마지막 시간이 바로 그 총회였다. 히스테리성 둔주는 프랑스의 앙리 C.와 함께 최후의 영광을 누리고 막을 내렸다. 그는 3장의 마

미치광이 여행자

지막을 장식한 인물이다.

피에르 자네는 1892년경 스스로 해리장애에 대한 생각을 접었다. 해리성정체성장애가 살아남게 된 이유 중 하나는 딱 맞는 시간에, 바로 그곳에, 딱 맞춘 듯이 유능한 사람이 있었기 때문이다. 보스턴의 모턴 프린스가 바로 그 사람이었다. 보스턴은 근대 심령주의자들의 고향이었다. 그들은 다중인격에서 나타나는 다른 인격이 세상의 다른 차원에서 온 죽은 영혼일지 모른다고 생각해서 다중인격을 애지중지했다. 그리고 이후 심령주의가 시들해지자, 거할 곳 없던 다중인격은 사라져갔다. 《영혼을 다시 쓰다》에서 지적한 복합적인 이유 때문에 다중인격은 현대에 다시 태어나게 된 것이다.

그럼에도 실재성에 대한 의문은 계속될 터인데, 이때 퍼스의 진실과 실재에 대한 관점이 유용할 수 있다. 퍼스의 이론은 실재성을 논할 때 우리를 형이상학의 구렁에 빠뜨리지 않으면서도 필요한 요점을 짚어주기 때문이다. 인간의 고통을 치료하는 데 생물학적·신경학적·생화학적 실체만 요구하며 실재성의 꼬리잡기 논쟁을 벌이는 것은 우리네 나약한 인간에게는 득보다 해가 더 클 수 있다.

이 책에서 아직 언급하지 않은 유행어가 하나 있는데, '사회적 구성'이 그것이다. 왜 시대적 정신질환은 사회적 구성물이라고 말하지 않는가? 최근의 다중인격, 1세기 전의 히스테리성 둔주 그리고 지난 10년간의 외상후스트레스장애는 모두 사회적으로 구성된 것인가? 나는 의도적으로 사회적 구성물이라는 이 나태한 용어 사용을 기피했다. 여기에서 말할 수 있는 것은, 정신질환의 생태학적 틈새에 사회적 벡터가 있음은 분명하지만, 거기에 더해서 사회적 구성물보다 더 생생하고 더 구체적인 묘사와 분석이 요구되는 무언가가 더 있어야 한다는 점이다.

구성의 은유를 문자 그대로 건축물을 세우거나 부속품을 조립하는 등의 의미로 사용한다면, 명백히 히스테리성 둔주는 구성된 게 아니다. 그렇다고 구성주의 담론을 더 형이상학적으로 사용한다면, 그건 그저 최신 유행어를 앵무새처럼 되뇌는 것에 불과할 것이다. 물론 누군가는 해리장애 로비스트들이 1970년대 후반부터 차근차근 단계적으로 구성해온 것이라고 말하고 싶을 수도 있다. 상상력이 결여된 그런 말은 사회적 구성주의자들이 의도하는 바와는 거리가 멀다. 진단명과 환자 사례를 차곡차곡 축적하는 것만으로 무언가가 구성되는 것이 아니고, 구성을 촉진시킬 생태학적 틈새가 필요하기 때문이다. 해리이론가들이 불필요하게 마구 인격 수를 늘리고, 순진한 사람들에게 환상을 심어주고, 범죄자에게는 책임 면제의 구실을 제공하다가, 결국에는 자신들조차 막다른 골목과 맞닥뜨릴 때까지도 틈새는 여전히 펼쳐져 있다.

시대적 정신질환은 오직 틈새에서만 존재할 수 있는 질환이다. 우리가 실재한다고 공언할 수 있는 질환은 틈새를 필요로 하지 않는다. 틈새를 만들어낸 벡터들의 힘이 흩어지거나 방향이 구부러질 경우 틈새는 흩어진다. 그러면 시대적 질환도 사라진다. 고생물 검치호랑이는 지구 역사상 다섯 번의 진화를 거쳤다고 한다. 그 생물체는 다섯 번이나 서식처를 찾아낼 수 있었다. 해리장애는 어떠할까?

알베르를 괴롭힌 것은 무엇이었을까?

보르도의 역사는 내 몸과 영혼의 역사다.

보르도와 같은 시골에 대해 글로 쓸 때면, 항상, 탈출을 생각하게
된다.[1]

위의 말은 미치광이 가스정비공 알베르 다다의 목소리가 아니
다. 보르도 출신의 노벨상 수상자 프랑수아 모리아크의 말이다.

모리아크는 알베르보다 25년 늦게 태어났고, 바로 그해에 알베
르는 생탕드레 병원에 입원했다. 모리아크는 당대 최고의 로마가
톨릭 소설가이자, 그에게는 더없이 친숙한 소도시의 부르주아에
관한 뛰어난 연대기 작가로 알려져 있다. 알베르 다다의 삶과 시
대를 증언하는 데 모리아크를 들고나온 것이 터무니없어 보일지
도 모르겠다. 그럼에도 모리아크를 불러낸 이유는 그 역시 보르
도를 뛰쳐나와 파리로 달아났고, 젊은 날 솔숲에서, 들판에서, 길
위에서, 음악에서 도피처를 찾았기 때문이다. 물론 그는 알베르
가 결코 알 수 없는 보르도 속물들의 사회에 속해 있었다. "만일

프루스트가 보르도가 아닌 다른 어디에서도 살아보지 않았더라면, 《게르망트 쪽》과 조금은 다른 책을 쓸 수 있지 않았을까. 보르도 속물들이란 섬세하게 묘사될 정도가 아니었음이 틀림없고, 파리사람들보다 단순하고 또 명백하게도 아주 우스꽝스러웠다."

폐쇄적 도시의 풍광

이런 몇 가지를 제외하면, 모리아크가 배회하던 길거리는 또한 알베르의 길이었다. 그 거리는 6월의 찜통 같은 방을 뛰쳐나온 사람들이 건물 그림자에 바싹 붙어 큰길로 걸어 내려가던 길이었고, 걷다 지친 사람들이 벤치에 주저앉아 산들바람이라도 불어오기를 기다리던 거리였다. 태양으로 달아오른 건물이 줄지어 서 있는 그 거리는 에드거 앨런 포의 이야기에 나오는 거리처럼, 양쪽으로 꽉 막힌 것처럼 보였다. 북쪽 언덕은 거리의 열기를 식혀줄 바람을 막았고, 남쪽 들판에서는 꽃가루가 가득 찬 숨 막힐 듯 뜨거운 바람을 쏟아 보냈다. 시민공원 가로등 아래 빛이 바랜 너도밤나무는 이파리 하나도 움직이지 않은 채 정물화처럼 서 있는데, 헛되이도 한줄기 시원한 바람을 찾아 그 아래를 서성이던 모리아크처럼, 알베르 역시 나무 아래 벤치에서 땀에 젖어 잠에 빠지곤 했다. 꿈속에서는 약혼녀와 데이트라도 하지 않았을까, 눈에 그려본다.

독자들도 보르도의 길거리에 선 적이 있을지 모르겠다. 그곳은 프랑스에서 가장 잘 보존된 19세기 마을이어서 옛 도시를 배경으로 하는 영화에서도 볼 수가 있다. 자부심 넘치는 보르도 사람들 말대로, 빅토르 루이가 설계한 프랑스에서 가장 귀족적인 대극장이나 가브리엘이 설계한 부르스 광장을 말하는 것이 아니다.[2] (이곳들은 모리아크가 유명한 장소라고 짚은 곳이지만, 모리아크 자신은 아무런 설명을 하지 않았다.) 내가 말하는 곳은 양쪽이 벽으로 꽉 막힌 골목이다. 좁다란 골목길은 옛날에는 마차로 인해, 지금은 자동차 때문에 벽에 바싹 붙어 걸어가도 위험하다. 모리아크의 글처럼, 한때 말오줌의 시큼한 악취로 가득 찼던 밤거리는 이제는 톡 쏘는 배기가스 냄새가 그득하다. 보르도가 꽉 막혀 있다고? 천만에! 긍지 높은 보르도 사람들은 말한다. 우리에겐 유럽에서 가장 넓은 켕콩스 광장이 있다고. 나폴레옹이 바스티유 성 파괴 사건을 흉내내서 옛 보르도 성을 부수고 만든 이 광장에는, 모리아크가 보기에는 100년도 훨씬 전부터 그곳이 무얼 하는 곳인지 뻔히 보이도록 묘한 여자이름만 슬쩍 내건 수상쩍은 매점이 줄지어 서 있었고, 지금은 시장, 전람회, 경마대회 등으로 시끌벅적한 소리가 일 년 내내 끊이지 않는다.

보르도를 등진 것은 두 가지가 있다고들 말한다. 하나는 (노벨 문학상을 받기 전까지의) 모리아크이고, 다른 하나는 강이다. 가론 강은 폭이 1/3마일(560미터)에 달하는 거대한 강으로 웅장한 다리들이 양안을 연결하고 있다. 이제 보르도 시가지는 그 강가에 있지 않다. 알베르의 어린 시절에는 가론강을 따라 9킬로미터에 걸쳐 부두가 이어져 있었다. 1864년에는 10곳의 조선소에서 57척의 배를 진수시켰지만, 알베르가 둔주로 주목받던 시기에는 신기술 발달로 구식이 되어버렸다. 그곳은 프랑스에서 3번째로 큰 항구였는데, 르아브르 항이나 마르세유 항과 비교해도 그리 작은 편은 아니었다. 보르도가 큰 항구였을 때에도, 다른 항구마을과는 달리, 강가에 누추한 사창가가 있지 않았다. 사창가는 도시의 3대 대로 중 하나인 도로에서 채 몇 미터도 떨어지지 않은 중심가에 자리잡고 있었다.

보르도는 폐쇄적이긴 하나 그 뿌리부터 독립적 근성을 간직한 지방이다. 보르도는 1451년까지 영국 땅이었다. 자주적으로 결정할 능력을 갖추자 마자 영주였던 영국 왕과 북쪽의 파리에 있는 라이벌 프랑스 왕 사이에 싸움을 붙여 스스로 주군을 정했다. 포도밭이 일구는 부는 영국과 계속 이어지게 했는데, 주정을 넣지 않은 순수 와인을 영국인이 선호하여 보르도산 적포도주에 '클라레claret'라는 이름을 붙일 정도였다. 이 도시의 부에는 어두움이 스며 있다. 보르도는 서인도 무역의 중심지였고 설탕 정제소 20여 곳이 있었다. 이는 삼각무역이어서, 아프리카에서 노예를 싣고 와 보르도에 기항하고 사탕수수를 하역했다. 보르도의 오래된 명문가에서 대물림된 부의 많은 부분은 이 무역을 기반으로 했다. 식민지 시대 후기에는 사하라 사막 이남의 식민지에 물자를 공급했다. 티씨에가 가난의 굴레를 깨고 세네갈로 향하는 니제르 호에 승선한 곳이 보르도다.

보르도는 실로 부르주아의 땅이다. 알베르가 배회하던 시민공원은 튈르리나 베르사유 같은 왕궁 정원을 모방하여 만들어진 것

미치광이 여행자

이라고 알려져 있다. 하지만 그 정원의 끝에 성은 존재하지 않는다. 정원은 상인들이 저녁식사 후에 다음 거래를 궁리하며 산책할 수 있도록 디자인되었다. 그런 관습이 사라지면서 정원은 황폐해졌는데, 알베르가 소년이 될 무렵 영국의 영향으로 분수와 작은 연못 등이 있는 영국식 정원의 모습으로 단장이 되었다.[3]

보르도는 산업혁명을 내다보고 자의적으로 산업을 배척하기로 신중하게 결정했다. 포도주 산업 그리고 선박무역과 이에 부수되는 설탕 정제소와 조선소만 유지하기로 한 것이다. 보르도에는 자생적 산업이 거의 존재하지 않는다. 이러한 이유로 19세기 마을의 모습이 고스란히 보존되어 영화 배경에 잘 맞는 것이다. 마찬가지 이유로 산업계의 최하층 빈민이 거의 없다. 그렇지 않았다면 알베르 같은 젊은이들은 프롤레타리아의 수렁에서 허우적거리다가 스러져갔을지도 모를 일이다. 그의 딸이 파리에서 그랬던 것처럼.

모리아크를 내려놓기 전에 한 가지만 더 언급하려 한다. 그의 보르도 회고록에 개인은 한 사람도 등장하지 않는다. "소년들"이라는 단어가 나오긴 한다. 그러나 그 단어는, 뭔가 사건이 터질 때면 그의 가족들이 떼 지어 몰려다니는 누군가를 "녀석들"이라고 지칭했던 것처럼, 모리아크 나름의 방식으로 조롱한 것일 뿐이다. 모리아크는 장소에 관해서는 많이 썼으나 개인에 대해서는 한 마디도 적지 않았다. "보르도는 나로부터 떨어져나간 나의 어린 시절, 내 사춘기의 화석이다." "보르도의 건물, 길거리, 이것이야말로 내 삶의 중요한 사건들이다." 모리아크는 유아독존하거나 이방인이 되었을지도 모른다. 보르도가 그를 그렇게 만들었다는 해석도 있다. 보르도에 사는 한, 사람에게 호기심을 가질 수 없었을 거라는 말이다. 대체로 그러한 사람이 바로 우리의 주인공 알베르다.

알베르의 둔주는 뇌손상 때문일까?

알베르를 형성한 것은 보르도의 건물과 길거리만이 아니었다. '집 밖의 집'이 된 생탕드레 병원도 그러했다. 병원 건물은 실로 주목해야 할 유명 건축물로서, 병원 맞은편에 있는 법원의 무미건조한 기록에 따르면, 가장 까다로운 건축 기준에도 완벽하게 들어맞는다고 한다. 법원은 1839~46년에 건축되었는데, 150야드(137미터)에 달하는 건물 정면에는 도리아식 기둥과 밋밋한 문만 있어서 정체를 알 수 없어 보인다. 보르도의 법원은 절대로 불려가고 싶지 않은 곳이나, 생탕드레 병원은 여생의 마지막 날들을 거기에서 보내면 어떨까 즐겁게 상상이 되는 곳이다. 병원의 건축 시기는 1590년까지 거슬러 올라가지만, 1825~29년에 재건축되었다. 이 병원을 본떠서 법원을 세웠다고 한다. 병원 내로 들어서기 전에는 잠시 무서운 생각도 들지만, 발을 들여놓는 순간, 가로 45야드(41.1미터), 세로 60야드(54.8미터)의 아름다운 정원이 펼쳐지고, 이를 둘러싼 넓은 회랑과 산책로와 잔디와 분수에 감탄하게 된다. 병원 본관과 이어지는 9개의 작은 뜰도 있다.[4] 알베르는 쫓기듯이 그 산책로와 회랑을 돌며 끝없이 걸었고, 경비원의 감시하에서도 걸었다. 오늘날 정신과 의사들은 환자들이 "안전한 장소"를 찾아야 한다고 말하는데, 이 완곡한 은유법에 많은 이들이 반감을 느끼고 있다. 그러나 알베르에게 생탕드레 병원은 안전한 곳 이상이었을 것이다. 그에게는 즐거운 곳이었다.

보르도에서 벗어나려는 집요한 욕구를 광기로 나타낼 필요는 없다. 그렇다면 정신의학적 관점에서 알베르에게는 무엇이 문제였을까? 티씨에와 피트르는 처음에는 알베르가 간질 환자인 줄로 알았으나 곧 히스테리아라고 진단을 바꾸었다. 일부 의사들이 계속 간질을 고집해서 티씨에를 짜증스럽게 하기도 했지만, 어쨌든 알베르는 우리 앞에 히스테리성 둔주로 등장한다.

다른 진단의 가능성도 있다. 알베르는 8살 때 나무 위에서 놀다가 "곧바로 아래로" 추락하여 심한 두부외상을 입은 적이 있다. 뇌진탕에 이어 구토 및 두통과 심할 때는 편두통도 있었고, 오랫동안 이명이 지속되었다. 이 증상들은 1년에 걸쳐 서서히 가라앉았다. 성장하면서 심한 치통을 앓았는데, 아픈 부위의 이를 뽑아도 치통은 사라지지 않았다. 오늘날 그러한 증상이 있으면 MRI나 PET 등으로 뇌 영상촬영을 했을 것이다.[5] 어린 날 낙상에 의한 두부외상의 병력으로 뇌 손상을 의심해볼 수도 있다.

이게 다일까? 주어진 일련의 사실로부터 소급진단을 하는 것은 옳지 않다고 말했지만, 주어진 사실이라는 게 실상은 틀린 것이었다면? 티씨에는 1890년의 그의 저서 《꿈》에서 다시금 알베르에 관해 기술했는데, 거기에서는 알베르가 처음 둔주를 떠나기 직전인 12살 때 나무에서 떨어지는 사고가 일어났다고 했다. 3년 전인 1887년에 쓴 임상보고서에는 8살이라고 명기되어 있다.[6] 이것은 동일한 사고인데, 잘못 기록되었던 것일까? 현실적인 문제점도 보인다. 티씨에의 1887년 보고서에 따르면, 사고 직후 알베르의 몸 상태가 매우 나빴기 때문에 우산장수 호객꾼으로 일하는 것이 거의 불가능했으리라는 것이다. 12살이라도 마찬가지다. 아니면 1890년 책에 나오는 사고는 다른 두 번째 사고를 말함인가? 어느 연도가 옳든 간에 1887년의 임상보고서에는 두부외상의 전형적인 후유증이 함께 기술되어 있었다. 드문드문 끊어진 기억, 두통, 감정의 심한 기복, 의기소침, 이유 없이 발작적으로 터지는 울음 등.

그럼에도 불구하고 나는 두부외상의 가능성은 포기해야 했다. 이 증상들은 심인성으로 생기기도 하고, 덧붙여 더 결정적인 근거로 볼 수 있는 증상을 찾을 수 없었기 때문이다.

두 번째 이유는 알베르 시대의 의사들은 뇌손상의 가능성에 대해 매우 세심하게 주의를 기울였다는 사실 때문이다. 이중의식의 전문가이자 펠리다의 스타 의사인 외젠 아잠은 사고를 당한 후에 나타나는 기억장애에 관한 고전적 논문을 저술했는데, 우리가 현재 사용하는 역행성retrograde 및 순행성antegrade 기억장애라는 용어는 그 논문에서 비롯되었다.[7] 당시의 의사들이 외상성 뇌손상에 각별히 관심을 쏟았기 때문에 많은 역사적 둔주 환자의 두부외상 병력은 정확히 기록으로 남아 있다. 당시 트라우마의 개념은 주로 신체적 외상을 뜻하던 시기였기에 알베르를 진료한 의사 어느 누구도 알베르의 문제를 두부외상의 후유증으로 고려해보지 않았다는 점은 주목할 만하다. 두부외상 가설을 뒷받침할 근거라고는 의사들이 우선적으로 간질을 의심했다는 것이고, 그 이유는 아마도 어릴 때의 낙상 병력을 듣고 그러했으리라는 추측밖에 없다.

세 번째 이유는 둔주 증상을 가진 두부외상 환자의 잃어버린 기억을 최면으로 회복시킬 수 있다는 근거가 현재로서는 있음 직하지 않다는 점이다. 반면, 티씨에와 알베르는 최면에 의한 기억 복구에 관한 한 기적의 드림팀이었다. 마법적 효과를 일으킨 것은 아마도 토막난 둔주의 기억을 하나씩 끌어모으던 초기 작업 동안 두 사람 사이에 서서히 형성되어간 유대관계였을 수도 있다. 티씨에는 1886년 12월이 지나서야 알베르에게 최면을 사용했는데, 그때는 이미 상당히 많은 이야기를 끌어낸 후였다. 아마도 옛 시절의 최면은 그런 일이 벌어지게 해주던 방편이었는지도 모른다.

기억 회복에서 최면은 의학적 기능보다는 사회적 기능을 하는 것일 수도 있다. 현대의 의사들이 최면요법으로 두부외상 환자의 기억을 회복시킬 수 있으리라 기대해서는 안 된다. 특히 최면에 적개적인 현재 분위기에서는 더욱 그러하다. 두부외상 병동의 환자를 해리장애 병동으로 옮겨놓는다면, 무언가 최면이 효과를 보여줄지도 모르겠다. 이 말은 환자에게 "실제로 효과"가 나타난다는 의미가 아니라, 최면은 주어진 자기 역할이 무엇인지 잘 아는 의사와 역시 잘 아는 환자를 위한 무대 위에서만 작동되는 것이기 때문이다.

　아무튼 알베르의 일부 증상은 어릴 때 한 번(혹은 두 번)의 낙상에 의한 신경학적 손상으로 이해될 수 있다. 그렇다면 둔주가 시작되기 전에 나타나는 심한 두통과 강박적 여행욕구 그리고 그 후의 넋 나간 듯한 행동과 기억상실은 뇌손상의 후유증에서 기인한 것일 수도 있다. 그러나 이와는 대조적으로, 국소적 감각이상과 과잉감각 등은 당시 이미 널리 알려져 있던 히스테리아의 특징에 속한다.

알베르의 히스테리아는 학습된 것일까?

　그런데 히스테리아의 이런 증상은 결코 대중적 지식이 아니었다! 알베르는 티씨에가 임상관찰을 시작했던 때보다 두 달 먼저 피트르 교수의 병동을 드나들기 시작했다. 당시 피트르는 히스테리아와 최면에 대한 강좌를 열고 있었다. 남자 히스테리아는 16병동에 따로 수용했고 알베르가 있던 데가 그곳이다. 피트르는 히스테리아 입원환자 100명을 대상으로 발병 시 나이, 성별, 유발원인 등으로 분류하여 최초로 통계자료를 작성했다. 환자 100명 중 남자가 31명이었다.[8] 생탕드레 병원에 입원한 알베르에게는 남자 히스테리아에 관해 배울 기회가 일반대중보다 훨씬 더 많이 주어졌다.

　이 추정은 다른 생각으로 이어진다. 알베르가 두부외상으로 인한 신경학적 후유증이 설사 있었을지라도, 혹시 히스테리아 증상을 꾸며내지는 않았을까? 이에 대해서는 좀 더 섬세한 분석이 필요하다. 미켈 보르히-제이콥슨은 그 시대에 가장 유명세를 탔던 정신과 환자 안나 O.에 대해 논평을 썼는데, 안나 O.는 주치의인 브로이어와 함께 후일 정신분석으로 진화된 "대화치료"의 서막을 연 환자다. 보르히-제이콥슨은 안나의 증상이 실재했던 것인지에 대해 다각적으로 회의론을 제기했고, "가장"했을 가능성을 언급했다. 있지도 않은 것을 거짓으로 지어냈다는 의미가 아니라, 자신의 고통을 어떻게든 표출할 방법을 찾던 과정에서 그러한 증상을 습득하게 되었다는 것이다. 의도적으로 계획하지 않았음에도 특정 유형의 행동이 그녀를 둘러싸고 점차 강화되면서 고착되어갔다는 것이다. 후일 뛰어난 사회운동가이자 페미니스트로 알려진 베르타 파펜하임은 한동안은 안나 O.로만 알려져 있었다.[9]

알베르의 행동 또한 그런 식으로 강화되어간 것은 아니었을까? 두부외상 후유증에 의한 둔주와, 폐쇄적인 보르도에서 벗어나려는 욕구가 기이한 방식으로 결합하여 나타난 것은 아니었을까? 어릴 때부터 키워온 외지에 대한 동경이 두부외상과 은밀히 공모하여 증상으로 나타났다고 보아야 할까? 티씨에와 여러 해를 함께 하면서 티씨에의 기대에 부응하려는 행동과, 한편으로는 통제할 수 없이 솟구치는 여행욕구가 자의적인 기억상실과 함께 모두 뭉뚱그려져 나타난 복합적 산물은 아니었을까? 나는 이와 유사한 견해를 1903년 독일의 어느 조사 보고서에서 처음으로 발견했다. 주제는 둔주 일반에 관한 것이었다. 저자의 견해는 처음 한두 번의 둔주는 신경학적 원인이나 극심한 심리적 혼란으로 일어났을지라도, 둔주가 반복되다 보면 사소한 일로도 자극받게 되어 버릇과 같이 굳어져간다는 것이다.[10]

최적의 파트너, 알베르와 티씨에

알베르에 관해 1장에서 기술한 내용 대부분은 티씨에가 알베르와 본격적으로 관계가 형성되기 전, 초기 접촉에서 나온 것이다. 초기 둔주 에피소드를 재구성한 기억(기록1)이 실상 얼마만큼 최면에 의해 생산된 것인지 우리는 알지 못한다. 후일 티씨에의 회상 내용으로 판단하건대, 그 이야기들은 오로지 최면으로 얻어진 것인데, 최초의 보고서는 그와는 다른 인상을 준다. 알베르의 후기 증상에 대해서는 기록3~5에 적혀 있고, 거기에는 티씨에가 알베르의 꿈을 조사하는 과정도 기록되어 있다.

초기에 알베르가 말한 여행담은 최면의 영향을 받지 않은 이야기일 것이다. 그러나 후기에 나타난 "몽유증적" 행동이 티씨에를 비롯한 여러 의사들과의 만남으로부터 얻어졌을 거라고 의심하는 사람들이 적지 않다. 그림1의 네 장의 사진은 알베르가 정상 상태, 몽유증적 최면 상태 그리고 둔주 상태에 있을 때 찍힌 것이라고 기록되어 있는데, 괴이하다는 느낌과 함께 의혹을 불러일으킨다. 이것은 피트르의 1891년 책에 수록되어 있다. 티씨에의 논문에서 묘사된 알베르의 모습에는 수긍이 가나, 그 사진의 "상태"라는 것에는 공감하기 어렵다. 알베르는 각기 다른 상태에서 자신이 어떻게 보여야 하는지 학습한 것은 아니었을까?

기록3의 한 장면에서, 알베르는 침대에 누워 마치 자전거를 타듯 격렬하게 다리를 움직인다. 꿈속에서 그는 둔주 중에 친구와 얘기하며 자전거를 타고 있다. 그러나 알베르의 삶은 자전거와는 조금도 인연이 없었다. 자전거는 티씨에의 삶에서 각별히 중요한 것이었다. 알베르는 꿈속에서 둔주 상태에 있고 실제로 페달을 밟고 있지만―티씨에를 위해서 밟고 있는 것이다. 게다가 '친구와 함께' 자전거를 타고 있다. 무심하게 말한 이 상상의 동료 여행자는 티씨에가 알베르의 백일몽 속 행동을 해석하는 데 중요한 역할을 한다. 현실에서 알베르는 고독한 둔주 환자였다. 있을 법하진 않지만 설사 그가 자전거를 탄 적이 있다고 할지라도, 당시 유행하던 단체여행에 끼어 다녔으리라고 생각되지는 않는다. 누군가는 이 책에 실린 기록들을 읽으며 프로이트식 용어인 꿈의 작업, 전치轉置 등을 떠올릴지도 모르겠다. 또 누군가는 이 활동성 꿈active dream*은 알베르의 마음 한구석에서 느끼고 있던, 티씨에를 기쁘게 하려는 욕구가 불러일으킨 것이라고 말할지도 모르겠다. 이 두 가지 견해는 양립불가능하지 않다.

기록4와 기록5는 점점 괴이한 영역으로 우리를 끌고 간다. 이

---

* 현 진단명으로는 램(REM)수면행동장애. 꿈꾸는 수면(REM) 동안 뇌간에서 운동신호를 차단하여 일시적으로 사지 마비 상태에 빠지는데, 이러한 신호가 차단되지 못하고 꿈의 내용대로 활동하는 상태.

장들은 "유발부위ideogenic zones"에 관해 논의한다. 티씨에는 알베르에게 최면을 걸면서 오른쪽 무릎을 누르면 미덕을 의미하고, 왼쪽 무릎은 악덕을 의미한다고 암시했다. 그렇게 한 실험은 결과가 괴상하기 짝이 없었고 어떤 부분은 역겹기까지 하다. 다시 말하기 괴로울 정도라 독자들이 직접 읽어보시길 청한다. 꿈을 찍었다는 사진도 있는데, 그건 알베르가 최면 상태에서 꿈을 행동으로 나타낸 것을 찍은 것이다. 악덕 상태에 있을 때에는 물건을 훔치고, 미덕 상태에서는 지갑을 돌려주었다. 알베르는 자신이 실험대상임을 완벽하게 이해하고 있었다. 1892년의 사진은 "즉석"으로 찍었다고 기록되어 있지만, 결코 스냅사진은 아니다. 알베르의 태도와 얼굴표정은 셔터 누르는 속도 및 필름판을 새로 갈아끼우는 속도에 맞추어 일정한 간격으로 변해야 한다. 당시 사진 기술상으로는 사진 프레임 하나당 최소 3초 이상이 걸렸다고 한다. 피실험자가 수면 상태건, 몽유증 상태건, 무의식 상태건, 당시 용어와 현재 용어가 어떻게 달리 사용되든 간에, 피실험자 스스로가 실험자와 협동하지 않으면 이루어지기 힘든 일이라고밖에는 달리 생각하기가 어렵다.

알베르의 백일몽도 의심스럽기는 마찬가지다. 알베르는 아내가 불륜을 저질렀다고 믿고 파리로 달려가 아내를 죽이는 백일몽을 꾸었다고 했다. 티씨에는 알베르에게 최면을 걸어 그 꿈의 기억을 모두 제거함으로써 아내를 죽여 복수하려는 충동에서 벗어나게 해주었다고 기록했다. 나는 그 꿈을 중첩적 의미로 해석한다. 첫째는, 아내에 대한 진심 어린 걱정을 표현한 것으로서, 만난

미치광이 여행자

지 얼마 안 되어 급히 결혼했고, 알베르 스스로 잘 아는 바와 같이, 남편이라는 자의 나쁜 행실과 뼈에 사무치는 가난을 견뎌야 했던 아내에 대한 우려가 꿈에 그렇게 나타났을 수 있다. 두 번째 해석은, 알베르는 의식 한편에서는 티씨에의 실험이 최면으로 꿈의 내용에 관여하여 미래의 행동을 바꾸려는 것임을 인지하고 있었다는 것이다. 그리하여 특별한 방식으로 꿈을 실연해 보여줌으로써 티씨에로 하여금 꿈속의 생각을 바꾸려 최면을 걸게 했을 수도 있다. 의사와 환자, 실험자와 피실험자는 서로에게 맞춘 듯 딱 들어맞는 한 쌍이어서, 알베르와 티씨에의 후반기 관계에서는 알베르가 "진짜 무슨 병을 앓는지" 묻는 것은 어리석은 질문이 되어버린다. 그런 질문은 매끄럽게 돌아가는 프리휠의 톱니바퀴를 어긋나게 하는 일일 테니까 말이다.

되풀이 말하지만, 나는 알베르나 티씨에가 무언가를 꾸며냈다거나 거짓을 만들어냈다고 비난하려는 건 아니다. 아마도 최면의 세계에서 시술자와 피시술자로서 두 사람의 관계를 표현하는 가장 적절한 말은 서로의 필요와 기대에 최적의 상태로 맞춰져 있었다는 것이리라. 이 현상은 이미 100년 전 철학자 조제프 델뵈프Joseph Delboeuf에 의해 섬세하게 기술되어 있다. 한번 비교해보시라. 아이들이 집안에서 일어나는 일, 특히 부모가 감추려고 하는 일을 어떻게 이해하고 있는지. 아이들은 자신이 느끼는 것을 언어로 표현하지 못해도 인지하고는 있다. 최면 관계에서도 서로 말로 표현하지 않아도 상대방이 무엇을 원하는지 알고, 피시술자는 시술자의 필요에 맞춰 스스로 행동으로 옮긴다.[11]

아잠은 둔주 도중의 알베르는 평상시보다 훨씬 더 총명하다고 생각했다. 아마도 그의 이론이 여기에 한몫했을 것이다. 아잠은 임상경험과 초기의 사례연구를 통해서, 이차 인격 상태에 있는 다중인격자가 평소 인격보다 더 재능 있고 덜 내성적인 사람으로 변화됨을 발견했다. 알베르는 지능 문제는 제쳐두고라도, 후기 둔주 동안에는 꽤나 활발한 친구였던 것으로 보인다. 기록4에는 그가 속했던 연대의 고수장鼓手長을 만나 어찌나 많은 술과 음식을 먹였는지 그 남자가 만취해서 바닥에 뻗어버리고 말았다는 기록이 적혀 있다. 그동안 알베르는 작은 잔에 담긴 진을 홀짝이고 있었다고 한다. 보복과 조롱의 냄새를 풍기는 이 이상한 환대법은 알베르가 평상시라면 절대 하지 않았을 행동이라는 설명이 붙어 있다.

알베르는 점차 세상의 체계를 어떻게 이용할지 파악하게 된다. 이제 그는 미리 철저히 계획을 짠 다음 둔주를 떠나기 시작했다. 북유럽에 있는 병원이나, 벨기에의 리에주 혹은 베를린의 병원에 최적의 시간에 입원해서는 자신이 "티씨에의 미치광이 여행자"라고 신분을 밝혔다. 그러면 집에 돌아갈 수 있도록 도움을 받거나, 파리에 정착한 후로는 프랑스 남서부에 있던 티씨에의 집으로 갈 수 있도록 조처를 받았다. 왜 그랬을까? 따뜻한 환대와 보살핌을 받고 싶어서? 아마도 역전이逆轉移 현상이 생겼던 것은 아니었을까 상상해본다. 아무튼 알베르는 티씨에를 유명하게 만들어준 두 가지 중 하나였다. 흥미롭게도, 티씨에가 78세이던 1930년, 티씨에가 평생 헌신하여 명성을 드높여줬던 체육보다도 알베르가 그의 마음속에 훨씬 더 큰 자리를 차지하게 되었다. 티씨에의 체육에 관한 환상이 깨지게 된 이유 중 하나는 제1차 세계대전이었다. 티씨에는 군대 안팎에서 청년의 건강 개선 활동에 적극 종사했고, 상황에 따라서는 군의관으로 종사하기도 했다. 그가 자랑스러워하던 젊고 건강한 병사들이 아무 의미도 없이 참호속에서 죽어 나갔다. 1930년에는 알베르의 추억만 가지고 있는게 훨씬 나았으리라. 아마도.

알베르의 아내가 결핵으로 사망하면서, 딸 마르그리트 가브리엘은 야채를 재배해 내다 파는 농부 가정에 입양되었다. 둔주 사이사이에 알베르가 딸을 만나러 갔으리라고, 다정한 마음으로 그렇게 상상하고 싶다. 그의 행적은 서서히 사라져갔다. 알베르와 관련된 마지막 희미한 자취는 마르그리트 가브리엘이 인신매매범에게 납치되었다는 비극적 사실뿐이다. 알베르는 딸이 납치된바로 그 시기에 사망했다(기록6). 다른 후손은 없었다. 그렇게 알베르의 혈통은 이 땅 위에서 사라져버렸다.[12]

서플먼트 2

유랑하는 유대인

반유대주의와 둔주 환자

'유랑하는 유대인'이라는 단어에는 온갖 성질의 반유대주의가 다발로 꼬아져 들어가 있다. 장 뤽 고다르의 1960년 코미디 영화 〈여자는 여자다〉에서 장 폴 벨몽도는 길 건너편에 있는 지저분한 노파와 외설스러운 욕설을 주고받는다. 영어였다면 가족과 함께 듣기에 적당치 않았을 욕지거리 중 그가 내뱉은 최고의 욕설은 "Juif errant!(떠돌이 유대인)"이었다. 유랑하는 유대인의 전설에는 두 가지 의미가 있는데, 그중 하나는 그 유대인이 우리 모두를 위해 고통받는 인간을 표상한다는 것이다. 그 유대인은 우리 모두와 마찬가지로 정직한 실수를 저지른 사람이다. 그의 이야기는 비극적이지만 그가 사악함의 징표는 아니다. 이 전설에 담긴 엄청난 모순은 혼란스럽다.

영원히 떠돌며 불멸의 삶을 살리라는 저주를 받고 한순간의 휴식도 주어지지 않는 이 남자의 이야기는 유럽에서 놀랄 만큼 다

미치광이 여행자

양하게 변주되었다. 바이런, 셸리, 괴테도 이 전설의 이미지에 강렬하게 매료되었다.[1] 이 전설은 길 위에서 둔주와 조우한다. 1887년 출간된 알베르에 관한 티씨에의 첫 사례보고서는 "이 *새로운 유랑하는 유대인*에 대해 우리는 임상관찰을 시작했다"로 글을 열었다. 1888년 초, 군의관 에밀 뒤퐁셸은 알베르가 "과연 우리가 숙고해볼 만한 대상인가? 유랑하는 유대인을 떠올리지 않고서도? 신성한 힘에 짓눌려 그 어떤 휴식도 자비도 얻지 못하고 지상의 길을 영원히 방황하며 끝없이 걸어가야 하는, 그 고대의 전설을 무의식적으로 알베르 다다와 연관시키지 않을 수 있겠는가?"라고 자문한다. 조르주 수는 샤르코가 주장한 보행성 자동증의 전형적 사례인 멩이 마침내 종적을 감추었다고 보고한 사람인데, 1890년에 이렇게 적었다. "보르도에 있는 티씨에 씨의 미치광이 여행자에 관한 훌륭한 논문에 의하면, 세상을 떠돌며 '가! 계속 가!'라는 소리에 쫓기는 유랑하는 유대인의 고대 전설이 이 흥미로운 결정성 보행증 사례의 기원인 것 같다."

티씨에와 뒤퐁셸에게 유랑하는 유대인은 은유적 표현이었다. 알베르는 유대인이 아니었다.[2] 티씨에의 논문은 널리 읽히지 않았지만,《공중위생과 법률의학 연보》에 실린 뒤퐁셸의 글은 파급력이 컸다. 다른 사람의 아이디어를 극적으로 각색할 기회라면 결코 놓치지 않는 샤르코는 1889년 2월 클라인이라는 젊은 헝가리 출신 유대인을 과장스레 연출하며 대중 앞에 선보였다. 지난 3년간 독일 방방곡곡과 영국, 벨기에를 돌아다니던 클라인은 당시 프랑스를 돌아다니고 있었다. 벨기에에서 돈이 떨어지자 무시

무시한 여름 폭풍을 뚫고 안트웨르펜에서 리에주까지 걸어갔다. 마침내 파리에 도착했지만 발이 엉망이 되어 한 병원에 들어갔다. 조금 나아지자마자 병원을 나와 계속 여행하려고 했는데, 아마도 브라질로 가기를 원했던 것 같다. 그는 꿈에서 오른쪽에서 왼쪽으로 개떼에 쫓기는 악몽을 꾸었다. 유럽 지도를 보면 오른쪽에서 왼쪽으로, 헝가리에서 독일로, 또 영국으로 이어지는 경로를 따라 반유대주의가 밀려왔다. 샤르코는 그를 이렇게 제시한다. "아하스에로스Ahasverus 또는 카르타필루스Cartophilus의 진정한 후계자인 이 사람을 여러분에게 소개합니다." 아하스에로스[또는 아하수에로]는 1602년 유랑하는 유대인에게 붙여진 전통적 유대계 이름이다. 카르타필루스는 13세기 파리의 매튜*의 기록에 나오는데, 빌라도의 시종으로 추정되며 영원히 살아야 하는 저주를 받았다고 한다.

티씨에와 달리 샤르코는 은유적으로 말하지 않았다. 샤르코가 과장하기는 했지만, 클라인은 실제로 유대인이고 또 방랑하고 있었다. 그는 당시 둔주의 정의로 보아도 둔주 환자가 아니었고, 현재의 해리장애 정의로도 해리 환자가 아니었다. 마찬가지로 (간질성) 보행성 자동증도 아니었다. 그리하여 샤르코는 그를 신경쇠약증 환자로 소개한다. 샤르코는 둔주의 설명에서 유랑하는 유대인이라는 비유적 표현만 떼어 이를 실제 유대인에게 붙였던 것

---

*   Matthew of Paris. 매튜 패리스라고도 불리며, 성과 달리 출생지는 영국이라고 한다. 베네딕트회의 수도사로서, 연대기 기록, 채색 필사, 지도제작 등을 했고 그의 작품은 역사적 기록물의 가치가 크다.

         미치광이 여행자

이다. 반면, 조르주 수는 티씨에와 뒤퐁셀의 견해를 따라갔다. 심지어는 유랑하는 유대인 이야기를 해설하기까지 했다. 그는 추론하기를 알베르와 같은 문제를 가진 유대인이 오랜 옛날 언제부턴가 존재했고, 전설은 그런 사실이 있었음을 설명하는 것이라고 했다.

둔주와 유랑하는 유대인에 관해 여기서 추가로 설명할 필요가 없는 것이, 의미 있는 거의 모든 정보 또는 그 이상의 것이 얀 골드스타인Jan Goldstein의 고전적 에세이 〈세기말 프랑스에서 유랑하는 유대인과 정신의학적 반유대주의의 문제점〉[3]에 담겨 있기 때문이다. 둔주는 부수적으로 그 책에 끼어 들어갔다. 얀은 티씨에의 알베르 이야기를 익살맞은 농담처럼 한 구석으로 밀어두었다. 그 책의 내용을 여기에서 되풀이하지 않는 이유는, 내가 강조하려는 부분이 달라서가 아니라, 그 책은 이미 너무 유명해져서 실제 읽는 것보다 인용되는 경우가 훨씬 더 많기 때문이다.

둔주의 황금기인 1890년대는 드레퓌스 사건의 시대이긴 했으나, 유대인 문제는 병사들보다 더 낮은 사회계층에서 일어나는 절박한 문젯거리였다. 1881년 제위에 앉은 제정러시아 황제 알렉산드르 3세는 강력한 반유대인법을 만들고 이를 농촌 소요사태*를 통제할 수많은 법령과 결합시킴으로써 궁지에 빠진 유대

---

* 제정러시아의 개혁군주 알렉산드르 2세의 1861년 농노해방령으로 농노들은 자유인이 되어 토지소유권을 가지게 되었다. 그러나 비싼 토지대와 높은 이자로 농민들의 삶은 더 어려워지게 된다. 알렉산드르 2세가 테러로 사망하자 그 뒤를 이은 알렉산드르 3세는 엄혹한 전제군주정과 민족주의를 강화하고 강력한 반유대인법을 제정했으며 농촌사태에 대해 계엄령을 선포했다. 암살의 배후로 지목된 무정부주의자는 물론,

인들을 유럽 전역으로 내몰았다. 반유대주의 여론이 들끓던 독일은 결국 가장 잔혹하게 변질된 반유대주의의 거점이 된다. 공화정 체제였던 프랑스의 여러 기관들은 경제 상황이 좋지 않음에도 불구하고 동유럽 난민을 꽤 흔쾌히 받아들였다. 1885년의 부랑자법(3장을 보라)과 결합하여, 이 주제는 민족주의자, 국수주의자, 왕당파 사이에 격렬한 논쟁거리가 되었다. 오래전부터 정착해 있던 프랑스인조차 공화정 정부의 우둔한 경제정책으로 방랑자나 뜨내기 일꾼이 될 수밖에 없는 곤경에 몰리게 되자 사회적 논쟁은 한층 더 격렬해졌다. 순진한 프랑스인들이 식민지로 추방형을 당하는 판국인데 동쪽에서 밀려들어 오는 탐욕스러운 유대인 침략자는 두 팔 벌려 환영하는 꼴이 된 셈이다! 이 말은 1886년 대표적 반유대주의 저널리스트인 에두아르 드뤼몽Edouard Drumont의 칼럼에 나온 말이다.

1887~90년에 티씨에, 뒤퐁셸, 조르주 수가 알베르 다다를 유랑하는 유대인에 비유했을 때, 그들은 그 말이 드뤼몽과 같은 사람에게 어떤 의미로 받아들여질지 알고 있었을 것이다. 독일과 달리, 프랑스의 반유대주의는 1889년 불랑제주의가 몰락하기 전까지는 자발적 정치운동이 되지 않았다. 독일로부터의 영토수복주의와 반유대주의를 포함하는 모든 반공화정 세력을 불랑제주의가 잠시나마 그 우산 아래 끌어안고 있었기 때문이다. 티씨에는

농촌에서 소요사태를 일으키는 인민주의자와 지식인들, 유대인, 폴란드인 등을 박해했고, 여기에는 무고한 농민도 포함되었다.

미치광이 여행자

유랑하는 유대인의 은유를 둔주 영역으로 끌어들였다. 자수성가한 의사이자, 지방 출신의 공화정주의자, 그리고 위그노의 후손인 의사에게 그것은 무슨 의미가 있었던 걸까? 이 질문에 답할 만큼 충분한 정보는 없지만 배경 정보로 추정해볼 만한 것은 있다.

베스트셀러 속 유랑하는 유대인

우선 우리는 아하스에로스를 소환해내야 한다. "진실로 내가 너희에게 이르노니, 여기 서 있는 사람들 중에 죽음을 맛보지 아니하고 인자人子가 왕권을 가지고 오는 것을 볼 자들도 있느니라."(마태복음 16:28) 아하스에로스에 관한 정전正典 중 최초의 출간물은 1602년의 《아하스에로스라는 이름의 유대인에 관한 짧은 묘사와 설명》으로서, 레이덴, 단치히 및 드레스덴 부근에서 9가지의 서로 다른 모양의 팸플릿으로 인쇄되어 나왔다.[4] 그러나 프랑스 독자들이 알고 있는 것은 이 희귀한 기록이 아니다. 마치 표준도서처럼 읽힌 건 다른 책이었다. 1847년 이후 두 세대가 지나도록 프랑스 사람들 거의 대부분이 알고 있던 내용은 이러하다.

"전설에 따르면, 유랑하는 유대인은 예루살렘 출신의 가난한 구두장이었다. 그리스도가 십자가를 메고 구두수선공의 집 앞을 지나갈 때, 현관 옆에 놓인 돌로 된 벤치에 앉아 있던 그 유대인은 냉혹한 목소리로 '가! 계속 가!'라며 그리스도를 밀어붙였다. …… 그리스도는 슬픔에 젖은 엄격한 목소리로 대답하셨다.

'*시간의 종말이 올 때까지 계속 가야 하는 것은 바로 너일지어다!*'(자세한 내용은 에두아르 퀴네Edouard Quinet의 웅대한 서사시《아하스에로스》에 감동적인 소개말을 쓴 샤를 마냥Charles Magnin의 박식한 주해를 참조하라.)"[5]

이것은 외젠 쉬Eugène Sue가 쓴《유랑하는 유대인》의 한 각주의 내용이다. 1844~45년 사이에 연재된 이 소설은 책으로 출간되었을 때에는 10권에 달하는 방대한 양이 되었다. 삽화가 들어간 1883년판이 1980년 재출간되었을 때 분량이 1501쪽이나 되었다. 그 책은 수년간 베스트셀러 자리에 있었고, 처음으로 그 소설을 연재한 정치적 급진파 신문인《르콩스티튀시오넬Le Constitutionnel》에게 큰돈을 벌어주었다.[6]

쉬가 인용한 퀴네의 서사시는 1833년에 나왔고, 거기에는 천지창조에서 최후의 심판과 그 이후의 일까지 모든 이야기가 다 들어 있었다. 한 천사가 유랑하는 유대인을 불쌍히 여겨 그와 함께하면서 신으로부터 미와 악에 관한 지식을 얻기 위해 벌이는 지속적인 인간투쟁의 상징이 된다. 19세기 프랑스에는 유랑하는 유대인에 관한 수많은 이야기 판본이 존재했지만 퀴네의 서사시는 고급 독자 취향을 겨냥한 것으로 그들 대부분을 사로잡았다. 유랑하는 유대인은 인류를 표상하고, 그의 궁극적 구원은 우리 인류의 구원이 된다. 1602년 원본에 나오는 그 영웅은 경건한 사람이었음에도 불구하고 그리스도가 누구인지 알지 못한 채 이교도로 내몰았다. 그는 누군가가 신성한 주의 이름을 함부로 사용하는 것을 듣고 이렇게 비난한다. "주 그리스도가 너희와 우리를 위해 홀로 상처받고 고문받는 것을 내가 보았듯이 너희가 보고 들었다면, 주의 이름을 입에 담느니 차라리 너희 자신을 고문했을 것이다."

이 이야기의 판본이 하도 많아서, 어떤 이야기는 익살스럽거나 외설스럽고 감상적이거나 경건하기도 하나, 프랑스에서 계층을 가리지 않고 가장 널리 읽힌 것은 단연 쉬의 책이었다. 위에 인용한 요약 주해 중 그가 빠뜨린 게 하나 있는데, 그것은 유랑하는 유대인의 호주머니에는 언제나 동전 몇 푼이 들어 있었다는 설정이다. (그가 호주머니에서 계속 동전 몇 푼씩을 꺼내 그게 쌓이면서 거부가 된 것이라는 악의적 농담도 있다.)

아하스에로스 전설은 전적으로 신교도의 작품이었다. 1602년도의 팸플릿은 로마가톨릭이 주장하는 사도전승을 통한 정당성을 직접적으로 넘어서는 한 목격자의 존재로 십자가의 고난을 확증시켜놓으려는 의도였으리라고 추정된다. 쉬의 소설은 동일한 반가톨릭적 태도로, 240년 동안 진화를 거듭하는 아하스에로스와 함께 여러 대륙을 아우르는 거대한 장관을 그려냈다. 소설 속 주인공들은 추방된 위그노 교도의 후손들이다.

쉬의 《유랑하는 유대인》에 가장 근접한 최근 작품은 이언 플레밍의 초기 제임스 본드 시리즈와 공항 서점 진열대를 장식하는 유사한 장르의 수많은 책들이다. 제임스 본드를 해치려는 미궁 속 괴물과 같은 악당과 잔인한 음모의 배후에 모스크바의 KGB가 있다면, 쉬의 소설 속 악당은 예수회 사람들이다. 사악한 예수회 제국은 상상 속 최전성기의 모스크바 정보망을 능가하는 전 세계 네트워크를 구축하고 있다. 어쨌든 이 책에서 착한 사람은 1582년에 추방된 거대한 부를 지닌 어느 위그노 교도 가문의 7명의 상속인들이다. 이들은 유랑하는 유대인의 누이의 후손들로서, 결혼을 통해 전 세계로 퍼져나갔다. 한 사람은 인도의 왕자이고, 쌍둥이 자매는 시베리아에 있다. 또 한 사람은 미국의 예수회 선교사로, 자신에게 떨어진 명령이 자기 가문을 해치는 음모임을 알지 못한다. 책에서 명확히 지적하지는 않았지만, 유랑하는 유대인의 누이로부터 비롯된 모계 혈통의 후손들이므로 종교를 가진다면 모두 유대교도가 되었어야 한다. 그 일곱 명은 너무나 고결하여 역겨움이 느껴질 정도다. 그들이 누구를 표상하는지 궁금할 수도 있는데, 유랑하는 유대인이 비추는 것은 다음과 같은 모습이다. "이 한 가문의 역사는…… 전 인류의 역사다! 빈자와 부자, 지배자와 무법자, 현자와 광인, 성자와 무신론자, 겁쟁이와 영웅 등 수많은 세대를 거쳐 내려온 내 누이의 피는 최후의 순간까지 영속하리라." 자바, 라이프치히 등등 세상 모든 곳에서 예수회는 속임수와 간계로, 필요하다면 살인도 서슴지 않으면서 이 가문 사람들이 약속된 1832년 2월 13일 파리의 어느 장소에 집결하지 못하게 막아야 한다. 그들은 위그노 가문의 막대한 재산을 정당한 상속인들에게서 빼앗아 사악한 목적에 사용하려고 한다. 책내용이 하도 엉망이라 연극이나 영화로 만들어질 정도는 아니었다(쉬는 나름의 구성으로 멜로드라마를 쓰기도 했다). 소설의 결말을 짓기도 전인 1844년부터 수많은 패러디가 등장했다. 그럼에도 불구하고 50쪽마다 사건이 터지는 이 책은 지금도 공항 서점 진열대의 그 어느 책보다도 흥미진진하다. 당시 쉬는 매회 독자를 놀라게 하며 큰 명성을 얻었다.

그러면 유랑하는 유대인은 어디에서 등장할까? 쉬는 서로를 애타게 그리워하나 결코 만나지 못하는 한 쌍의 유대인 남자와 여자를 그려냈다. (도입부에서 그들은 베링해협의 얼어붙은 바다 안개 너머로 간신히 보이는 윤곽만으로 서로를 알아본다.)[7] 그들은 인류의 양심이다. 그리고 인간의 양심이 그러하듯 고난을 통과해야 한다. 두 사람은 일곱 명을 도우려 최선을 다하지만 계속 운명에 내몰리며 떠돌게 된다. 그들에게 소리치는 "가! 계속 가!"라는 내면의 목소리에 저항할 수가 없는 것이다.[8] 그런데 제임스 본드 대 KGB의 대결과 이 책이 사뭇 다른 점이 있다. 악당이 승리한다는 것이다. 일곱 명 중 여섯은 죽고, 오직 혼자 남은 생존자는 비참한 상태에 빠진다. 예수회는 유랑하는 유대인 여자의 책략으로 재물을 얻지 못하지만, 그렇다고 미덕이 확실하게 승리하는 것도 아니다.

책은 성향 자체가 사회주의적이다. 가혹한 노동조건을 비난하고 푸리에의 공상적 사회주의의 공장모델*을 지지한다. 영국과 네덜란드의 제국주의를 매도하지만(프랑스는 빼놓고), 그건 단지 형식적일 뿐이다. 책에서 아메리카 원주민들이 로키산맥에서 일

---

* 샤를 푸리에(Charles Fourier)가 주창한 사회주의로서, 신비주의와 심령주의 등을 가미하여 지상낙원을 꿈꾸는 유토피아 사회주의라고도 불린다. 재산의 공유와 부의 평등 분배를 자발적인 호응으로 실현시키려는 주의로, 그 일부가 공동체 운동 및 협동조합 운동의 형식으로 현재까지 명맥을 유지하고 있다.

곱 명 중 한 명의 머리 가죽을 벗기고 십자가형으로 살해하는 으스스한 식민지 환상을 그려냈기 때문이다. 게다가 이슬람교의 비밀결사 암살전문단원, 인도 북서지방 출신의 암살전문단원 등이 등장해 동남아시아 전역에 걸쳐 살인을 벌이고 무릿매로 돌을 던져 즉사시키는 더 끔찍한 장면도 나온다. (그러나 한 명은 마침내 파리에 도착하여 예수회 최고의 악당을 독살한다.)

당시 독자들이 이 책을 반유대주의 맥락에서 읽지는 않았다. 그럼에도 쉬는 세태를 거스를 수 없었고, 그리하여 소설적 설정으로서 무시무시하게도 콜레라를 유대인과 연결시켰다. 유대인이 아시아와 시베리아를 지나는 동안 콜레라의 참화가 그를 따라온다. 1832년 유대인이 파리에 도착하자 그의 행로를 따라 그 역병도 파리에 입성한다.

쉬의 책에 실제 유대인은 나오지 않는다. 내가 그 책에 대해 계속 이야기하는 이유는 유랑하는 유대인이 프랑스 대중과 위그노 후손인 필립 티씨에게 어떤 의미가 있는지를 그 책이 보여주기 때문이다. 티씨에는 소년 시절에 분명 그 책을 읽었을 것이다. 상상하건대, 그의 아버지는 수레바퀴공에게 주문한 나무바퀴 자전거와 함께 이 책을 아들에게 선물로 주지 않았을까. 민간에서 전해지는 반유대주의 미신과 설화는 수도 없이 많다. 여기에서 내가 말하는 것은, 교양이 낮은 중간계층이자 대부분은 당연히 반유대주의자였을 사람들이 읽었을 만한 그 책의 표면적 측면일 뿐이다. 그러나 당시 프랑스 공화정 정부는 동유럽에서 추방된 유대인에게 꽤 느슨한 태도를 취하고 있었다.[9]

살페트리에르의 유랑하는 유대인

티씨에가 알베르와 조우했을 때는 이 모든 상황이 막 바뀌어 가던 시기였다. 낡아빠진 마차로 혹은 걸어서 동유럽으로부터 도망쳐 나오던 가난한 유대인의 행렬은 부랑자 공포의 영토를 가로질러야 했다. 세 번째 교차점으로 들 수 있는 것은 유대인이 가진 기이한 믿음인데, 많은 유대인 스스로가 자기네들은 정신질환에 잘 걸린다고 스스로 확신했다는 점이다. 이 사실은 그 자체만으로도 엄청난 주제로, 현재 이에 대해 최고의 권위를 가진 사람은 샌더 길먼Sander Gilman이다.[10]

샤르코가 의기양양하게 몰던 삼두마차는 부랑자 문제, 동유럽 난민, 유대인의 정신질환이었다. 길먼은 그를 항상 "반유대주의자 샤르코"라고 지칭했다. 샤르코와 그 제자들이 좌중을 지배했던 한 토론회에 대해 결론을 내리며, 골드스타인은 당시 상황의 복잡성을 강조한다. "정신의학은 반유대주의에 대해 그다지 결백하지 않았고, 그렇다고 완전히 유죄도 아니었다." 샤르코는 자기 강좌에서 항상 유대인을 사례로 이용했고 그들이 유대인이라는 사실을 강조했다. 이런 자료는 반유대주의 언론에게는 아주 좋은 먹잇감이었고, 샤르코는 자신의 연구가 이렇게 이용돼도 조금도 이의를 제기하지 않았다. 더 이상 그를 비난하거나 비꼬지는 않겠다. 유명한 샤르코보다는 무명의 티씨에가 더 내 흥미를 끌기 때문이다.

그러나 샤르코의 주장은 반유대주의가 아닌 다른 맥락에서 나왔음을 잊지 말자. 첫 번째 주장은 정신질환(히스테리아와 신경쇠약 포함)은 신경학적이라는 것, 바꿔 말하면 근본적으로 생물학적이라는 것이다. 두 번째 주장은 신경학적 결함 곧 정신질환은 유전적이라는 것이다. 여기에 더하여, 당대의 유대인은 물론 비유대인 그리고 온갖 파벌의 정신과 의사들 대부분은 실제로 '유대인은 이상하게도 정신질환에 잘 걸린다'라는 확신을 가지고 있었다. 샤르코의 정신의학, 특히 그의 생애 후반기 연구에서 유대인을 중심에 둔 것은 이러한 요인들 때문이었다. 여기에는 정신질환의 유전성을 연구하기에 적합한, 유대인 사회 특유의 비교적 폐쇄적인 유전자풀gene pool이 있었다. 그렇다 할지라도 유대인에 대한 샤르코의 강렬한 관심이 경멸로 가득 찬 관심이었음은 의심할 여지가 없다.

관점을 바꿔서, 샤르코가 어떻게 오늘날의 유전연구와 매우 흡사한 연구의 전제조건을 만들었는지 주목해보자. 과학적 추론을 증명할 게놈 프로젝트 같은 것은 당연히 없었지만, 연구대상이 될 폐쇄적 유전자풀이 그의 손안에 있었다. 유대인의 정신질환이 내생적內生的이라는 의미로 한 말은 아니다. 샤르코 클리닉에 오는 많은 유대인이 친척이나 사촌과 근친결혼을 한 사람들의 후손이었기 때문이다. 그는 과학적 추론에 따라 유대인 가계와 정신질환의 분포에 지속적으로 관심을 쏟게 되었다. 그의 연구방식은 현재 기초연구에서 가장 널리 알려진 패러다임인, 1990년대의 정신질환의 유전적 결정론과 동일하다. 이렇듯 훌륭한 과학적 탐구가 적극적으로 유대인을 변종이자 문젯거리, 병든 자로 보려는

태도와 뒤섞여 있었다.[11]

　샤르코는 자신이 명명한 보행성 자동증을 유랑하는 유대인과 단 한 번도 연관시킨 적이 없었다. 자신의 유랑하는 유대인 환자들은 "미국 병"인 신경쇠약에 걸렸다고 진단했다. 찰스 비어드가 만든 진단명인 신경쇠약은 1880년경 프랑스로 들어왔고, 원인은 미국의 이교도적 생활방식이라고 간주되었는데, 도시에 사는 유대 상인들이 그러한 생활방식을 가지고 있었다. 신경쇠약은 오늘날로 보면 전형적인 만성피로증후군에 해당하는데도 불구하고, 샤르코의 유랑하는 유대인들은 엄청나게 빠른 속도로 유럽 전역을 누비고 돌아다녔다. 그들에게 신경쇠약 진단이 붙은 이유는 여기저기 아프다고 호소하며 치료받으러 다녔기 때문이고, 유대인은 마땅히 모두가 신경쇠약증이라고 생각했기 때문이었다. 샤르코 자신도 이렇게 고백한 적이 있다. 클라인이 "눈에 띄는 신경쇠약 증상이 없다는 사실은 주목할 만하다." 클라인의 (눈에 띄지 않는) 신경쇠약 증상에는 트라우마성 히스테리아가 딸려 있었고, 그 트라우마는 안트베르펜에서 리에주까지 먼 거리를 걸어오느라고 생긴 신체적 고통이었는데도 말이다.

　샤르코와 그의 조수들은 소위 광인의 도상학이라는 것에 열광했다. 중세 미술이 그려낸 광인의 모습을 샤르코 클리닉 환자의 사진과 비교하며 그들은 환호했고, 그 결과를 놀라울 만치 훌륭한 삽화집으로 만들어냈다. 그 삽화집에는 다양한 의식 상태에 있는 최초의 다중인격인 루이 비베와 최초의 둔주 환자인 알베르 다다가 당연히 포함되어 있었다.

공공병원에서 일하던 샤르코의 제자들은 가난한 유대인 난민을 많이 목격했다. 샤르코의 병동에 입원한 유랑하는 유대인들은 거의 대부분이 사진으로 남아 있다. 샤르코 병원의 학생이었던 앙리 메이지Henri Meige가 쓴 논문에는 유랑하는 유대인에 대한 17세기 목판화의 복사본과 병동 환자를 찍은 사진을 다시 스케치한 세 장의 그림이 실려 있다.[12] "옛 인쇄물에 나오는 *유랑하는 유대인*은 실제로 존재하는 떠돌이 유대인이다. 그들은 다름 아닌 바로 살페트리에르의 유랑하는 유대인이었다."[13] 〈*살페트리에르의 유랑하는 유대인*〉은 비록 오래 지속되지는 않았지만 지난 10년 동안 프랑스 정신의학 논문 중 가장 빈번히 인용된 논문이다. 인용된 이유는 묘하게도 우발적인 데 있었다. 메이지의 논문이 다니엘 파울 슈레버에 관해 쓰인 수많은 책과 함께 분류되었던 것이다. 잘 알려져 있다시피 슈레버는 프로이트의 유명한 에세이에 나온 편집성 정신분열증 환자로, 작센주의 대법원 판사였던 사람이다. 1901년 출간된 슈레버의 자서전은 광기 어린 사유과정을 장황하게 늘어놓은 것이었고, 그 속에는 자신이 여성화된 유랑하는 유대인이라고 몽상하는 순간이 나온다.

슈레버가 쓴 광기의 텍스트를 당시 문화의 거울이미지로 해석한 학자들 중에는 제이 겔러Jay Geller와 에릭 샌트너 등이 있는데, 그들은 메이지의 논문을 예로 들면서 프랑스와 독일에서 유랑하는 유대인이 같은 시대에 동일한 의미를 갖는 것이 당연하다고 보았다. 그러나 나는 달리 생각한다. 반유대주의가 존재하지 않았다는 의미가 아니라, 유랑하는 유대인에 대한 생각이 달랐다는 의미다. 예를 들면, 유대인을 지칭하는 언어 자체가 다르다. 프랑스에서는 '유랑하는 유대인 *le Juif errant*'이나, 독일에서는 '영원한 유대인 *Der ewige Jude*'이다.[14] 그 이유로 추정되는 것 중 하나는, 서플먼트3에서 다루는 독일의 둔주 관련 저술에 유대인은 나오지 않는다는 점이다. 독일어권에서 둔주를 지칭했던 *방랑벽 Wandertrieb*은, 그 행동의 문제가 어디서 비롯되었든, 영원하지는 않다.

메이지는 논문의 감사의 말에서 샤르코를 극도로 찬양한 후에 이렇게 서론을 시작했다. 유랑하는 유대인이라는 전설의 그 유대인은 "*그저 세상을 떠돌며 여행하는, 전형적 신경증적 이스라엘인의 한 부류일 뿐*"이라는 것이다. 이런 여행자들이 왜 병적인가? 그들은 엄청난 재물을 찾고 있거나 자기 병의 치료법을 찾아다닌다. 이것만으로 잘못이 있다고 볼 수는 없겠으나, 문제는 그들이 항상 "*다른 어떤 것*"을 원하고, 그것을 "*다른 어떤 곳*"에서 찾아 헤맨다는 점에 있다. 그들은 끊임없이 어딘가로 향하려는 욕구에 저항할 수가 없고, 이것이 그들을 광기에 빠지게 하는 정체다.

이어서 메이지는 전설의 역사를 정리하고, 한 단락에 걸쳐 옛 목판화의 초상과 병원 환자의 사진 스케치를 비교했다. 그리고 5명의 사례를 소개한다.

1)샤르코의 환자인 클라인을 샤르코가 화요 강좌에서 말한 내용을 이용해 설명했다.

2)모세라는 별명을 가진 38세 폴란드 유대인인 모제르는 유럽 도처의 여러 병원에서 치료를 받았으나 효과가 없었다. 하지만

전기치료는 새로웠다. 파리에 머물면서 전기치료를 받기 위해 매일 병원에 갔는데, 아마도 물속에 발을 담그고 가벼운 전기쇼크를 몸 여기저기에 가하는 치료법이었을 것이다. 잠시 좋아진 듯했으나, 습식 전기치료를 받은 후 새로운 증상을 가지게 되었다. 하룻밤에 20~30번씩 몽정을 하는 증상이 생긴 것이다.[15] 그는 매일 병동을 찾아와 샤르코와 주변 사람들에게 말을 걸어왔다. 사람들이 그를 상대해주지 않으면 자기 말을 들어줄 만한 사람이 있는 곳으로 자리를 옮겨가며 끊임없이 수다를 떨었다.

3)42세 남자 마이어는 제정러시아 시대 리투아니아의 빌나 Vilna[현재의 빌뉴스] 출신으로, 돈이 떨어지는 바람에 살페트리에르에 오게 되었다. 그곳에서 받게 될 여러 치료법에 대해 설명해주자, 그런 치료법은 이미 다 받아봤지만 효과가 없었다고 했다. 사진 촬영에 동의하고 병원을 나간 후 돌아오지 않았다.

4)40세의 지그문트는 독일인 아버지와 이탈리아인 어머니 사이에서 태어났다. 병원 안에 있는 그 누구보다도 교육을 많이 받았고, 바이올리니스트였는데, 심한 떨림 증상과 함께 음악에 대한 기억상실이 나타나 단순한 레슨 정도만 할 수 있었다. 그는 뉴욕, 시카고 등도 다녀온 적이 있었다. 1882년에 브뤼셀 근처에서 벼락을 맞았다고 했다. (그래서 트라우마성 히스테리아로 간주되었다.) 1889년, 누군가가 외치는 "불이야"라는 소리와 함께 불길을 목격하면서 기절했다가 깨어나니 마비 증상이 나타났다. 그는 전형적 히스테리아의 교과서적 증상을 다 가지고 있었다. 병원을 나가면 히스테리성 둔주 환자가 되어 엄청나게 먼 거리

미치광이 여행자

를 걸어가고 위험한 산을 등정하고 놀랍도록 오랜 시간 뛰어다
녔다. 그러나 살페트리에르 병원은 히스테리성 둔주 따위는 있
어서는 안 되는 곳이었기에, 그리고 모든 유대인은 다 신경쇠약
증이므로, 지그문트의 진단명은 "히스테리성 신경쇠약증"이 되
었다.

5)러시아에서 태어난 47세의 유랑하는 유대인 여자 로사[16]는
키예프에 살고 있었다. 그녀는 토혈과 극심한 두통으로 독일에서
여러 종류의 치료를 받았다. 샤르코의 명성은 키예프에서도 대단
했으므로 완치의 희망을 안고 파리까지 오게 되었다. 그리고 산
화아연zinc oxide 알약을 처방받았다. 한 달 후 꽤 호전되어 여행용
손가방에 한가득 알약을 담아서 집으로 돌아갔다. 과연 샤르코의
명성이 헛되지는 않다고 생각했을 것이다. 그러나 메이지는 약물
이 아니라 암시가 치료효과를 나타낸 것이라고 생각했다. "암시
에 의한 그 행복이 과연 얼마나 지속될까?"라고 그는 궁금해하
면서, 믿음이 사라지면 다른 클리닉을 찾을 것이고, 아마도 몇 년
후에 다시 살페트리에르 병원을 찾았다가 "여행충동의 주기에
따라" 또다시 사라질 것이라고 예견했다.

메이지는 사례분석에서, 이 사람들의 출신지를 알고 나서 얼마
나 강렬한 인상을 받았는지를 묘사했다. 놀랍게도 모두가 동쪽에
서 왔기 때문이다. 독일, 폴란드, 오스트리아 등. 동프로이센과 오
스트리아제국은 지금의 폴란드에 해당하는 지역에 뻗어 있었다.
메이지는 사례 5명 중 2명이 러시아제국에서 왔음에도 이상하게
도 그에 대해서는 언급하지 않았다. 또한 샤르코의 유대인 중 얼

마나 많은 사람들이 우크라이나의 오데사*에서 왔는지 발견하고
는 경악했다고 했다.

메이지는 그들이 왜 동유럽에서 왔는지 설명하려고 했다. 유
랑하는 유대인은 애초에 독일의 전설이다. "떠도는 사람들은 유
대인이 아니라 반달족, 노르만족, 서고트족이라고 불린 '게르만
인'이다. 유랑하는 유대인이 있다면, 그 사람은 독일계 유대인
(*Heimathlos*, *나라가 없는 자*)이다." 1889년까지도 프랑스와 독일이
전쟁을 심각하게 저울질했던 상황을 염두에 둔다면, 메이지가 기
회를 제대로 포착한 것임을 간파할 수 있다. 당연하게도 그의 논
문의 심사평에 대한 자기변론이 주요 일간지 《피가로》에 실렸다.
그 끔찍한 떠돌이들은 독일로부터 온 진짜 문젯거리였던 것이다!
물론 그 문제는 1880년대의 반유대주의 선동 여론과 제정러시아
의 1881년 반유대인법 시행이 합쳐져서 나타난 결과였다. 메이지
의 글에는 실제 상황에 대한 말은 한마디도 없이, 오직 서고트족
에 대한 환상만 담겨 있었다.

메이지는 샤르코의 행로를 그대로 밟아 신경학자로서 명성을
쌓았고, 1905년에는 파리 신경학회 기관지인 《신경학 평론*Revue
Neurologique*》의 총무를 거쳐 편집인까지 올라갔다. 그의 후반기 저

---

* 　오데사는 19세기말 러시아 제국 4대도시 중 하나였고, 인구의 1/3이 유대인이었
다. 이들 중 일부가 공장의 1/3을 소유하고 도시 전체 생산량의 57%를 생산했으며 곡
물수출의 경우 70%를 차지할 정도로 도시의 부를 거머쥐고 있었다. 반면 유대인의 과
반수 이상은 빈곤층에 속해 노동자 소요의 위험을 안고 있었다. 이런 상황이 니콜라이
2세의 반유대주의 정책, 세기말의 경제불황과 맞물려 주기적인 유대인 집단살해사건으
로 이어졌다. 서유럽으로의 러시아 출신 유대인 디아스포라의 시발점이다.

술은 대부분 틱 장애에 대한 것인데, 거기에는 올리버 색스의 글로 널리 알려진 뚜렛증후군도 포함되어 있었다. 이 증후군은 히스테리아처럼 살페트리에르 병원에서 싹을 틔웠고, 그곳은 질 드라 뚜렛 그리고 뒤를 이어 앙리 메이지가 전문가로서의 경력을 시작한 곳이었다.[17]

이쯤에서 메이지를 놓아주려는데, 사실 그에 관해 더 할 말이 없기도 하다. 단, 그가 알베르 다다에 관해 한 한마디만 덧붙이겠다. 메이지는 "유랑하는 이스라엘인과 매우 근접한 사례가 한 명 있다"라고 썼다. 샤르코의 충실한 제자인 그는 "티씨에의 그 사례는 신경쇠약으로 봐야겠지만, 어쩌면 히스테리아도 덧붙일 수는 있겠다"라고 주장했다. 더욱이 13세기 중반 매튜 패리스의 책에 그려진 카르타필루스와 같은 전설이 현실로 나타날 거라는 당시의 소문도 집단 히스테리아였을 것이라고 했다. 독일에는 유대인에 관한 다른 전설도 있는데, 박해받는 가해자인 그 유대인은 때로 살인을 하기도 하고, 그를 목격할 경우 죽음이 가까이 다가와 있음을 의미한다고 했다. "그러나 이렇듯 음울한 모습은 극히 드물고, 전설 속의 그 유대인은 불행하기는 하지만 누구보다도 선한 사람"이라고 했다.

그리고 모든 게 변화되어갔다. "세기말이 되자 프랑스의 유랑하는 유대인이라는 이미지는 글자 그대로의 의미를 회복했다"라고 얀 골드스타인은 말한다. 심지어 적그리스도를 의미할 수도 있었다. 십자가를 진 그리스도에게 욕을 한 유대인이 적그리스도 외에 달리 무엇일 수 있겠는가? 이런 의미의 전환으로 인해 1880

년대부터 1890년대 초까지 정신병동에 만연했던 노골적이고도 야비한 반유대주의를 쉽게 읽어낼 수 있다. 골드스타인은 이례적으로 유명해진 의학논문에 대한 대중의 반응을 기록했다. 반유대주의 언론의 제1인자인 에두아르 드뤼몽은 그 논문에 매우 기뻐했다. 유대인은 본질적으로 유전적으로 퇴화된 광인이었다. 당시 중도 공화주의 신문이었던 《피가로》는 매우 신중한 태도를 취했다. 유대 언론도 마찬가지였다. 한편으로는 동유럽 출신 유대인(함축된 의미로는 대부분의 유대인)이 적어도 신경증을 선천적으로 지니고 있다는 주장을 반박하면서도, 다른 한편으로는 의학적 진단에 함의된 책임 면제를 환영했다. 근면하고 끈기 있는 성향을 가진 동유럽 출신 유대인이 서유럽인의 시각에서는 주변머리 없고 지저분해 보였을 것이다. 하지만 그저 신경쇠약일 뿐이니 치료 가능하다고 생각되었다.

프랑스 정신의학에서 유랑하는 유대인의 이야기는 티씨에가 최초의 둔주 환자인 알베르를 그 유대인에 은유하면서 비롯된 것으로 보인다. 그렇다면 이 이야기의 결말은 시작과 매우 달라진 셈이고, 큰 이유 중 하나는 메이지가 전설과 유대인 난민을 꽤 그럴듯하게 버무려서 반유대주의 언론에 건네주었기 때문이다. 가난했지만 위그노 전통을 자랑스러워했던 티씨에는 사악한 예수회와 싸우는 위그노 후손에 관한 쉬의 웅대한 서사시를 읽으며 유랑하는 유대인의 아이디어를 가지게 되었을 것이다. 소설에 나오는 유랑하는 유대인은 언제나 위그노 교도의 편이었다.

티씨에는 그 은유를 적어도 1901년까지는 고수하고 있었는데,

미치광이 여행자

당시 메이지의 논문에 매료된 그는 이 주제에 대해 의학적으로는 거의 마지막에 해당하는 글을 썼다. 살페트리에르 병원의 유대인 환자들에 대해 말한 것은 아니었다. 그의 글을 한번 읽어보자.

전설은 때로는 진실에 바탕을 두고 있다. 영원히 행군하라는 신의 저주에 순종하여 동전 몇 푼만 주머니에 넣고 걸어가는 유랑하는 유대인의 전설도 그러할까? 무언가에 쫓기듯이 계속 걸어가는 한 남자를 관찰한 데에서 이 끝없는 여행 이야기가 시작된 것은 아닐까? 아니면, 예루살렘 함락 이후 산산이 흩어진 유대인의 특성을 한데 뭉뚱그린, 대중적 상상력이 만들어낸 허구의 이미지인가? 무엇이든 간에, 끝없이 걸으려는 절박한 욕구로 힘들어하는 환자 혹은 불안한 정신을 가진 사람들에 관한 수많은 임상관찰 결과에 의해, 유랑하는 유대인의 전설은 증명 가능한 실재가 되었다.[18]

샤르코의 보행성 자동증에 대해서 티씨에는 이렇게 말했다. 통제할 수 없는 여행욕구로 가득 찬 미치광이 여행자에게 보행성 자동증을 앓고 있다고 말하는 것은 "심리 상태를 심각하게 왜곡하는" 것이다.

서플먼트3
독일의 '방랑벽'

   티씨에의 〈미치광이 여행자〉는 1887년 출간되었다. 1888년에는 샤르코가 맹에 관해 발표했다. 1889년부터는 프랑스 영향권 아래 있던 이탈리아의 의사들이 둔주를 진단명으로 저술하기 시작했다. 독일식 진단분류법이 머지않아 프랑스 분류법을 압도하게 되는데, 독일어권 나라들은 꽤 다른 전통을 가지고 있었다. 둔주가 독일어권 나라에 진입하는 데에는 만 10년이 걸렸다. 그동안 어떤 일이 있었는지 피상적으로 훑어보자. 독일어권의 의료계 문화는 독일제국 내에서도 정치적·지리적으로 분산되어 있었다. 독일의 정신의학 문화는 오스트리아-헝가리 제국 너머 스칸디나비아와 러시아까지 뻗어 있었다. 이 책의 관심사가 집중된 시기인 1898~1914년 사이에 가장 큰 영향력을 가졌던 곳은 아마도 취리히의 부르크횔츨리Burghölzli 병원이었을 것이다. 독일어를 쓰는 상당수의 둔주 환자들이 스위스로 향하기는 했지만, 그 병원에서 둔주를 진단한 기록은 전혀 찾을 수가 없었다.[1]

뒤늦게 독일어권에 입성한 둔주 진단

1898년 독일 본에서 에른스트 슐체Ernst Schultze가 〈의식의 병적 장애에 관한 이론에 부쳐〉를 발표하면서 둔주의 수레바퀴가 움직이기 시작했다. 슐체는 샤르코가 이미 보행성 자동증의 "증상 복합체"에 대해 매우 명확하게 설명했기 때문에 자신은 덧붙일 게 그리 많지 않다고 말했다. 단, 독일 문헌을 조사해보면, 이 질병이 독일에서는 매우 희귀하거나 거의 진단되지 않았음을 알 수 있다고 했다. 프랑스의 1894년 조사를 보면, 40건의 문헌이 인용되었던 반면에, 독일에는 단 하나가 있을 뿐이었다!

그러나 단 하나의 그 사례마저도 엄청난 상상력의 비약이 없이는 보행성 자동증으로 보기 매우 어려운 환자였다. 1880년에 기록된 바에 의하면, 그 사람은 독신의 병든 양치기로, 1857년부터 정신병자 수용소에 계속 입원해 있다가 1860년 40세의 나이로 사망했다. 심한 간질 환자로 발작이 일어나기 전후로 항상 제자리에서 시계방향으로 원을 그리며 돌거나 일정한 보폭으로 앞뒤로 왔다 갔다 했다. 그는 온 세상을, 천당과 천사들을 자기 머리와 심장 속에 우겨넣어야 한다는 망상을 가지고 있었다. 부검에서 심한 뇌경화와 뇌위축까지 확인되었는데, 우반구가 더 심했다. 생전에 이런 신경학적 병소를 알지 못했더라도 그 환자가 샤르코식의 *잠재성* 간질 환자가 아니었음은 명백했다. 어쨌든 주치의에게는 그가 간질 환자임이 너무 뚜렷했다. 좌불안석하며 왔다 갔다 했던 행동은 "질주성" 간질에서 나타나는, 목적 없이 종종거리며 걷는 증상이었다. 그 양치기가 정신병원에 입원한 것은 질주 증상 때문이 아니라, 세상이 자기 머릿속에 넣어져 있다는 망상 때문이었다. 결론적으로, 슐체가 둔주 논의를 시작했을 때 독일에는 보고된 사례가 한 명도 없었다.

그러나 꼭 그렇지만은 않았다. 둔주 진단명이 아직 존재하지 않을 때에도 그 진단에 딱 들어맞는 더 이른 사례들이 있었다. 그들은 탈영자 목록에 올라 있었고, 머스켓총병인 J. M.이 그중 하나였다.[2] 그는 여러 차례 말없이 부대를 떠나 항상 쫓기듯이 걸어갔다. 첫 번째 군사재판은 별다른 게 없었다. 탈영하면 대개는 자기 집으로 갔고 향수병을 못 이겨서 그랬다고 주장했기 때문이다. 그러나 항소심 조사에서 발견된 바에 의하면, 그는 사춘기 때부터 여행하려는 욕구와 더불어 정신적으로 현저한 불안정성을 지니고 있었다. 간질의 가족력도 없었고 본인에게도 간질을 의심할 만한 증상이 없었다. 결론적으로, 이 남자는 정신활동에 단기 병적 장애를 가졌다고 진단되었고, 무단탈영은 그런 병적 상태에서 저지른 일로 여겨졌다. 독일 군법 51조에 따르면, 그 병사는 자기 행동에 책임을 질 수 없는 상태였다. 의도한 행위가 아니었고 행위 당시에 자유의지를 행사할 수 없는 상태였다면 행위 당사자에게 책임을 물을 수 없었다.

그 사건은 1880~1882년 사이에 일어났고, 보고서는 1883년에 나왔다. 당시는 둔주나 보행성 자동증이라는 진단명이 존재하지 않았다. 그저 정신활동의 일시적 병적 장애라고만 말할 수 있었다. 간질로 진단되지 않은 상태임을 고려한다면, 이것은 장차 만들어지게 될 히스테리성 둔주의 진단을 위한, 기다리던 사례였다고 말할 수 있다. 그러나 남성 히스테리아에 관한 샤르코의 강력한 캠페인을 경험하지 않은 독일에서는 히스테리아가 골칫거리였다. 당시 비엔나의 부르주아 전용의 상담실에서 대부분 "신경증"임이 분명한 환자를 진료하던 프로이트로서는 그 진단명을 끌어들이는 게 무척이나 이득이 되는 일이었다. 프로이트가 초기에 비엔나 의학계에서 배척받은 이유는 남자에게도 히스테리아가 있음을 확신하고 열정적으로 성性원인론을 내세웠기 때문이었다. 그러니 젊은 병사들에게는 어떠했겠는가. 그들의 증상이 얼마나 그 진단에 들어맞든 간에 1883년 제87보병연대에게 남성 히스테리아는 도저히 용납될 성질의 질환이 아니었다.[3]

1898년까지 보행성 자동증은 독일에서 진단명으로 사용되지 않았는데, 이에 슐체는 뒤처진 상황을 만회하는 일에 착수했다. 세 명의 사례를 소개하고 1900년에는 네 번째 사례를 발표했다. 그는 독일 의사들이 계속 사례들을 모아야 한다고 주장했다. 프랑스에 뒤질 수는 없다! 그가 발표하는 이야기들은 하도 생생해서 소설이나 영화 줄거리로 삼기에도 손색이 없다. 여기에 그 이야기를 다 실을 수는 없고 몇 개의 일화만 소개하겠다. X는 자원입대자로 군 생활에 충실했고 복무기간이 끝나면 재입대할 생각까지 가지고 있었다. 그러나 그는 런던에서 뉴욕으로 향하는 배를 타고 오하이오주의 신시내티에 도착했다. 그제야 자신이 탈영했음을 깨달았다. 그전에 자신이 누구인지 부분적으로만 기억하고서 부모에게 돈을 보내달라고 편지를 쓰기도 했지만 말이다.

오스트리아 출신의 37세 남자 Y는 본에 있는 슐체의 클리닉에 나타났다. 그에게는 군에 있을 때부터 시작된 소소한 둔주 전력이 있었다. 한번은 오래전부터 데리고 있었던 하인과 앵무새 한 마리까지 데리고 프라하에서 이탈리아 트리에스테까지 갔다가 프라하의 집으로 돌아왔는데, 그동안 자기가 무얼 했는지 기억하지 못했다. 몇 년 후에 부인과 싸우고 나서 사라져버렸는데, 프랑스 마르세유에서 발견되었을 때에는 10~12일 동안의 기억이 비어 있었다. 파리에서는 외인부대 신병모집 사무실 앞을 지나다 그대로 자원해서는 알제리 오랑으로 파견되었고, 그후 모로코 요새로 보내졌다. 다시 사라졌다가 파리에 나타나서 한 병원에 입원하고는 전기치료와 냉욕치료를 받았다. 갑자기 네덜란드에 나타나서는 식민지 주둔군에 지원하려 애썼으나 거부당했다. 그는 음주광이 되었다. 말하자면, 한번 마시면 일주일 이상 내내 이어지는 폭음이 3~4개월 간격을 두고 일어났다. 그는 어지럼증과 졸도발작을 앓았고 광장공포증이 발작할 때면 경찰이 집에 데려다주었다.

23세의 화학자인 Z는 평생 뭔가를 끝까지 해본 적이 없었다. 과학기술전문학교에서 화학과 물리학을 꽤 잘했지만 언어학으로 전공을 바꾸고는 맹렬하게 프랑스어, 러시아어, 영어, 폴란드어 및 산스크리트어에 달려들었다. 그 또한 여행을 떠나고는 기억하지 못했으나, 공부를 끝마치지 못했듯이 여행도 마무리 짓지 못했다. 미국 아니면 캐나다로 가는 배를 타기 위해 영국의 플리머스에 갔으나, 어디로 어떻게 떠나야 할지 마음을 정하지 못했다.

직업군인을 심각하게 생각했으나 우유부단함으로 아무것도 하지 못했다.

슐체의 4번째 사례는 동료 의사가 보내준 환자인데, 37세의 목수로서 발작이 있을 때면 사악한 힘이 자신을 이곳저곳으로 몰아간다고 느꼈다. 손목시계 두 개를 훔쳐서 구속되었다. 그러나 자신이 무얼 했는지 기억하지 못했고 자기 것이 아닌 시계 두 개를 지니고 있음을 알고는 막연히 법을 어겼다고 생각해서 기꺼이 처벌을 받겠다고 했다. 알고 보니 그는 여러 차례 탈영을 했고, 탈영할 때마다 가중처벌이 되어 처음에는 2일 간의 구류에서 3개월로, 마침내는 1년간 감옥생활을 하게 되었다. 전에 일어난 발작의 경우, 발작이 있기 전 1~2시간가량 극심한 두통을 느꼈고 마치 머릿속에 칼이 쑤셔 박히는 듯했다. 또한 작은 별들이 눈앞에서 반짝인다고 했다. 그 후 헤매며 돌아다니는 일이 시작되었다. 한참 후에 제정신을 차리면 마치 잠에서 깨어나는 것처럼 느꼈다. 그러면 자문하곤 했다. "그동안 뭘 한 거지?" 이 이야기는 그가 새 직장을 얻어 마부가 되었다는 것으로 마무리되었다.

슐체의 설명에 나오는 이 이야기들은 세기말의 유럽판 무서운 사이코드라마다. 처음 사례 3명 중 X와 Y 두 사람은 자살 충동을 느끼고 있었고 연발권총을 품고 다니며 때때로 머리에 겨누어보곤 했다. 슐체가 쓴 상세한 이야기의 대부분은 여기서 생략하겠지만, 그는 여타 둔주 전문가들과 마찬가지로 매우 재능 있는 이야기꾼이었다. 1898년에 쓴 글의 말미에서 슐체는 "내 의견을 말하자면, 이들 세 환자는 모두 간질성이라고 말하고 싶다"라고 했다. X에게는 간질과 유사한 발작이 딱 한 번 있었다. Y는 어지럼증과 졸도발작이 있었다. 게다가 에밀 크레펠린Emil Kraepelin은 1896년 저술에서 음주광이 일종의 간질 증상이라고 주장한 바 있었다. Z는 여행을 떠날 때면 극심한 우울증에 시달렸고, 점차 기억이 희미해져갔다. 심지어 언어능력조차 사라져갔다. 자살 성향마저도 간질 진단을 뒷받침하는 것이 되었다. 이 모든 사례가 슐체가 자신의 논문 제목으로 쓴 '의식장애Bewüsstseinstörung'에 해당되었다.

그는 치료법에 대한 질문으로 논문을 마무리했다. 샤르코는 브롬화물 치료를 옹호했다. 슐체도 이를 시도해봤지만 효과가 없었다. 슐체는 아마도 어느 아버지가 사용한 고전적 방법을 써야 할지 모르겠다고 썼다. 그 아버지는 계속 집 밖으로만 나돌아 다니는 15살짜리 아들을 빠져나갈 구멍이 없는 요트에 가둬놓았다.

독일에서 벌어진 간질/히스테리아 논쟁

이렇게 둔주는 독일 의학계에 입성했다.[4] 그리하여 프랑스에서 벌어졌던 그 지루한 논쟁을 맨 처음부터 모조리 되풀이할 만반의 준비가 갖춰진 것이다. 비록 1903년까지의 논점은 "간질이냐 히스테리아냐?"의 문제라기보다는 "간질이냐 아니냐?"의 문제이긴 했지만 말이다. 슐체에 대한 첫 번째 도전은 광의의 간질 개념이었다.

1899년 율리우스 도나트Julius Donath가 3명의 사례를 발표했다.[5] 38세의 목수인 남자는 가까운 기차역까지 말을 타고 가서, 거기에서부터 부다페스트, 비엔나, 라이프치히, 함부르크 그리고 뉴욕까지 갔는데, 자신이 무엇을 했는지 아무런 기억이 없었다. 또 한 명은 49세의 점원으로 짧은 기간의 둔주 동안 지칠 때까지 걷고 아무 데서나 자고 허기도 느끼지 않았다. 나머지 한 명은 19세의 보조 재단사인데, 친한 친구가 하던 마부일을 하고 싶어했다. 며칠간 침울해하고 불면에 시달리고 나면 기이한 행동의 둔주가 뒤를 이었다. 계속 여자들 꽁무니를 따라다니거나 행진 악대를 따라다녔다.

세 사람 모두 두통, 부분적 기억상실 그리고 저항할 수 없이 무작정 여행을 떠나려는 욕구에 스스로 두려움을 가지고 있었다. 도나트는 간질로 진단했고, 간질 환자의 강박적 여행욕구를 '배회광poriomania'(그리스어 poreia는 행진을 의미한다)이라는 새 명칭으로 불렀다. 그러나 (도나트 자신이 다음과 같이 이탤릭체로 강조해 말한다.) "*내가 보기에는, 간질성 배회광은 특별한 종류의 [간질의] 정신적 등가증상인데, 흔한 등가증상과 구별되는 점은 의식장애가 전혀 없거나 혹은 아직 미분화 상태여서 의식장애가 별로 중요하지 않다는 점이다.*" 논란이 된 것은 의식장애 Bewüsstseinstörung라는 단어였다. 슐체는 기억상실이 의식장애의 증거라고 반박했다. 그는 도나트가 말한, 간질성 보행성 자동증이 다른 질환으로 오진될 가능성이 크다는 말에는 동의했으나, 동의한 이유는 간질의 증상 자체가 워낙 변화무쌍하기 때문이었다.

도나트는 슐체를 비난했지만 그보다 더 놀라운 것은 도나트 자신이 간질성 배회광을 주장했으면서도 히스테리성 둔주의 감별 진단 기준을 내놓았다는 사실이다. 간질 개념을 광의로 확장해놓으면, 히스테리성 둔주는 여행이라는 고정관념에 집착하거나 이중인격을 가진 사례로 축소되어버린다. 둔주는 이중인격자의 "*이차적 상태*"에서 일어난 사건이 되어버리는 것이다. 1892년에 발표한 자신의 사례에 결정적 증거가 있다고 도나트는 주장했다.

그 환자는 고통스러운 임질 치료를 받고 있었다. 최면은 받지 않았다. 그녀는 매력적이고 몹시도 이지적이었다. 그런데 대화 도중 느닷없이 어린애 같은 목소리로 말하고 노래하며 놀기 시작하더니 더 이상 치료로 인한 통증을 느끼지 않게 되었다. 평소에는 침대 밖으로 나오지도 않던 사람이 사방을 뛰어다녔다. 어머니는 그 상태가 딸의 "위기 상태"라고 말했다. 도나트는 히스테리성 둔주 환자를 실제로 본 적은 없었지만, 당연히 자기가 봤던 이중인격 환자와 비슷할 거라고 생각했다. 부다페스트의 한 병원에서 전형적인 이중의식 사례를 발견한다는 것은 꽤나 이례적인 일이다. 환자의 어머니가 프랑스 사람이라는 것을 알기 전까지는 말이다. 도나트는 환자 어머니가 '위기'를 독일어로 *krise*라고 말했다고 인용했으나, 실은 프랑스어로 *crise*라고 말했음이 틀림없다. 독일어 krise는 다양한 상황에서 사용되는 반면, 프랑스어 crise는 다중인격을 말할 때 표준적으로 사용하던 용어였다. 현대의 이중의식은 북미로부터 오스트레일리아와 네덜란드로 퍼져나갔으나 과거에는 프랑스에 그 기원이 있었다.

미치광이 여행자

간질이 둔주의 근원이라는 데 이의를 제기하는 사람은 없었다. 그리고 일반적 단어인 '방랑벽Wandertrieb'이 배회광이라는 새로운 용어가 있음에도 불구하고 의학적 병명으로 자리잡게 되었다.

그런데 당시 자살 생각과 자살 시도가 얼마나 많았는지 기록을 살펴보면 경악을 금치 못하게 된다.[6] 작센, 실레시아, 헝가리 등에서 온 일부 환자들은 서유럽의 환자보다 놀랄 만큼 더 높은 자살률을 보였고 그 현상이 지금까지도 이어지고 있다는 점은 주목할 만한 사실이다. 실레시아 사람 혹은 헝가리 사람들에게 자살은 언제나 선택사항이었지만, 가스코뉴 사람은 말할 것도 없고 파리 사람에게는 전혀 그렇지 않았다.

히스테리아가 무대에 등장할 차례를 기다리고 있었다. 독일의 임상의학계가 차츰 방랑벽을 받아들이면서 그 경로를 따라 히스테리아가 진입해 들어왔다. 독일에서 둔주에 관한 첫 종합보고서는 1903년에 출간되었다. 카를 하일브로너Karl Heilbronner는 자신이 발견한 12명의 새로운 사례를 "둔주 및 유사 둔주 상태"라고 부른 57명에 끼워서 발표했다. 이 중 30명은 프랑스인으로서, 히스테리아와 간질이 뒤얽힌 전형적인 사례였다. 그는 자신이 이용할 수 있는 자료에서 엄격하게 사례를 추려냈고, 여기에다 과거에는 둔주로 분류되지 않았던 간질 사례를 추가했다. 그는 1895년 강연에서 퓔정스 레이몽이 발표하고 피에르 자네가 기록했던, 히스테리아와 간질의 프랑스식 통합론을 무시했다. 그는 발표한 사례 중 많아야 1/5만이 명백한 간질 환자이고, 히스테리아 증상을 가진 환자가 훨씬 더 많았다고 결론지었다.

하일브로너는 또한 흔히 둔주가 일종의 "불쾌한" 상태에 의해 발생하는데, 간질발작 때문이거나, 신체적 외상에 따른 히스테리아거나, 혹은 가족이나 직장 관련 상황으로 생긴 것일 수도 있다고 주장했다. '*불쾌한 상태Dysphorische Zustände*'라는 표현은 독일에서 둔주를 기술할 때 표준 어구가 되었는데, 아마도 그것이 병의 원인을 가리키는 것처럼 보였기 때문이었을 것이다. 비록 그 단어가 그 어떤 불쾌한 상태나 불안한 느낌을 가리키는 것에 불과할지라도.

하일브로너는 둔주 역사상 가장 유용한 견해 중 하나를 제시했다. 둔주는 그 원인이 간질성이든 히스테리성이든 아니면 다른 어떤 것이든 간에 일종의 발작으로 자연적으로 생길 수 있다. 그러나 도주 충동이 습관화되면서 사소한 일로도 둔주가 유발될 수 있다고 했다. 내가 생각하기에 이 설명이야말로 알베르와 다른 많은 둔주 환자에게 딱 들어맞는 말이다. 하일브로너는 둔주가 꾸며낸 것이라고 말하지는 않았다. 둔주는 기억상실 등과 마찬가지로 충분히 실재하는 것이다. 그러나 둔주는 정신적 습관과 같은 것을 나타낸다. 그런 습관이 법적 책임면제를 주장할 때 이용될 수 있다. 실제로, 둔주 진단이 법의학적 타당성을 얻을 수 있는 단 하나의 상황은 둔주가 습관성이라는 증거가 있을 때여야 했다.

하일브로너의 발표 후 독일은 둔주에 문을 활짝 열어주게 된다. 슐체는 같은 해인 1903년, 9명의 새로운 사례가 실린 강의록을 출간했는데, 대부분이 매우 다채로운 개성을 가지고 있었다.

미치광이 여행자

핵심적인 부분은 하일브로너에게 동의했지만 그 외에는 다른 의견을 가지고 있음을 강력히 주장했다. 지나치게 간질을 확신하는 것도 틀렸지만, 그렇다고 방랑벽 환자 중 1/5만 간질이라는 것 또한 말이 안 된다고 했다. 누군가가 슐체가 내놓은 새로운 사례들을 꼼꼼히 조사해보니 히스테리아 증상은 없었다. 그 사례들만으로도 간질 대 히스테리아의 비율이 크게 바뀌었다!

다음 해인 1904년에는 프랑스의 1889년 논문과 유사한 〈히스테리아 사례 1명에서 나타난 둔주〉라는 제목의 첫 독일어 논문이 나왔다. 레이몽이 1895년 강좌에서 말한 통합론은 독일어권 의사들의 관심을 끌었다. 그 논문의 저자는 후일 이차적 의식 상태에 있는 히스테리아 환자를 관찰했다고 했다. 여기서 우리는 독일의 영향권 안에 있는 히스테리아 진단의 한 가지 문제점에 주목해보자. 샤르코는 히스테리아 남자로부터 여성화된 남자라는 오명을 제거했지만, 독일어권 학자들은 그 오명을 그대로 인정했고 심지어 잠재적 동성애자라고 암시했다. 또한 여러 학파들이 둔주에 대한 이론을 각기 탄탄히 짜나가기 시작했음을 알 수 있다. 위대한 인물들이 한몫을 했다. 모든 둔주의 근간에 간질이 있다는 주장은 이제 크레펠린파라고 불렸다.

다른 저자가 도나트에게 도전장을 냈는데, 새로 3명을 발굴하여 증상의 병리현상을 상세히 관찰하고, "현미경적" 정밀함으로 조사하여 의식의 장애를 발견했다고 주장했다. 언제나 그렇듯 군대가 중요한 역할을 해서, 병역 도중에 탈영한 남자가 상당수를 차지했다. 1906년 추가된 18명은 모두 해군 탈영병이었다.[7] 둔주가 단일한 한 가지 질병이 아니라는 인식이 점차 확산되기 시작했다. 1907년 논문(둔주 관련 논문에 필수적인 새로운 사례 3명이 포함돼 있었다)을 보면, 도나트는 '배회광'이라는 용어를 명백한 간질 환자에게만 한정해서 사용할 것인지, 아니면 1895년 레지스가 '방랑광'에 그랬듯이 잡다한 것을 다 포괄한 명칭으로 사용할 것인지 결정하지 못하고 오락가락하고 있었다.

둔주는 왜 독일에서 유행하지 못했을까?

남자들! 남자들! 남자들! 그리고 곧 등장하게 될 어린아이들. 독일어권 의사들은 성인 여자에게는 방랑벽이라는 진단을 한 번도 붙이지 않았을까? 도나트의 두 번째 보고서에는 여자 사례 1명이 포함되어 있다. 슈테판 로젠탈Stefan Rosental도 63세 여자의 비극적 사연을 소개했다. 그 논문의 제목은 〈방랑벽과 편집증을 가진 우울증〉이었다. 그녀는 오랫동안 독신으로 살다가 42세에 결혼했다. 남편은 부인이 저축한 돈을 제재소 사업에 투자했으나 화재로 날려버리고 말았다. 그가 유언을 남기지 않고 사망하자 친척들이 전 재산을 빼앗아가 버렸다. 그녀는 비엔나에 있는 오빠로부터 적은 돈을 받아 근근이 생활할 수 있었다. 베를린에 살던 그녀는 포메른에 사는 친척 집에 가기 위해 기차를 탔으나 작은 역에서 무작정 내려 정처 없이 돌아다니다가 경찰에 체포되어 정신병원에 들어갔다. 그녀는 죽고 싶다고 했고 자기 담당 의료진을 증오했다. 풀려난 그녀는 비엔나의 오빠를 만나러 다섯 차례나 예고 없이 찾아갔으나 매번 쫓겨났고 단 한 번만 2주간 머물도록 허락받았다. 오빠가 젊은 여자와 재혼한 후 마지막으로 찾아갔을 때 그는 동생의 얼굴조차 보려 하지 않았다. 그녀는 베를린으로 가는 기차에서 내려 몰래 비엔나로 돌아온 후 그곳 병원에 입원했다. 그녀는 자신이 낙관적 망상에 빠지기 쉽다는 걸 잘 알고 있었다. 이것이 편집증일까? 과연 정신병리에 관한 이야기일까?

그리고 어린아이들. 하일브로너의 논문에 나온 표를 주의 깊게 살펴보면 많은 둔주 환자들이 아주 어릴 때부터 떠돌아다녔음을 알 수 있다. 14명은 8~15세 사이에 둔주를 시작했다. 1922년 빌헬름 슐립스Wilhelm Schlieps는 이렇게 말했다. 프랑스 의사들은 성인 둔주를 발견했지만, 아동기 둔주를 찾아낸 건 독일 정신의학의 승리다! 프랑스를 이기고야 말겠다는 독일의 프랑스 혐오증은 슐체 이후로도 오랫동안 지속되었다. 하지만 슐립스의 민족 우월성 주장은 사실에 입각한 것이 아니다. 프랑스의 레이몽이 이미 1895년에 내가 톰 소여라고 이름 붙인 소년의 사례를 상세히 발표한 바 있기 때문이다. 그러므로 슐립스의 주장은 첫 사례를 발견했다기보다는 어릴 때부터 시작되는 특정 유형의 둔주를 인식하게 되었다는 것뿐이다. 1909~10년 사이에, 3장에서 말했던 유명한 경찰의 연구팀 브농과 프루아사르도 아동기 둔주에 대해 적어도 3편 이상의 보고서를 출간했다.[8] 아동기 둔주를 독립적 진단명으로 확립하려는 욕구는 오늘날 아동기 다중인격을 DSM의 다음 개정판에 올리려는* 욕구와 유사하다.

슐립스의 어린이 사례 3명에는 11살과 12살의 소녀가 포함되어 있다. 둔주 역사상 실로 최초의 소녀 둔주 환자들이다. 슐립스의 말에 따르면, 사내아이들은 멀리 달아나 떠돌아다니는 반면, 여자아이들은 타락하거나 방탕해져 성에 탐닉한다고 생각하는 것은 틀렸다. 차이점이라고는 사내아이들은 숲과 들로 뛰쳐나가고, 여자아이들은 "그저 시내를 거닐었을 뿐"이라고 말한다는 점이다. 떠돌아다니는 아이들은 퇴화의 관점에서 지적으로 저능하다고 간주되었다. 아이들은 어디를 돌아다녔는지 거의 기억나지 않는다고 말했기 때문이다.

소녀들은 둘 다 아주 어릴 적부터 무단결석을 하면서 둔주를 시작했다. 한 소녀에게는 학교와 집을 오갈 때 감시인을 붙여야 했다. 두 명 모두 임질을 앓았고, 한 소녀는 강간을 당했다는 암시가 보인다. 어찌해야 했을까? 슐립스는 크게 도움되는 말은 아니지만 오늘날의 부모에게도 유효한 최소한의 기초적 사항을 권고했다. 눈을 크게 뜨고 아이들에게 무슨 문제가 있는지 살펴보라! 상담을 받게 하라! 등하교 시에 아이들과 함께하고, 그럴 수 없다면 동반할 보호자를 고용하라!

정리하면, 1898~1914년 사이 독일의 방랑벽은 1887~1909년 사이 프랑스의 둔주와 동일한 경로를 밟아갔다. 독일 군대에서는

---

* DSM-5의 해리성정체성장애는 아동기를 따로 구별하지 않는다. 단, 전형적인 평균적 환자를 가상한다면, 30대 여자로서 대개 5~10세 사이에 부분적으로 해리 증상을 보이고 16세 전후로 다른 인격(alter)이 나타난다고 한다.

탈영하기가 프랑스보다 훨씬 어려웠다. 그럼에도 독일 둔주에는 다른 느낌이 있다. 여기저기 작은 빈틈이 보일 뿐만 아니라, 유랑하는 유대인 비유가 등장하지 않았기 때문이다. 이런 설명은 사실 별 게 아닐 수도 있다. 프랑스어와 영어에서 말하는 "유랑하는 유대인"은 독일어에서는 "영원의 유대인"이다.

더 중요한 차이점은, 부랑인은 독일 학자들에게는 이슈가 되지 못했다는 사실이다. 물론 부랑인은 우리의 주제가 집중된 시기인 1898~1914년 사이에 사회적 문젯거리였고 이에 관한 학술서는 1880년대부터 나오기 시작했다. 그렇기는 하지만 둔주와 교집합을 가진 독일의 주요 사회적 문제는 탈영병이었고, 가장 큰 관심사는 어린 탈영병을 어떻게 구제할지의 문제였다.

이제 군대나 부랑인 문제의 중요성에 비해 실체가 잡히지 않는 몇몇 모호한 차이점을 얘기해보자. 10년 후, 중부 유럽으로 옮겨가 이야기를 해보자. 남자들은 서쪽으로 향했다. 네덜란드로, 프랑스로, 영국으로, 혹은 미국으로 떠나갔고, 이들 이야기에서 스며 나오는 것은 그들 개인의 슬픔만이 아니라 그들을 둘러싼 세상의 우울함이었다. 20여 개가 넘는 사례를 읽다 보면, 모든 남자들이 연발권총을 품고 떠돌다가 시시때때로 자기 머리에 총구를 겨누지는 않았는지 의구심이 들 정도다. 그런 일은 방랑벽을 가진 남자만의 일이 아니라 제정신을 가진 여행자들도 사실은 그러했을 것이다.

확실한 사실은 독일에는 방랑벽의 유행이 없었다는 것이다. 질병명으로서가 아니라 사례로서만 있었고, 프랑스에 뒤지지 않겠다는 끓어오르는 애국심이 있었다. 탈영범으로 가혹한 처벌을 받게 될 젊은이를 구해줄 만한 진단명을 찾아낼 필요성이 있었다. 그러나 둔주가 번성할 생태학적 틈새는 독일에 존재하지 않았다. 앞서 말한 4가지 벡터를 훑어보자. 방랑벽은 진단명으로 독일의 기존 질병분류체계에 진입할 수가 없었다. 그 단어는 당시 흥미로운 질환에 대해서 아무것도 알려주지 않았기 때문이다. 마찬가지로 미치광이 여행자를 떠받쳐줄 문화적 양극성, 미덕 대 악덕의 벡터도 존재하지 않았다. 당연히 탈영병은 식별 가능했지만 둔주 환자로서는 아니었다. 그리고 방랑벽과 같은 행동은 사회적 해방구로 쓰이지 못했다. 4가지 벡터 중 어떠한 것도 작동될 만큼 뚜렷하지 않았다. 독일어권에는 둔주 일화들이 있었고 몇몇 의사들이 그것을 독립적 진단명으로 만들려고 애를 썼다. 그러나 독일의 방랑벽은 결코 완전한 시대적 정신질환이 되지 못했다.

알베르의 이야기 (1872년~1886년 5월)

나는 12살에 보르도 가스설비 제조회사인 M. L.에서 도제공으로 일하고 있었는데, 어느 날 무작정 길을 떠났다. 내가 현관 앞에서 오랫동안 서성이는 걸 이웃 사람들이 봤던 것 같다. 이웃들은 아버지에게 내가 아르카숑 방향으로 간 것 같다고 말해주었다. 즉시 나를 찾아 나선 형은 라테스트에서 떠돌이 우산장수의 조수 노릇을 하던 나를 발견했다. 나는 그 행상을 따라 돌아다녔던 것 같다.

형이 내 어깨를 툭 치며 "도대체 여기에서 뭐하는 거야?"라고 말했다.

정신이 번쩍 들었다. 내가 그동안 뜨내기 행상 밑에서 일했다는 걸 알고는 경악했다. 형이 나를 집으로 데려왔다. 며칠 후 아버지가 발랑스다장Valence-d'Agen에 상속받은 유산이 있다고 얘기하는 걸 들었다.

한 달이 지난 후 내가 그 마을에 와 있다는 사실을 깨달았는데, 어떻게 그곳에 갔는지 기억이 나지 않았다. 우리 가족과 친한 분이 친절하게도 나를 보르도로 보내주었다.

하루는 L. 씨가 회사에서 쓸 코크스를 사오라고 나를 동료와 함께 심부름 보냈다. 그는 내게 100프랑을 맡겼다. '투르' 역에 도착했다고 외치는 승무원의 목소리에 깨어난 나는 이미 하루가 지난 상태에서 기차에 타고 있음을 알고는 깜짝 놀랐다. 기차표를 보여달라는 승무원에게 표를 내어주며 들여다보니 파리행이라고 적혀 있었다. 내가 돈을 가지고 있었나? 모르겠다. 도대체 무슨 일이 일어났는지. 어느 날 밤, 눈을 떠보니 파리 오를레앙역 벤치에 누워 있었다.

어떻게 거기에 왔는지 설명하지 못하자 경찰서로 잡혀갔고 마자Mazas로 이송되어 14일간 구류형을 받았다. 경찰은 보르도로부터 나에 관한 정보를 받고는 가족에게 돌아가도록 했다. 내 가족은 사장의 돈 100프랑을 갚아주기로 했다면서 돌아갈 여비를 보내주지 않았다. 걸어서 귀가할 수 있게 여행허가서를 발급받고, 중간 마을에 들릴 때마다 50킬로미터당 1프랑 50상팀의 공공보조금을 받았다. 그렇게 앙굴렘 근처에 이르렀다. 포도 수확이 한창이어서 마르사크Marsac 라그루Lagroue에 있는 미셸 B. 씨의 장원에서 하인으로 일하게 되었다. 그곳에서 일당 1프랑 50상팀을 받으며 두 달간 일했다. 경찰은 내가 일하는 걸 보고는 내버려 두었다. 50프랑까지 모았을 때 보르도로 돌아왔다.

그 후 아버지와 형이 일하는 가스회사에 들어가서 일했다. 몇 달간은 모든 게 잘 되어갔다. 그런데 화창한 어느 날, 내가 바르베지유Barbezieux에 와 있는 걸 깨달았다. 곧바로 체포되어 감옥에

미치광이 여행자

갔는데, 아무런 증명서류도 갖고 있지 않아서였다. 보르도에서 나에 관한 정보를 받자 간수는 내가 원하는 대로 파리로 갈 수 있는 서류를 만들어주었다. 파리로 향한 것은 도저히 집에 돌아갈 엄두가 나지 않아서였다.

샤텔로Châtelleraut에 도착해서는 서류를 잃어버려서 또 체포되었다. 새 서류를 발급받고 푸아티에, 투르를 거쳐 오를레앙에 갔는데, 거기 경찰서장은 떠돌이로 사는 것이 왜 나쁜 일인지 내가 이해할 수 있도록 설명해줬고, 집에 돌아가는 게 좋겠다고 말했다. 그렇게 하기로 하고 보르도로 가는 기차 무료승차권을 받았다.

아버지와 고용주는 내가 파리에 혹해서 그런다고 생각해서 나를 그리로 보내기로 결정했다. 마르텔가에 있는 M. L. 사에서 일하기로 하고 프티트에퀴리가에 있는 리옹 호텔에 묵었다. 매우 행복했다.

2주 동안은 아주 열심히 일했다. 급료를 받고 갑자기 떠났다. 정신을 차리고 보니 주앵빌르퐁Joinville-le-Pont에 와 있었다. 감히 사장에게 돌아갈 수가 없어서, 계속 길을 가기로 하고 샹피니 Champigny, 모Meaux, 롱쥐모, 프로뱅을 거쳐 비트리르프랑세Vitry-le-Français까지 와서 일자리를 찾다가 곧바로 감옥에 갇혔다. 서류가 없어서였다. 조사를 받고 2주 후에 석방되었다.

그 후 샬롱쉬르마른, 쇼몽, 브줄, 디종, 마콩, 빌프랑슈를 지나 여행을 계속했다. 리옹에 갔는데, 페라슈 광장이 아름다웠다. 케이블 철도도 보았다. 그르노블을 지나가면서는 이제르강둑을 따라 이어지는 산책로에 감탄했다. 안시에서 체포되어 감옥에 갔는데, 또 서류가 없어서였다. 보르도로 갈 수 있는 여행허가서와 증명서를 받고 리옹, 생테티엔, 르퓌, 모리아크, 튈, 브리브Brives, 페리괴, 쿠트라, 리부른을 지나갔다.

다시 가스회사에 들어가서 석 달간 전심전력을 다해 일했다. 그리고 어느 화창한 날 전혀 알지 못하는 광장에 내가 서 있음을 알게 되었다. 포Pau에 있는 프레펙튀르 광장이었다.

"내 팔자야, 또다시 둔주라니!"라고 외쳤다. "아, 상관없어. 어차피 여기 왔으니 머물 곳을 찾아야겠어." 수중에는 5프랑이 있었다. 하룻밤에 5수sous씩 내고 넝마장수 집에서 잤다.

아버지에게 편지를 써서 10프랑과 가스회사 추천서를 보내달라고 했다. 타르브 군수품 창고에서 일자리를 얻었다. 임금을 받고 난 어느 날 저녁 정신을 차리고 보니 바네르드비고르Bagnères-de-Bigorre에 와 있었다. 루르드로 가서 타르브와 툴루즈로 가는 기차를 타고 새벽 1시에 도착했다. 역에서 안내방송이 나왔다. "세트와 마르세유로 가는 승객은 모두 탑승하십시오!" 그 기차에 올라탔다. 다음 날 저녁 6시에 마르세유에 도착했다. 거기에서 여러 사람이 아프리카에 대해 말하는 것을 듣고 그곳에 가기로 결심했다. 아버지가 타르브로 보내줬던 새 옷을 헌 옷과 바꾸고, 다음 날 마레샬 캉로베르Maréchal-Canrobert호의 갑판 뱃삯으로 15프랑을 냈다. 돈이 한 푼도 없어서 음식을 얻어먹으려고 조리실 심부름꾼으로 일했다.

알제리의 알제에서 일자리를 찾을 수 없어 멀리 생퇴젠St. Eugène, 뮈스타파 쉬페리외르Mustapha Supèrieure, 블리다Blidah까지 갔

미치광이 여행자

으나 역시 헛수고만 하고 되돌아왔다. 트랍드스타우엘Trappe de Staouël에서 잠시 걸음을 멈추었는데, 그곳에서는 사람들이 장미수薔薇水를 만들고 있었다. 거기서 음식과 잠자리를 얻었고, 떠나면서 40수를 받았다. 알제로 돌아와 정부청사 광장과 이졸레Isolés 병영 앞을 돌아다니고 있는데, 내가 얼마나 비참해 보였는지 한 주아브Zouave 병사가 급식용 통조림과 비스킷 두 개를 주고는 프랑스로 돌아가라고 충고했다.

그래서 프랑스행 모제스호 선장에게 일거리를 청했더니 수석 웨이터에게 보냈다. 조리실에 있는 구리항아리에 광을 내는 일을 했는데 5프랑의 임금을 주었고, 한 신사에게 시킬 일을 청했더니 잡일을 시키고 40수를 주었다.

엑스Aix로 갔다. 추수철이었다. 어느 날 아침 건초 다발을 던지고 있는데, 경찰이 와서 서류를 요구했다. 여느 때처럼 가지고 있지 않았고, 체포되어 감옥에 들어갔다가, 한 달 후 목적지를 기입하고 약간의 보조금을 받고 풀려났다. 그리고 아를, 님, 몽펠리에, 페제나, 세트, 베지에, 나르본, 카르카손, 카스텔노드리, 툴루즈, 몽토방, 카스텔사라쟁, 무아사크, 아장을 거쳐 라레올에 왔는데, 형이 거기까지 나를 데리러 와서 보르도로 돌아왔다. 돌아온 지 며칠 후에 어머니가 돌아가셨다. 가스회사에 다시 들어갔다. 오랫동안 조용히 지냈으나, 어느 날 기차에서 눈을 떴다. 퓌유Puyoo였다.

혼자 중얼거렸다. "이런, 또 탈선했네. 이 무슨 참사인고!"

운 좋게도 돈이 약간 있었다. 기차로 오르테즈Orthez와 올로롱

Orloron까지 가서 일자리를 찾았으나 소용이 없었다. 그래서 걸어서 나바랑Navarens, 오르테즈, 닥스, 몽드마르상, 로크포르를 지났다. 라부에르Labouheyre에 일거리가 있다는 말을 듣고 이틀 동안 산과 들을 가로질러 거기로 갔다. 그곳에서 두 달간 일했는데 아버지로부터 보르도로 돌아오라는 연락을 받았다. 형 중 한 명이 군에 징집되었고, 내가 여행을 좋아하는 게 다 알려져 있기에 형을 병역에서 면제시키려면 내가 입대해야 한다고 말했다. 그렇게 하기로 했는데, 심사관이 부적격 판정을 내렸다.

이 판정으로 나는 매우 심사가 뒤틀렸다. 억지로 직장에 돌아갔다가, 며칠 후 몽드마르상에 있는 나 자신을 발견했다. 이때는 서류를 가지고 있었고, 그래서 스스로 징병사무소에 출두하겠다는 생각을 했다. 1878년 4월 19일 자원해서, 3일 후인 4월 22일 발랑시엔 127보병연대에 입대했다.

5월 1일부터 야뇨증이 시작되었다. 그들은 내 침대에서 매트리스를 치워버렸다. 그러자 나는 바지에 오줌을 지리기 시작했다. 병원으로 보내졌고, 거기에서 석 달 반 동안 머물며 치료를 받았다. 그 후 병가를 받아 보르도의 집에서 지냈다.

우리 집 맞은편에 어릴 적 친구 밥티스트Baptiste가 살고 있었다. 그에게 여행 이야기를 해주었고, 특히 발랑시엔에서 군인 생활을 하는 것이 나에게 잘 맞는 것 같다고 말했다. 밥티스트는 내 말에 감탄하더니 나를 따라오기로 했다. 둘이 그곳으로 갔다.

친구가 16기병연대로 배치되었기 때문에 그와 떨어져야 했다. 127연대가 나를 콩데Condé로 파견해서 그 친구는 나를 따라올 수 없게 되었다. 친구가 많이 그리웠다. 심한 두통이 생기자 상사는 나를 병원으로 보냈다. 병원에서는 건물 밖으로 나가지 못하게 했다. 어느 날 겨우 허락을 받아 병영 내를 걷고 있을 때, 웬 민간인이 내 안부를 묻더라고 알려주었다. 밥티스트였다. 그도 나처럼 군생활에 신물이 났던 것이다. 그는 탈영해서 나를 찾아온 것이었고 나보고도 탈영하라고 했다.

나는 조금도 주저하지 않았다. 벨기에 국경을 지나 페르스발츠 Percewaltz에서 내가 소지한 무기와 물품을 노동자의 옷과 돈 2프랑으로 바꾸었다. 그리고 투르네, 브뤼헤, 오스텐데, 헨트를 지나 브뤼셀까지 갔는데 거기에선 일을 구할 수 없어서 구걸을 하고 살았다. 샤를루아에 가서는 광석 수송차에서 3일간 하역 일을 했다. 3프랑씩 받고 마을을 떠났다. 리에주에 도착했을 때에는 프랑스인협회에서 빵 1킬로그램과 20수를 주어 그것으로 베르비에까지 갈 수 있었다. 거기에서 네덜란드에서 동인도로 밀입국할 수 있다는 사실을 알게 되었다. 그래서 암스테르담으로 향했다. 그때가 1879년 겨울이었는데, 혹한에다 빵도, 구두도, 옷도 없었다. 밥티스트는 기진맥진해 있었다. 나는 계속 걷고 싶었기에 발을 질질 끌며 따라오는 친구보다 4~5킬로미터 앞서 걸어가다가 다시 그에게로 되돌아가곤 했다. 마침내 우리는 마스트리히트에 도착했다. 친구는 더는 갈 수 없게 되어 병원에 입원시켰다. 다음 날 그를 만나러 가니, 아…… 그 불쌍한 친구가 탈진으로 죽었음을 알게 되었다. 매우 슬펐다. 게다가 나는 돈이 한 푼도 없었고 일거리도 찾을 수 없어서 네덜란드 경찰은 나를 벨기에 국경으로 보냈다.

　그래서 브뤼셀로 돌아온 나는 백연白鉛 공장에서 일자리를 얻었다. 그곳 노동자는 납 중독 때문에 아주 짧은 시간 동안만 일할 수 있었다. 의사가 노동자를 매일 검사해서 그 결과를 공장 게시판에 붙여놓았다. 나는 오스트리아에 갈 생각을 항상 간직하고 있었다. 매형에게 편지를 써서 내가 비엔나로 가려 하니 약간의 돈을 보내줄 수 있겠냐고 청했다.

　그리고 즉시 엑스라샤펠[아헨]로 떠났다. 뒤셀도르프에서는 프랑스 영사가 5마르크를 주었다. 쾰른과 본에서는 경찰이 여행에 필요한 서류와 약간의 도움을 주었다. 안더나흐Andernach를 지나서 코블렌츠에서는 배탈이 나서 먹은 걸 몽땅 토했고, 일종의 주립수용소 같은 여행자 호스텔에서 20페니히를 주고 잠을 잤다. 마인츠에서는 브뤼셀에서 온 남자가 3마르크와 셔츠 그리고 신발 몇 켤레를 주었다. 거기에서 카셀, 다름슈타트를 거쳤고 프랑크푸르트에서는 영사의 도움을 받았다. 하나우, 아샤펜부르크를 지나 뷔르츠부르크에 도착해서 매형이 일반우편으로 보낸 편지를 받았는데, 브뤼셀을 떠나기 전에 상의했던 대로 32마르크의 우편환이 들어 있었다. 뉘른베르크에 가서는 레겐스부르크로 가는 4등 기차표를 샀다. 그곳에서 오스트리아 국경 마을 파사우까지 걸어갔다.

　얼마 지나지 않아 린츠를 거쳐 암슈테텐에 갔다. 거기에서는 신원확인서를 보여야 했으나 이미 잃어버린 뒤였다. 그래서 감옥에 갔고 그곳에서 심하게 앓았다. 8일이 지나자 의사가 나를 보고는 병이 들었다며 바토프안더히스프Watof-an-der-Hisp에 있는 병원으로 보냈고, 그곳에서 한 달 반 동안 머리에 얼음주머니를 대고 퀴닌 황산염quinine sulfate*을 복용하며 치료를 받았다.

완치되자 오스트리아 잘츠부르크로 가는 죄수호송차를 타고 감옥으로 돌아왔다. 그곳에서 국경 밖으로 쫓겨났다. 그렇지만 나는 항상 비엔나에 가겠다는 생각을 하고 있었으므로 꼬불꼬불한 우회로를 통해 린츠로 갔다. 거기서 벨기에인 출장판매원을 만났는데, 그가 1플로린 은화를 주며 통나무를 타고 다뉴브강을 따라 내려가면 비엔나에 갈 수 있다고 충고했다. 그래서 죽을힘을 다해 노를 저어 오스트리아 수도에 들어갈 수 있었다. 저녁에 도착해 호스텔에서 자고, 가스베르크타보르Gaswerk-Tabor 가스회사의 관리자 D. 씨를 찾아가 인사했다. 그는 전에 보르도 가스회사의 관리자였다. 그가 아버지와 형을 알고 있어서 나를 그곳에서 일하도록 해주었다.

[이 시점에서 티씨에가 개입한다.]

D. 씨가 알베르의 매형에게 보낸 편지를 입수했다. 아래는 일부를 발췌한 것이다.

1880년 4월 4일, 비엔나

......

---

* 말라리아 치료제

저는 자신이 프랑스인이라며 찾아오는 사람들에게 여러 번 이용 당한 적이 있어서 그[알베르]의 말을 믿기에 주저했습니다. 게다가 그 젊은이는 너무도 비참한 모습이어서 누구인지 알아볼 수도 없었 습니다. 1879년 12월 26일 보르도에서 뷔르츠부르크로 보낸 귀하 의 편지를 그가 내게 보여주었습니다……

알베르의 매형은 알베르가 기꺼이 일하고 싶어한다며 좋은 말을 써 보냈다. 몇 주 후, D. 씨는 알베르의 작업능력을 칭찬하는 답장을 보냈다.

    1880년 4월 30일, 비엔나
    귀하께,
    귀하의 4월 6일 편지에 대해 매우 감사드립니다. 다다 군이 정직 하고 착한 젊은이라는 사실을 알게 되어 기쁩니다. 사실 그가 여기 에서 지낸 이후로 칭찬 외에는 말할 게 없습니다. 계속 그렇게 하기 를 바랄 뿐입니다.

하지만 불행하게도 D. 씨가 원하는 대로 되지는 않았다. 화창 한 어느 날 알베르는 증기선 위에 있었다. 하선하기 직전, 선장은 그가 배에서 무얼 하고 있었는지, 왜 부다페스트에 왔는지 물었 다. 자신이 왜 승선하게 되었는지도 모르는 알베르에게는 당황스 러운 일이었다. 그는 곧바로 프랑스 영사에게 가서 비엔나로 가 는 4등 기차표를 얻어 돌아왔다. 다시 열심히 일하던 중, 탈영병

미치광이 여행자

사면령이 내렸으니 사면을 받으러 프랑스로 돌아오라는 매형의 편지를 받았다. 알베르는 즉시 프랑스 대사관으로 가서 기차표를 얻어, 1880년 9월 21일 발랑시엔 보병연대로 돌아왔다.

[다시 알베르의 자기 이야기가 이어진다.]

127보병연대에 돌아오기는 했으나 군 장비를 가지고 탈영했으므로 나는 무장이 형편없었다. 그래서 상사는 나를 취사실로 보내버렸고 밥벌이라도 하라고 했다. 옷이 기름으로 얼룩져 짜증이 났다. 나는 이런 중노동형 외에도 연대의 처벌을 따로 받아야 할 처지였다. 군대 기록에는 "허가 없이 무단 외출"이라고 적혀 있었지만 내 목적은 분명 탈영이었다.

나는 여행욕구로 계속 고통스러웠다. 어느 일요일 배식 준비를 끝내고 동료에게 내 일을 대신 해달라고 부탁했다. 잘 차려입고 출발해서 콩데에 도착했고, 2시간 후에는 국경을 통과했다. 두 번째였다. 옷가지를 팔지 않고도 봉세쿠르Bons-Secours와 페르스발츠를 지나올 수 있었고, 몽스에서 군복을 경찰에게 맡겼다.

매형은 브뤼셀로 30프랑을 보냈고 일자리를 약속했다. 리에주에 도착해서는 2달간 영국병원에 입원했다. 퇴원하고는 베르비에, 엑스라샤펠, 쾰른을 거쳐 라인강에 다시 왔다.

안더나흐에서는 오슈Hoche 장군의 묘소에 감탄했고, 마인츠에서는 산속으로 꺾여 들어가는 길 위에서 작년에 눈사태에 깔려 죽을 뻔했던 일을 생각했다. 라인강 위를 가로지르는 멋진 현수교를 건널 때는 얼어붙은 강 위를 걸어가다 발밑 얼음이 깨져 강물에 휩쓸릴 뻔했던 일도 생각났다.

카셀에서는 두 달간 앓았다. 웅장한 조각이 새겨진 카셀 시청은 마치 성당처럼 보였는데, 거기에는 나폴레옹 3세를 가두었던 성이 있다.

프랑크푸르트로 돌아왔다. 프랑스와 맞닿은 마인강 쪽 외곽에는 매우 멋진 시민공원이 있다. 하나우에서는 한 달간 병원에 있었다. 프리드리히스도르프는 낭트 칙령이 폐지되고 나서 개신교 난민이 세운 마을이다. 이 고풍스러운 마을은 찾아오는 모든 불운한 프랑스인을 친구로 맞아주는 곳인데 나도 도움을 받았다. 여자 어린이들 기숙사에서 밥을 먹고 10마르크도 받았다. 항상 그랬듯이 걸어서 레겐스부르크, 파사우, 린츠를 지나왔고 비엔나에 도착해서는 다시 가스회사로 일하러 갔다.

한동안 평화로웠다. 5월 1일, 스테파니 공주와 루돌프 대공의 결혼[1]을 축하하는 시민축제에 갔다. 그런데 6월 중순, 뜻밖에도 부트바이스Budweis[현재 체코의 체스케부데요비체]에 있는 자신을 발견했다. 비엔나로 돌아갈 수만 있다면! 감히 D. 씨에게 다시 찾아갈 엄두가 나지 않아서 가장 가까운 프랑스 영사관에 가기로 했다. 프라하에서는 프랑스 학생들이 나를 위해 돈을 모아주었다. 8플로린과 셔츠 하나를 받았다. 라이프치히의 영사관은 5플로린을 주었다. 라이프치히에서 베를린까지는 3플로린이 들었다. 도착해서는 대사관과 프랑스인협회를 찾아갔다. 그들은 본국으로 돌아갈 수 있도록 도움을 주었으나, 나는 프랑스로 돌아가는 대신 포젠[폴란드 포즈나인]으로 향하고 있는 자신을 발견했다.

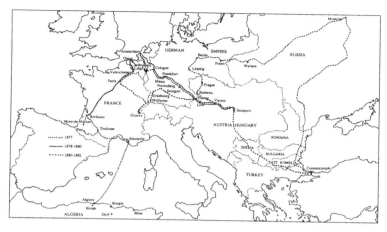

지도1. 알베르의 가장 긴 여행. 그림: 닥터 니코 샤러(Niko Scharer)

이제 어떻게 해야 하나? 영사관은 더 이상 나에게 해줄 게 없었다. 그러니, 가자, 그냥 발길 닿는 대로 걸어가자! 포젠은 가난한 마을이었다. 사람들은 삶거나 기름에 튀긴 감자를 먹었다. 10페니히면 한 끼를 먹을 수 있었다. 남자들은 더러웠고, 반바지에 긴 장화, 단추 대신 옛날 동전이 달린 벨벳 조끼 그리고 검정 펠트 모자를 쓰고 다녔다. 신발이 없는 사람들도 있었다. 두꺼운 큰 외투가 그들의 비참한 몰골을 가려주었다.

포젠을 떠나 오랫동안 정처 없이 떠돌았다. 시골에서 길을 잃었을 때 한 농부가 말했다. "프랑스 사람이니까 저쪽에 있는 성에 한번 가보시오. 돈과 빵을 줄 거요."

그곳에 가니 청지기가 들어오라고 했다. 정원에 발을 들이자마자 엄청나게 큰 개가 달려들어 나를 땅바닥에 패대기쳤다. 개가 오른손과 팔을 물어뜯고 발톱으로 할퀴었다. 사람들이 달려왔지만 나는 이미 많이 물린 뒤였다. 장원의 주인이 자비를 들어 바르샤바에 있는 병원에 보내주어 2주간 치료를 받았다. 완치되자, 몇몇 유대인이 모스크바로 가보라고 권했는데, 그곳에는 프랑스인이 많이 살고 있어서 분명 일자리를 얻을 거라고 했다.

그래서 바르샤바에서 가축운반차를 타고 가축을 돌보며 모스크바까지 갔다. 모스크바에 도착했을 때는 러시아 황제가 암살당한 직후였다.[2] 그곳은 폭동이 일어나기 직전이어서 먹을 것도, 일자리도 없이 내가 어떻게 될지 알 수가 없었다. 러시아 정부가 잠시 동안 나를 재워주고 먹여주었는데, 실상은 이러했다.

광장에 서서 표트르 1세의 동상을 감탄하며 바라보고 있는데, 뾰족한 헬멧을 쓴 경찰이 내게 말을 시켜볼 필요가 있다고 생각했던 것 같다. 러시아말을 모르기 때문에 당황해서 내 딴에는 매우 효과적이라고 생각되는 손짓 발짓으로 상황을 이해시키려 애를 썼다. 아마도 나를 오해했거나, 내 행동으로 불쾌해졌거나, 어쨌든 그 경찰은 항의하는 나를 붙잡아 한 신사 앞으로 끌고 갔고, 그가 프랑스어를 모르는지 한 통역사를 불러왔다. 나는 경찰서장 앞에 서 있었다.

"서류! 서류는 어디 있나?" 그가 요구했다.

"없습니다."

"뭐해서 먹고 사는가?"

"많습니다, 서장님. 여행을 많이 했습니다. 돈이 있으면 음식을 사먹지만, 없을 때에는 먹을 것을 청합니다. 아무도 주지 않으면

미치광이 여행자

굶습니다."

"모스크바에는 왜 왔나?"

"말씀드리기 부끄럽지만, 사실은 이렇습니다. 제게는 심한 두통이 있는데, 정신이 혼란해지면 걸어야겠다는 생각밖에 들지 않습니다. 항상 앞만 보고 걷다가 정신을 차리면 멀리 와 있는 걸깨닫습니다. 그 증거로는, 몇 달 전에 발랑시엔에 있었는데, 지금은 이곳에 있지요."

"그건 의심의 여지가 없지!" 그 신사가 소리쳤다. "한 놈 잡았다!" 그의 얼굴은 기쁨으로 번들거렸다.

"좋아. 꾸며대려고 하지 마라. 우리는 널 알고 있어." 통역사가 내게 말했다.

"알고 있다고요? 다행이네! 그러면 제게 일자리를 주시겠어요?"

경찰이 계속 말했다. "물론. 그런데 보면 볼수록 놀랍게 닮았단 말이야. 마침내 그놈을 잡았어. 자, 끌고 가자."

그러고는 나를 질질 끌고 갔다. 나는 항의했다. "절 어떻게 하시려고요?"

"무정부주의자들과 함께 감옥에 갇히는 거지!" 그 신사가 외쳤다.

그렇다! 나는 나도 모르는 새에 무정부주의자가 되어 있었다. 내가 온갖 몸짓으로 말했던 모습이 그들이 찾고 있던 남자의 모습 그대로였다는 것이다. 그렇게 러시아 정부는 수많은 학생들, 여자들과 함께 나를 석 달간 수용소에 처넣고는 잠자리와 담요한 장을 제공하게 된 것이다. 그 사람들은 내가 무정부주의자가 아님을 분명 알고 있었을 것이다. 한 여자 죄수는 프랑스에서 공부한 적이 있고 우리말을 꽤 잘해서 어느 정도는 나를 안심시켜 주었다. 시베리아의 눈 속에서 언제 목에 올가미가 걸릴지 모르는데 어떻게 안심할 수 있었겠는가마는.

간힌 지 넉 달째가 되자 수용소 마당이 군인으로 가득 찼다. 죄수가 한 명씩 호명되었다. 내 줄에서 4명이 불려 나가서 교수형을 받기 위해 머리를 면도당했다. 무서웠다. 혼자 중얼거렸다. '맙소사, 목에 밧줄이 걸리지 않길 바라는 수밖에!' 50여 명은 시베리아로 가게 되었다. 이제 교수형은 더 이상 걱정하지 않아도 되자 속으로 웃으며 자신에게 말했다. '자, 이제 러시아 관료가 내가 여행광인 걸 알고 멀리, 아주 멀리 나를 보내주겠지!' 이런 마음 상태에 있을 때 통역사가 다가와 판결을 읽어주었다. 프랑스는 내가 프랑스인임을 확인해주었지만 더 이상 아무 도움도 주지 않으려 하니 터키 국경 밖으로 추방될 거라고!

확실히 내 소망이 받아들여진 것 같다. 내가 터키에 가보게 되었으니 말이다. 죄수 호송길에서 어딘가에 몇 명을 떨어뜨리고 또 몇 명은 합류시켰다. 그 여정은 지독히도 고통스러웠다. 4명이 한 조가 되어 두 손이 뒤로 묶인 채 걸어갔고, 식사 때만 손을 풀어주었다.

하루에 50킬로미터까지 걷는 날이 있었고, 그것도 빠른 걸음으로 걸어야 했다. 그렇지 않으면 말 탄 코사크 기병이 달려와서는 칼의 납작한 옆면으로 다리 뒤쪽을 후려쳤다.

미치광이 여행자

마을에 들어가서도 상황은 조금밖에 좋아지지 않았다. 지긋지긋한 감옥에 다시 넣어지거나, 경비대의 이즈바isba*에서 잠을 자야 했다. 이들 경비대는 우편물이 차질 없이 배달되도록 책임졌고 동시에 도로와 숲도 관리했다. 이즈바에는 두 개의 방이 있었는데, 한 방에는 경비대와 코사크 기병들이 자고, 다른 방에는 우리를 모두 몰아넣고 문을 잠갔다. 우리는 남녀 구별 없이 모두 뒤엉켜서 자야 했고, 추방된 집시들도 끼어 있었다. 그 불쌍한 집시들은 커다란 코트 아래에 아이들을 넣어 데리고 다녔다. 그들은 아름다웠지만 역겨울 정도로 더러웠다. 아침이면 우리가 보는 앞에서 대소변을 보고, 원하는 사람 누구에게나 빵 한 덩어리, 담배 한 개비, 슈납스schnapps** 한 잔에 자기 몸을 내주었다. 심지어 낮에 잠깐 멈춰 서면 지쳤음에도 불구하고 남녀 죄수들이 모두가 훤히 보는 곳에서 교접을 했다. 아무도 뭐라 하지 않았고, 코사크 기병들조차 그걸 구경했다. 어느 날 밤 동료 죄수 하나가 그리도 쉽사리 접할 수 있는 즐거움을 내가 한 번도 누리지 않은 걸 알아차리고 동참하라고 강요했다. 고통스러운 상황에서는 그런 게 더 필요하다고 했다.

"이 친구도 여자가 필요해"라고 그들이 말했다.

"내가 해줄게"라고 아름다운 집시 여자가 말했다. 그녀는 내 옆에 누워 나를 껴안고 흥분시키려 했고 내 위에서 몸을 흔들었

---

* 　러시아의 통나무 오두막
** 　독일 지방에서 곡물과 과일로 만든 독주

다. 그러나 허사였다. 내가 전혀 반응을 보이지 않아서 그녀도 포기했다. 그러고 나서 그녀가 내게 주지 못했던 즐거움을 나 혼자 즐겼다. 어쨌든 간에 하루에도 여러 번 혼자서 즐길 수 있었으니까, 뭐.

어느 날은 불운한 여자 중 하나가 아이를 낳았다. 그녀는 마을에 남겨졌다. 우리 중 어떤 여자는 감옥에서 입에 거품을 물고 팔다리를 뒤틀며 무섭게 경련을 하다가 죽었다. 우리에게 나눠줬던 술 때문에 죽었음이 틀림없었다. 그 술은 너무 강하고 지독한 맛이라서 나는 마시길 거부했다. 몇 주가 지나고 마침내 터키 국경 표지가 그려진 푯말 앞에 도달했다. 그곳에서 코사크 기병대장이 우리를 둘러 세운 뒤 황제의 칙령을 읽었다. 우리가 러시아로 돌아오면 시베리아로 보내질 것이라고 했다. 그러곤 떠나라고 손짓했다.

다음 날은 가난한 어부에게 손짓 발짓으로 잠자리를 청해서 그 집에서 잤다. 그 후 빵을 구걸하고 몸을 누일 수 있으면 아무 데서나 자며 오랫동안 걸었다. 마침내 바닷가 도시에 도착했다. 위대한 도시, 콘스탄티노플이었다. 어느 가게 문에 "프랑스말 하는 사람은 이곳으로"라는 글이 붙어 있어 들어갔다. 그곳은 국제 호스텔이었다. 그들은 내 이름을 묻고 빵 1킬로그램과 침대 번호가 찍힌 표를 주었다.

온몸이 벼룩과 빈대 투성이여서 그들은 옷을 벗으라 하더니 유황을 태우고 있는 방으로 내 옷을 가져갔다. 목욕통에 들여보내더니 긴 플란넬 셔츠를 주었다. 호스텔 건물은 밤 8시에 문을 잠갔다. 사제 한 명이 와서 기도를 해주어서 우리는 신발을 벗고 두 손을 모으며 땅바닥에 키스했다. 다음 날 면도를 받았다. 구두를 닦고 밀가루 수프를 먹고 나니 내 옷을 돌려주었다. 낮에 프랑스 영사를 찾아갔다. 영사는 내가 비엔나로 돌아갈 수 있게 해주겠다고 약속했다. 기차표와 3오스트리아플로린을 주고, 내가 터키어를 모르므로 승무원에게 나를 부탁한다는 서류를 써주었다. 48시간 후에 나는 비엔나 프라트슈트라스Pradstrass역으로 돌아왔다. D. 씨에게 갔는데, 그는 나를 보고 놀라면서도 내가 한 모험 이야기는 믿으려 하지 않았다. 그는 고용주로서 나를 재고용하고 싶어했다. 나는 진지한 마음으로 일자리로 돌아왔다.

어느 일요일, 나는 프라도에서 열린 국제사격대회 행진을 보고 있었다. 프랑스 선수가 지나가자 사람들이 "프랑스 만세!"라고 외쳤다. 내 근처에서 소리치던 사람 중 한 명과 이야기를 나누었다. 그는 탈영병으로 브장송에서 온 포병대원이었다. 그는 자주 스위스 내륙을 가로질러 여행을 했다며 스위스 얘기를 했다. 그후로 스위스와 그곳의 산이 머릿속에서 떠나지 않았다.

얼마 후 나는 클로스텐부르크에 있었다. 한 프랑스인 도미니크회 수사가 스프를 주었다. 비엔나로 돌아갈 엄두가 나지 않았다. 루프슈타인Rufstein을 지나 뮌헨으로 가서 프랑스 영사를 찾아 귄츠부르크와 슈투트가르트로 가는 기차표를 얻었다. 거기에서 얻은 12마르크로 카를스루에, 켈 그리고 스트라스부르로 갔다. 셸레슈타트Schelestadt에서는 프랑스 여자와 결혼한 바이에른 보병대 대장이 프랑스로 돌아가라고 충고하면서 5마르크를 주었다. 콜

마르에서는 벤치에서 하룻밤 자려다 체포되었는데, 내가 돈을 가지고 있는 걸 발견하고는 석방해주었다. 뮐루즈에서는 독일군에 징집되지 않으려고 프랑스로 도망간 아들을 가진 한 직공장이 나를 고용해주었다. 나는 경찰이 써준 2주간의 체류허가서를 가지고 있었다. 외바퀴 손수레로 기와를 실어 나르는 일을 하여 약간의 돈을 모았다.

그리고 스위스를 가로질렀다. 인터라켄, 제네바, 보Vaux, 샤프하우젠, 바젤을 차례로 지나갔다. 바젤에서는 기분도 좋지 않았고 프랑스와도 가까워서 1882년 9월 5일 영사관에 가서 귀대하고 싶다고 자진 신고했다. 필요한 서류와 약간의 돈을 받고, 9월 25일 델Delle에서 경찰에 자수했다. 우선 발랑시엔으로 보내진 다음 군 감옥에 들어갔다.

[다시 티씨에가 이야기를 이어간다.]

릴에 도착해서 알베르는 육군의 심문을 받게 되었다. 그는 자신이 왜 탈영했는지 알 수 없다고 주장했다. 대답을 계속 강요받자 마침내 이렇게 말했다. "동료 군인이 괴롭혀서 떠났습니다." 1882년 11월 24일 그는 군복과 무기를 탈취해서 탈영한 죄로 3년의 중노동형을 선고받았다. 알베르의 말에 의하면, 그의 변호사는 알베르가 자신의 행동에 책임을 질 정신적 능력에 결함이 있다고 주장했는데, 이 주장은 알베르의 두통 병력과 가족들의 말에 근거한 것이었다.

하지만 그 변호사에게 직접 물어보니 그는 이러한 일을 기억

미치광이 여행자

하지 못했고 기록에도 적혀 있지 않았다. 그의 기록에는 알베르가 두 번이나 탈영을 해서 구제 불가, 책임감 결여로 판단되어 제대로 조사도 하지 않은 채 즉결 재판에 처했다고 적혀 있었다. 그 변호사가 자기 고객의 무죄를 확신할 수 없어서 그저 형식적으로 책임감 결여로 변론했을 가능성도 있다.

그리하여 알베르는 아프리카 포르트드페르Portes-de-Fer에 있는 부대로 보내지게 되었다. 머리를 면도해야 했는데, 머리는 국소적 과민 부위여서 알베르를 매우 고통스럽게 했다. 머리 통증은 왼쪽 고막 천공과 연관되어 있었다. 격렬한 두통으로 부대로 들어온 지 8일 만에 구급차로 보르즈부아레리즈Bordj-Bou-Arreridj로 후송되어 그곳에서 두 달을 지냈다.

그 후에는 부지Bougie[현재의 베자이아]에 있는 군 초소로 이송되었는데, 그곳에서도 병원에 두 번 입원해서, 첫 번째에는 다섯 달을, 두 번째에는 석 달을 보냈다.

7월 14일 그는 모범적 태도로 사면대상 후보가 되었다. 그리고 11보병연대로 배속되어 세티프에 있는 병원으로 보내졌다. 그곳 의료진은 알베르가 병역 부적격자라고 판단했다. 본Bône[안나바]에서 마침내 왼쪽 고막 천공의 사유로 사면되었다.

보르도로 돌아와 알베르는 다시 가스회사에서 일했다. 고용주는 그에게 만족했고 확인서도 써주었는데 지금은 내가 가지고 있다. 그의 가족은 돌아온 탕아가 바르게 살겠다고 약속하니 그저 기쁠 따름이었다. 그리고 그가 매우 좋아했던 젊은 여자와 사귀게 되었다. 결혼 날짜가 정해졌다. 알베르는 가정생활의 즐거움을 기대하고 있었고, 이제는 신물이 난 둔주에서도 자유로워질 것이라고 기대했다. 그런데 1885년 6월 18일 또 사라졌다. 9월 초 어느 날 그는 베르됭(뫼즈)의 한 병원에서 정신을 차렸다. 어떻게 그곳에 오게 되었는지, 또 6월부터 어떤 일이 있었는지 아무것도 기억하지 못했다. 그렇듯 갑자기 약혼녀를 떠나버린 이번 도주에 대해 그는 깊이 상심했고, 돌아갈 즈음이면 아마도 약혼녀가 다른 사람과 결혼하지 않았을까 걱정했는데, 실제로 그렇게 되었다.

1885년 12월 9일자 행정판결은 알베르에게 길에서 도움이 될 여행보증서를 발급해주었다. 1886년 1월 17일 보르도에 돌아온 알베르는 생탕드레 병원, 랑드Lande 교수의 병동 12번 방 39번 침대에 입원했다. 랑드 교수는 2월 초 한동안 그를 관찰하다가 피트르 교수 병동의 16번 방으로 옮기는 것에 동의했다. 다음 날 피트르 교수팀의 의사들이 회진하며 그 방에 들어갔을 때 그가 다시 사라져버렸음을 발견했다. 입고 있던 옷을 돌려주었는데, 이를 이용해서 병원을 탈출한 것이다.

그가 라부에르에 나타나 돌아다니자, 시장이 숙박권을 주며 보르도로 돌아가라고 충고했다. 그러나 그는 다음 날 포Pau로 떠나서 3월 10일부터 25일까지 병원에 머물렀다. 그 후 타르브를 향해 떠나서 일로스Ilos에 도착해 3월 26일부터 4월 28일까지 일을 했다. 그리고 1886년 5월 3일 다시 생탕드레 병원의 피트르 교수 병동에 입원했고, 마침내 나는 이 새로운 유랑하는 유대인에 관해 임상관찰을 하기 시작했다.

알베르 관찰일지 (1886년 6월~1887년 2월)

알베르가 병동에 온 날 그에게 몇 살이냐고 물었다.

"아마 29살일 걸요!"라고 그가 답했다.

"왜 '아마'라고 말하지요?"

"확신할 수가 없어서요. 제 통행증에 29살이라고 적혀 있어요."

그가 1860년생이라는 걸 우리는 알고 있었다. 그러니까 그는 26살이었다.

"당신은 26살인데요." 우리가 말했다.

"아! 감사합니다. 제 나이를 알게 되어 아주 기쁘네요."

다음 날 똑같은 질문을 했다.

"어제 선생님이 제게 말씀해주셨다는 건 잘 알아요. 그런데 무슨 말이었는지 기억이 안 납니다"라고 대답했다.

우리는 그에게 다시 알려주었고, 이제 그는 "저는 26살입니다. 제게 그렇게 말씀해주셨기 때문이지요"라고 대답했다.

둔주와 둔주 사이에 그는 한 여직공을 알게 되어 청혼했고 승낙을 받았다. 어느 날 그녀가 일하던 보르도 생탕투안가에서 오후 4시에 만나 산책할 약속을 했다.

그날은 알베르가 휴무였는데, 약혼녀에게 자기는 4시까지 시민공원에서 혼자 산책하고 있겠다고 말했다. 그는 샤포루즈 Chapeau-Rouge 광장으로 이어지는 생카트린가를 걸어 내려갔다. 방파제에 도착했고, 어느 순간 알카사르Alcazar 정면에 있는 라바스티드La Bastide에서 들려오는 음악에 귀 기울이고 있었다. 그곳에서는 리허설이 진행되고 있었다. 그곳에 들어갔다…… 그리고 6시에 약혼녀의 집 현관을 두드렸다. 그는 언제 그녀를 만나기로 했는지 잊어버렸던 것이다! 삼사일 후 그는 떠나버렸고 정신을 차리니 베르됭에 있는 감옥 안이었다. 약혼녀는 그가 다시 찾아왔을 때 다시는 자기를 찾지 말라고 애원했다.

그가 어떻게 그곳까지 가게 되었는지 그 우여곡절을 살펴보겠다. 여행 동안 그는 시계와 병역수첩을 잃어버렸다. 우리는 이 관찰이 끝나갈 즈음 그것들이 어디에 있는지 알아낼 수 있었다. 알베르로 하여금 그 사건 전체를 기억해내게 하는 데에는 사소한 힌트나 단어 하나만으로도 충분했다.

"군인이 되기 전에 아프리카에 있었습니까?"

"아니요."

"확실합니까?"

"그렇고 말고요."

"오늘 밤 잘 생각해보고 내일 대답해도 됩니다."

그리고 다음 날.

미치광이 여행자

"자, 알베르, 생각해보셨어요?"

"아무것도 기억이 안 납니다."

"그렇지만, 당신은 조리실 심부름꾼이었는데……."

"조리실 심부름꾼? …… 조리실 심부름꾼? …… 잠깐만요. 생각이 납니다…… 이제 알겠어요…… 그게 이렇게 되었지요…… 군인이 되기 전에 아프리카에 갔었어요. 마레샬 캉로베르호에 탔었고…… 제기랄, 예…… 승선료를 낼 돈이 하나도 없어서 조리실 심부름꾼으로 일해서 갚았습니다."

[티씨에는 이 지점에서 1장에 나온 개에 물린 사건을 기록했다. 이어서, 실험에서 알베르가 분홍색 등의 색깔을 혼동하다가 점차 제대로 구별하게 되었던 일과 그 사건을 비교했다.]

그의 여행담이 꾸며낸 것이거나 하다못해 다소 과장이라도 된 건지 알아내고 싶어서 내 집에 같이 가자고 했다. 내 가족과 친구인 한 여자와 약속을 잡았는데, 그녀는 프리드리히스도르프에 거주할 때 여학생 기숙학교에서 프랑스어 교사를 한 적이 있었다. 그녀는 우연히도 알베르가 유럽 북부를 통과해 도보여행을 하던 바로 그때 그 작은 마을에 있었다. 말이 나온 김에 말하자면, 알베르는 프랑스 남부를 좋아하지 않아서 끊임없이 북쪽으로 가야 한다고 느끼고 있었다.

알베르는 자신이 지름길을 통해서 함부르크에서 프리드리히스도르프로 갔다고 말해주었다. 그 길은 마을 중앙에서 끝나고, 끝에는 십자가가 서 있었다. 프리드리히스도르프는 현재 고속도로 양옆으로 길게 뻗은 마을이고 중앙대로를 마주 보는 곳에 카페가 하나 있다.

알베르가 말하기를, "기숙학교의 문을 두드리자 저를 들이고 음식도 주었습니다. 그때 서른 살쯤 되어 보이는 갈색 머리의 여자가 문을 열고 제게 음식을 주었지요. 그녀의 머리에는 검劍 모양의 머리핀이 꽂혀 있었습니다."

정확한 관찰이었다. 그 학교에 있는 모든 여자는 검 모양의 머리핀을 꽂고 있었다. 1879~80년 사이에 기숙학교마다 자기네 상징을 달던 유행의 하나였다. 알베르는 그 학교에서 대접을 잘 받았는데, 내 가족의 친구인 그녀가 바로 그때 그 학교에 있었으므로 우리는 그 사실을 알게 되었다.

알베르의 기억은 사진판과 같아서 어느 부분은 흐리고 어느 부분은 선명했다. 그가 말하는 여행담을 한번 들어봐야 한다. 그는 아무런 교육도 받지 않았지만 때로는 아주 위트가 있었다. 프리드리히스도르프 근처 마을의 우람한 풍채의 시장 부인에 대한 얘기가 그런 식이었다. 자신이 가봤던 왕국과 공작령 그리고 지방에 대하여, 또 강을 건너던 일과, 어느 마을의 기념비를 감탄하며 바라봤던 일, 원주민의 옷차림 등을 상세하게 묘사하면서 유명한 역사적 사실들과 이리저리 엮어가며 이야기하곤 했다.

알베르는 자기 나이도 잊을 수 있었고, 처음으로 친해졌던 사람도, 개에 물린 사건도, 무정부주의자로 오인되어 고초를 겪은 일도 모두 다 잊어버릴 수 있었다. 그러나 광활한 지평선과 찬탄하며 올려다보았던 기념비는 항상 기억하고 있었다. 소년 시절부터 여행 이야기를 좋아해서 이 나라 저 나라 혹은 이 도시 저 도시에서 놀랄 만한 것은 무엇이 있냐고 묻곤 했다.

알베르의 말에 따르면, 떠밀리듯 집을 나서게 되는 발작이 오기 2~3일 전부터 억제할 수 없는 걷기 충동에 시달린다고 했다. 까다로워지고 무뚝뚝해지는 등 성격 변화가 오고, 비 오듯 땀을 흘리며 극심한 두통을 느끼게 된다. 이명, 현기증 발작 그리고 온몸에 경련이 와서 걸어야만 견딜 수 있는 상태가 된다고 했다. 멍하니 얼빠진 상태가 되어, 예를 들면 마실 것을 가져다주면 컵 대신에 나이프를 잡는 식이었다. 결국 스스로도 납득할 만한 이유 없이 어느 순간 집을 박차고 나오게 되는데, 그 직전 엄청난 양의 물을 마시고는, 길에서 첫 번째로 마주친 바에서 두세 잔의 보리차나 청량음료를 주문해서 마셨다. 건강할 때에는 술을 좋아하지 않았고, 병적 상태에서는 술을 혐오하기까지 했다. 둔주 상태에서 그의 실존은 완벽했다. 그는 온몸의 세포 하나하나까지 살아 있음을 느꼈다.

여행을 떠나는 데 필요한 모자나 구두 등을 챙기느라 지체하지도 않았다. "한시라도 빨리 출발하려고 손에 잡히는 대로 입다 보면 여자 코트를 입기도 했지요"라고 말했다. 일단 출발하고 나면 그는 더 이상 자신이 무얼 하는지 생각하지 않았다. 그는 무의식 상태가 되었다. 비가 와서 몸이 젖는 것도 알아채지 못했고, 먹고 마시긴 했으나 대개 의식하지 않았고 자기가 무얼 먹고 마셨는지도 기억하지 못했다. 그가 먹고 마셨을 거라고 말한 이유는, 둔주의 오랜 나날 동안 당연히 무언가 먹고 마셨어야 했기 때문이었다. 그는 평소에는 활기를 느끼지 못했고, 활기가 넘쳤던 시간은 그가 기억하지 못했다. 자신을 매우 잘 관리해서 항상 깔끔했고, 둔주 동안에도 그러했다. 비가 오든 해가 나든, 먼지 속에서든 진창에서든, 길에서든 들판에서든 걷다 보면 더러워질 수밖에 없었을 것이다. 여기저기 묻은 진흙을 손가락으로라도 긁어내고, 개울을 마주칠 때마다 항상 몸을 닦았다. 보르도에서 베르됭으로 떠나기 며칠 전에 그가 바지를 만들어 입었는데, 여행 중 대부분의 시간을 걸어 다녔고, 닥치는 대로 아무 데서나 잤음에도 불구하고 그는 흠잡을 데 없이 깔끔했다.

입맛도 달라졌다. 둔주를 겪는 고비 동안 입에 넣는 모든 것은 풍미가 없이 느껴졌고, 후각은 정상이었으나, 환각을 경험하곤 했다. 밝은 한낮에 나무가 기괴하게 보여 무서움에 떨기도 했다. 의식 상태가 바뀌면 모든 게 다 "재미있게" 보였다. 나무는 잎이 다 떨어진 것처럼 보였고, 자기가 걷는 길은 들판으로, 갇혀 있던 감옥은 보통 방으로 느껴졌다. 1시간 정도가 지나가면 자기가 어디에 있는지 확실하게 인지할 수 있었다. 발작이 끝나면 하품과 눈물이 나왔고, 그러곤 완전히 녹초가 되었다.

발작의 강도가 점차 심해지면서 의지도 나약해졌다. 일하러 가기 3시간 전에 일어났지만 방을 나서기 직전까지 침대에 늘어져서 마지막 순간까지 옷 입는 걸 미루곤 했다. 자신을 집어삼키는 이 맥 빠지는 기분을 극복할 의지를 불러일으키지 못했고 항상 그를 괴롭히는 소심함에서도 벗어나지 못했다. 이와 관련해서 그

미치광이 여행자

가 말해준 것에는 이런 일도 있다. 마지막 둔주 며칠 전, 고용주는 여성복 상점에 가서 가스등을 설치하라고 지시했다. 상점 앞에 가서 상점 안의 젊은 여자들을 보게 되자 겁이 나서 문턱에 멈춰선 채 감히 들어갈 엄두를 내지 못했다. 그는 사람들이 많으면 작업을 할 수 없다는 핑계를 대고 떠났다가 자기 혼자 있을 게 확실한 저녁 시간에 다시 방문했다.

알베르는 즉각 파악되지 않는 것은 더 이해하려 애쓰지 않았다. 신문을 읽을 때면 자기가 갔던 외국에 관한 기사에만 집중했다. 지방 소식이나 사건이나 범죄 등은 읽었지만, 정치에 관한 기사나 "심층" 기사는 읽지 않았다.

[알베르의 의지박약에 관해 더 언급한다.]

6월 29일. 발작이 더 이상 일어나지 않자 알베르는 직장으로 복귀하려고 퇴원하길 원했다. 고용주는 현재로서는 일거리가 없고 9월이나 되어야 일할 수 있다는 말을 했다. 형을 보러 갔지만, 형은 알베르가 게으르고 망신거리라며 만나길 원치 않았다. 다음 날 병원으로 돌아온 그는 슬피 울면서 앞으로 어떻게 해야 할지 모르겠다고 말했다. 피트르 교수는 알베르가 원하면 9월까지 병원에 머물러도 된다고 안심시켜주었다. 이 말에 그는 매우 기뻐했다. 8월 5일까지는 아무런 일도 일어나지 않았다.

8월 6일. 알베르는 늘 그랬듯이 병원 복도를 걷고 있었는데, 전혀 불안해 보이지 않았다. 다른 마을로 여행하는 것에 관해 그에게 말한 사람은 아무도 없었다. 매우 기분 좋은 상태로 밤 8시에 잠자리에 들었다. 8시 반에 일어나 리에주 출신의 옆 침대 환자 C.를 깨우더니 자기와 함께 리에주에 가고 싶지 않냐고 물었다. C.는 알베르가 평소와 다른 이상한 목소리로 말을 걸자 놀라서 대답을 하지 않았다. 다른 환자가 알베르에게 지금 떠나고 싶냐고 비꼬듯이 묻자, 아침까지는 떠나지 않을 거라고 대답했다. 그러곤 C.에게 말했다. "당신도 알다시피, 나는 아무 일도 안 하고 여기 머물 수가 없어요. 거기, 거기에 가면 일이 있어. 가스 일이 아주 많아. 게다가 내게 200프랑을 빚진 사람을 만나야 해." 그러곤 조용해졌고 한밤중까지 평화로운 시간이 흘러갔다.

한참이 지나 C.는 알베르가 자기 침대 가에 앉아 혼자 중얼거리는 것을 들었다. 알베르는 기이하게 크게 눈을 뜬 채, C.가 자기 말을 듣고 있는지 신경도 쓰지 않고 이렇게 말했다. "이런저런 길을 지나 영사관에 가고, 어디 앞에는 이렇게 저렇게 보이는 성당이 있고, 뫼즈강의 다리를 건너 가스회사에 갈 거야"라고 말했다. 그는 리에주에서의 시간이 얼마나 좋았는지, 그곳에서 알게 된 사람들이 누구누구인지 그 이름을 중얼거렸다. 이 상태가 1시간여 지속되더니 조용해졌다.

8월 7일. 알베르는 8시에 일어나 평상시 목소리로 옆 침대 환자에게 몇 마디 무의미한 말을 했다. 그러곤 바지를 꿰매기 시작했다. 손질할 필요도 없는 바지에 구멍이 나지도 않은 곳에 천을 덧붙였다. 그는 머리가 매우 아프다고 말했다. 갑자기 C.에게 물

미치광이 여행자

었다.

"나랑 같이 리에주에 가고 싶지 않아?"

"걸어가기엔 너무 멀어."

"오, 그리 멀지 않아. 3주면 도착할 거야."

"너는 그렇게 먼 거리를 여행할 옷도 구두도 없잖아."

"네가 빌려줄 거잖아."

알베르는 C.의 부츠를 가져와 자기 침대 밑에 놓았다. 그런 일을 끝내고 세수를 하고는 항상 그랬듯이 회랑을 몇 바퀴 돌더니 9시까지 누워 있었다. 회진 때 그를 보니, 얼굴은 지쳐 보였고 상기되어 있었다. 맥박은 분당 84회로 정상, 동공반사와 혀의 모양도 정상이었다. 목이 마르지만 배고프지는 않다고 했다.

"이 부츠는 어디서 난 겁니까?" 침대 아래의 부츠를 가리키며 우리가 물었다.

"모르겠는데요."

"누군가 빌려준 거요?"

"모르겠습니다."

"그럼, 당신이 집어왔나요?"

"모르겠는데요." 그리고 그는 지난밤에 리에주에 갔다 왔는데, 어떤 남자가 교회의 보호소로 가보라고 편지를 써주었지만 자기는 병원으로 돌아왔다는 이야기를 했다.

알베르는 이 여행 이야기를 이미 비토 씨(병동에 출퇴근하는 학생)에게 말했다며 자신은 분명 리에주에 갔다 왔다고 고집했다.

"불가능하긴 하지만 저는 꿈꾼 게 아니에요. 간밤 내내 눈을 감은 적도 없다고요."

"지금 떠나고 싶습니까?"

"아니요. 저는 단지 걷기만 원하는데, 방금 전에는 정말 떠나고 싶은 마음이 확 들었어요. 선생님 곁을 떠나서 거의 리에주로 갈 뻔했다니까요."

다리와 몸통의 감각은 정상적이었지만, 머리 꼭대기를 누르거나 문지르면 고통스러워했다. 생각으로 유발되는 부분적 이상감각은 없었다.

종합하면, 9시에 나타난 환각이 너무나 생생해서 아무리 아니라고 말을 해줘도 그의 생각은 달라지지 않았다. …… 10시 25분, 리에주에 갔다면 그렇게 빨리 돌아올 수 없다는 논리적 설명을 알베르는 납득했다. 그 마을이 어떠한지 풍경을 묘사하기는 했지만, 그날 밤 자기가 무슨 말을 했는지는 기억하지 못했다. 아침을 먹고 나니 얼굴의 홍조도 가라앉고 머리도 맑아졌다.

11시 30분에 우리가 병원을 떠날 때 알베르가 긴 회랑의 한쪽 끝에서 맞은편 끝까지 매우 빠른 걸음으로 걷는 것을 보았다. 그는 머리를 숙이고 옆을 지나치는 사람도 보지 않은 채 서두르며 걷고 있었다. 장애물이 있으면 피해서 걸었다. 우리가 그를 멈춰 세우자 우리를 알아보았다. 그런 식으로 걸으면 마음이 차분해진다고 말했다. 오후 4시에 우리가 병원에 돌아왔을 때, 알베르는 처음과 마찬가지로 힘차게 걷고 있었다. 그가 두세 번 정도 자기 방에 다녀왔다는 보고를 받았다. 한번은 침대 가에 앉아서 잠시 신문을 들여다보았다고 했다. 옷가지 몇 개를 구하려면 어떡해야

　　　　　　　　　미치광이 여행자

하냐고 C.에게 물었다고 한다. C.는 내일 아침 전에는 구할 수 없다고 대답했다. 알베르는 잠시도 멈추지 않았고, 병원 간호사나 관리자에게 아무것도 요청하지 않았다.

"왜 그렇게 오래 걷습니까?" 그에게 물었다.

"머리가 너무 아파요." 그가 대답했다. "활짝 열린 길에서 마음대로 걸으면 편해지거든요." 그가 대답했다.

"지치지 않습니까?"

"전혀 그렇지 않아요. 저는 지친 적이 없어요. 하루에 70킬로미터씩 걷습니다. 걸으면 머리도 맑아지고 몸도 피곤해지지 않아요."

그는 더 이상 리에주에 관해 말하지 않았다.

8월 7일. 아침 회진 때 알베르는 정상 상태로 돌아와 있었다. 밤에 악몽을 많이 꾸고, 꿈속에서 부모와도 낯선 사람들과도 다투었다. 꿈에서 여행은 하지 않았지만, 늑대와 사자 등을 보았다. 한 여자가 나타났고 그는 깨어나 자위를 한 후 다시 잠에 빠졌다.

밤에 3~4번 소변을 누었는데, 그에게는 매우 드문 일이었다. 전날 많은 양의 물을 마셨다고 기록이 되어 있었다. 아침에 알베르는 더 이상 두통을 느끼지 않았고, 절박하게 떠나고 싶은 마음도 들지 않았다. 그러나 활짝 열린 길을 걸을 수 있다면 그가 얼마나 행복해했을까!

"누군가 저를 돌봐주는 사람과 함께 멀리 가고 싶어요. 돌아와야 할 때 저를 데리고 와주기도 하고요. 괜찮으시다면 리부른에 갔다 오고 싶습니다. 64킬로미터밖에 되지 않는 걸요"라고 피트르 교수에게 말했다.

"그걸 허락하면, 리에주까지 계속 가려고 할 겁니다." 우리가 말했다.

"거기엔 더 이상 가고 싶지 않아요." 알베르가 대답했다.

일요일에 리부른까지 걸어서 다녀올 수 있다는 확언을 듣고 알베르는 명랑해졌다. 이제 걸을 수 있다! 밤에는 기쁨에 겨워 잠을 자지 못했다.

8월 8일 일요일. 알베르는 새벽 4시에 일어나 옷을 정리하고 빵 한 조각과 와인 한 잔을 마시고 5시에 출발했다.

그날 비토 씨도 리부른에 일이 있어서 간 김에 알베르를 기다려 함께 점심식사를 하자고 했다. 알베르의 말에 따르면, 7킬로미터 정도 걸어갈 때까지는 기분이 하늘에 닿을 듯 유쾌했다. 근처에 시골장이 섰다. 행상인들은 물건을 늘어놓고, 곡예사들은 높은 발받침대에 올라 묘기를 보이고, 축포가 터지면서 시장이 개막을 알렸다. 이 뜻밖의 일에 알베르는 기분이 고조되었다. 그는 멈추지 않고 계속 걸어갔다. 1킬로미터를 더 걸어가자 갑작스레 머리부터 발끝까지 오한이 일어났다. 온몸이 격렬하게 떨리면서 심하게 땀을 흘리기 시작했다. 그래서 그는 길가에 주저앉았다.

"나뭇잎이 하나둘 사라지고 안개가 세상을 다 집어삼키기 시작했어요. 황량한 길이 보였고요. 몸에 힘이 하나도 없고 고통스러워서 울기 시작했어요. 엄마가 살아계셨더라면 시장에 쫓아갔

미치광이 여행자

을 텐데, 혼잣말을 하며 불쌍한 엄마를 생각했습니다. 그리고 저 자신에게 말했지요. 그동안 돌아다녔던 것이 제 불행의 원인이라고. 그때는 피트르 교수님도, 제가 향하던 목적지도, 티씨에 선생님도, 병원에 있는 사람 아무도 생각나지 않았어요. 어떤 착한 여자가 제가 울고 있는 걸 보고는 저를 달래기 위해 자기 집으로 들어오라고 하더군요. 싫다고 하자 여자가 꿀물 한 컵을 가져다주었습니다. 어디로 가야 할지도 모르겠고, 제가 왜 여행을 하는지도 이해가 가지 않았어요. 너무나 불행했어요. 1킬로미터를 더 걸어가자 갑자기 슬픈 기분이 사라지고 다시 만족스러워졌습니다. 리부른에 가겠다고 한 약속을 완벽하게 기억해내고는 노래를 부르기 시작했지요.”

시골 풍경과 포도밭과 성의 경치 등에 감탄하며 계속 걸어간 알베르는 10시에 리부른에 도착해서 비토 씨와 약속한 장소로 갔다. 두통도 없었고 다시 일을 시작할 준비가 되어 있었다. 점심을 맛있게 먹고, 날이 더우니 너무 서둘러 걷지 말라는 충고까지 듣고 2시 30분이 지나서 출발했다. 앞서 말한 시골장터에서 한 시간가량 시간을 보내고 병원에는 저녁 9시에 도착했다. 그는 저녁밥을 청하지도 않은 채 잠자리에 들었다. 그러곤 깊이 잠이 들었다.

8월 9일. 알베르는 64킬로미터를 걷고 와서 기분 좋아했지만 조금 부족하다고 여겼다. 다시 쾌활해지고 두통도 없었다.

8월 18일. 알베르의 침상 옆 환자가 신문을 읽으며 지난 일요일에 아르카숑행 객차가 여가를 즐기려는 사람으로 꽉 찼다고 말했다. 알베르는 매우 심란해하며 병원의 정원을 빙 둘러 만들어진 회랑을 오랫동안 걸었다. 19일 밤과 20일 새벽 사이에 그는 아르카숑으로 걸어가는 꿈을 꾸었다. 자신이 정말로 랑드 지방의 소나무 숲속을 걷고 있다고 느꼈다.

8월 20일. 회랑을 억지로 걷게 했으나, 슬프고 지루해했다. 밤에 환각 증상은 없었고 수면 상태는 양호했다.

8월 21일. 억지로 걷기는 했으나 더 이상 우울해하지 않았다. 일요일인 내일 아르카숑에 가게 해주겠다고 약속했기 때문이다. 알베르는 기뻐서 잠을 이루지 못했다. 환각도 없었고 빨리 날이 밝아서 떠나게 되기를 고대했다.

8월 22일. 아침 6시에 생탕드레 병원을 떠났다. 지난번과 같은 길 위의 환각은 없었다. 11시에 47킬로미터 떨어진 팍튀르Facture에 도착했다. 점심을 먹고는, 비자에 그곳에 갔었다는 확인도장을 받으려고 3시 30분에 테스트Teste의 시장에게 갔다. 형식적 절차가 끝나고, 그곳에 살고 있는 친척들과 함께 저녁을 먹었다. 그리고 6킬로미터 떨어진 아르카숑으로 가서 저녁 시간을 보내고 다시 테스트로 돌아와 잠을 잤다. 그리고 8월 23일 새벽 3시에 출발하여 피에로통Pierroton에서 3시간을 보낸 후 오후 3시에 보르도에 도착했다. 알베르는 4시 30분에 병원에 돌아왔다. 길을 걷고 나니 상쾌해지고 즐거워했다. 며칠 후 그에게 장티푸스가 발병했다. 회복이 된 다음 9월 20일부터 가스회사에 복직해서 지금까지 일하고 있다.

11월 14일. 알베르가 말하기를, 11일과 12일 우울증 발작을 겪었다며 이렇게 덧붙였다. "그렇지만 단단히 마음먹고 극복해서 스스로 만족합니다." 나쁜 생각을 물리칠 수 있었던 적은 "이게 처음이거든요"라며 기뻐했다. 머리카락이 빠진다고 했다. 매독은 아니었다. 알베르도 스스로 노력하고는 있지만 외톨이 생활은 여전했다. 그는 고립감을 느끼고 걱정했으나, 그렇다고 동료와 어울려 다니는 것도 원치 않았다. 그들이 너무 상스럽다고 생각했기 때문이다.

11월 17일. 욕구에 압도되었다. 알베르는 간밤에 자위를 두 번 했다고 말했다. 자위 후에는 항상 그랬듯이, 기억이 혼란스러워졌다. 자기 방 열쇠와 직장 물건을 잃어버렸고, 상사가 그에게 지시한 사항도 잊어버렸다. 작업해야 할 곳이 아닌 다른 장소로 가서 일하러 왔다고 인사하기도 했다.

그러나 월급날인 오늘 저녁, 그는 집주인에게 즉각 집세를 치르고 서둘러 집으로 돌아가려 했다. 그는 그런 일이 자신에게 처음 일어난 것이라고 단언했다. 평소 그는 빚 갚는 걸 걱정하지 않고 될 수 있는 한 오래도록 자기 주머니에 돈을 넣고 있으려 했기 때문이다.

11월 30일. 머리가 아프다고 했다. 다시 떠나고 싶은 욕구를 느꼈다. 피트르 교수에게 가서 자신의 상태를 말했고, 브롬화칼륨이 처방되었다.

12월 2일. 알베르의 집주인은 그가 평온하게 지내고 있고 떠날 것 같은 징조는 보이지 않는다고 말했다. 그때 알베르가 저녁을 먹으러 도착했다. 즐겁게 노래를 흥얼거리며 들어오더니 내가 거기에 있는 걸 보고 반가워했다. 방에 둘만 남자 그가 말했다. 11월 30일과 12월 1일에 미칠 듯이 떠나고 싶었다고.

"병동 동료와 미디Midi 기차역에 갔을 때, 젊은이들이 니오르에 있는 연대로 복귀하려고 기차에 오르는 것을 보았습니다. 참을 수가 없었어요. 머리가 깨질 듯이 아파왔어요. 이제 곧 넓은 곳을 보게 될 신병들이 부러웠습니다. 그들이 떠나는 모습을 보니 더 괴로워졌지요. 다음 날인 12월 1일, 두통이 더 심해졌고 더 우울해졌습니다. 걸어야 했어요. 먼 길을 오랫동안 걷고 싶었습니다. 그렇게 저를 길 위로 몰아대는 열망이 치솟을 때면, 망치와 집게를 들고 일하면서도 제가 무슨 일을 하고 있는지 알지 못하게 됩니다. 하루 종일 그 생각과 씨름을 하다 보면 조금씩 집착이 줄어들어요. 그렇지만 직장을 나서면 또 걷고 싶어집니다. 그러면 큰 걸음으로 마을을 가로질러 걷고 조금은 편안해져서 집에 가지요. 오늘은 조금 낫기는 하지만, 항상 머리가 아파요." 그러곤 목소리를 낮춰서, 자기가 악덕에 굴복해서 지난번 이후 처음으로 저녁에 두 번, 11월 29일 밤에 세 번, 11월 30일 밤에 네 번 그리고 어

미치광이 여행자

젯밤에도 네 번 자위를 했다고 털어놓았다. 상상이 다시 활발해져서, 입원했을 때 꿈속에서 브롬화칼륨을 건네주기만 했던 여자가 오늘 꿈에서는 모습을 드러냈다고 말했다. 알베르는 일전에 피트르 교수가 처방한 브롬화칼륨 용량을 제대로 복용하지 않았다.

12월 9일. 알베르의 집주인이 말하길 그가 심한 두통을 앓고 있어서 오늘은 일찍 잠자리에 들었다고 했다. 그녀는 아들의 친구인 알베르에 대해 항상 자세한 정보를 전해주었다. 그녀는 알베르의 가족과도 잘 알고 있었고 존중하고 있었으나, 알베르는 신뢰할 만하지 않고 자기 소지품도 거의 가려놓지 않는다고 말했다.

12월 14일. 알베르는 떠나려는 충동에 시달리고 있어서 오전에 피트르 교수를 만나러 갔다. 입원에는 동의하지 않았다.

12월 25일. 알베르가 조금 쾌활해졌다. 그는 결혼하고 싶어했다! 그러나 자신이 가장 원치 않는 순간에 떠나버리게 될까 봐 두려워하고 있었다. 자신을 믿을 수 없었던 것이다. 당시 그는 젊은 여자직공에게 마음을 두고 있었는데, 자신이 일전에 약혼녀에게 행동한 것처럼 또 그렇게 할까 봐 다가가지 못하고 있었다. 나는 그를 좀 더 안정시키고 보르도에 붙잡아 둘 방법이 있을 거라고 말했다. 그건 최면암시법이다. 암시가 어떤 것인지 그게 어떻게 도움이 될 건지를 짤막하게 설명했다. 그는 낫기를 열망하고 있었기 때문에 다른 좋은 방법이 있을지 반문하지도 않고 그 방법을 써달라고 했다.

오후 5시 20분, 기름 램프를 최대한 밝게 하여 알베르 쪽을 향하게 한 후 나는 램프 뒤 어두운 그림자 속에 섰다. 일 분 후 그가 눈을 깜박였다. 그의 눈꺼풀을 가볍게 누르고 엄지로 그의 눈을 쓸었다. 5시 25분, 알베르가 잠에 빠졌다. 몽유 상태가 되었다.

"지금 어디에 있습니까?" 내가 물었다.

"모르겠어요." 그가 소근대듯 말했다.

내가 다음 세 가지 명령을 내렸다. 1)더 이상 자위행위를 하지 않는다. 2)보르도를 떠나지 않는다. 3)다음 일요일 아침 10시에 나를 만나러 온다.

"이해했습니까?"

"예."

나는 권위를 담아서 또박또박 되풀이했다. 안락의자 등에 머리를 기댄 알베르는 코를 골며 평온하게 잠들었다. 나는 그의 오른쪽 눈에 후~ 하고 입김을 불었다. 알베르는 서서히 잠에서 깨어났다.

"여기가 어디지요?"라고 그가 물었다. "이런! 어떻게 여기에 있는 거지? 어쨌든 상관은 없지만, 이상하긴 하네요."

"무슨 일이 있었나요?"

"모르겠습니다. 그런데 제가 왜 선생님 진료실에 와 있나요?"

"잡담을 하고 있었습니다. 아마 '깜박'한 게지요. 보는 바와 같이 아무것도 달라진 게 없습니다."

미치광이 여행자

그가 막 문턱을 넘으려 할 때 무심한 어조로 그에게 물었다.

"오는 일요일에 당직입니까?"

"아니요. 오늘이 당직인데요."

그가 나갔다. 이 면담은 15분도 채 걸리지 않았다.

1월 3일. 알베르가 일요일인 어제 나에게 오지 않았기 때문에 그와 마주칠 수 있는 시간에 숙소로 찾아갔다. 새해 인사차 악수를 하려 손을 내밀자 그는 나와 눈을 마주치려 하지 않았다. 그리고 이렇게 말했다.

"제가 어제 선생님 집에서 뵙겠다고 약속을 했었나요?"

"아니요. 그런데 왜요?"

"왜냐하면 어제 하루 종일 그 생각이 떠나지 않았거든요. 선생님이 저를 기다리고 있고 선생님 옆에 있지 않으면 안 된다는 생각이요. 당직이 아니었다면 선생님을 분명 뵈러 갔을 겁니다."

그가 계속해서 말했다.

"그런데 더 놀라운 일은 일주일 내내 그러지는 않았다는 겁니다. 새해 첫날에는 그런 생각이 들지 않았습니다. 선생님을 뵈러 가서 새해에는 모든 게 순조로우시라고 인사를 드려야 하는데, 그러지를 않았어요. 그리고 일요일 아침에 일어나자 선생님이 저를 기다린다는 생각이 떠올랐고 하루 종일 머릿속에서 떠나지를 않았어요."

"지난번 진료 이후로 현명하게 행동했습니까?"

"이겨냈습니다. 전 아무런 욕구도 느끼지 않고 있어요. 저의 사악한 성벽에 굴복하지 않았고 다시 시작하고 싶은 생각도 없습니다."

"보르도를 떠나고 싶나요?"

"당분간은 아닙니다! 제가 머무를 수만 있다면 결혼을 할 거예요." 그러곤 다시 처음 생각으로 돌아가서, 이렇게 덧붙였다. "그런데 이상해요. 어제 선생님을 만나러 가기로 약속했다는 확신이 들었거든요."

"아, 그럼, 오는 일요일에 오십시오." 내가 말했다.

1월 9일 일요일. 알베르는 정한 시간보다 조금 일찍 내 집에 도착했다. 좋은 소식은 그가 여태까지처럼 외톨이 생활을 하지 않는다는 것이다. 그는 쾌활했고 희망으로 들떠 있었다.

"계속 이렇게 지내면 저는 결혼할 수 있을 거예요. 적어도 1년 동안은 떠나고 싶은 마음이 전혀 없어야 해요"라고 말했다.

그가 최면에 동의했다. 그를 몽유 상태에 빠뜨리는 데에는 몇 초면 충분했다.

[이 시점에서 티씨에는 알베르의 최면 상태를 시험하기 위한 최면술의 표준 정보 몇 가지를 첨언했다. 그림3은 알베르의 각성 상태와 최면 상태를 담은 사진이다.]

최면 상태에서 평소의 일을 기억하고 있는지 그리고 그가 한 얘기가 사실인지 확인하기 위해 모스크바에 대해 알고 있냐고 물

미치광이 여행자

었다.

"완벽하게요."

"그곳에 간 적이 있습니까? 거기에서 무엇을 했나요?"

"아무것도요. 표트르 1세 광장에 서 있을 때 무정부주의자라고 체포되어 감옥에 갇혔습니다."

이런 식으로 나는 알베르가 했던 얘기를 모두 다 점검했다. 그리고 새로운 암시를 걸었다.

- 자위하지 말 것.
- 보르도를 떠나지 말 것.
- 최면에서 깨어나면, 부엌에 가서 와인을 따르고 물과 섞어서 마실 것.
- 월요일 아침 10시 30분에 피트르 교수 진료실에 가서 그의 의사용 모자를 벗겨서 자기 머리에 쓸 것.
- 최면에서 깨어나도 놀라지 말 것. 두통은 없을 것이고, 아무것도 달라진 게 없이 계속 내 집 거실에 앉아 있었다고 생각할 것.

알베르에게 깨어나라고 지시했다. 그는 조금씩 눈꺼풀을 들어 올리더니 나를 보고는 거의 알아차리지 못할 정도로 살짝 놀라움을 드러냈다. 그러고는 마치 아무 일도 없이 우리가 계속 대화를 나누고 있었다는 듯이 시간이 꽤 지났다는 말을 했다. 갑자기 그가 불안해했다. 의자에서 조금 몸을 고쳐 세우다가 다시 주저앉더니 나를 쳐다보고 문가로 고개를 돌리다가 다시 말을 했다. 그

그림3 깨어 있는 상태와 최면 상태의 알베르를 찍은 두 사진(사진: 파나주, 출처: 티씨에, 1901)

러곤 무안해하며 다시 고개를 들었다.

"선생님 누이 분이 여기 계시나요?"

"예, 그런데 왜요?"

"그냥 목이 말라서요."

"자자! 가서 마셔요."

그렇지만 그는 감히 그러려고 하지 않았다. 그러나 암시의 힘에 떠밀려 그는 거실 문을 열고 부엌으로 갔다.

"거기 계시나요?" 그는 옆방에 있던 내 누이를 부르며 "물을 마시려고 합니다"라고 말했다. 그러곤 찬장으로 가서 와인 병마개를 따고 컵에 와인과 물을 가득 붓고는 한입에 마셔버렸다.

"목마를 때 마시니 좋네요. 찬 걸 마실 때는 아니지만요"라고

　　　　　　　　　　　　　　미치광이 여행자

말했다.

　1월 10일 월요일. 알베르는 피트르 교수의 병동에 오지 않았다. 나는 친구인 의대생과 함께 그를 만나러 갔는데, 서둘러 식사를 하고 있는 그를 발견했다. 일도 많았고 점심시간도 짧기 때문이었다. 우리가 묻기도 전에 알베르가 먼저 오늘 아침 피트르 교수에게 갈 수 없었다고 말했다. 내가 놀라는 표정을 보이자, 그는 "피트르 교수님을 만나본 지도 오래되어서 오늘 아침에 뵈러 가려고 했는데 그러질 못했어요"라고 말했다.

　1월 23일 일요일. 그는 지난밤 두 번 자위를 했고 두통이 있었다. 그는 다시 걷고 싶어했다. 알베르에게 최면을 걸려 했으나 실패했다. 아마도 내가 그 실험의 증인이 되도록 초대한 몇몇 사람들의 입회가 우리 실험 대상에게 압박감을 주고 집중을 흐트러지게 하여 그랬을지 모른다.

　1월 26일 수요일. 알베르의 집에서 최면을 걸었다. 그는 일에 쫓겨 식사할 시간도 거의 없었지만, 내가 최면을 걸자 몇 초 만에 최면에 들어갔다. 그에게 다음과 같은 암시를 주었다. 1)오늘 저녁 9시에 피트르 교수에게 가서 그 옆에 서 있는 내게서 시가를 잡아채어 교수의 호주머니에 넣을 것. 2)더 이상 자위하지 말 것.
　저녁 9시. 그는 약속 장소에 가서 그대로 행동했다. 나는 피트르 교수 앞에서 최면을 걸었다. 몽유 상태에 들어갔고 피부는 완전한 무감각 상태가 되었다. 자위하지 말라는 암시를 새로 걸었다.

    1월 30일 일요일. 알베르는 다시는 자위를 하지 않았다. 그의 집에서 최면을 걸었다. 내 조수들과 함께 잠시 자리를 비우고 옆 방에서 얘기를 하는데, 알베르가 기쁨과 공포가 섞인 목소리로 나를 부르는 게 들렸다. 내가 뛰어 들어가자 그가 내 두 손을 꽉 잡았다.

    "기억이 납니다! 기억나요! 시계를 어디에 두었는지 알아요. 다 알아요. 선생님도 아시지요? 이상하네!…… 이상해…… 머리가 맑아졌어요. 지금 이 순간 제 인생이 다 들여다보여요!…… 이런 일이!…… 이런 일이! 베르됭에서 정신이 들었을 때 주머니에 60프랑과 병역수첩과 은시계가 있었습니다. 파리행 기차를 타고 가서 동역Gare de l'Est의 옆 골목으로 들어가니 막다른 곳에 전당포가 있었어요. 제 시계는 거기에 있어요. 건물 현관 계단을 3개 올라가야 하고 복도는 아주 좁아서 폭이 60센티미터, 길이가 3미터였습니다. 그 끝에 있는 문을 열면 경비원이 있는 방이 있었어요. 들어가서 오른쪽으로는 나무 난간이 있는 사무실이 있었지요. 첫 번째 직원이 물건을 받아서 확인하고, 더 들어가면 두 번째 직원이 제 수첩을 받아 이름을 적고는 수첩을 첫 번째 직원에게 돌려주었고, 그가 제게 10프랑을 주었어요.

    "25~30살쯤 되어 보이는 중키에 큰 덩치의 젊은 남자는 갈색 코밑수염에 머리는 옆가리마로 빗어 넘기고 검정 카디건을 입고 있었는데, 파리 억양으로 조용히 말했습니다. 카운터에 구리저울

이 있고, 저울 바닥은 검정색 나무로 되어 있었어요.

　"두 번째 사무원은 40살로 보이고 뚱뚱하고 작은 키에 금발이었고 검정색 점박이 회색 슈트를 입고 있었습니다. 옷에 걸린 짧은 시곗줄은 0.5센티미터가량 넓이의 납작한 사슬로 되어 있었습니다.

　"제 병역수첩을 돌려받고 파리를 떠나 브뤼셀로 갔습니다. 2등 칸 기찻값은 20프랑이었는데, 한 푼도 남아 있지 않아서 걸어서 파리로 돌아왔지요. 3일간은 보지라르Vaugirard 호스텔에서 자고, 모Meaux와 롱쥐모를 거쳐 비트리르프랑세에 갔는데, 신원을 확인해줄 서류가 하나도 없어서 경찰에 체포되었습니다. 어떤 농장에서 잤는데, 그곳에서 수첩을 잃어버렸어요. 그 사람들이 제게 확인서류를 만들어줘서 샬롱쉬르마른과 바르르뒤크를 지나 베르됭의 셰베르광장Place Chevert에 갔습니다. 그곳 사람들이 절 병원으로 보냈고 파리와 베르됭에서 온 의사들이 저를 돌봐줬습니다."

　그 뒷이야기는 우리가 잘 알고 있다. 알지 못하는 것은 알베르가 제정신일 때 어디를 에둘러 다녔는지에 관한 것이다.

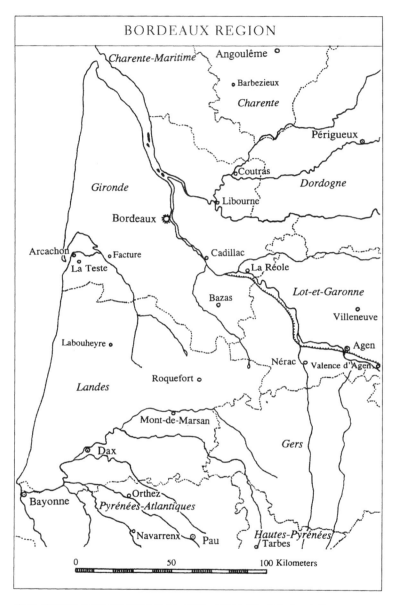

BORDEAUX REGION

Charente-Maritime Angoulême ○

● Barbezieux

Charente

Périgueux ○

○Coutras

Gironde *Dordogne*

● Libourne

Bordeaux ○

Arcachon ○ Cadillac

○ Facture ● La Réole

La Teste

Lot-et-Garonne

Bazas ○

Villeneuve

Labouheyre ○

○ Agen

Nérac ○ Valence d'Agen

Roquefort ○

Landes

Mont-de-Marsan

Gers

○ Dax

○ Orthez

Bayonne ○ *Pyrénées-Atlantiques*

Hautes-Pyrénées

○ Navarrenx ○ Pau ○ Tarbes

0   50   100 Kilometers

지도2. 알베르의 이야기에서 언급된 보르도 지역의 마을들(그림: 닥터 니코 샤러).

꿈 (1887년 5월~1889년 9월)

[1890년 출간된 필립 티씨에의 저서 《꿈》은 꿈에 관한 일반적인 설명과 이론에 관한 것인데, 예외적으로 알베르를 사례로 포함시켰다. "이것은 내 학위논문에 발표되었던 관찰의 후속편으로, 이 환자를 지난 4년 동안 연구할 기회가 있었기에 가능했다"라고 티씨에는 설명했다.

티씨에의 임상관찰 배경에는 오래전부터 집요하게 질문이 제기되었던 이론적 난제가 존재한다. 보통의 수면 상태와 "자연발생적 몽유증"에서 나타나는 의식의 변화된 상태 그리고 "유발된 몽유증" 혹은 최면에 의한 수면 상태는 서로 어떻게 다른가? 그에 관한 답을 찾으려는 열정은 수세기 동안 누그러지지 않았다. 이 주제의 역사와 논쟁 과정은 앨런 골드*Alan Gauld*(1992)에 의해 훌륭하게 기술되어 있다. 골드는 이것을 아직은 답을 찾지 못한 열린 질문이라고 보았다. 티씨에는 자신의 관찰결과가 결정적인 무언가는 아니더라도 꽤 중요한 발견이라고 생각했다. 알베르는 최면으로 유도된 몽유 상태에서 벌어진 사건들을 기억해냈고, 그 사건의 자취를 추적해낼 수 있었다. 기록3과 기록4의 발췌를 보면, 티씨에는 최면암시를 주면서 평소 잘 때에도 특정한 좋은 꿈을 꿀 것이라고 말해주었다. 그리하면 치유적 꿈을 통해 주변 사람과 상황에 대해 마음가짐이 개선될 것이며 신경증도 완화될 것으로 기대했다.]

1887년

5월 29일. 알베르는 자신이 생고당Saint-Gaudens, 스페인, 독일 등에 가는 꿈을 꾸었다. 자신이 아샤펜부르크에 있다고 생각했고 그곳에서 몇몇 사람을 알아보았다.

6월 1일. 최면에 빠지자, 알베르는 즉각적으로 심각해지더니 이렇게 말했다. "제가 곧 떠날 것 같아요. 스페인과 독일에 가고 싶어요. 다시 또 떠나게 된다면 얼마나 끔찍한 일입니까!" 암시를 걸어 그 꿈은 잊어버리라고 했고 떠나는 걸 금지했다.

6월 13일. 평소 상태에서 말하기를, 스페인과 독일에 가는 꿈을 꾸었지만 떠나고 싶은 욕구는 없다고 했다. 최면수면 상태에서 그는 *"선생님이 금지했기 때문에"* 떠나지 않겠다고 말했다. 깨어났을 때에는 이 금지사항을 기억하지 못했다.
알베르가 결혼했다. 그리고 또 사라져버렸다.

11월 21일. 파리에서 한 직공이 보낸 편지를 받았다. 그는 큰길

미치광이 여행자

에서 매우 흥분한 알베르를 발견했다고 했다. 그는 먹으려 들지도 않았고 허기도 느끼지 않는 것 같아 보였다고 했다. 며칠 내로 그가 도착할 만한 주앵빌르퐁으로 편지와 진단서를 보냈다. 11월 26일 알베르가 리에주의 영국병원에 입원했다. 당직 의사 아르노 씨가 프랑스 영사관에서 여행확인서를 받아다 주었다.

12월 7일. 알베르가 돌아왔다. 그는 어리둥절하고 넋 나간 듯 보였다. 진찰하니 머리 두정부에 날카로운 통증이 있었다. 그가 떠나던 11월 17일, 저녁 6시경 자기 집 문 앞을 지나가는 나를 보았다고 했다(사실이다!). 당시 그는 머리가 아팠다. 밤 10시에 침대에 누웠는데 두통은 더 심해졌다. 그러곤 피트르 교수가 자기 집 앞을 *지나가는 것을 보았다고* 했다(사실이 아니다. 그날 피트르 교수는 보르도에 있지 않았다). 피트르 교수가 자기에게 말하기를, 아내와 함께 리에주로 가면 일자리도 많을 테고 돈도 많이 벌 수 있다고 장담했다고 한다. 그리고 다음 날 자신도 그리로 갈 예정이므로 함께 여행할 수도 있다고 덧붙였다. 다음 날 알베르는 5시에 일어나 오를레앙 기차역에서 만나기로 한 약속 시간에 늦을까 봐 서둘러 옷을 입었다. 모자를 찾지 못하자 테두리 없는 모자를 쓰곤 아내가 감춰둔 돈 200프랑을 찾아내 결혼증명서와 예전의 통행증을 들고 집을 나갔다.

기차역에 도착하자 매표소에서 그를 *기다리고 있는 피트르 교수가* 보였다. 교수는 알베르를 보자 "서두르게, 알베르. 기차를 놓치겠어"라고 말했다. 알베르는 자기 기차표를 사서 *3등칸*에 자리를 잡았고, 교수는 *1*등칸으로 갔다. 기차가 리부른역에서 정차했을 때 그는 피트르 교수가 기차에서 내려 역의 출구를 빠져나가는 걸 보았다. 피트르 교수를 쫓아가며 여러 번 소리쳐 불렀으나 그는 돌아오지 않았다. 교수를 향해 뛰어가는데 한 보행자가 그를 가로막았다. 기차는 역을 떠났고, 홀로 남겨진 알베르는 흐느껴 울었다. 그는 너무나 불행했다.

나는 그에게 어떻게 내가 쓴 진단서를 호주머니에 넣고 있는지 물었다. 그는 설명할 수가 없다고 고백했다. 몇 달 전에 내가 자신에게 준 것 같다고 했다. 그러나 파리와 리에주에 갔던 것을 기억하지 못했고, 주앵빌르퐁으로 갔던 일도 완전히 잊어버려서, 그곳에서 내 편지와 진단서를 받았던 일도 잊었다. 최면을 걸어야겠다고 하자 그가 거절했다. 그 후 1888년 2월 10일까지 그를 찾을 수 없었다. 다시 그를 보았을 때는 심한 두통으로 침대에 누워서 그 익숙한 넋 나간 표정을 하고 있었다.

1888년

2월 11일. 두통이 계속되어 직장도 그만두었다. 저녁 7시, 식사를 마치려던 순간 양측 관자놀이에서 심하게 맥동하는 통증을 느꼈다. 머리로 피가 몰렸다가 갑자기 두통이 사라지더니 곧바로 시뻘건 피를 한 사발이나 토했다. 오한을 느끼며 침대에 들었는데 멍해 보였다. 새벽 2시에 기침을 하며 다시 많은 양의 피를 토했다.

2월 12일. 두통은 없었고, 마치 머리에 씌워졌던 철모가 벗겨진 듯 편안했다. 자신은 편안하다고 말했지만 크게 놀란 아내는 알베르의 직원공제회에 연락해 의사의 왕진을 청했다. 의사는 발포제를 그의 오른쪽 가슴 윗부분과 등의 날개뼈 아래에 붙이라고 지시했다. 그리고 대구 간유肝油 등을 섞은 지혈제를 처방했다. 한마디로, 폐결핵의 고전적 치료법이었다.[1]

2월 16일. 다시 강렬한 두통이 시작되었는데, 강박적으로 걷기 충동에 내몰렸던 *이전의 두통과 달리 이번에는* 잠에 *빠지게 했다.* 다시 철모가 씌워진 느낌이었고 아무것도 먹지 못했다. 겨자를 넣은 물에 족욕을 하고 다시 잠에 빠졌다. 새벽 2시에 다시 엄청난 양의 피를 토했다. 의사가 다시 와서 새로 발포제를 붙이고, 소자燒刺치료법[2]을 의논했다.

2월 18일. 체온은 정상 이하로 떨어졌지만 알베르는 계속 힘들어했다. 밖으로 산책을 나갔다.

2월 23일. 저녁 8시경 다시 두통이 시작되었고, 새벽 3시에 큰 컵 반 정도의 피를 토했다. 두통이 계속되었다.

2월 24일. 알베르는 20킬로미터가량 보르도 외곽을 걸었다. 영하 2도에 눈이 내렸다. 식욕이 좋아지고 잠도 잘 자고 더 이상 두통도 없었다.

2월 27일. 내가 청진하는 걸 여태 거부하던 그가 웬일로 오늘은 진찰을 받아들였다. [이 지점에서 티씨에는 의학적 소견을 덧붙였는데, 알베르의 왼쪽 폐에는 이상이 없었으나 오른쪽에 문제가 있다고 설명했다. 티씨에는 알베르가 폐결핵에 걸린 것이 아니라 히스테리성으로 피를 토했다고 확신하고 있었다.] 그는 최면을 원치 않았다. 또다시 알베르가 없어졌다.

5월 1일. 그의 아내가 마르세유로부터 편지를 받았다. 남편이 어리둥절한 채 그곳에 있다는 것이었다. 편지를 쓴 사람은(알베르는 글을 쓸 줄 모른다) "제가 생각하기에 그는 제정신이 아닌 것 같습니다"라고 말미에 적었다. 알베르가 돌아왔다. 내게 말하기를, 보르도의 미디역에서 공화국 대통령이 떠나는 걸 보고 나서 몇 분 후에 세트행 기차를 탔다고 했다.

5월 27일. 가게에서 응급가스설비수리 당직을 하는 동안, 동료가 여행에 관해 얘기하는 것을 들었다. 두통도 없었고 전혀 문제가 없었다.

5월 28일. 그는 직장 상사의 심부름에 쓸 돈 5프랑이 주머니에 있는 걸 알게 되었다. 머리 꼭대기에 통증을 느꼈다. 집 근처에 있는 전당포에 결혼반지를 맡기고 6프랑을 받아서 오후 3시에 리부른행 기차를 탔다. 그리고 그날 밤새 걸어서 앙굴렘에 도착했다. 먹지 않았으나 배고픔도 느끼지 않았다. 그리고 보르도로 돌

미치광이 여행자

아왔는데, 또다시 멍한 표정이었다. 시계를 차지 않고 있었는데 어찌 되었는지 기억하지 못했다.

5월 31일. 기억상실은 여전했다. 오를레앙역에서 멀지 않은 곳에 시계점이 있다는 사실이 내 머리에 떠올랐다. 알베르에게 시계를 팔지 않았는지 물었다. 한참을 생각하더니 3프랑에 팔아버렸다고 기억해냈다. 그의 아내가 그걸 찾으러 갔다. 그가 시계점 주인에게 이렇게 말했다고 했다. "저는 리부른으로 가는 기차를 타야 하는데 돈이 모자라니 제 시계를 사주세요."

[티씨에는 알베르를 바늘로 찔러 감각반응을 조사했다. 얼굴과 다리는 정상적이었으나 몸 여러 군데가 둔감했고 팔의 삼두박근 주변은 아예 감각이 없었다.]

알베르는 신발을 벗으려 하지 않았다. 손과 발에 흥건하게 땀이 나 있었다.

6월 9일: 자전거를 타는 꿈

알베르는 사장의 지시로 마을 여기저기를 들렀다. 직장에 돌아온 후 직장동료와 크게 언쟁을 벌이고는 그곳에 한시도 머물기 싫다며 직공장에게 당장 임금을 지불하라고 요구했다. 거부당하자 직장을 떠나 11시 30분에 점심을 먹으러 집으로 갔다. 그러나 점심은 먹지 않고 멍한 얼굴로 앉아 있었다. 정오가 되자 아내에게 비탈카를Vital-Carles가에 있는 공공수용시설에 입원하러 가야겠다고 말했다.

12시 15분—그는 스스로 생탕드레 병원에 갔고 접수구 직원이 그를 알아보았다. 자신이 곧 떠나려 한다면서 둔주를 막기 위해 자신을 가두도록 입원시켜 달라고 애원했다. 피트르 교수의 병동 16번 방에 입원했다.

2시 10분—그의 아내가 그동안의 일을 내게 알렸고 나는 즉시 병원으로 갔다. 알베르는 침상에서 반쯤 벗은 채로 얼굴은 상기되고 입술은 왼쪽으로 처진 채 반￦혼수 상태에 있었다. 다리를 배에 꼭 붙이고 웅크리고 있었다. 이름을 불렀으나 알아듣지 못했다. 머리 꼭대기의 민감한 부위를 가볍게 누르자 펄쩍 뛰며 깨어나더니 아픈 신음을 뱉어내고는 다시 똑같은 상태가 되었다. 팔을 바늘로 찔러도 통감이 없었다. 그는 침대 위에서 *마치 자전거 페달을 돌리듯이 또는 걸어가는 것처럼* 다리를 움직였다. 얼굴이 더욱 상기되더니 갑자기 울음을 터뜨리며 더욱 빨리 다리를 움직였다. 알아들을 수 없는 말을 웅얼거리고 더욱 크게 울며 소리쳤다. "아, 이런! 어쩌나! 아이고, 머리야! 아무도 없네! 불쌍한 내 아내!" 그의 이름을 불렀지만 대답은 없었다. 지금 여기가 어디냐고 물었다. 역시 대답이 없었다. 간호사가 보이자 화난 시선으로 쳐다보다가 갑자기 그의 팔을 잡고는 불쌍한 어조로 훌쩍거리며 자기 아내에게 편지를 써달라고 간청했다. 그는 자기가 오를레앙에 도착했다고 믿고 있었다. 그는 내가 경찰이라고 생각했다.

그가 말하기를, 자기는 저녁 7시에 보르도에서 떠나 리부른, 앙굴렘 등을 지나왔다고 했다. 결혼은 했고 가스회사에서 일한다고 했다. 돈을 가지고 도망쳤다면서 간호사에게 오를레앙 사람들이

고약하지는 않은지 물었다. 지금 그는 현청縣廳과 중앙대로, 잔 다르크 동상을 보고 있었다. 간호사는 검은 옷에 헬멧을 쓴 사람으로 보였다(간호사는 실제로는 와이셔츠를 입고 있었다). 그러곤 그 헬멧을 쓴 사람에게 자기가 돌봄을 받을 수 있는 보르도로 데려가 달라고 애원했다. 내가 누구냐고 묻자 나를 빤히 보더니 내 프록코트를 만졌다. 그러곤 "선생님은 굉장히 더럽군요. 회색 물방울무늬가 있는 양복 조끼를 입고 계십니다"라고 말했다(나는 흑백 바둑판무늬의 양복 조끼를 입고 있었다). "선생님은 비열해 보이지는 않아요. 저는 다른 사람들에게는 전혀 관심이 없어요. 오늘 밤 잘 곳을 찾으러 길을 떠나야 합니다"라더니 베개에 머리를 묻고 잠에 빠져들었다. 그러곤 갑자기 *자전거 페달을 밟듯 다리를 움직였다*. 내게 말할 때 고통스러워 보였던 그의 얼굴은 점차 편안해지더니 환하게 기쁨이 떠올랐다. 그가 외쳤다. "*아, 길 위는 무척이나 덥네, 당신네들은 이 열기가 느껴지지 않아?*" 그의 다리를 찔러보았으나 무감각했다.

2시 20분─머리의 민감한 부분을 누르자 갑자기 스프링처럼 튀어올라 앉아서 몸을 떨었다. 잠에서 깨어나 마구 화를 내면서 간호사를 빤히 노려보았다. "오, 손대지 마!"라고 외쳤다. 다리 감각은 둔했다. 알베르가 나를 알아보았다. 자기가 병원에 있다고 자각하기는 했으나 어떻게 오게 되었는지는 알지 못했다. 머리가 아프다고 했고 다리는 차가웠다. 소변을 누겠다고 했다. 소변통은 제대로 찾았으나 소변이 떨어지는 소리가 들릴 때까지 자기가 무엇을 하는지도 모르는 것 같았다. 고환을 눌렀을 때 둔감했다.

2시 25분 — 전반적으로 극도로 지쳐 있음. 뒤통수를 자주 비볐으나 편안해 보였다. 얼굴, 다리, 팔, 손에는 감각이 없었다. 다리도 둔감했으나 발바닥은 매우 민감했다.

2시 35분 — 토할 것 같다고 했다. 하품을 하더니 침을 뱉었다. 몸통의 앞뒤가 모두 둔감했다. 바늘로 찌를 때마다 찌른 부위가 좁쌀 크기만큼 부풀어 올랐다. 동공은 거의 빛에 반응하지 않았고 사물에 초점을 맞추지도 않았다. 동공은 크게 확대되어 있었다.

2시 40분 — 알베르는 격렬히 걷기를 원했다. 상황을 혼동하고 있어서 자기가 너저분한 셔츠를 입고 있는 걸 알고는 크게 놀랐다. 병원 셔츠가 아니라 자기 것인 줄 알았던 모양이다. 침대 옆에 대야가 있었는데, 그 손잡이를 잡고 잠시 들여다보더니 그걸 모자처럼 머리에 썼다. 다른 환자들이 크게 웃자 그제야 그게 무언지 알아차렸다. 간호사가 약초 차를 한 컵 건네자 열심히 다 마셨다. 나는 그가 마시는 약탕이 샴페인이라는 암시를 주었으나 효과가 없었다. 그러자 갑자기 머리를 부여잡으며 고통에 겨운 비명을 질렀다.

3시 — 그는 자신이 어떻게 병원에 오게 되었는지 알지 못했다. 그러나 지금 3시라는 것은 알고 있었다. 자신이 시계를 팔았다고 생각했는데, 베개 밑에 놓인 시계를 보더니 체념한 듯한 어조로 "이것도 여행을 하네요"라고 말했다. 또 호주머니 안에 있는 헝겊 조각을 발견하고 놀랐는데, 그건 전날 밤 자기가 넣어둔 것이었다. 발 옆에 놓인 구두를 보지 못하고 계속 찾다가, 옆 침대 환자에게 자기는 떠나야 하고, 걸어야 한다며 샌들을 빌려달라고

미치광이 여행자

애원했다. 날씨가 나쁘고 비가 오고 있었지만 그는 떠나야 한다면서 자기가 보기에는 좋은 날씨라고 했다. 내가 침대 위에 올려놓은 시계를 보고는 그걸 다시 찾은 것에 대해 조금도 놀라지 않았다. 그리고 머리를 붙잡고 고통스러워했다.

그는 자신이 병원에 오기 전에 집에 갔음을 알지 못했다. 여행에 관한 말을 들은 것은 아니었다. 조금 전에 도착한 그의 아내는 침대 커튼 뒤에 숨어 있었다. 그에게 결혼했냐고 물었다. 알베르는 머리를 가볍게 끄덕이며 긍정했다. 멍한 표정이었고 집에 가고 싶어하지 않았다. 몇 가지 질문을 하자, 자신은 오전에 술을 마시지 않았고, 직장에서 곧바로 병원에 왔으며, 병원에 자신을 수용해달라고 했다. 자신이 파리로 떠나버릴까 봐 두려웠기 때문이다. 오전 10시에 직장 상사에게 임금 지불을 요구했으나 상사는 알베르를 미친 사람 취급했다. 떠나게 될까 봐 두려워하면서도 한편으로는 영영 파리로 떠나버리기를 원했다. 먼 거리를 오랫동안 걷고 싶어했다. 면 속옷을 입으려 했는데, 병원 셔츠 위로 속옷을 입으려 했던 데다가 한쪽 소매가 뒤집혀 있는 걸 모르고 계속 헛손질을 했다. 옷을 이리저리 뒤집어보아도 한쪽 소매만 제대로 되어 있자, 그는 "소매가 하나만 있군요"라며 짜증스럽게 말했다.

3시 20분―앞에 자기 신발이 있는 걸 알아차렸다. 신발은 원래 내내 거기에 놓여 있었다. 아내를 다시 봐야 한다는 생각에 매우 괴로워했다. 머리에 통증이 있다고 했다. 신발을 신었다. 갑자기 아내가 나타나서 그를 끌어안았다. 알베르는 아내를 쳐다보려

하지 않았다. 그는 멍한 표정을 지었다. 상기된 채 넋이 나간 듯한 표정을. 그는 걸을 수 있기를 필사적으로 갈망했다. 그 자리에서 소변까지 지렸다. 나는 그를 병원 정원의 회랑을 오르내리며 걷게 했다. 그가 떠나기를 원했기에 다른 환자에게 그를 잘 지켜보라고 했다.

4시—알베르는 한 번도 멈추지 않고 쉼 없이 걸었다. 몇 번 그를 멈춰 세우려 앞을 가로막아 보았지만 매번 나를 피해 걸었다. 지켜보라고 지시했던 환자를 가리키며 "이 남자가 나를 괴롭혀요. 어디를 가든 계속 나를 쫓아오네요. 곧 그만두겠지요?"라고 내게 말했다. 그를 내버려 두었다.

6시—내가 떠난 뒤에도 그는 오랫동안 회랑을 오르락내리락하며 걷다가 지치자 드러누웠다. 다리, 팔, 손을 바늘로 찌르니 감각이 둔해져 있었다. 발바닥은 민감했다. 머리 꼭대기와 이마 부위에는 날카로운 통증이 있다고 했다. 안정되어 보였음에도 불구하고 이따금씩 끙끙 앓는 소리를 냈다. 아랫입술이 벌어져 있었다. 위장 통증과 구역질을 느끼고 있었다.

6월 15일. 자선협회에서 온 의사가 온수 샤워기를 주문했기에 이를 설치하러 알베르가 병원에 왔다. 내 동료인 닥터 델마스가 알베르에게 나에 관한 소식을 묻자, 그는 내 이름을 모를 뿐 아니라 델마스가 누구에 관해서 말하는지도 알지 못했다. 두통이 있다고 했다.

6월 16일. 그가 넋이 나간 표정을 하고 있는 걸 보고 아내가 돈을 벽장 속에 감추었다. 알베르는 그걸 찾아내어 100프랑을 들고 파리로 떠났다. 독일로 막 떠나려던 차에 아내가 아프다는 소식을 전해 듣고 보르도로 돌아왔다. 거짓말이 통했다.

6월 21일. 그는 상태가 안 좋을 때 짓던 표정을 하고 있었다. 5월 31일부터 복용하던 브롬화칼륨을 복용 중지하게 해달라고 요구했다. 여행 떠나는 걸 막아주지도 못하면서 머리만 아프게 하기 때문이라고 했다. 그렇게 하도록 승낙했다.

6월 22일, 23일, 24일. 걷기를 강행시키자 머리가 맑아졌다.

6월 25일. 다시 둔주가 나타났다. 아내 지갑에서 12프랑을 꺼내 아침 6시에 아장으로 떠났다.

6월 30일. 그가 돌아왔다. 넋 나간 표정이었다. 지난 며칠 동안 발에 물집이 생길 정도로 끝없이 걸었으나 그는 다시 떠나고 싶어했다.

1888년 7월 1일: 고수장
7월 1일. 알베르가 최면을 요청했다. 지난 1년간 최면을 걸지 않았다. 최면에 들어갔다.

최면에 들어가면 그가 평소 들려주었던 여러 둔주 일화 중 연결이 되지 않던 부분을 채워주게 될지 궁금했다. 오래전에 보르도를 떠났던 게 사실인지 물었다. 아니라고 했다. 자신의 옛날 기억을 열심히 뒤져보는 것 같았지만 답을 찾지 못했다. 아무리 애를 써도 내게 답을 주지 못했다.

"리에주에 갔습니까?" 그에게 물었다.

그는 생각해내려 애를 썼다. 잠시 후 "예, 리에주에 대해 알아요. 가끔 거기에 갔습니다. (그러곤 갑자기 모든 걸 한꺼번에 기억해냈다.) 잠깐만요…… 5~6개월 전에 갔어요. 벽장에서 200프랑을 꺼내서요. 3일 전에 아내가 돈을 세는 걸 봤거든요."

내가 알고 싶었던 공백 기간에 대해서는 아무리 애를 써도 더 이상 기억해내지 못했다.

그는 마르세유에 갔던 일은 잊어버렸다. 내가 카르노 대통령의 시찰 일정에 대해 생각해보라고 말하자[알베르는 마르세유로 떠나기 전에 프랑스 대통령을 보았다] 그제야 그때 일을 기억해내고 툴루즈까지 가는 기차를 탔다고 말했다. 검표 직원이 그가 안절부절못하며 기차가 어디로 가는지 물었던 것을 눈여겨보았다. 알베르는 누군가가 마르세유를 말하는 걸 듣고는 "마르세유로 간다고? 제기랄!"이라고 내뱉었다. 직원은 그가 술에 취했다고 생각해서 더 이상 그와 말하려 하지 않았다. 알베르는 앙굴렘, 파리, 아장에 갔던 일은 기억해낼 수 없었다.

그에게 최면을 걸어 그동안의 둔주에 대해 말하게 했다. 즉시 그가 대답하기를, 자신이 둔주를 떠나려 한다고 느꼈기에 직장에서 곧바로 병원으로 왔다고 했다. 그는 누군가가 자기를 억제해주기를 원했다. 여행할 돈이 없었기 때문이라고 했다. 내가 그에게 말했다. "다 알고 있습니다. 당신이 그런 걸 봤거든요." 그는 "그렇지만, 아닌데요. 제가 거기에 있는 걸 몰랐잖아요"라고 대답했다. 그러곤 갑자기 내 두 손을 잡고 외쳤다. "잠깐만, 잠깐만요…… 저는 오를레앙에 갔어요……." 잠시 생각하더니 다시 말했다. "아니지, 이때가 아니지…… 경찰을 보셨나요?…… 어떻게?…… 어쨌든 저는 병원에 있었지요?" 그러곤 갑자기 윗옷 단추를 풀면서 "이 방은 참 덥네요! 선생님은 덥지 않으세요?"라고 말했다. 북향인 내 사무실은 그리 덥지 않았다.

이 소견은 매우 흥미로웠다. 심리학적 핵심은, 알베르가 반#활동적 꿈을 꾸며 침대 위에서 페달을 밟던 그 사건으로부터 한 달 뒤인 오늘 최면 상태에서 그가 기억해낸 것에 있다. 그는 자신이 오를레앙에 있다고 믿었다. 그러곤 그게 아니라는 걸 곧 깨달았다. 한 달 전, 최면유도가 아닌, 자연적 몽유증 상태에서 그는 상상의 길동무에게 이렇게 외친 적이 있었다! "아, 길 위는 얼마나 더운가! 당신, 당신들은 덥지 않아?" 찰나의 기억으로 그는 내 사무실에서 덥다고 느꼈고 나에게 그렇지 않냐고 물은 것이다! 따라서 최면에 의한 수면 상태에서도 몽유증 상태에서 느낀 것과 똑같은 감각을 느낄 수 있었던 것이다. 오래전에 각인된 당시의 경험과 똑같은 감각을 찰나적으로 기억해냈던 것이다. 몽유증 상태의 기억이 최면 상태에서 되살아날 수 있다는 점에서 최면수면은 몽유증과 똑같은 종류의 현상이다.

7월 5일. 에스피나 교수 입회하에 알베르에게 최면을 걸었다. 다시 그에게 리에주에 갔는지를 물었다. 각성 상태에서는 자신이 주앵빌르퐁을 지나왔다는 사실을 기억하지 못했기 때문이다. 그는 기억하지 못했다. 더 열심히 생각해보라고 했다. 몇 분 후, 기억의 밑바닥까지 헤집어보았는지 마침내 그 기억을 찾아냈다. 돈을 어떻게 썼는지 매우 자세한 세부내용까지 알려주었다.

그는 자신이 릴의 한 음식점에서 10프랑을 썼다는 걸 듣고 놀랐는데, 그곳에서 자지는 않고 낮에 통과한 곳이기 때문이었다. 전에 소속되었던 발랑시엔 보병연대의 전 고수장鼓手將을 우연히 만난 일에 대해 열성적으로 설명했다. 알베르가 고수장에게 한잔하자고 권했지만, 그 남자는 식사를 한 후에야 술을 마시는 사람이었다. 이 미식가 남자가 자기 손아귀에 떨어진 것을 알고 맥주 4파인트, 돼지고기 파테, 빵 2파운드, 커피, 럼주를 대접하며 속으로 생각했다. '먹겠다 하니 마룻바닥을 굴러다닐 때까지 먹게 해주지.' 자신은 작은 컵으로 진 한 잔만 홀짝였을 뿐이었다. 고수장은 아주 잘 먹고 마시고 실제로 식탁 아래로 곯아떨어졌다. 식당 주인 여자가 돈을 내라고 했다.

"저 사람에게 계속 서비스해주세요." 돈을 지불하며 알베르가 지시했다.

"쓸데없는 짓을 하는구면." 주인 여자가 말했다. "당신도 저 친구와 다를 바 없이 엉망이야. 저치보다 더 취했어. 당신이 들어올 때부터 '저 남자는 벌써 취했네'라고 내가 말했다오."

그러고 나서 알베르는 여행하는 동안 자기는 먹지도 마시지도

미치광이 여행자

않으면서 이 사람 저 사람에게 먹을 것과 술을 사주며 돈을 쓴 얘기를 했다.

길거리에서 아코디언 연주 소리가 들려왔다. 알베르는 갑자기 말을 멈추고 귀를 기울였다. 열성적인 태도였다. 음악소리가 그쳤다. 알베르는 중단했던 지점에서 다시 이야기를 이어나갔다. 나는 그를 최면에서 깨웠는데, 자기가 방금 전에 무슨 말을 했는지 알지 못했다. 내가 일전에 암시를 걸어놓았던 최면유도 부분인 오른손 엄지를 눌러 다시 최면을 걸었다. 그는 중단했던 부분에서 이어 말하기 시작했다. 나는 이 실험을 여러 번에 걸쳐 행했다.

7월 27일. 알베르가 직장에서 화를 내고 다시 둔주를 떠났다고 그의 아내가 알려왔다. 그는 벽난로 장식 부분을 떼어내서 전당포에 맡기고 30프랑을 받아갔다. 그날 나는 네라크Nérac에서 아장으로 가는 길에 알베르를 보았다는 순회외판원의 편지를 받았다. 그 편지에는 이렇게 쓰여 있었다.

"제가 그 젊은이를 보았을 때 그는 정신이 맑지 않아 보였습니다. …… 조금 모자란 게 아닌가 하는 생각도 들었습니다. …… 아장에서 몇 킬로미터 더 가서 헤어질 때 다시 쳐다보니 그런 문제점이 말끔히 사라져 있었습니다."

8월 2일. 알베르가 돌아와서 이번 둔주에 대해 말해주었다. 그는 옷을 다 차려입고 침대에 누워 심한 두통을 앓고 있었다. 잠시 잠이 든 줄 알았는데, 어디선가 휘파람 소리가 들려왔다고 했다.

왜 그런지 그는 알지 못했다. 그러곤 아침 9시에 집을 떠났다. 리부른행 기차를 탔는데, 르뷔송Le Buisson에서 기차표도 없이 정신이 돌아왔다. 승무원이 그를 잡았다가 승객들이 다 내리자 놓아주었다.

"어디로 갑니까?" 철도역장이 물었다.

"아장으로요."

"오, 그럼, 기차표를 사고 이번에는 잃어버리지 마시오. 그렇지 않으면 감옥이라는 역에 가게 될 거요!"

감옥이라니!…… 아이고!…… 그 단어가 그의 머릿속에 맴돌았다. 주머니에 5프랑짜리 동전이 6개 있는 걸 발견했다. 그게 왜 자기 주머니에 있는지 의아해했다. 호스텔에 가서 잠이 들었는데 다음 날 아침 5시에 그곳 하녀가 그를 깨웠다.

"도대체 왜요?" 그가 물었다. 전날 저녁 자신이 레크투르로 가는 기차를 타기 위해 일찍 깨워달라고 부탁했다는 얘기를 들었다.

"레크투르로 가자!" 마치 급한 일이 있어 기차를 놓칠까 봐 서두르듯 바삐 옷을 입었다.

그는 레크투르에 도착했다. 죽 뻗어 나간 길에서 "오슈"라고 쓰인 이정표를 보았다. 그래서 "오슈"를 향해 걸어갔다. 다음 날에는 심한 두통을 느끼며 네라크로 향했다. 빨리 걸을수록 머리가 곧 "개운해졌다." 2시간 동안 24킬로미터를 걸었다. 네라크에서 뭔가 먹으려고 했지만 배고픔을 느끼지 않았다. 아장으로 돌아와 순회외판원을 만났다. 알베르는 자신의 둔주와 문제점에 대해 그와 얘기했다. 옆에 있던 다른 사람이 의심스레 그에게 물었다. "증명서는 가지고 있습니까?" 알베르는 자신의 결혼증명서를 보여주었는데, 그때 종이 한 장이 땅에 떨어졌다.

"아니, 그건 전당포 표³ 아닙니까?" 외판원이 말했다.

"전당포 표라니!" 알베르가 놀라며 외쳤다. 그러자 그는 그 표가 어떻게 자기 손에 들어오게 되었는지를 차츰 기억해냈다.

기억상실은 이틀 동안 지속되었다. 나는 그가 다시는 떠나지 않을 거라고 최면암시를 걸었다.

8월 7일, 아침 9시. 알베르가 행군하는 꿈을 꾸었다고 말했다. 자신이 또 떠날 것 같다고 느꼈다. 반대되는 최면암시를 걸었다. 그는 많이 걸었으나 보르도를 떠나지는 않았다. 오후 5시 20분. 알베르는 하루 종일 걷다가 내가 암시를 주었던 그 시간에 나를 보러왔다. 밤 11시 30분. 그는 내내 보르도 주위를 뛰어다니다가 귀가했다. 아내가 주머니를 뒤져보자, 그녀가 꼼꼼하게 감춰두 던 진단서와 결혼증명서가 나왔다. 전에 알베르가 둔주 때마다 항상 갖추고 나갔던 것들이다. 최면암시의 치료적 효과가 이 사례에서는 뚜렷하다.

8월 12일. 알베르가 180프랑을 들고 떠나버렸다.

10월 31일. 그가 돌아왔다. 이번 둔주에서는 부랑자로 8월 27일 체포되어 12일간 감옥에 있었다.

11월 2일. 알베르는 이번 둔주를 흐릿하게만 기억했다. 180프 랑을 들고 간 일도 알지 못했다. 최면을 걸었다. 그러자 모든 것을 기억해냈다. 집의 가구를 판 영수증에 누군가가 시키는 대로 서명하고 180프랑을 받았다. 두통이 있었다. 파리에서 한 건달에게 소위 '미국식 사기 수법(잠시 지켜봐달라고 부탁하며 빈 손가방을 맡기고는 돈을 날치기해서 달아나는 수법)'에 당해 빈털터리가 된 그는 독일까지 갈 생각으로 클레Clayes로 갔다. 모Meaux에서는 혼란 상태에 빠져 경찰서로 찾아가 자신을 체포해달라고 애원했다. 그 순간 기억이 되살아나면서 자신이 어떻게 아내 곁을 떠났는지, 어떻게 둔주 발작이 왔는지 그리고 얼마나 불행한지를 토로하며 경사의 손에 키스하면서 흐느껴 울었다. 알베르는 최면 상태에서 매우 감정적이었다. 알베르의 말 그대로 필기해두었던 것을 여기에 옮긴다.

"저치는 미쳤어." 경찰이 말했습니다. 저는 곧 잠에 빠졌지요. 그가 제 이름을 부르는 걸 들었지만 대답하고 싶지가 않았습니다.

나 – 왜요?

알베르 – 보르도에 있는 어떤 의사가 금지했기 때문이에요.

나 – 어떤 의사?

알베르 – 티씨에 씨요. 당신은 그를 모를걸요.

나 – 그럼 당신에게 자기 이름을 말하지 말라고 한 게 보르도의 의사인 거군요.

알베르 – 예, 확실히요―바로 선생님이요―선생님도 잘 알고 계실 텐데요. (그의 말이 사실이 아님은 두말할 필요도 없다. 알베르는 그저 대답하길 원치 않는다고 내게 말한 것뿐이다.) 감금되었다가 주州검찰관 앞에 섰지요. 경사가 말했어요. "이 친구는 바보입니다." 치안판사가 "술꾼이군"이라고 말하더니 14일간 감옥에 넣으라고 했습니다.

알베르는 감옥을 나와 파리로 가서 샤르코와 질 드 라 뚜렛에게 검사를 받았다.

11월 7일. 나는 알베르의 둔주 에피소드가 항상 머리의 충혈 증상에 뒤이어 출현했음을 주목했다. 그래서 최면암시로 충혈 부위를 바꾸어보고 싶었다. 그에게 최면을 건 후, 깨어나면 코피를 흘리게 될 거라고 암시를 걸었다. 깨어나더니 얼굴이 차츰 붉어지기 시작했다. 기침을 하더니 자기 코를 몇 번이나 주먹으로 후려쳤다. 그러나 코피는 나지 않았다. 얼굴이 한층 더 충혈되더니 스스로 다시 잠에 빠졌다. 그에게 발에 피가 고여 있어서 매우 뜨거울 거라고 암시를 걸었다. 깨어나자 그는 정말로 발이 뜨겁다고 느꼈다. 더 이상 머리의 충혈 증상도 없었고, 기침도 졸림도 없었다.

11월 20일. 마지막 암시를 건 11월 7일 이후부터 알베르는 머리는 맑고 발이 뜨겁다고 느꼈다.
아편중독자에게 최면암시를 걸 때 향수를 사용하니 암시 효과가 좋아졌다는 정보를 접하고서 알베르에게 히어리 향을 맡을 때마다 머리가 맑게 느껴질 거라는 암시를 걸었다.

1889년

1월 22일. 오늘에서야 알베르의 행적을 알 수 있었다. 그는 한동안 히어리 향이 큰 도움이 되었으나, 또 둔주가 있었다고 내게 알리러 왔다. 일전에 그는 랑공Langon까지 걸어갔다가 당일로 돌아왔다. 그 거리는 75킬로미터가량 되었다.

새로 암시를 걸었다. 1)떠나려는 욕구가 생기면 맨 먼저 나를 보러 오고 싶어지고, 나를 기다린다. 2)발이 뜨겁다고 느낄 것이다.

1월 23일. 알베르는 머리는 맑고 발이 뜨겁다고 느꼈다. 우리는 함께 시내를 벗어나 보르도 공원[1888년 개장했고 보르도 외곽에 있다]을 걸었다. 야외에서 최면을 걸어 최면수면과 비슷한 상태가 되면 어떻게 행동할지 궁금했다. 함께 걸으며 그의 최면유도 부위인 엄지손가락을 꾹 눌렀다. 최면에 걸리자 그는 더욱 빨리 걸었다. 그는 자신이 파리의 불로뉴 숲에 있다고 생각했다. 보르도의 집에 돌아와야 한다는 생각에 둔주 때처럼 걸음이 빨라졌다. 내가 그를 따라잡기 위해 뛰어야 할 정도였다. 눈이 반쯤 감겨 있어서 누가 보면 술에 취했다고 볼 것이다. 예의 그 넋 나간 표정에 아랫입술이 처져 있었다. 앞에 장애물이 있으면 요리조리 피해 걸어갔다. 그를 최면에서 깨워 함께 내 집으로 돌아와 전날 저녁과 똑같은 암시를 걸었다. 최면수면 동안 걸었던 암시가 평소 수면에서도 재생이 되는지 궁금해서, 오늘 밤 꿈에서 나를 보게 될 것이라고 암시를 걸어놓았다. 그리고 꿈속에서 나를 보면, 일어나서 머리를 침대 발쪽에 두고 누웠다가 다시 일어나 제대로 누울 것이라고 암시했다.

1월 24일. 알베르가 어젯밤 꿈에서 나를 보았다고 말했다. 놀랍게도 "선생님 목소리는 아주 또렷했는데, 얼굴은 선생님이 아니었어요. 제게 '좋아, 알베르!'라고 말했습니다. 그래서 일어나 침대 발치에 머리를 두고 누웠다가……"라고 말했다. 알베르에게 최면을 걸었는데, 최면 상태에서 금방 한 말과 똑같은 말을 했다.

나는 최면에 의한 수면 동안 걸었던 암시를 그가 깨어난 후 기억하지 못할까 봐 걱정이 되었다. 나는 알고 있었다. 그가 원하지 않는 한, 또 그가 부지중에라도 나를 실수하게 만들지는 않을 거라는 것을. 이 연구 대상을 안 지 4년이나 되었기에 말이다. 그래서 그가 정말로 밤중에 일어나 침대 발치에 머리를 두고 거꾸로 누웠는지 그의 아내에게 물어보았다. 그녀가 확인해주었다. 그러므로 알베르는 내 암시를 받아들인 것이다.

3월 11일. 여러 차례 알베르를 만났는데, 그때마다 자신은 잘 지낸다고 말했다. 한동안은 보르도에서 약간 먼 곳에 있는 건설 현장에서 일하고 있어서 최면요법을 받으러 올 수가 없었다. 오늘 그의 집 앞을 지나가는데, 그의 아내가 집 안으로 청했다. 저녁 6시였다. 알베르가 누운 채로, 병원에서 그랬듯이, 다리를 움직이며 몽유증적 수면 상태로 꿈을 꾸고 있었다. 그와 대화를 시도했다. 간밤의 꿈에 한 신사가 나타나 충고하기를, 지금의 건설현장 일을 그만두고 바자Bazas[보르도 남동쪽 62킬로미터 떨어진 곳으로 인구 4000명의 마을]로 가서 일을 찾아보라고 했다는 것이다. 그날 밤은 그가 심하게 안절부절못해서 잠시도 앉아 있지 못했다고 아내가 알려주었다. 아침에 일어나자 격렬한 두통이 찾아왔다. 그는 점심 바구니를 들고 보르도 근방 로르몽Lormont에 있는 한 조선소로 일하러 떠났다. 작업을 시작하자마자 셈을 마치고 떠나야겠다는 생각이 들었다. 날씨는 최악이어서 폭우가 쏟아지고 강풍이 불었다. 그는 바자 쪽으로 걸어가기 시작했다. 그곳에 도착했으나 문제의 그 신사를 찾을 수 없어서 건설현장에서 받은 6프랑은 쓰지도 않은 채 다시 같은 길로 돌아왔다. 그는 아내가 돈을 가져갈까 봐 자기 지갑을 침대 발치에 숨겼다고 말했는데, 숨긴 그 시간은, 말하자면 몽유증적 상태로 집에 도착했을 때였다. 그에게 다음과 같은 암시를 걸었다. 1)깨어나서 두통이 없고 기분이 쾌활할 것. 2)지갑을 아내에게 줄 것. 3)꿈속에서 누군가가 떠나라고 말할 때마다, 내가 즉각 나타나서 머무르라고 말하게 될 것. 깨어나자 알베르는 더 이상 머리가 아프지 않았고, 자기 지갑도 아내에게 돌려주었다.

3월 12일. 그의 아내는 조선소 현장주임에게 알베르의 상태를 설명하려고 함께 조선소 건설현장으로 갔다. 알베르는 시간제로 고용되어 있었는데, 현장주임은 전날 그가 자기에게 와서, 바자

　　　　　　　　　미치광이 여행자

로 가서 개인계약으로 일을 하면 더 많은 임금을 받게 될 거라고 매우 공손한 태도로 말했다고 한다. 그래서 품삯을 지불했다고 했다. 그가 매우 자연스럽게 말했기 때문에 아무도 그를 환자로 보지 않았다. 그의 태도만 보면 그가 몽유증적 상태에 있다는 걸 아무도 눈치채지 못할 것이다.

4월 4일. 그의 아내가 소식을 전해왔다. 알베르가 또 떠났고, 포Pau에서 보낸 편지에는 그가 열병이 났다고 적혀 있었다.[4] 나는 3월 12일부터 그를 보지 못했다. 3월 31일 밤과 4월 1일 새벽에 아내는 그가 꿈을 꾸며 말하는 것을 들었다고 했다.

"이봐, 300만 프랑을 훔쳐 달아난 부정한 여자를 찾는 일을 맡았어. 그 여자를 발견하면 3000프랑을 받기로 했지. 우리 둘이 살기에 충분한 돈이 될 거야."

그때 그녀는 남편이 깨어 있다고 생각했지만, 이상하게 느껴져 살펴보니 그는 크게 눈을 뜬 채로 잠을 자고 있는 게 틀림없어 보였다. 사실 알베르는 깨어서 완전히 명료한 상태였고, 방금 자신이 한 말에 스스로 몹시 놀라고 있었다. 그러자 그는 마치 다시 그 꿈을 꾸려는 듯 이렇게 덧붙였다.

"그렇지만 매우 당황스럽군. 그 여자가 어느 쪽으로 갔는지 알 수 있어야지. 어쨌든 300만 프랑은 똑같아……!"

동료 의사 모노는 포에 있는 동생인 의사에게 알베르를 봐주도록 기꺼이 편지를 써주었다. 그 동생 의사 덕에 알베르는 여행증명서를 얻어 4월 7일 보르도로 돌아올 수 있었다.

4월 8일. 닥터 모노가 입회한 최면에서 알베르에게 지난번 둔주를 설명하라고 했다.

3월 30일 평소 상태에서 그는 로르몽에 있는 조선소에서 일하고 있었다. 노동자 몇몇이 모여 알베르가 경찰 스파이인 듯이 그에 관해 수군거리는 것을 들었다. (알베르는 평소에는 환각이 없었다.) 그는 매우 화가 났고 이 상태는 그날 저녁과 일요일인 다음날 낮까지도 계속되었다. 기분전환을 하려고 연극공연을 보러 갔다. 그가 말하기를, 〈부정한 아내〉가 공연되고 있었다고 했다. (실제로는 외젠 라비슈Eugène Labiche의 연극 〈잘 보호받는 딸〉이 공연 중이었는데, 어머니가 혼자 저녁 외출을 하려고 자기 아이를 두 명의 하녀 손에 맡긴다는 내용이다.)[5] 두통은 없었지만 연극을 끝까지 보지 못하고 집에 돌아와 일찍 잠자리에 들었다. 그날 밤 사자 여러 마리가 달려드는 악몽을 꾸었다. 총에 맞는 꿈을 꾸다가 총알이 몸에 박히는 순간 소스라쳐 놀라 깨어났다. 꿈속에서 총알이 박혔던 옆구리가 오랫동안 아팠다. 그가 말했다. "꿈속에서 매번 저는 살해되거나 얻어맞는데, 하루 종일 그 부위가 아픕니다."

알베르는 다시 잠이 들어 꿈을 꾸었다. 비엔나와 보르도에서 여러 모로 그에게 도움을 주었던 D. 씨가 말하기를, 자기 아내가 회계사와 함께 100만 프랑을 들고 도망갔다면서 그들을 찾아달라고 했다. 그들을 찾아내면 3000프랑의 보수를 주겠다고 했다. 새벽 3시 반에 일어나 '미국식' 수법으로 돈을 날치기한 도둑이 남기고 간 손가방을 챙기고, 옷 위에 방수작업복을 덧입었다. 그가 일하던 배에는 얼마 전에 칠한 붉은 납 페인트가 아직 마르지 않았기 때문에 옷에 묻지 않도록 작업복을 덧입었다. 그는 맑은 정신으로 노래를 부르며 떠났다. 금방 무슨 꿈을 꾸었는지 조금도 생각하지 않았다.

집에서 5킬로미터 떨어진 케이리 강변도로에 도착하고 보니 조선소 문이 열리기 전이어서 너무 일찍 왔음을 깨달았다. 왔던 길을 다시 걸어 바스티드-보르도Bastide-Bordeaux 다리에 서서, 다리 난간에 팔꿈치를 기대고는 흘러가는 강물을 바라보았다. *강물 위로 가스등 불꽃이 어른거리며 반사되어 보였다. 새벽 4시 30분이었다.*[6] 그 후 기억나는 일은 매애~ 하는 양 울음소리에 깨어났다는 것이다. 흠뻑 젖은 채 추위에 떨다가 추위를 피하려 양떼 사이에 웅크리고 있었던 것이다. 깜짝 놀라 주위를 살펴보니 랑드 숲 한가운데였다.[7] 동이 틀 때까지 기다렸다가 근처 표지석을 보고 자신이 퓌유에서 4킬로미터 떨어진 곳에 와 있음을 알게 되었다. 지나가던 여자 노동자가 몇 군데 방향을 알려주었다. 그는 포로 가기로 결정했고, 4월 2일 화요일 저녁 7시에 도착했다. 열이 났다. 주머니를 뒤져보니 1프랑 50상팀이 있었다. 퀴닌을 샀다. 이후의 일은 우리가 알고 있다.

알베르에게 최면을 걸었다. 그가 흐느껴 울기 시작했다. 그는 매우 불행해했다. 최면 속에서는 막 집을 나온 참이었다. 그는 내가 방금 기록한 일들을 말해주었다. 그는 자기가 본 연극의 제목이 〈잘 보호받는 딸〉이 아니라 〈부정한 아내〉라고 했다.

D. 씨가 이렇게 말했다고 했다. "내 아내는 회계사와 함께 랑드 숲에 숨어 있네. 살인자 아게르Aguer[8]처럼 말이야. 그들을 잡아

오게. 그동안의 내 도움에 보답하려면 자네 혼자 이 일을 맡아주게. 3000프랑을 주겠네." 그는 그 부정한 여자를 찾아 집에 돌려보낼 생각으로 침대에서 빠져나왔으나, 아내에게는 아무 말도 하지 않았다.

아침의 상쾌한 공기에 머리가 맑아진 그는 꿈의 내용은 까맣게 잊어버리고 1킬로미터를 더 걸어가서 바스티드-보르도 다리에 이르렀다. 꿈이 기억났지만, 다리를 건너 500미터를 더 걸어가자 또 금방 잊어버렸다. 로르몽 조선소에 도착하니 문이 닫혀 있었다. 온 길을 다시 걸어갔다. 난간에 팔꿈치를 대고 기대었다. 가스등 불빛이 강물에 어른거리면서 그는 최면 상태에 빠져들어 갔다. 그가 이렇게 말했다.

"갑자기 슬퍼졌는데, 그때 D. 씨가 다가오는 게 보였어요. 그는 마치 들판을 가로질러 뛰어온 것처럼 온통 진흙으로 뒤덮여서 지저분했어요.

"…… D. 씨가 이렇게 말했습니다. '로르몽에 있는 처갓집에서 아내를 찾다가 이제 막 돌아오는 길이네. 장인장모는 내 얘기를 들으려고도 하지 않았어. 아내는 랑드 숲 쪽으로 갔어. 무슨 일이 있어도 자네가 그녀를 찾아내야 해. 어서 가게나.' 그리고 D. 씨는 절망에 빠진 채 보르도를 향해 뛰어갔습니다. (D. 씨는 보르도에서 명망이 높은 남자로, 실제로 로르몽에 살던 젊은 여자와 결혼했다.)

"어떻게 해야 할지 몰랐습니다. 기차를 탈 돈이 없다는 걸 깨달았지요. D. 씨에게 돈을 조금 달라고 하려고 그를 따라 뛰어갔습니다. 강 건너편 살리니에르 강변도로까지 쫓아갔는데도 그를 찾을 수 없었습니다. 온 길을 그대로 돌아왔어요. 마침 조선소에서 14프랑을 받을 게 있다는 걸 기억해냈지요. 문이 열리기를 기다려 아침 7시에 임금을 받았습니다. 춥고 몸이 떨렸어요. 식은땀도 나고요. 돈을 가지고 있었기에 미디 기차역으로 갔습니다. 그런데 D. 씨 부인에게는 친정가족이 살고 있는 로르몽 근처가 더 편할 거라는 생각이 들어 로르몽을 샅샅이 뒤져보았습니다. 카트르파비용-Quatre-Pavillons 근방까지 가서 온갖 곳을 다 찾아봤으나 못 찾고는 비싼 기차표를 사서 그곳을 떠났습니다. 헛된 노력이라는 걸 깨달은 저는 라파스렐La Passerelle에서 가론강을 가로질러 오전 11시에 미디역에 다시 도착했어요. 그리고 랑드 숲으로 가는 표를 사려 했습니다. 1시간 후에나 출발한다는 말을 듣고 벤치에 앉아 기다렸지요. 닥스Dax로 가는 표를 끊어서 오후 5시에 도착했습니다.[9] 도착한 즉시 뛰어다니면서 숲을 수색했지요. 제가 걸어가던 길 위 저 멀리에 한 여자의 옆모습이 지나쳐갔습니다. D. 씨 부인의 모습이었어요. 그쪽으로 뛰어가자 그녀는 도망치기 시작했습니다. 제가 더 빨리 뛰었지요. 거의 잡을 뻔했을 때 갑자기 그녀 모습이 사라졌습니다. 더 이상 보이지 않았어요!…… 저는 녹초가 되었고, 게다가 비까지 내렸지요. 양 목장이 보였습니다. 울타리를 기어 올라가 양떼 사이에 누웠습니다. 아침에 눈을 뜨고 나서야 깨달았습니다. 제가 꿈에 홀렸다는 걸.”

그 이후의 일은 우리도 알고 있다.

9월 12일. 알베르는 보르도를 떠나기로 결단을 내렸다. 몇 달

전 딸을 낳은 아내와 함께 파리에 정착하려 한 것이다. 그는 저축해둔 돈을 다 써버렸다. 사람들은 그의 집 가구를 파렴치하게도 형편없는 값으로 사들였다. 보르도에서 그는 너무나 잘 알려져 있어서 아무도 그를 고용하려 하지 않았기에 떠나야만 했다.

내가 살고 있는 구區의 경찰국장이 앵드르현에서 지롱드현으로 보낸 공문서를 보내왔다. 그 내용은 다음과 같다. "다다, 알베르. 현 거주지인 보르도 바라다가 6번지로 돌아가기 위해 교통편을 요청함. 자신이 히스테리성 몽유증을 앓고 있음을 증명하는 닥터 티씨에와 닥터 모노의 진단서를 제출했다. 그는 자신이 왜 보르도를 떠났는지, 어떻게 샤토루Châteauroux 등에 갔는지 설명을 할 수가 없다고 말했다."

알베르가 파리의 야간 호스텔을 떠나 샤토루에 도착했을 때에는 몽유증 상태에 있었다. 그는 자신이 보르도로 가는 꿈을 꾸었고, 자기 주소라고 생각하고 내 주소를 댔다.

알베르를 오래 관찰한 결과, 그는 히스테리아였다.

[이 부분에서 티씨에는 의학적 증거를 검토한다. 축소된 시야(〈미치광이 여행자〉에 기록했던 증상), 피부 감각의 변화. 히스테리성 토혈은 두통과 함께 발생했고, 토혈 후에는 두통이 사라졌다. 알베르 같은 증상을 가진 여자 환자는 피트르 클리닉에서 유명한 히스테리아인데, 알베르도 그녀처럼 히스테리아 상태에서는 술에 취했다고 간주되었다. 둔주 동안에는 거의 음식을 먹지 않았다. 알베르는 누군가로부터 여행 얘기를 들은 다음에는 들었던 그 장소로 둔주를 갔고, 다양한 상황에서

기억을 회복했는데, 그러한 특정 양상을 티씨에는 다시 점검했다. 그리고 통찰력 있는 꿈 분석으로 결론을 도출했다.]

알베르의 이번 둔주는 흥미로운 분석 대상이다. 꿈에서, 실재 인물인 D. 씨가 그에게 제안하기를, 주임회계사와 함께 달아난 자기 부인을 찾아주면 3000프랑을 주겠다고 했다. 알베르는 아침에 일어나자 꿈에 관해서는 잊어버렸다. 집에서 6킬로미터 떨어진 로르몽 근처의 조선소에 갔는데, 너무 일찍 도착했다. 왔던 길을 되돌아가 돌다리(퐁드피에르 또는 바스티드-보르도 다리) 난간에 기대어 흐르는 강물을 보았을 때 물에 반사되어 어른거리는 가스등 불빛을 보았다. 번쩍거리는 불빛에 스스로 최면에 빠졌고, 즉시 그 꿈이 시작되었다. 그는 D. 씨를 보고는 걱정이 앞섰다. 여러 번 D. 씨에게 도움을 받았기에 그는 D. 씨가 원하는 일을 하고 싶었다. 그러나 먼 길을 가기에 충분한 돈을 가지고 있지 않음을 알게 된다. 그래서 D. 씨를 쫓아서 소금 상가 거리까지 가게 되었으나 D. 씨를 발견할 수 없었다. 다리를 건너 다시 3킬로미터를 되돌아와 밀려 있던 2~3일간의 임금을 받았다. 그러고는 로르몽 근처까지 가서 그 부정한 아내를 찾아다녔다. 다시 한 번 가론강을 가로지르고, 역에서 2~3시간을 기다렸다가 기차를 타고 닥스에 도착해서는 숲으로 갔다. 그곳에서 스쳐 지나가는 D. 씨 부인의 환각을 보게 된다. 그녀를 향해 뛰어갔으나 그녀의 모습은 사라졌다. 다음 날 알베르는 양떼 사이에서 깨어났다!…… 이 얼마나 소설 같은 얘기인가……

기록3

그런데 알베르는 다른 사람도 아니고 왜 하필이면 D. 씨에 관한 꿈을 꾼 것일까? 우연일까? 아마도. 그러나 답을 찾기 위해 여러 가설을 뒤적일 필요도 없이 몇 가지 사실에 주목할 수밖에 없다. 꿈의 형성에 관한 지식에 기대어 다음 사실을 추려낼 수 있다.

1. 알베르는 로르몽 작업장에서 자신이 스파이로 의심받았다는 얘기를 듣고 마음이 혼란스러웠다. 이것이 병적인 꿈의 유발 요인이다.

2. 일요일인 다음 날 그는 두통이 있는 채로 극장에 가서 〈잘 보호받는 딸〉이라는 제목의 연극을 보았다. 그러나 알베르는 그 제목이 〈부정한 아내〉라고 말했다. 이 연극은 상류사회 여자가 저녁 외출을 하고 싶어서 자기 아이를 하녀들 손에 맡기고 나간다는 내용이었다. 극이 진행되면서 남자 배우가 나타나 소녀의 침대에 있는 인형을 바닥에 집어던져 버려서 인형의 코가 깨어진다.

3. D. 씨는 로르몽에서 결혼했고 그 후에 보르도에 살고 있다.

4. D. 씨 부인은 어린 딸을 잃었다.

5. 알베르는 아이들을 매우 좋아한다.

6. 신문에는 랑드 숲으로 숨어 들어간 살인자 아게르에 대한 이야기가 수없이 많이 실렸다. 알베르는 이 범죄자의 초상화를 자기 집 벽에 붙여놓았다.

여기서부터 매우 흥미로운 일련의 연쇄적 사고과정을 들여다

미치광이 여행자

볼 수 있고, 그것이 의미하는 사고의 연상작용을 이해할 수 있다.

로르몽 작업장에서 벌어진 말썽은 로르몽에서 결혼한 D. 씨에 관한 기억을 불러일으켰다. 코가 깨진 인형은 D. 씨 부인의 잃어버린 아이를 연상시킨다. 하녀 손에 아이를 맡기고 저녁 외출을 나간 어머니의 모습에서 모성과 D. 씨 부인으로 사고의 연상이 이어졌다. D. 씨에 대한 알베르의 강렬한 호감이 D. 씨에게 도움이 되려는 행동으로 나타났다. 그는 자신이 느낀 것을 D. 씨에게 투사했다. 랑드 숲의 추적 행위에 관해서는 꿈꾼 사람의 마음 상태에서 그 이유를 찾을 수 있다.

꿈을 어떻게 설명하든,[10] 임상적 관점에서 보면 알베르는, 샤르코가 살페트리에르 화요 강좌에 선보였던 환자 M.처럼, 보행성 자동증이 있는 잠재성 간질 환자로 보기 어렵다. 그는 포로증상군에 속한 교차성 히스테리성 몽유증이다.

이 주제를 더 깊이 들어가 보니, 자연적 몽유증 상태에서 일어난 일을 최면에 의한 수면 상태에서 기억해낼 수 있다는 점에서 이 두 가지는 동일한 성질의 것으로 보인다.

병인적 꿈 (1892년)

　아내와 함께 파리에 정착하러 떠난 알베르는 다시 둔주를 떠났고 둔주 당시 나를 만나러 왔다. 그를 위해 마련해준 여행허가서를 가지고 파리로 돌아가기로 한 날 아침 그에게 최면을 걸었다.

　최면에 빠지자마자 알베르는 두 주먹으로 의자 팔걸이를 쾅쾅 내리쳤다. "나는 파리로 갈 거야. 그 여자를 죽여버리고 싶어! 어젯밤 아내를 봤어요."

　나: 꿈속에서?

　알베르: 아니요. 꿈꾼 게 아니에요, 나는 잠들지 않았어요. 지금처럼 깨어 있었어요.

　나: 지금이 몇 시입니까?

　알베르: 자정에서 30분 지났어요. 아내가 편지를 보냈다는데 제가 못 받은 건지 알아보려고 자정에 사무실에 들렀습니다. 아무것도 없으리라고 생각했어요. 왜냐하면 마지막 우편배달이 10시인데, 그때는 아무것도 없었거든요. 그런데 저런!…… 나는 얼른 몸을 숙였지요. 제 아내를 보았어요. 머리를 멋지게 틀어 올리

고 검정 블라우스에, 앞에 고리가 달린 가죽 벨트로 허리를 꽉 졸라매고, 보통 때보다 훨씬 예뻤습니다. 그녀는 V거리의 관리동에서 집주인 P. 부인과 함께 있었는데, 거기에는 B. 씨, C. 부인, 매춘부 한 명 그리고 루브르 출신의 젊은 여자를 정부로 두고 있는 한 늙은이도 있었습니다. 그 늙은이가 아내와 시시덕거리며 제 얘기를 했습니다. 누군가가 말했어요. "그 남자는 하던 대로 하게 둬." 늙은 남자가 방값을 내겠다고 했지요. "그런데 그 친구가 오면 어쩌지?" "그럼 당신은 여기에 없다고 말해주고 그는 살페트리에르에 집어넣으면 되지."

저는 우산을 들고 집에 와서 스웨터와 면 속옷 등을 가방에 챙겼습니다. 아침에 선생님이 제게 소지하고 다닐 편지를 주신 걸 기억했습니다. 그 편지를 놔두고 길을 떠났습니다. 4일 후에 파리에 도착했지요.

알베르는 어떻게 여행을 다녔는지 상세하게 얘기했다.

"머리가 아팠어요. 이리저리 걸었지요. 걸어야 했습니다. 다른 사람에게 폐를 끼치지 않으려고 위층 상담실을 통해 밖으로 나갔습니다. 그때 느닷없이 턱수염이 난 남자의 목소리가 들렸어요. '남편을 기만한 아내를 죽이는 것은 남편의 권리다.' 저는 이 말에 대답했어요. '나는 티씨에 선생님을 만나러 가야 해요. 이건 어길 수 없는 거야.' 저는 오늘 아침에 떠나지 않았어요. 선생님을 위해 지니고 다녀야 할 편지가 있으니까요. 정오에 떠날 겁니다. 어제 시장에서 한 청년을 만났는데, 그는 푸아티에로 가서 일자리를 구하려 한다고 합니다. 지금 제가 있는 브란덴부르크 호스텔에 묵고 있어요. 정오에 그를 만나서 함께 떠나기로 약속했어요."

그래서 나는 아내에 대해 애정 어린 꿈을 꾸도록 암시했다. 그가 불안하게 몸을 뒤틀었다. 몸짓으로 항의했으나 결국 암시는 받아들였다.

나: 무슨 일이 있었습니까?

알베르: 선생님이 그 여자를 죽이지 말라고 저를 금지시켰어요. 선생님 말씀에 따르겠습니다.

그에게 새로운 강력한 암시를 걸었다. 그리고 그를 깨웠다. 알베르는 조용했다. 자기 아내에 대해 매우 호의적인 단어로 얘기했다.

정리하면, 알베르는 평소 아내의 편지에 집착하고 있었으나 편지는 오지 않았고, 잠들었다가 *이차적 인격 상태*에서 깨어났다. 한밤 내내 걸어서 사무실까지 갔고 거기에서 아내와 한 남자를 보았다. 그 남자가 자기에게 아내를 죽여야 한다고 충고하는 말을 들었다. 꿈이 만들어낸 환청과 환시에 사로잡혀 파리로 떠나려고 했으나, 내가 지시한 임무는 잊지 않고 있었다. 알베르가 살인을 저질렀을까? 나는 알지 못한다. 살인을 했건 안 했건 간에 살인을 저지를 가능성은 꿈에 의해 만들어진 것이다.

실험 (1888년, 1893년)

나는 과연 최면암시에 의해 심어진 대로 꿈_{ideogenic dreams}을 꾸는지 실험하고 싶었다. 실험대상 알베르 X는 이 실험을 하기에 가장 좋은 대상이다. 그의 심리적 반응은 내가 잘 알고 있고, 내 학위논문을 비롯하여 나의 저서《꿈》의 연구대상이었으며 여러 차례 실험을 해왔기 때문이다.

알베르 X가 두 가지 추상적 암시, 즉 *악덕*과 *미덕*이라는 암시에 어떤 반응을 보일지 궁금했다. 첫 실험은 1888년에 했고, 1893년에는 즉석사진을 이용하여 재실험을 했다. 보르도에서 유명한 사진가인 파나주 씨의 재치와 헌신적인 협력으로 사진판 33개를 구입했다.

관찰 V

1. **최면암시**: 알베르에게 최면을 걸고 간단하게만 말했다. "왼쪽 무릎은 *미덕*을 의미하고, 오른쪽 무릎은 *악덕*을 의미합니다." 그리고 어떤 일이 일어나는지 지켜보았다. 그의 오른쪽 무릎(악

덕)을 눌렀다. 알베르는 테이블에 놓여 있던 빈 유리컵을 들고 마시더니 끝까지 다 마시고는 바닥으로 굴러떨어졌다. 어떤 사진을 보더니 그것을 실재라고 생각했다. 얼굴이 벌게지더니 성적 행동을 하려 해서 얼른 *왼쪽 무릎(미덕)*을 눌러 중지시켰다. 알베르는 즉각 단정한 태도로 돌아와 예의 바른 말을 했다. 다시 오른쪽 무릎을 누르자 실험에 참관한 사람의 호주머니에 있던 지갑을 훔쳐 자기 주머니에 집어넣었다.

그의 *왼쪽 무릎*을 눌렀다. 그는 훔친 지갑을 원래 주인의 호주머니 속에 다시 넣어주었다.

그의 *왼쪽과 오른쪽 무릎을 동시에* 눌렀다. 알베르는 매우 우유부단해져서 격렬하게 몸부림치더니 지갑을 빼내어 그 안에서 삐져나와 있던 편지를 빼내고는 지갑을 돌려주었다.

*왼쪽 무릎*을 누르자 그는 편지도 돌려주었다. 이 모든 행동은 내가 도저히 묘사하기 어려운 표정을 한 채로 이루어졌는데, 이는 두 가지 암시 사이에서 *그가 얼마나 고투하고 있는지*를 보여주는 모습이다.

2. 최면 후 암시: 알베르에게 최면을 걸며 암시 부위 12곳을 지정했다. 특히 왼쪽 중지는 *재채기*가 나오는 부위, 왼쪽 새끼손가락은 *정숙함*, 오른쪽 새끼손가락은 *음란한 행위*를 하는 부위 등으로 지정했다.

실험대상을 깨워서 각각의 암시 부위를 누르니 내가 암시한 대로 그에 상응하는 행동이 나타났다. 왼쪽 중지를 누르면 재채기를 했고, 더 세게 누를수록 알베르는 더욱 더 많이 재채기를 했다.

그런데 가장 흥미로운 암시는 새끼손가락과 관련된 것이었다. 왼쪽과 오른쪽 새끼손가락을 번갈아 누를 때마다 그는 음란한 행동과 정숙한 태도를 번갈아 했다. 얼굴표정도 행동에 따라 바뀌었다. 알베르는 불안해하며 자기가 미쳐가는 것은 아니냐고 물었다. 자기 안에서 무슨 일이 일어나고 있는지 이해하지 못했다. 양쪽 손가락을 동시에 누르면 그는 우유부단해져 버리고 오락가락하는 감정도 손가락을 누르는 힘에 비례해서 강해졌다.

이 실험을 처음 할 때 나는 이 암시를 상쇄하는 암시를 걸어야 한다는 것을 깜박했는데, 그 결과가 다음과 같이 나타났다.

다음 날 알베르가 내 진료실에 들어서는데, 몸을 질질 끌다시피 하고 있었다. 몹시 지쳐서 축 늘어진 모습이었다. 어제 저녁 나와 헤어진 지 30분 후에 알베르는 길거리에서 한 친구와 마주쳤다. 그 친구와 오른손으로 악수를 하자마자 거의 순간적으로 발기가 일어났다. 내가 그에게 건 암시가 곧바로 생각났고, 그래서 오른쪽과 왼쪽 새끼손가락을 번갈아 눌러가며 하루를 보내고, 그날 밤에는 아내와 여러 차례 성관계를 가졌다. 오늘 아침 나를 보러 오는 길에 그는 오른쪽 새끼손가락을 두 번 눌렀고 두 번 사정을 했는데, 너무나 격렬한 느낌에 땅바닥에 주저앉지 않기 위해 길가 담벼락에 기대야만 했다.

알베르는 나를 속이지 않았다. 셔츠는 더러워져 있고 성적 흥분이 너무 많이 반복되어 배변 욕구가 자극되었으나 배변할 수가 없었다. 알베르는 스스로 왼쪽 손가락을 눌러 음란한 생각을 억

누르고 차분해지려 애쓰며 성적 흥분과 싸웠다.

나는 실험대상을 최면으로 재운 뒤 걸어두었던 암시를 모두 억제했다. 깨어나자 그는 아무것도 기억하지 못했다.

여기 제시한 그림은 최면 동안의 꿈을 찍은 33개의 스냅사진이다.[1] 마분지 상자의 뚜껑을 열어 위로 향하도록 해서 알베르의 양쪽 다리에 하나씩 묶었다. 오른쪽 다리는 *미덕*을, 왼쪽 다리는 *악덕*으로 지정했다. 그리고 양쪽 상자에 납 산탄을 일정량 넣었다. 내가 무엇을 하는지 알베르가 보지 못하도록 알베르의 시선과 무릎 사이에 장막을 쳤다. 산탄을 한쪽 다리의 상자에 더 많이 부어 오른쪽과 왼쪽의 무게 차이가 32~42g이 되었을 때, 알베르는 무거운 다리에 해당하는 악덕 혹은 미덕 사이를 몸짓으로 오갔고, 실험 동안 그가 말하는 것을 속기로 기록했다. 또한 행동의 반응 속도를 측정했다. 내가 지정한 최면 유발 부위인 손가락을 눌러 최면에 빠뜨리는 데에는 1분 7초가 걸렸다. 1분 23초에서 1분 58초까지 지속된 다양한 꿈을 여러 장의 사진으로 찍었다. 인쇄된 29번 사진을 찍는 데에는 2초밖에 걸리지 않았다.

22~23번 사진은 실험대상의 정신적 전환 과정을 그대로 보여준다. 알베르는 미덕을 가진 사람이었다가 왼쪽 다리에 46g을 더 얹자 악덕을 품은 자가 되었다. 이 반응을 보인 시간은 6분 33초였다.

23번 사진에서 알베르는 분노를 나타내고 있다. 주먹으로 의자를 치고 뻔뻔하게 뻗대고 비난하는 등 사악한 분위기가 고조되더니, 조금 전에 오른쪽 다리에 무게를 더해 억제되었던 도둑질하는 꿈을 다시 꾸기 시작했다. 그는 자신이 저지르려는 일을 요모 조모 따졌다. 그가 큰 소리로 한탄했다. "계속 이럴 수는 없어, 넌 덜머리가 난다고, 알잖아."

24번 사진에서, 그는 하려던 일을 어떻게 완수할지 곰곰 생각한다. 그러고는 이렇게 결정을 내렸다. "표를 바꿀 수 있잖아. 자, 가자고. 빨리 떠나야 해. 칼 한 자루만 있다면!" 이런 판단에 이르기까지 걸린 시간은 1분 20초였다.

25~26번 사진은 결심을 하는 모습을 보여준다. "만일에 우리가 붙잡히게 되면, 내가 다 책임질게. 가자고. 내가 다 해치울 거야. 나랑 같이 가면 무서울 건 하나도 없어. 내가 표를 바꾸는 걸 곧 보게 될걸. 갈 거지?"

"누가 우리 모가지를 자르면 어쩌지?"라고 내가 물었다. 대답이 없었다. 알베르는 27번 사진에서 보이는 것처럼 깊이 잠들어 있었고, 이 상태는 13번 사진의 상태와 비슷했다. 무언가 격렬하게 활동하는 꿈을 꾼 후 그는 깊은 잠에 빠져들었다. 강렬한 신경성 방출 후에는 꿈이 끝나고 휴식의 필요성이 생기는데, 그 상태는 13번 및 27번 사진과 같다. 그러나 꿈속에서 했던 생각은 계속되었다. "누가 우리 모가지를 자르면?"이라는 내 질문에 의해 유발된 꿈이 그 증거다. 깊은 잠 속에서 알베르는 도둑질과 암살의 꿈을 단두대형에 처해질 한 여자와 아이에게 투사했다. 그는 흐느껴 울며 죄인을 사면해달라고 소리쳤다. 내가 한 질문이 깊은 꿈속까지 파고 들어가 사형에 관한 꿈으로 재등장한 것이다. 내가 '모가지를 자른다'라는 단두에 관해 말했기 때문이다.

14~20번 사진의 제스처는 더욱 흥미롭다. 사진은 표정의 변화를 순간적으로 포착했다. 생각의 형성과 그것이 행동으로 표출되는 과정 사이의 일련의 정신적 현상과 반응을 실시간으로 고정해낼 수 있었다. 이 사진들로 자발적 행동에 관한 심리학적 4단계 이론을 확인할 수 있다. 1)어떤 감각이 어떤 기억을 불러낸다. 말하자면, 증거를 소환해내는 것이다. 2)증거의 연상작용에 의해 어떤 생각이 만들어지고 여러 생각 사이에서 논쟁이 일어난다. 3)논쟁의 결과로 어떤 판단이나 결론에 이른다. 4)그 판단을 실행에 옮기는 행동이 나타난다.

왼쪽 다리에 무게를 더해 *악덕의 암시*가 주어졌을 때, *악덕에 관한 생각*이 형성되어가는 과정을 목격할 수 있었다. 청문회의 증언과도 같이 기억의 회상 과정이 사진 14번, 15번, 16번에서 차례로 나타났다. 풍부한 표현의 몸짓으로 마음의 상태를 드러낸다. 17번 사진의 몸짓은 생각이 오가며 자기 견해가 만들어지는 것을 보여준다. 18번 사진에서는 판단을 내렸고, 19번 사진에서는 그에 따라 행동을 한다. 몸짓으로 보건대, 도둑질이 이루어지는 바로 그 순간의 행위를 보여준다. 20번 사진에서 도둑질은 끝났다. 이 모든 과정, 즉 생각이 형성되고 논의되고 결정되고 행동에 이르기까지의 시간은 37초였다. 이 꿈을 일으키는 데에는 34g의 무게가 사용되었다.

나는 최면 동안의 피부감각에 관해 최면 후 암시를 걸었다. 알베르는 깨어나서 악덕과 미덕의 두 가지 암시가 있었다는 것도, 꿈에 관해서도 기억하지 못할 것이다. 단, 마지막 장면, 사형에 대한 것만은 기억하도록 암시를 걸었다. 그 이유는 알베르가 최면에서 깨어 자기 입으로 말하는 설명을 나의 명령 및 사진과 비교함으로써 그에 대한 통제력을 가지기 위해서다.

그가 기억한 피부감각은 마분지 상자를 통해 무게를 느낀 다리 부분에 국소적으로 나타난 *타는 듯한 뜨거움*뿐이었다. 두 가지 암시는 정반대되는 내용이었으나 뜨거운 감각은 동일했다. 깨어난 후 타는 듯한 감각만 남고, 그것과 연관된 암시는 기억하지 못했다.

기록6

에필로그 (1907년)

[1930년, 78세가 된 티씨에는 자기 소유의 잡지에 자전적 글을 실었다. 체육계에서 쌓은 경력과 알베르와의 오랜 만남에 관한 것이었다. '에필로그'라는 소제목으로 마무리된 그 글에는, "알베르 다다가……보르도에서 결혼했고, 파리에 정착하려고 아내와 함께 떠났다. 아내는 결핵으로 사망했고 딸을 하나 남겼는데, 딸은 몽트뢰유(현재 파리 동부의 교외 지구)에서 야채를 재배해 내다 파는 농부 가정에 입양되었다"라고 적혀 있다. 딸의 이름은 마르그리트-가브리엘 다다이다. 티씨에는 그 글에서 처음으로 알베르의 성을 말했다. 티씨에는 가브리엘의 비극적 실종사건을 1906년(아니면 1907년) 12월 7일자 파리의 일간지 《르 마르탱 Le Martin》에서 읽었다고 했다. 그러나 프랑스 국립도서관에 수록된 《르 마르탱》에서는 그 기사를 찾을 수 없었고, 단지 몽트뢰유 지구에 있는 한 우물에서 토막 난 여자의 신체를 찾았다는 자극적인 기사가 비슷한 시기에 실렸을 뿐이다. 가브리엘에 관한 이야기는 다른 일간지 《르 프티 파리지앵 Le Petit Parisien》 1907년 12월 8일자에 실렸다.[1]]

또 하나의 몽트뢰유 미스터리
가브리엘에게 무슨 일이 있었나?
인신매매범의 희생자인가?

몽트뢰유수부아Montreuil-sous-Bois에서는 15세 소녀의 실종에 관해 불안한 말이 떠돈다. 사람들은 젊은 여자들을 암거래하는 인신매매범들에게 납치되었을 거라고 추측한다.

프레오Préaux 우물에서 시체가 발견된 잔혹한 사건으로 몽트뢰유수부아 여론이 격앙되어 있는 이때 15세 소녀의 납치사건이라는 또 다른 미스터리가 사람들 입에 오르내리고 있다.

양부모의 집에서

에로Hérault 부부는 정직하고 올바른 사고방식을 가진 사람들로서 오래전부터 뱅센Vincennes가 14번지에 살고 있었다. 그곳에서 우리는 어제 아침 에로 부인을 만났다. 그녀는 울면서 우리에게 그간의 사정을 이렇게 털어놓았다.

몇 년 전에 남편과 저는 제 친구가 남기고 간 딸, 가브리엘 다다를 돌보기로 했습니다. 가브리엘의 아버지는 시골에서 일하기 때문에 딸을 돌볼 수 없다고 했거든요. 저희 부부는 자식이 없어서 이 작은 아이에게 금방 정을 붙였고 친딸처럼 돌보았습니다. 최근 초등교육과정을 마쳤고 여성복 회사에 견습생으로 들어갔지요. 가브리엘은 3주 전부터 뱅센구 스트라스부르가 28번지에 있는 양장점에서 일을 하고 있었습니다.

노파가 일자리를 제안하다

가브리엘이 11월 28일 출근하면서 갑자기 제게 이런 말을 했어요. "어머니, 지금 다니는 직장을 그만둘까 해요. 오늘 아침에 뱅센 시청에 붙은 취업광고판을 보고 있는데, 웬 할머니가 옆에 와서 일자리를 찾고 있냐고 물었어요. 그렇다고 하니까, '네가 마음에 드는구나. 애야, 내 딸이 파리가에서 재단사로 있는데, 조수를 찾고 있단다. 내 딸과 일할 생각이 있니? 보수가 좋단다!'라고 말했어요. 저는 좋다고 했어요. 어머니께서 괜찮다고 하시면, 내일 아침 그분을 따라가서 재단사 딸을 만나볼 거예요." 저는 반대 의견이 없었고, 뭔가 나쁜 일이 의심될 만한 상황도 아니어서 승낙했지요.

다음 날 가브리엘은 보통 때처럼 인사를 하고 집을 나갔습니다. 날이 저물도록 아이가 귀가하지 않아서, 걱정하다가 지역구 경찰에 가서 신고했습니다. 또 경찰청에 가서도 똑같은 신고를 했습니다. 딸의 고용주인 양장점 사장을 길에서 만났는데, 어제 저녁 딸이 퇴근한 후 오늘은 보지 못했다고 하더군요.

바로 그때 편지를 받았습니다. 가브리엘의 아버지인 다다 씨가 이제 막 사망했다고 딸에게 알려달라는 편지였습니다.

그래서 저와 남편은 남편의 친구와 함께 다시 가브리엘을 찾아 나섰습니다. 뱅센구에 있는 모든 술집을 돌며 만나는 사람마다 제 딸을 보지 못했는지 물었습니다.

미치광이 여행자

가브리엘의 자취

테리에가의 한 술집에서 실종된 아이의 모습을 묘사하자, 카운터에 있던 여자가 자기는 알지 못한다고 말했어요. 그런데 근처에서 술을 마시고 있던 금발의 젊은 남자가 말했습니다. "나요, 내가 알아요. 걔가 내게 보내준 엽서도 여기 있잖아."

"그러면 내 딸이 어디 있는지 말해봐요. 내가 그 아이 양어머니요. 어제 그 아이 아버지가 병원에서 돌아가셨어요. 그래서 지금 찾고 있는 거요." 그 남자는 당황해하더니 "그렇지만, 어디 있는지는 모르는데요"라고는 술값을 내고 사라져버렸습니다.

그러자 다른 손님이 어떤 주소를 세세히 알려주고는 말했습니다. "얼른 가보시오. 저 남자도 거기로 가는 걸 거요. 딸을 찾을지도 모르지. 거긴 평판이 나쁜 데요."

우리는 즉시 그곳으로 떠났습니다. 그 주소에 도착하니, 놀랍게도, 테리에가에서 본 금발의 젊은 남자가 있었습니다. 그곳의 책임자인 여자에게 물었습니다. "다다 양이 여기에 있나요? 내가 그 아이 어머니인데, 딸을 찾고 있습니다." 그 여자가 말했습니다. "아니요. 누군지 모르겠군요. 어쨌든 그런 아이는 여기에 들일 수 없어요. 너무 어리니까."

그 방에는 몇 명의 군인이 있었지요. 그중 한 명이 제게 말했습니다. "10분만 일찍 왔더라면 그 아이를 봤을 텐데. 카운터 뒤에서 유리잔을 닦고 있었거든."

우리는 서둘러 경찰서로 갔습니다. 치안판사는 제 얘기를 꼼꼼하게 듣더니 경찰관 2명과 함께 우리가 들렀던 그 집에 갔습니다. 그는 장부를 꺼내 보이라고 명한 뒤 카운터에 있던 여자를 심문했고 술집 전체를 수색했습니다. 그러나 아무런 성과도 없었고 제 아이는 찾을 수가 없었습니다. 어딘가로 끌려간 것이 분명합니다. 아이는 지금 어디에 있을까요? 강력한 심문이 있었다는 건 알아요. 그런데도 누구도 제 딸 가브리엘을 찾아내지 못했다는 거지요. 아마도, 제 딸은 악명 높은 매춘업자에게 벌써 희생되었을지도 몰라요. 그 노파와 금발 청년이 연루된 게 확실합니다.

그 소녀의 모습은 이렇게 묘사되었다. 갈색 머리카락, 둥근 헤어스타일, 맑은 푸른색 눈동자, 검은 치마, 회색 블라우스, 짧은 오픈 재킷, 검정 밀짚모자.[2]

1장

1 Wittgenstein(1953), 《철학적 탐구》 2:xiv

2 Hacking(1995), 《영혼을 다시 쓰다*Rewriting the Soul*》.

3 나는 이 단어를 해럴드 머스키(Harold Merskey)로부터 들었다. 그는 다중인격 진단명에 가장 노골적으로 반대하는 정신과 의사일 것이다. 이 단어는 오직 다중인격과 연관해서만 사용된다. 머스키가 이 단어를 만들긴 했지만, 그가 1996년 6월 10일 내게 보낸 편지에 따르면, 이 단어가 돌랜드 의학사전 1974년판에 등재되어 있는 것을 나중에 알게 되었다고 한다. Merskey(1992, 1996)

4 DSM-IV 484. 국제질병분류(ICD) 10판 155.

5 Tissié(1887). 티씨에가 이 제목을 처음 쓴 것은 아니다. "미치광이 여행자 혹은 이주자(Les Aliénés voyageurs, ou migrateurs)"라는 제목을 처음 쓴 사람은 포빌(Forville, 1875)이다. 포빌이 활동하던 르아브르는 북아메리카로 가는 출발점이었다. (한편, 보르도는 사하라 이남 아프리카와 남아메리카로 출항하는 기점이었다.) 그래서 이주자를 언급한 것이다. 포빌의 환자 중에는 망상을 가진 정신증 남자환자가 많았는데, 그들이 가진 망상대로라면 그 여행은 합리적인 것이었다. 적어도 강박적이거나 목적 없는 것은 아니었다. 포빌은 그 환자들이 새로운 종류의 광기를 앓고 있다고 주장하지는 않았다. 1885년 10월 26일 의학적 심리학 협회에서 루이야르(A.M.P. Rouillard)가 기억상실에 관한 긴 발표를 마무리한 후 토론이 있었다. 제시된 사례 중 한 사람은 두부외상 후 기억상실, 간질발작, 정체성 혼란이 생긴 환자였다. 산파가 한밤에 호출을 받고 계단을 내려가던 중 이리저리 구부러진 여러 층의 계단에서 굴러떨어져 15분쯤 의식을 잃었다가 일어났다. 전혀 다른 사람이 된 것 같았으나 아이를 받으러 가기는 했다. 나중에 확인해보니 그녀

는 이때 무얼 했는지 아무것도 기억하지 못했다. 이어진 토론에서 두부외상을 겪은 남자들이 헤매며 돌아다니는 증상에 관한 보고들이 나왔다. 그러자 오귀스트 모테(August Motet)가 나서서 자신은 두부외상의 병력이 없는 '둔주'(이때 그가 사용한 단어) 사례 한 명을 보았다고 말했다. 그는 그 사례를 부랑인 범주에 넣으면서, 마치 발작처럼 "유랑벽이 출현"했다고 말했다. 따라서 티씨에의 1887년 논문 〈미치광이 여행자〉의 제목과 그가 사용한 '둔주'라는 단어는 포빌과 모테라는 두 걸출한 의사가 사용한 단어에서 따온 것이다. 하지만 티씨에는 지난 50년간의 프랑스 의학보고서에서 찾아낸 둔주 선례들을 열거하며, 탈선 행동을 분류하기 위해 보편적으로 적용 가능한 새로운 방식을 자신이 창조해냈다고 자랑스러워했다.

6 그는 옛 위그노 혈통의 초등학교 교사였던 부모와 두 동생과 함께 피레네 산맥 기슭에서 자랐다. 박해받는 자로서의 정체성과 성서를 신봉하는 가계 배경이 티씨에의 성공에 영향을 끼쳤을 것이다.

7 쿠베르탱과 티씨에 사이의 갈등에 관한 설명은 미국인 브라이언 프롱거 (Brian Pronger)로부터 얻었다. "티씨에는 쿠베르탱이 강력히 지지하던 열정, 자유, 보이스카우트와 같은 것들, 경쟁적 스포츠의 무절제함에 단호히 반대했다. 이 둘 사이의 경쟁의식은 1890년대 초까지 점점 커졌고, 1894년 쿠베르탱이 캉에서 열린 프랑스 과학진흥협회 총회에서 경기대회를 다시 제안하자 도저히 화해할 수 없는 적이 되었다. 티씨에는 끈질기게 쿠베르탱을 공격했고 결국 성공했다. 협회는 체육을 장려하고 학교에서 스포츠를 몰아내기로 결의했다."(MacAloon 1981, 109). 티씨에가 그 싸움에서는 이겼을지 몰라도 전쟁에서는 패했다. 이외에도 글레이즈(Gleyse, 1995)가 푸코식으로 제목을 붙인 책《20세기 초 프랑스 체육에 관한 고고학: 비화》를 참조하라. 이 책에서 저자는 티씨에를 역사의 흐름을 거스르려 한 '변종'이라고 평가한다.

8 그루세는 1870~71년 파리 코뮌에서 왕성하게 활동했고, 특히 대외 선전 활동을 많이 했다. 그는 자타가 공인한 무정부주의자였고 쥘 베른이나 로버트 루이스 스티븐슨 같은 사람들과 잘 어울렸다. 쥘 베른과 나눈 광범위한 정치적 논쟁을 책으로 펴내기도 했으며, 스티븐슨의 책《보물섬》을 번역하기도 했다. 그는 영국 스포츠를 검증하여 프랑스의 국가 정신에 걸맞은 것

만 들여와야 한다고 주장했다. 그가 왜 조정에서 싱글스컬만 프랑스에 걸맞고 에이트는 배제해야 한다고 했는지 나는 이해가 안 된다.

9   기념비는 가론강까지 뻗어 있는 직사각형에 가까운 켕콩스 광장의 가장 안쪽에 서 있다. 이 광장은 주로 감옥으로 쓰이던 커다란 성이 파괴된 후 그 자리에 나폴레옹 시대 때 조성되었다. 이는 파리의 바스티유 감옥 점령과 비교될 만한 보르도의 사건이었다. 그래서 지롱드당 기념비는 철거되어 사라진 '바스티유'를 마주보고 서 있다.

10 조르주 불랑제(1837~1891)는 인기를 노리고 군대를 개혁하여, 군에 무엇을 지시했어도 군은 그대로 따랐을 것이다. 독일과의 전쟁을 앞두고, 극우파와 극좌파는 물론 보나파르트파와 왕당파까지도 불랑제를 프랑스의 영광을 되찾을 사람으로 보았다. 그의 초상화가 프랑스 전역에서 나부꼈다. 불랑제파 의원들은 정부를 멈추게 할 수도 있었다. 그는 선거에서 연속으로 당선되었고 때로는 여러 선거구에서 복수로 당선되기도 했다(물론 의석은 하나만 차지할 수 있지만 원하는 만큼 선거구에 출마할 수 있었다). 계속 투표에서 이기자 그의 권한이 커졌다. 1889년 1월 그는 압도적인 득표로 파리 의원에 당선되었다. 흔히 말하기를, 엘리제궁으로 행진해 들어가야 할 시간에 그는 연인과 지내려 사라졌다고 한다. 불랑제파는 몰락했다. 1889년 3월 정부가 체포령을 내리자, 불랑제는 4월 1일 벨기에로 달아났고, 공식 추방 선고를 받았다. 벨기에에서 연인이 죽은 지 두 달 후, 그는 그녀의 무덤에서 자살했다.

이 사태에서 보르도의 입장은 어떠했을까? 보르도는 오랜 세월 동안 공화정을 지지해왔다. 1889년 지롱드당에서 당선된 11명의 국회의원 중 6명이 불랑제 지지자였다. 지방의 불랑제 지지표는 4년 전 왕당파 즉 나폴레옹 3세를 지지하는 후보에게 표를 던진 극우파로부터 나왔다. 도시의 불랑제 지지자들은 사회주의자들을 포함한 좌파였다. 공화정 지지자들의 수가 많다 보니 어느 좌파 후보 한 명만 지지하기는 어려웠다(Desgraves and Depeux 1969, 330-32).

11 Duponchel(1888), 12

12 마자랭 가에 있었던 그 사진사 파나주(Panajou)의 가게는 아직도 운영되는데, 이제는 붐비는 쇼핑거리인 알레 드 루흐니 8번지가 되었다. 파나주의

회사에는 자료보관소가 있었고 거기에는 피트르 교수와 생탕드레 병원의 다른 의사들이 의뢰한 작업 기록들도 있었을 것이 틀림없는데, 안타깝게도 1945년경 큰 화재로 모든 기록이 파괴되었다.

13 출판된 논문들에서는 그의 이름을 '알베르, 알베르 D-, 알베르 X- 혹은 알베르 Dad-' 등으로 표기했다. 하지만 생년월일은 "1860년 3월 10일 보르도 생, 1886년 5월 3일 피트르 교수 병동에 입원"이라고 명시했다. 프랑스에서 출생 및 혼인 신고는 공식 기록이므로, 출판된 정보를 통해 알베르에 대한 정확한 출생 정보를 얻을 수 있다. 기록은 5월 10일이고, 그때 전후 몇 주간 'Dad-'로 기록된 출생은 그것 하나뿐이었다. 티씨에가 말년인 1930년에 적은 글에서 이를 확인할 수 있었고, 거기에는 알베르의 딸 이름이 '마르그리트 가브리엘 다다'라고 생략하지 않고 다 적혀 있었다. 프랑스에서 의무기록은 환자의 출생 이후 150년간 열람이 금지된다. 따라서 알베르의 기록은 2010년에야 볼 수 있다. 그러나 1794~1950년 사이의 생탕드레 병원의 기록물은 홍수로 유실되었다고 한다. 병원의 다른 시기 기록물에서는 알베르의 흔적을 찾을 수 없었다.

14 '모든 프랑스인은 자기 거주지 밖으로 나가기 위해서 통행증을 지참해야 한다'라는 1801년 법은 20세기까지도 법전에 남아 있었다. 1850년 이후 실제로 집행된 적은 많지 않았지만, 통행증이 없음이 발견되면 부랑죄가 성립될 수 있었다. 게다가 제대한 남자는 병역수첩을 소지해야 했는데, 이는 군 복무를 증명할 뿐더러 국가 위기 시에 재소집하기 위한 목적이었다. 알베르는 병역수첩을 전당포에 시계를 맡길 때 신분증명서로 사용했다. 1885년 프랑스에서 부랑죄 처벌이 더 엄격해졌는데, 알베르는 그전에 이미 오랜 장거리 여행을 다녀온 상태였다.

15 아잠의 조부는 1798년에 설립된 보르도의사협회의 창립위원 중 한 명이었고, 부친은 1815년에 그 의사협회 회원이, 아잠 본인은 1850년에 회원이 되었다. 지역적으로 아잠은 의료계뿐만 아니라 보르도의 대학사회에 강력한 영향력을 가진 인사였다. 포도재배법, 지리학, 고고학 등에 대한 그의 공헌은 두말할 필요도 없다. 또한 그림, 도자기, 옛 시계, 고고학적 보물 등의 저명한 개인수집가이자 감정전문가였다(Laserre 1978). 아잠의 집은 상류계층 거리로 유명한 비타카를로가 14번지로서, 그 거리에는 잘 분류된 소장품으

로 명성이 높은 몰라(Mollat) 서점이 있는데, 보르도에 있는 다른 모든 것들처럼 영원히 그 자리에 있어왔을 것처럼 보인다. 몰라 서점은 어린 날의 프랑수아 모리아크(François Mauriac)를 성장시킨 자양분이었다. 티씨에의 집은 부유하지는 않으나 남부끄럽지도 않은 바라다가 6번지였다.

16 브로이어와 프로이트가 함께 쓴 《히스테리아 연구(Studies on Hysteria)》에서 브로이어는 안나 O.를 묘사하며 프랑스어로 "이차적 상태"라는 표현을 사용했다. 브로이어와 프로이트는 아잠으로부터 이 용어를 차용했다. 아잠도 이 용어의 창시자는 아니었다. '일차적 상태' '이차적 상태'라는 말은 1870년대 말 '기적의 소녀'로 알려진, 매주 금요일마다 무아지경에 빠지면서 예수의 낙인이 손에 나타나던 벨기에 소녀 루이즈 라토(Louise Lateau)를 설명하기 위해 처음 사용되었다. 아잠이 펠리다의 상태를 묘사하려 애쓰던 중 루이즈 라토에 관한 벨기에 의사협회의 보고서를 읽게 되었고, '정상 상태'나 '무아지경 상태' 등의 단어보다는 중립적인 의미를 가진 일차적 상태, 이차적 상태를 도입하게 되었다. 따라서 아잠은 자신이 "기억 이상"이라 명명한 것의 표준 사례인 루이즈 라토로부터 그 용어들을 가져온 것이었다. 많은 사람들이 성녀라고 믿었던 소녀를 설명하기 위해 실증과학이 개발한 이 용어를 이용해서 브로이어와 프로이트가 안나 O.에 대한 해석을 축조했듯이, 티씨에는 성스러움과는 거리가 먼 알베르에 대한 관찰을 이론화할 수 있었다.

17 Tissié(1896). 무언가를 매우 두려워하는 환자가 있다고 가정해보자. 최면하에서 두려움의 대상을 즐거운 일과 연관시키는 꿈 내용의 암시를 준다. 이 암시가 효과가 있는지 알아보기 위해 대조할 암시도 건다. 가령, 알베르에게 저기에 놓여 있는 와인을 마시라는 것이었는데(잔은 비어 있었다), 알베르는 잠에서 깨어나자 빈 잔을 마시고는 와인 맛이 좋다고 했다. 프로이트는 자연 수면 동안 일어나는 일련의 연상작용을 꿈의 작업이라고 칭했는데, 티씨에는 암시된 꿈 내용과 사고의 협업을 통해서 두려움의 원인을 파악하고 이를 극복시키려고 했다. 그러나 악몽에는 효과가 크지 않았다.

18 관광에 관한 자세한 연구는 Brendon(1991)을 참조하라. 쿡의 여행자들은 1855년부터 이미 유럽에 등장하기 시작했다. 1868년에 이 회사는 호텔 쿠폰을 발행했는데, 최초의 패키지 투어의 시작이었다. 1870년 프로이센-프

랑스 전쟁 때에도 사업은 붐을 이루어서 모험심 강한 사람들을 라인강 하구나 메스(Metz) 전장으로부터 반 마일 떨어진 곳까지 호위해 갔다. 그러나 대부분은 지중해로 방향을 틀었고, 그 결과 쿡의 사업 범위는 대규모로 확장되었다. 종전 이후 관광은 10배 이상으로 불어났고 회사는 인도와 레반트에서 제국의 한 팔이 되었다. 1884년에는 수단의 고든 총독을 구출하기 위해 파견된 군대에 물자를 공급하는 일을 맡았다.

19 알베르는 쓰기를 잘 못했고 학교에서 읽기도 잘 배우지 못했지만 군대에 있는 동안 글을 배워 꽤 잘 읽게 되었다. 프랑스어판 베데커 중 프랑스 지역별 안내서는 너무 늦게 나와 알베르가 둔주하는 동안 참조할 수는 없었을 것이다. 프랑스 북부판은 1884년에, 남부(Midi)는 1885년에, 중부는 1889년에 출판되었다. (이는 그 10년 동안 여행산업이 얼마나 급속히 확장되어갔는지를 알려주는 근거이기도 하다.) 그러나 1860년대 말에 이미 파리와 북부 도시들에 대한 베데커가 나왔고, 국경 지역에 대한 여행일정표도 존재했다. 알베르가 항상 북부로 가길 원했고 아프리카를 제외하고는 남부로 가는 것을 피했다는 사실을 떠올려보라. 프랑스어판 베데커 중 벨기에와 네덜란드 안내서는 1859년부터, 스위스는 1852년부터, 라인강 유역은 훨씬 전부터, 독일과 오스트리아 전체 그리고 국경 부근에 대한 것은 1860년부터 출간되었다. 다만, 러시아에 대한 프랑스어판 베데커는 1893년에 나왔으니 알베르가 참조할 수는 없었을 것이다

20 이 통찰력 있는 식견은 무명의 인사로부터 얻은 것이다.

2장

1 독일에서의 둔주에 대해서는 서플먼트3을 보라. 러시아에서는 Godyzatskii(1898)가 독일에서 Schultze(1898)가 했던 역할을 하여, 러시아 의사들이 프랑스 둔주 사례에 관심을 갖도록 이끌었다. Tschije(1900)가 그대로 따라했지만, 슐체는 다른 의사들, 예를 들어 Berger(1902), Delov(1907), Beliaev(1907), Lasse(1911) 등에게도 영향을 주었다. 일차적 관심은 탈영병과 관련된 것이었는데, 특히 1905년 일본과의 전쟁에서 망신을 당한 후 해

군에서 도망친 병사들에 관한 것이었다. 이들은 해전을 경험하고 도망친 것이 아니라, 상트페테르부르크에 발이 묶여 있으면서 사기를 잃고 탈영한 자들이었다.

2   나는 여기에서 의도적으로 프랑스 정신의학계를 지목했다. 1869년 미국의 찰스 비어드(Charles Beard)가 주창한 신경쇠약증(neurasthenia) 진단에는 프랑스에서 히스테리아로 분류한 증상이 일부 포함되어 있었다(Cosling 1987). 이 진단명이 프랑스로 수입되었고, 피에르 자네는 이것을 최면과 연관된 히스테리아와, 뇌손상이나 간질 및 선천적 정신박약(idiocy)에 해당하지 않는 나머지 거의 모든 정신질환을 가리키는 정신쇠약증(psychasthenie)으로 크게 나누었다. 증상별 분류의 자세한 내용은 Shorter(1992)를 참조하라.

3   히스테리아의 역사에 관한 방대한 백과사전적 연구는 Micale(1995)을 참조하라.

4   Morel(1860). 같은 시기에 독일에서도 내과의사인 에리히 호프만(Erich Hoffman)이 유사한 견해를 밝혔다.

5   자동증(Automatisme)은 19세기 초부터 사용된 프랑스어다. 예를 들어 동물은, 인간과 달리, 기계와 같다고 여긴 데카르트적 관점을 가리킬 때 쓰였다. 이 용어가 불수의적 신체활동을 일컫게 되면서 프랑스와 영국 의학계에서 통용되기 시작했다. 간질성 자동증에 대한 샤르코의 주장은 다음과 같았다. "환자는 발작을 한 이후 몽롱한 의식 상태에서 폭력적으로 변하고 주변의 모든 것을 부순다. 그러고는 정신을 놓고 헤매기 시작하는데 결코 조용한 산책은 아니다. 첫 발작 시에 경찰이 그를 체포하고, 환자는 경찰서에서 의식을 되찾는다. 이런 간질 환자는 살인을 저지르기도 하고 자살하기도 하는데, 반면 여기 우리 환자들은 수영할 줄 모르면서 강물에 뛰어들지는 않을 것이다. 또한 과잉흥분이나 폭력을 저지를 근거도 없다. …… 그럼에도 불구하고 이들 환자의 행동 변화는…… 아마도 다른 겉모습들 아래에서 표출된 동일한 증상으로 보인다."
간질 환자가 몽유증적 상태에서 벌이는 살육에 대한 당치 않은 공포는, 예를 들어 1886년《영국의학회지》사설 "자동증적 살인"에도 반영되어 있다. 샤르코는 자신의 사례를 옹호하기 위해 간질성 행동과 잠재성 간질의 다양한 예를 들려주었다. 어떤 예는 잭슨의 보고에서 가져온 것이었다. 한 남자 음악교사가 수업을 마친 후 학생("아마도 여학생") 앞에서 옷을 다 벗어버렸는데, 간질발작은 없었고 그 다음 일도 기억하지 못했다는 이야기도 있었다. 이런 수사법을 통해 간질의 등가증상이라는 교리를 청중의 마음에 깊이 심을 수 있었다.

6   맹의 사례는 신체적 외상에 의한 기억장애나 남자 히스테리아가 아니었다. 현대적 의미의 몽유증인 수면장애도, 최면 상태도 아니었다. '몽유증'이라는 용어는 19세기에는 무의식 상태에서 일어나는 다양한 행동을 일컬었고, 여러 종류의 몽유증이 있다고 보았다. '유발된' 혹은 '인공적' 몽유증은 최면에 의해 변화된 의식 상태를 의미했고, '자연적 몽유증'은 지금 시각으로는 다중인격과 비슷한 사례에 사용했다. 아잠은 자신이 사례로 든 펠리다가 "완전한 몽유증"의 표본과 같다고 말한 적이 있다. 이는 그녀가 이차적 상태에 있을 때에도 정상일 때와 똑같은 능력을 가지고 있음을 의미했다. 아잠은 알베르도 둔주 상태일 때 완전한 몽유증 상태였다고 생각했다. 1880년대에 몽유증에 관한 담론이 다시 유행했는데, 동시에 최면술에 관한 학문적 관심도 높아졌다. 맹의 문제가 자연적 몽유증이라는 히스테리성 현상이었을까? 그렇지 않다. 왜냐하면 히스테리성 몽유증 환자는 항상 안절부절못한 반면 맹은 차분했기 때문이다. 이는 논쟁점이라기보다는 수사법에 가까웠다. 아잠의 환자 펠리다는 충분한 히스테리성 증상을 보였지만, 말년에는 이차적 상태에서도 전혀 안절부절못하지 않았기 때문이다. 재봉사로 일하던 그녀는 자신에게 상태 변화가 올 조짐을 느끼면 재빨리 하고 있던 일을 메모에 적어놓았다. 다시 정상 상태로 돌아왔을 때 그 사이의 기억이 없다 해도 시간 낭비하지 않고 다시 작업을 이어가기 위해서였다.

7   샤르코의 14번째 강좌(1889a). 2월 21일 화요일이라고 되어 있으나 이날은 목요일이다. 화요 강좌가 정기적으로 열렸다는 기록으로 볼 때 2월 12일의 오자인 것 같다. 샤르코는 그 사례를 3월 5일에도 간략하게 재차 언급했다. 다음 주 월요일인 3월 11일, 법의학회 모임에서 맹이 법률의학의 관점에서 다시 토론 대상이 되었다. Gilles de La Tourette(1889)은 이렇게 큰 병원과 의사들이 많은 도시에서 맹이 그토록 오랫동안 감옥에 갇혀 있었다는 사실은 수치스러운 일이라고 말했다. 그리고 보행성 자동증의 공식 확

인서에 관한 토론이 이어졌다. 이를 믿고 따라야 할 권력자는 누구인가? 자동증을 근거로 죄수를 석방할 권한은 경찰이 아니라 검사나 담당판사에게 있다. 그러자 청중 중 한 회원이 검사나 판사를 부를 책임은 누가 질 거냐고 물었다. 어디까지 책임을 져야 하는가? 다른 회원은 뚜렛에게 치안판사를 데려오지 않는 경찰이나 교도소장에게 어떤 제재를 가할지 물었다. 뚜렛은 확고부동한 사르코파여서, 보행성 자동증은 특성상 간질이라고 확신했다. 탈영병이 무죄로 입증된 사례에 대해서는 Fournier, Kohne, Gilles de La Tourette(1895)를 보라.

8 Kuhn(1977)의 "패러다임에 대한 두 번째 생각"을 참조하라. 두 용어 중 하나인 패러다임은 어느 질환의 발단이 된 모델을 뜻하고, 원형(prototype)은 그 질병이 진단으로 확립된 후 특유의 전형적인 환자 사례를 의미한다.

9 Alcindor와 Maurat(1889, 253). 이 두 의사는 46세 남자 환자의 히스테리아 증상을 열거했다. 터널형 시야, 미각 변화, 반신마비와 유사한 몸 반쪽의 감각 이상 등 지나치게 많은 증상이 있었다. 그 남자는 또한 온몸의 떨림과 경련 병력이 있었다. 따라서 그의 둔주는 간질에 의한 것이 아니라고 보아야 했다. 그는 첫 번째 둔주를 3일간, 두 번째 둔주를 6일간 다녀온 후 병원에 왔는데, 둔주 동안의 일을 거의 기억하지 못했다. 그의 몸은 심하게 떨리고 있었고 말도 제대로 하지 못했다. 1888년 10월 25일부터 1889년 1월 10일까지 입원했는데, 퇴원할 무렵 이러한 증상은 거의 사라진 상태였다. 저자들은 이 환자가 간질을 가지고 있다 하더라도 그의 당면 문제는 히스테리아였다고 결론지었다. 누군가 이 진단을 미심쩍어했다. 그 남자가 평생 거울을 은도금하는 일을 해왔고, 떨림과 발음장애는 수은 중독의 특징적 증상 중 하나였기 때문이다. 그러나 일을 그만둔 후 증상이 더 악화되었기에 저자들은 그 가능성을 일축했다.

10 Voisin(1889b), 424. 히스테리아로 진단하기에 충분한 증상이 있었음에도, 부아쟁은 예컨대 브롬화칼륨이 아니라 아질산아밀(amyl nitrate)로 진정시킬 수 있었다고 특별히 언급하는 식으로, 그녀가 간질이 아님을 확실히 해야 했다. 그녀가 17세에 초경을 한 지 한 달 후에 그녀의 아버지가 사망했다. 이후 8개월간 월경이 이어지지 않았다. 심한 슬픔에 괴로워하다가 "처음으로 질식감, 목으로 덩어리가 올라와 목을 막는 느낌[히스테리성 구(球)]"의

증상을 경험하게 되었다. 경련하듯 터져나오는 기침과 더불어 계속된 불안정한 상태, 큰 슬픔, 식욕 부진, 극심한 불면 등이 있었다." 나이가 들어가면서 질식감은 사라지고, 대신 "난소 부위의 통증"이 나타났다.

11 청중 속에는 티씨에도 있었는데, 그는 다소 자신이 받아야 할 관심을 부아쟁에게 빼앗겼다고 느꼈다. 부아쟁(1889b, 1889a)은 티씨에의 발언을 이렇게 기록했다. "제 논문 〈미치광이 여행자〉에서 히스테리성 둔주에 대해 기술한 것을 상기해주시길 부탁드립니다. 무의식 상태에서 둔주를 다니는 흥미로운 히스테리아 사례를 발견하실 겁니다." 그 후 티씨에는 같은 학회 모임에서 두 차례 발표를 했다. 한번은(1891) 알베르 다다에 관해서였는데, 감별진단을 위한 지루한 목록을 나열했지만 알베르와 멩의 차이를 지적한 것에 불과했다. 훨씬 나중에(1901) 그는 "보행성 자동증"은 착각을 일으키는 명칭이라고 말했다.

12 최면에 대해서 샤르코의 파리파는 최면의 신경학적 3단계 이론을 견지하고 있었다. 이름하여, 나른해지고(lethargic), 강경증(強硬症, catalepsy)을 보였다가, 몽유증(somnambulistic)에 빠진다는 것이다. 최면에 빠진 샤르코의 환자로 널리 알려진 사진들은 이 3단계를 극적으로 보여주도록 연출된 것들이었다. 샤르코의 라이벌로는 이폴리트 베른하임(Hippolyte Bernheim)이 주도하는 낭시파가 있었다. 이들은 최면이란 연속적 상태이며 핵심은 암시라고 보았다. 암시를 명확하게 걸지 않으면 샤르코가 주장한 현상들을 얻지 못한다고 주장했다.

13 에펠탑 플랫폼에 모인 인사들 중에는 낭시에서 온 이폴리트 베른하임과 쥘리에주아(Jules Liégeois), 다중인격으로 알려졌다가 나중에는 지능검사로 명성을 얻은 알프레드 비네(Alfred Binet), 르네 베르트랑(René Bertrand), 벨기에서 온 조제프 델뵈프(Joseph Delboeuf), 스위스의 오귀스탱 포렐(Augustin Forel), 프랜시스 골턴(Francis Galton), W. H. 마이어스(Myers), 영국의 헨리 시즈윅(Henry Sidgwick) 그리고 누구보다 중요한 인물로 윌리엄 제임스가 있었다. 그가 이 장면을 묘사했기 때문이다. 대단한 모임이었지만 샤르코는 없었다. [그는 생리심리학 국제총회의 회의를 주재할 예정이었으나 참석하지 않아 테오될 리보(Théodule Ribot)가 대신해야 했다.] 제임스가 에펠탑 파티에 있던 모든 인사를 다 열거했는지 알 수는 없지만, 만일 그러했다면 그들은 실

로 엄선된 집단이라 하지 않을 수 없다. 조제프 바빈스키, 막스 데스아(Max Dessoir), 지그문트 프로이트도 그 학회에 참석했다. 명예의장으로 아잠, 에두아르 브라운 세카르(Eduoard Brown-Sequard), 브루아르델(Brouardel), 샤르코, 메스네(Mesnet), 샤를 리셰(Charles Richet) 그리고 '범죄인류학'을 주창한 이탈리아의 저명인사 체사레 롬브로소(Cesare Lombroso)도 있었다. 최면치료학회의 최초 국제총회는 1889년 8월 8일부터 12일까지 열렸고, 윌리엄 제임스는 다른 일을 기술하던 중 지나가듯 이를 논평했다(1893, 243-46, 410). 회보는 Bérillon(1890)에 의해 출간되었고, Ellenberger(1970, 759-62)가 이 총회에 대해 비교적 상세하게 기술했다.

이와는 매우 다른 특성의 사람들이 참가한 다른 총회도 있었는데, 인간 자성(磁性) 연구와 자성을 이용한 환자치료법 학회의 국제총회가 그것으로 10월 21부터 26일까지 열렸다. 이 학회의 부회장인 포보 드 쿠르멜(Foveau de Courmelles)은 의사이자 최면술사로서 자성에 관한 총회가 더 중요하다고 생각했는데, 현대인의 시각에서는 최면학회보다 더 정신 나간 모임으로 보인다.

14 생토뱅은 부아쟁의 사례들을 그대로 이용했다. 이들은 명백히 히스테리성이었다. 부아쟁이 발표한 첫 번째 사례의 가정부 외에, 두 명은 전형적인 여자 히스테리아로, 웃다가 우는 등의 발작적 감정 변화와 피부의 국소적 감각 둔화 등을 보였고 이미 병원에 입원해 있었다. 몇 시간 동안 도망갔다가 돌아왔는데 그때에 대한 아무런 기억이 없었고 최면으로도 기억을 찾을 수 없었다. 5명의 남자 히스테리아 역시 몸 반쪽의 무감각, 시야 축소 등 히스테리아 증상을 모두 가지고 있었다. 이들은 신체적 외상에 의해 생긴 히스테리아 즉 샤르코의 패러다임에 해당하지 않았다. 이들의 나이는 14세부터 32세 사이였다. 히스테리아는 대개 20세 전후에 시작되었다. 한 명은 간질진단을 받고 입원했고, 후에 히스테리아로 진단명이 바뀌었다. 또 다른 사람은 간질발작이 있었다. 누구에게도 브롬화칼륨은 처방되지 않았고, 모두가 최면으로 아주 잘 치료되었다.

15 생토뱅의 다른 사례 4명은 둔주 동안에 자주 공격적 행동을 보였는데, 이차적 의식 상태에서 벌어진 일이라고 보고 그들을 이중인격으로 진단했다. Boeteau(1892)는 더 많은 이중인격 둔주 환자에 관해 보고했다.

16 조르주 수는 1890년 7월 24일 자기 논문에 대해 변론했다. 7월 27일 수의 스승 샹트메스(Chantemesse)가 병원의학협회에서 새로운 '간질성 보행성 자동증' 사례를 발표했다. 이어진 토론에서 알베르를 진찰했던 군의관 뒤퐁셀은 간질의 가능성을 인정하지 않았다. 대신에, 그는 샹트메스의 환자가 군에 있었음을 지적하고, 그런 '결정성 보행증'(뒤퐁셀은 슬며시 병명을 바꿨는데, 이는 그가 간질성 보행성 자동증과 대비시키기 위해 만들어낸 바로 그 용어였다)에 대한 정보가 탈영병이 정신질환 때문에 처벌받지 않도록 군법정과 군 자문 의사 및 변호사들에게 널리 전파되어야 한다고 호소했다. 수의 논문은 그 사례를 매우 상세히 묘사했으나, 잠재적 간질에 대한 체계적 설명으로 시작했고 Legrand du Saulle(1877)로부터 일련의 모든 사례를 가져왔다.

17 간질 진단이 살페트리에르와 그 주변에서만 관여한 것은 아니었다. 랭스에도 샤르코의 사례와 유사한 예가 있었다. 주점에서 일하던 25세의 남자는 기억하지 못하는 불가해한 짧은 여행을 여러 차례 했다. 그가 주목을 받은 계기는 나무에 소변을 누고는 바지 앞을 여미지 않은 채 친척집으로 돌아왔을 때였다. 외설죄로 체포되면서 그의 둔주가 점차 밝혀지게 되었다(Colleville 1891). 벌금형을 받았지만 의사들은 그가 외설 행위에 대해 책임이 없다고 진단했다.

리옹에서는 Henry Frenkel(1890)이 세 명의 사례가 포함된 논문을 발표했다. 25세의 여자 요리사는 10년 동안 7번의 둔주를 다녀왔는데, 대부분은 매우 짧았지만 한 번은 36시간이나 되었다. 그녀는 이 중 아무것도 기억하지 못했다. 나머지 두 사람은 남자들로서 가장 긴 둔주는 14일간이었다. 프랑켈은 이들 모두를 간질성이라고 진단했다. 리옹의 다른 논문 저자들은 간질에는 별 관심이 없었다. 동시에 간질 환자가 억제할 수 없는 충동에 휩싸여 중범죄를 저지를 가능성에 대한 공포도 끈질기게 사라지지 않았다. 이러한 충동에 대한 연구는 Parant(1895)을 참조하라.

18 Proust(1890a), 107

19 에밀은 샤리테(Charité) 병원에서 치료받았다. 담당의사인 J. 뤼스(Luys)는 그 시대에 가장 괴이한 최면술사로, 자석으로 한 환자의 병을 다른 사람에게 이전시킬 수 있다고 주장했다. 뤼스는 프루스트에게 에밀의 임상 상태를 알려줬다. 뤼스(1890b, 366)는 둔주는 단지 부수적 사건일 뿐 질병 자체

는 아니라고 주장했다. "나는 그들이 최면 감응 상태에 있다고 칭한다. 이 상태의 세 가지 특징은 (1)무감각증, (2)강경증, (3)암시성이다." 뤼스는 '감응'에 관한 여러 논문을 썼는데, 그중 하나에는 '감응성 강경증'에 빠진 2명의 남자와 6명의 여자 사진이 실려 있다. 뤼스는 그 논문을 다음과 같은 작은 언쟁으로 마무리하는데, 여기 나오는 발레(Ballet)는 에밀의 두 번째 재판에서 전문가 증언을 한 두 명 중 한 사람이다.

발레: 저는 뤼스 씨가 '감응 상태'라고 칭한 것이, 과거 10여 년 동안 '강경증'이라고 불린 것과 다르지 않다고 생각합니다. 뤼스 씨는 새 용어를 제시했지만 새로운 견해는 아니군요.

뤼스: 암시성은 절대로 강경증의 한 부분이 아닙니다. 진짜 강경증 환자는 들을 수 없기 때문에 암시를 줄 수 없고, 그 환자가 들을 수 있다면 진짜 강경증은 아니지요. 제게는 이건 교리와 같이 완벽한 진리입니다.

발레: 뤼스 씨가 교리 얘기를 꺼내니 저는 할 말이 없어지는군요. 여기 계신 분들을 위해 두 가지만 말씀드리겠습니다. 첫째로, 강경증을 요약하면, 크게 뜬 눈, 무감각성 그리고 암시성입니다. 그리고 증상의 관점에서, 저는 여전히 뤼스 씨가 감응 상태라고 부른 것과 강경증 사이에서 아무런 차이점을 발견할 수 없습니다.

20 마르셀 프루스트의 《잃어버린 시간을 찾아서》(Gallimard, 1954) 플레이아드 판본 3권을 스티븐 허드슨(Stephen Hudson)이 번역한 《되찾은 시간》(Chatto & Windus)을 참조했다. 그런데 허드슨이 옮긴 "이중(二重, duplications)"이라는 단어가 프루스트가 말한 "인격의 이분(二分), dédoublements de la personalité"을 의미한다고 보기는 어렵다. 또 조금 구식인 "망나니(Scamp)"는 프랑스 단어인 gredin(불한당, 악당)을 번역한 것인데, 사기죄와 사취범으로 두 번이나 구속된 에밀에게 적절한 단어다.

21 여기에서 나는, 처음에는 다중인격으로 진단받았다가 부아쟁이 둔주 환자로 분류해버린, 악명 높은 루이 비베는 제외했다. 비베는 여러 인격 중 어느 한 상태에서 집중적으로 도둑질을 했는데, 주로 옷을 훔쳤다.

22 Raymond(1895). 출판된 것은 피에르 자네가 두 개의 강좌를 기록한 판본이다. 저명인사가 강의하면 유능한 후배가 이를 필기하는 것이 당시 관행이었다. Henri Ellenberger(1970)가 이 강좌를 언급한 후, Loewenstein(1987)처

럼 해리성둔주나 심인성둔주에 대해 저술하는 현대 작가들은 이를 참조하곤 한다. 자네는 이 작가들에게 거의 양아버지와 같은 존재여서 흔히 "Janet et Raymond(1895)"으로 인용된다.

Ellenberger(1970, 124-26)는 둔주 역사에 결정적인 영향을 미쳤다. 예를 들어, 엘렌버거가 Proust(1890)에 관해 논평한 적은 있지만 히스테리성 둔주에 관한 프루스트의 글은 언급하지 않았기 때문에 현대의 둔주 문헌에서 프루스트는 인용되지 않는다. 반면에 스위스 이민자인 엘렌버거는 스위스 의사와 환자에 대해서 해박했다. 그래서 그는 둔주 사례를 보고한 Naef(1895)를 인용했고, 그 결과 네프의 논문은 참고문헌 목록에 기록되어 있다. 네프가 '미치광이 여행자'를 기술하기는 했지만 그는 독일어로 논문을 썼고, 당시 취리히 부르크횔츨리(Burghölzli) 병원에 있던 포렐의 후배였다. 그의 사례인 한 환자의 집이 그곳에 있었다. 그 환자는 오스트레일리아에서 행방불명되었다. 당시까지는 둔주가 독일어권 문헌에서 눈에 띄지 않았기 때문에 네프는 그 환자에게 둔주라는 진단명을 붙이지 않았다. 진단을 붙인 건 1970년 엘렌버거였고, 그 환자는 최근까지도 둔주로 분류되었다.

엘렌버거의 영향력을 보여주는 흥미로운 사례는 끔찍한 죄르겔(Sörgel)의 이야기가 둔주 문헌에 기록되어 있다는 점이다. 죄르겔은 극작가 게오르크 뷔히너(Georg Büchner)의 작품에 등장할 만한 간질 환자였다. 1828년 혼탁한 의식 상태로 헤매다가 숲에 들어가 한 벌목꾼을 살해하고 그의 두 발을 잘라 피를 마셨다. 나중에 자신이 한 일을 기억하지 못했고 법정은 그에게 책임을 물을 수 없다고 판결했다. 엘렌버거는 자신의 저서에서 보행성 자동증 장에 이 사건을 수록했고, 그리하여 죄르겔이 현대의 둔주 문헌에 등재된 것이다. 죄르겔이 제정신이 아닌 상태에서 헤매다가 살인한 것은 사실이나, 그가 "잠재성" 간질을 가졌다거나 "간질 등가증상"으로 헤매고 다녔다고 보기는 어렵고, 따라서 보행성 자동증의 예로 보기는 어렵다.

죄르겔과 같은 사람은 엘렌버거가 보행성 자동증으로 분류하기 전 125년 동안은 다중인격으로 인용되었다. 왜 그랬을까? 흔하고도 명백한 이유가 있었다. 그 사례는 판사 파울 포이어바흐(Paul Feuerbach, 1775~1833)가 저술한 형사재판에 관한 유명한 책에 실려 있었다. [철학자 루트비히 포이어바흐의 아버지인 파울 포이어바흐는 늑대소년 카스파르 하우저(Kaspar Hauser)의 이야기를 쓴 작가로도 잘 알려져 있다.] 그 책은 1846년 더프 고든(Lady Duff Gordon) 여사에 의해 영어로 번역되었고 런던과 뉴욕에서 일시적으로 큰 인기를 얻었다. 이 책을 런던의 의사이자 최면술사인 존 엘리엇슨(John Elliotson)이 읽었는데, 그는 그 이야기를 바로 그해에 (저자나 역자에게 알리지도 않고) "최면과 무관한 의식의 이중 상태의 실례" 4가지 중 하나라고 발표했다. 왜 그랬을까? 예나 지금이나 회의론자들은 이중의식과 다중인격은 의사와 최면술에 의해 유발된다고 말했기 때문이다. 지푸라기라도 잡고 싶었던 엘리엇슨에게 당시 일대 센세이션을 일으킨 쾨르겔 이야기는 호재가 아닐 수 없었다. 그렇게 쾨르겔은 수사적 책략에 의해 다중인격의 문헌에 한 세기 이상 머물렀다. 그 끔찍한 남자는 간질로 진단되었어야 했고 다중인격의 특성은 전혀 존재하지 않았다고 처음으로 공식 주장한 사람은 Merskey(1992)일 것이다.

23 Pitres(1891), 507-11. 집안에서 운영하던 포목점 직원이던 27세의 이 남자는 10살 때부터 8번의 둔주를 경험했다. 멀쩡한 의식 상태였고 기억도 완전했다. 하지만 한마디로 말해서 강박적으로 도망친 것이었고 마지막은 6주일이나 나가 있었다. 제대로 몸을 돌보지 않았지만 충분히 먹고 다녔고 그토록 오래 걸었음에도 발도 부르트지 않았다. 환각은 없었으나, 한번은 큰길을 걸어가던 중 아버지가 꾸짖는 소리를 들은 것 같았다. 말을 나눴던 사람들을 다 기억했고 물건을 훔치지도 여자와 접촉하지도 않았고 평소보다 더 자주 자위하지도 않았다. 치료법으로는 수(水)치료에 더하여 신경안정제용으로 매일 브롬화나트륨 2그램을 복용토록 했다.

24 레지스가 출간한 둔주에 관한 저서는 1893년 "히스테리성 보행성 자동증"에 관한 연구로 시작되는데, 그 사례는 남자가 아니라 여자, 즉 딸이 수감되자 이 문제를 해결하기 위해 먼 거리를 떠난 노파에 관한 것이었다(1893a,b). 방랑광(dromomanie)이라는 명칭이 언제 만들어졌는지는 확실히 알 수가 없다. 레지스의 제자 중 하나가 그 명칭을 논문 제목으로 썼다. Dubourdieu(1894)를 참고하라. 피트르와 레지스는 1895년 보르도에서 열린 정신의학 총회에서 "병리적 부랑 행위"라는 제목으로 발표를 하면서 그 명칭을 사용했고, 레지스는 방랑광을 "둔주를 떠나려는 충동"이라고 간단히 설명했다. 보르도에서는 모든 종류의 둔주, 예컨대 진행성 마비 환자의

둔주도 주목했다(Berger, 1895).

25 Pitres & Regis(1902). 보르도에서 출현한 새로운 명칭은 '방랑광'만이 아니었다. Roth(1991)는 둔주와 관련된 다양한 질환의 핵심 문제는 기억인데, 여기에는 '과잉기억(hypermnésie)'도 포함된다고 주장하며, 레지스의 제자 중 한 사람인 알베르 기용(Albert Guillon)의 논문 〈기억의 병: 과잉기억에 관한 소고〉(1897)를 인용했다. 샤르코를 포함하여 다수의 인물들이 히스테리아와 최면에 빠진 사람의 기억 과잉에 대해 보고한 바가 있다. 로스는 "뇌의 어느 한 부분만 과도하게 자극되는 것은 생명체의 균형을 유지하는 데에는 해롭다"라고 지적했다.

26 포함된 사례 중 10세 소년은 마치 톰 소여와도 같았다. 소년의 어머니는 아이가 도망가지 못하게 하려고 여자아이 옷을 입혔으나 도망을 막지 못했다. 병원에 입원했을 때 다른 애들로부터 파리의 다리 아래에서 자는 게 좋았다는 말을 듣자 파리로 떠나버렸다.

27 당연히 완고한 저항이 따랐다. 릴의 한 의사는 모든 둔주 환자들, 특히 티씨에의 알베르는 간질 등가증상이라고 주장했다. 익명의 인사는 "그 주장이 일견 타당해 보이기는 하지만, 반대의견이 없지는 않을 것"이라고 논평했다(《의학-심리학 연보(Annales Médico-Psychologiques)》, 1898, 2, 465).

3장

1 Mörike(1972). 강박적으로 둔주에 사로잡힌 여자의 이름으로 페레그리나(Peregrina)처럼 적절한 건 없을 것 같다. 라틴어 peregrinari는 여행이라는 뜻을 가졌다.

2 안티오페는 두 아들이 디오니소스 숭배자를 살해하자, 그리스 사방을 헤매고 다니는 대가를 치르다가 포코스에게 치료를 받았다. 헤라에 의해 미쳐버린 아름다운 처녀 이오는 자신이 소가 되었다는 망상에 사로잡힌 채 헤매고 돌아다니다가 이집트까지 이르렀다. 이오는 아이스킬로스와 오비디우스의 글을 통해 널리 알려져 있다. 그리스에 나오는 미치광이 여행자들은 거의 다 여자들이다. 왜일까? 플루타르코스의 〈강에 대하여(On Rivers)〉

에서는 남자가 등장한다. 디아나(아르테미스)의 신전에서 왕 테우트라스는 디아나가 키우던 멧돼지를 죽인다. 이에 디아나는 그에게 광기와 피부병이 생길 것이라고 저주한다. 테우트라스 또한 전문가인 폴리디오스에게 상담을 한다. 판본마다 다른 치료법이 묘사된다. Robert Graves(1955, 2:189)는 폴리디오스가 특별한 돌가루로 치료했다고 했다. 다른 판본에서는 의례가 치료의 비결이었다고 한다. 의례와 돌가루, 두 가지를 다 하면 더 좋지 않았을까? 현대의 정신과 치료과정처럼.

3   스튜어트 에드거(Stuart Edgar)가 이 이야기를 알려주었다. 여러 판본이 있는데, 내가 인용한 것은 Frazer(1921)가 번역한 아폴로도로스의 《수집(The Library)》이다. 이 이야기의 다른 판본은 헤로도토스의 《역사》, 파우사니아스의 《그리스 서사》, 헤시오도스의 《여성 목록》, 베르길리우스의 《전원시》, 오비디우스의 《변신 이야기》 등에도 나온다. 이 이야기만 본다면, 헤매고 돌아다니는 것을 광기의 한 종류라고 주장할 수 없다. 디오니소스나 헤라를 화나게 하여 미쳤다고 말할 수 있을 뿐이다. 그러나 주2가 암시하는 바와 같이, 그런 종류의 얘기가 무성했다는 사실은 그것이 단순히 하나의 사례에 그치는 것이 아니라 광기의 한 유형이라는 주장을 입증해준다.

4   이 이야기는 디오니소스와, 따라서 포도주와 긴밀히 연관된다. 클레이토르 강은 알코올중독을 치료하는 능력과 연관된다. 다소 과장하자면, 이 이야기를 히스테리성 둔주의 비유로 사용할 수도 있다. 멜람포스의 제안이 처음 거절당한 후 미치광이 여행이 유행병이 되어 많은 여자들이 세 딸을 따라 했다. 그리고 19세기의 정신신체장애처럼 피부가 참을 수 없이 가렵고 건조해지고 벗겨졌다. 이 이야기의 다른 버전에서 딸들은 자신이 소, 특히 새끼를 잡아먹는 광우(狂牛)가 되었다고 생각했다. 근대 유럽에서 회자되던 낭광(狼狂, lycanthropy)과 비교가 되는데, 낭광은 자신이 짐승, 특히 늑대라고 믿고 늑대의 행동을 하는 광기를 말한다. 낭광은 17세기에 명명되었고, 그 유행은 적어도 1800년대 중반까지 지속되었다.

5   Frazer(1921, 1:147)

6   프레이저는 Evans(1920, 27)의 글을 인용했다. 에번스의 원래 글은 다음과 같이 시작되는 한 문단에 불과하다. "아나크 엔다우(Anak Endau)에서 온 한 자쿤족 남자는 내 앞에서 피앙구(Pianggu)의 펭훌루(Penghulu)에게 불만을

털어놓았는데, 호기심을 일으키는 내용이었다. 그는 자기가 사는 곳의 모든 여자들이 자주 광기에 사로잡힌다고 말했다…….” 그곳은 파항(Pahang)이라는 곳인데, 말레이반도 동쪽 연안에 있는 말레이 연합주 중 하나로서, 그곳의 역사 이야기는 호메로스에 비견될 만하다. 15세기 말 말라카인 항투아(Hang Tuah)가 말라카의 술탄을 위해 파항 족장의 딸을 납치했다. 그때까지 그곳은 시암에 의해 지배를 받고 있었다. 1511년 포르투갈이 말라카를 침략하자 술탄은 파항으로 도망쳐 왕국을 세웠는데 그 왕궁은 1920년까지 남아 있었다. 그 지역은 19세기 내내 내전에 시달렸다. 1895년 파항은 마침내 영국령 말레이 연합주에 합류했다. 유럽의 식민지화가 막 시작되던 시기였고, 그 지방은 이후 오랫동안 주석과 고무 자원을 착취당했다. 인구는 당시 12만 명 정도에 불과했다. 펭훌루(귀족)는 자쿤족 원주민 마을을 관리하던 말레이인이었을 것이다. 엔다우강은 중국해로 흘러가고, 아나크 엔다우는 그 지류다. 유럽인 중 에번스보다 더 상류까지 올라간 사람은 거의 없었다. 이 자쿤족 여자들의 이야기는 한 자쿤족 남자가 자기 상관인 말레이인에게, 그것도 영국인이 지켜보는 가운데, 한 말이라는 사실을 유념하고 읽어야 한다.

7   Gilles de La Tourette(1884, 1885)

8   Simons(1996), Kenny(1978, 1990), 그 외 많은 저술이 있다. 케니는 1986년에 대표적인 미국인 둔주 환자인 앤설 본에 대한 심층 연구서도 썼다.

9   자쿤족 여자들의 행동이 라타인지 둔주인지에 대해서는 논평하지 않으려 한다. 단지 연관되는 저술을 열거하면서 이어진 생각일 뿐이다.

10 사막을 정글로 바꿔보면 은유를 사용하지 않아도 새로운 생태계가 된다. 비(非)유럽인 낭광의 표준적인 예가 말레이반도에서 발생하는 것이 우연일까? 유럽에는 늑대나 때로는 곰으로 변하여 길잃은 이방인을 공격하고 심지어 식인을 하기도 하는 낭광이라는 유행병이 있다. 말레이에서는 재규어로 변한다. 다중인격 전문가는 이들 모두가 짐승의 상태를 받아들인 것이라고 본다.

11 Chorover(1980, 16f). 당시 가장 저명했던 루이지애나주의 의사 새뮤얼 카트라이트(Samuel Cartwright)가 그 위원회의 장이었다. 이러한 사실을 버지니아대학교의 조지프 데이비스(Joseph E. Davis)로부터 전해 들었다. 도망광

(Drapetomania)은 방랑광(dromomania)과 비슷하게 들린다. '방랑광'이란 용어가 미국으로부터 아이디어를 얻은 것은 아니었을까?

12 미국에 실린 사례는 샤르코의 것(1888b)이고, 영국인이 쓴 것은 "기고문(1889)"이다. 샤르코의 두 번째 강좌에 관한 미국의 논평을 고려하여 Starr(1889)가 새로운 미국의 간질성 둔주 사례를 발표했다. 샤르코의 주장에 완벽히 부합하는 사례는 아니었는데, 간질 병력이 있었기 때문이다. 그리고 스타는 부언하기를, "유사한 사례들이 더 있으리라고 믿어 의심치 않으나 매우 드물 것"이라고 했다. 진짜 간질성 둔주는 미국에서는 환영받지 못했다. 영국의 Colman(1903)은 5일 동안 자동증을 보인, 샤르코의 멩과 유사한 사람을 찾아냈다. Bramwell(1908)은 간질발작 후에 출현한 자동증에 관해 기술했다. 아일랜드에서도 1908년에 한 명의 사례가 관찰되었으나 발표는 몇 년 후에 이루어졌다(Lindsay 1915). Stewart(1910)는 나무에서 떨어진 후 둔주를 시작한 9살 소년의 사례를 보고했다. 당시 진단은 뇌손상에 의한 간질이었다.

13 Tissié(1901). 티씨에는 앤설 본이 둔주 환자라고 판단했다. 그리고 둔주란 자신의 행동을 자각하지 못한 채 돌아다니는 것이라고 주장한 샤르코의 견해를 반박할 좋은 사례라고 기뻐했다. 존 브라운은 가게 운영하는 법을 잘 알았는데, 이는 그가 "이차적 상태"에 있었기 때문이라고 했다. 심령주의와 다중인격 둘 다에 관심을 가졌던 프랑스 과학자 중 가장 유명한 사람은 노벨상 수상자인 샤를 리세(Charles Richet)다. Hacking(1988), Carroy(1996)를 참고하라.

14 Drewry(1896). 그 가족에는 "괴짜"가 많았다. 삼촌은 갑자기 말도 없이 캘리포니아로 떠났다가 귀가했는데, 외이도(外耳道) 깊숙이 농양을 앓고 있었고 농양을 터뜨리자 빠른 속도로 회복되었다. 드루리는 이 사례가 둔주 행동에 의미가 크다고 생각했다.

15 Gilbert(1902). 한 둔주 환자가 돌아다닌 곳은 테네시주의 내슈빌, 켄터키주의 헨더슨, 미주리주의 세인트루이스·제퍼슨시티·캔자스시티, 캔자스주의 리버티, 네브래스카주의 레드클라우드와 옥스퍼드였다. 또 어느 때는 와이오밍주의 글렌록, 네브래스카주의 채드론, 사우스다코타주의 에지몬트, 와이오밍주의 샤이엔, 콜로라도주의 덴버, 캘리포니아주의 샌프란시스

코 그리고 오리건주의 포틀랜드를 돌아다녔다. 포틀랜드에서는 벌목장에서 일하다 사고를 당했다. 깨어났을 때 자신이 포틀랜드에 있다는 말을 들었는데, 자신의 무의식적 여행 습관을 알고 있었기에 그곳이 메인주의 포틀랜드인지 오리건주의 포틀랜드인지를 물었다. 최면을 걸고서야 그가 거쳐온 여정을 모두 알아낼 수 있었다.

16 졸저 《영혼을 다시 쓰다》에서 1807년 하인리히 폰 클라이스트(Heinrich von Kleist)의 펜테질레아(Pentilisea)부터 1995년까지 여러 소설 속 다중인격을 언급했다. 다중인격에 관한 픽션과 논픽션의 명시적 관계에 관해서는 Carroy(1993)를 참고하라.

17 티씨에는 1905년 7회에 걸쳐 연재된 쥘 클라레티(Jules Claretie)의 《나와 또 다른 나(Moi et l'autre)》라는 소설을 언급한다(이 작품은 1908년에 《강박─나와 또 다른 나》라는 제목의 책으로 출간되었다). 티씨에는 그 이야기가 분명 알베르를 다뤘다고 생각했지만, 그 줄거리는 다중인격이자 시적 풍경을 그리는 젊은 화가 앙드레 포르티스(André Fortis)를 주인공으로 하여 벌어지는 사건에 관한 것이었다. 화류계 출신인 그의 아내만이 그가 두 가지 상태를 오가고 있음을 알고 있었고, 그녀는 '또 다른 나'가 그린, 세상의 종말이 닥친 것과 같은 섬뜩한 작품을 보기까지 했다. Claretie(1905, 249)는 "그녀는 놀라 몸이 굳어진 채 그림 앞에 서 있었다"라고 묘사했다. 나는 《영혼을 다시 쓰다》를 탈고하고 나서 다중인격의 멜로드라마라면 진절머리가 날 정도였지만, 클라레티의 소설은 매우 훌륭하고 다중인격 장르를 통틀어 가장 시각적으로 생생하다. 포르티스는 6회차에 이르러서 알자스 출신의 정신병 의사 클리퍼(이폴리트 베른하임이 이끄는 낭시파 소속이었을까?)에 의해 마침내 완치된다. 클리퍼는 포르티스의 점잖은 '나'에게 사악한 '또 다른 나'를 죽여 매장하라는 최면암시를 건다. 프랑스 국립극장의 감독이었던 클라레티는 심리소설들로 성공을 거두고 아카데미 프랑세즈의 회원이 되었다. 그는 샤르코의 행사 때마다 참석했고, 그중 하나를 1881년에 쓴 책에서 묘사했는데, 살페트리에르에서 열린 환자 무도회에서 우발적으로 벨이 울리고 10여 명의 환자가 일시에 히스테리성 혼수상태에 빠지는 모습이었다. 클라레티는 샤르코가 마리 블랑슈 비트만을 청중 앞에 세운 유명한 사진에도 등장한다.

18 데이비드 조라우스키(David Jorawsky)가 Schnitzler(1926/1990)에 나오는 이 구절을 내게 알려주었다. 소름 끼치는 작품인데, 내게는 헨리 제임스의《나 사의 회전(Turn of the Screw)》을 다른 색깔로 만들어낸 것처럼 읽힌다.

19 Courtney(1906). 이 논문을 무시할 수만은 없는 게, 둔주는 진단이 필요한 상태가 아니라 "개인의 습관적 행동"으로 보아야 한다는 Heilbronner(1903) 의 주장을 답습해서 결론을 도출했기 때문이다.

20 Patrick(1907). 패트릭은 1894년 프랑스 파리의 샤리테 병원의 닥터 발레 (Ballet)의 병동에서 본 알베르를 짤막하게 묘사했다. Fisher(1907)는 히스테 리성과 간질성 자동증의 감별진단 기준을 훨씬 더 짧게 언급했다.

21 Angell(1906). 헨리 롤런즈(Henry Rowlands)는 약혼까지 했으나 결혼 스트 레스를 이기지 못하고 이름을 바꿔서 둔주를 떠났다고 한다. 어디에 갔는 지 알아내기는 쉽지 않은데, 여행지 중 일부는 그가 꾸며낸 곳이라고 주치 의가 지레짐작해버렸기 때문이다. 아마도 그는 토론토 너머 더 북쪽의 테 마가미 숲으로 가서 벌목일을 하려 했을 것이다. 그는 몬트리올의 맥길대 학교 의과대학에 지원했다고 했으나 그와 관련된 기록은 없었다. 서쪽으로 는 매니토바주 위니펙까지 가서 병원에 있었다고 말했다. 그러나 역시 어 느 병원에도 그의 자취는 남아 있지 않았다. 그가 토론토에서 하숙하던 곳 은 지금은 대륙횡단 버스역이 들어선 자리일 것이다. 에인절의 논문에서는 둔주도 보행성 자동증도 언급되지 않았다.

모턴 프린스의 잡지에는 Fox(1909)의 다른 사례가 실렸는데, 그 환자는 "몽 유증과 보행성 자동증을 가진 해리성 성격"이라고 기술되었다. 여기에서도 보행성 자동증은 일차적 관심의 대상이 아니었다.

22 프랑스 남자들은 소년 시절에 캐나다 퀘벡에서 카누를 타고 사냥하는 모험 을 꿈꾸었으나 실제로 거기에 가는 사람은 거의 없었다. 프랑스의 둔주 개 념과 가장 가까운 전조는 르아브르에서 시작되었는데, 그곳이 미국과 극동 지역으로 떠나는 최대 환승 항구였기 때문이다. 시적 감각의 제목〈미치광 이 여행자〉는 티씨에가 붙인 것이 아니라 르아브르의 의사가 1875년에 쓴 논문 제목〈미치광이 여행자 혹은 이주자〉에서 따온 것이다(Foville 1875). 르아브르에 도착한 '미치광이 여행자들'은 알베르와는 달리, 말 그대로 배 를 놓치고 떠도는 남자들이었다. 그러나 1875년에는 미치광이 여행자들이

특수한 유형의 정신질환이라는 주장을 드러내기가 매우 조심스러웠다.

23 Audry(1956), Roué(1967), Verdoux, Goumilloux, Bourgeois(1993). 이에 반하는 예는 1967년 장피에르(Jean-Pierre)에 관한 보고서 하나뿐이다. 한쪽 눈에 부상을 입고 주둔지로 돌아온 그는 자기 부대가 이전 배치되었음을 알게 된다. 아마도 해외로 파병되었을 것이다. 전투 기회를 기다려왔기에 배신감을 느낀 그는 고향에 붙들려 있게 되자 둔주를 나타냈다. 무언가 더 자극적인 것을 원한 그는 수류탄을 훔쳤다. 그리고 리부른에서 온 포도주 상인을 보르도 외곽으로 유인했는데, 그 상인은 아마추어 비행사였다. 수류탄으로 협박해 비행클럽으로 가서 이인승 경비행기를 타고 날아올랐다. 겨우 몇 분이 지나자 장피에르는 땅에 내려달라고 애걸을 했고 상인은 경비행기를 메독의 들판에 착륙시켰다고 한다.

24 Pitres, Régis(1902). 피트르와 레지스가 책을 출판할 당시, 알프레드 비네는 다중인격 연구를 그만두고 지능검사를 고안하고 있었다. 루이스 터먼(Lewis Terman)이 그 검사를 변용하여 1917년부터 미군 징집병에게 대규모로 적용했다.

25 Nye(1984) 참조. 퇴화 개념이 너무나 강력해서 히스테리아냐 간질이냐의 논쟁을 덮어버리기도 했다. 한 탈영병은 충동적 둔주 환자이고 부모가 서로 사촌 간이며 외조부모가 각각 진행성 마비와 피해망상증을 가지고 있다는 이유로 무죄방면되기도 했다(Fournier, Kohns, Gilles de La Tourette, 1895).

26 Davenport(1915).

27 그 환자들은 반샤르코파의 빈정거리는 표현인 "전혀 준비가 안 된 상태"의 환자들로 묘사되었다(Colin 1889). 저명한 법의학자이자 정신병 의사인 폴 가르니에(Paul Garnier)가 그 구역에서 막강한 영향력을 행사하고 있었다. 앙리 콜랭(Henri Colin)은 가르니에 휘하의 인턴이었다. 뒤이어 다른 의사 Souques(1892)가 "보통 알코올중독자"가 아닌 "유전적 퇴화자"인 음주광에 대해 보고했다. 그 환자는 엉망이 되도록 취했다가 깨어나면 둔주를 떠나곤 했다. Sabrazès와 de Batz(1897)는 한 뇌종양 환자가 보행성 자동증과 더불어 말의 선회병(旋回病)처럼 비틀거리는 증상을 보이는 사례를 보고했다.

28 Beaune(1987).

미치광이 여행자

29 Nye(1984)에 따르면 부랑자에 대한 편견은 두 차례에 걸쳐 뚜렷이 급증했는데, 첫 번째 시기는 1885년 부랑자법이 개정되었을 때이고, 두 번째는 세기말부터 20세기의 첫 10년간이었다.

30 Benon & Froissart(1909b). 브농과 프루아사르는 습관적 둔주와 우발적 둔주를 구별하려고 했다. "우발적 둔주 환자가 우리에겐 더 중요한데, 그 이유는 정신과적으로 습관성 둔주를 저지르는 방랑자와 구별해야 했기 때문이다. 둔주 환자와 방랑자(vagabond), 아니면 우발적 둔주 환자와 습관적 둔주 환자, 또는 이따금씩 방랑하는 자와 습관적 방랑자, 어떤 용어로 부르든 간에, 분리해야 할 필요가 있다. 그 중간에 있는 사람도 당연히 있겠지만, 그렇다고 분리하지 않을 경우 일어날 혼란을 정당화할 정도는 아니다."

31 Micale(1993). 고대부터 현재까지 유지될 만한 진단명이 있다면 그건 히스테리아라고 말한 저명한 정신과 의사는 Harold Merskey(1995)다.

32 Merskey(1992)는 다중인격 환자에 대해 양극성장애 진단을 붙였는데, 내 생각에는 히스테리성 둔주 환자에게도 그리했을 것 같다.

33 Parant(1909). 이런 식의 체계적인 둔주는 의도적으로 꽤 지속되었지만, 섬망 요인도 끼어 있었다. 방랑광 둔주는 갑자기 시작되고 환자 본인이 자신의 여정을 수동적으로 지켜보는 것 같은 느낌을 가지기도 한다. 15년 전에 '방랑광'이라는 용어를 만든 레지스도 그 자리에 있었는데, 히스테리아건 간질이건 혹은 퇴화에 의한 둔주이건 간에 가리지 않고 그 용어를 붙이는 것에 불만을 느꼈으나 그 자리에서 표시하지는 않았다.

34 Lalanne(1910). 나는 랄란이 쓴 단어 lypémanie를 '우울'로 옮겼다. 그는 앙도르 성(城) 건강요양원의 원장이었는데, 그곳은 연간(1882~1919) 입원환자 수가 50여 명 정도밖에 되지 않아서 근처에 있는 두 개의 공공수용소보다 수용인원이 적었다. 그곳 환자에게 가장 많은 진단명은 진행성 마비, 만성 멜랑콜리아, 과대망상이나 피해망상 혹은 노쇠함이었다. 환자 개인별로 보면 둔주 에피소드가 있는 사람도 있었지만 둔주 자체만으로 진단되지는 않았다. 랄란은 새로운 둔주 사례에 대한 기록을 갖고 있었지만 논문에는 싣지 않았다. 학회에서 둔주에 관해 발표할 준비를 해야만 했을 때 툭 튀어나왔을 뿐이다. 랄란은 학계의 최신 흐름을 따르려 했던 것뿐이다.

35 Claude(1937)의 발표 뒤에 이어진 토론에서 나왔다. 이 구절은 Libbrecht

(1995)에서 인용했다. 리브레히트는 "정책 방향은 명확했다. 정신분열증 연구를 위해 히스테리아 연구는 폐기된다는 것이었다"라고 논평했다. 자네는 해리가 유용한 개념이 아니라고 생각해서 1892년에 이미 폐기한 바 있다. 다른 주장은 Van der Hart(1996)를 참조하라.

36 그곳 양봉가들이 꿀단지에 적은 어구다. 앙리가 특별히 운이 좋았던 건 아니다. 그 산길은 지금도 여전히 가장 편하고 쾌적한 길로, 일요일 아침에 그 길을 따라 산을 넘어가면 스페인에서 점심을 먹고 다른 길로 프랑스로 돌아와 저녁을 먹을 수 있다.

4장

1 감별진단에 관해 꾸준히 연구한 사람은 Akhtar와 Brenner(1979)다. Fisher(1945, 1947)는 제2차 세계대전 동안 미군 병사의 둔주를 세 가지 유형으로 분류했다. 자기정체성을 모르고 있음을 스스로 알고 있는 둔주, 정체성이 아예 바뀌는 둔주, 자기정체성을 모름을 알고 있고 동시에 역행성 기억상실이 있는 둔주가 그것이다. 제2차 세계대전 동안 영국의 북아프리카 전투에서 일어난 "기억장애와 둔주"의 빈도는 8.6%라고 한다(Torrie, 1944 참조). 영국 공군에 대한 것은 Parfitt & Caryle-Gall(1944)을 참조하라. 베트남 귀향군인의 문제를 해결하기 위해 외상후스트레스장애가 출현하게 된 과정과, 이후 다른 종류의 트라우마로까지 확대되어간 상황은 Allan Young(1996)을 참조하라. 영이 연구했던 재향군인 병원에서 독립된 진단으로서의 둔주는 중요시되지 않았다.

제1차 세계대전 중 해리성둔주에 관한 보고는 꽤 많다. 1915년 Logre(1916)가 육군 제5부대 의사협회에 보고한 둔주는 Joffroy & Dupouy(1909)의 방식으로 분류되어 있다. Chavigny & Lauren(1917)은 16살부터 둔주를 시작했던 한 병사에 대해 보고했다. 이 청년은 전쟁이 일어나기 전에 입대했고 "의식 상태와 무의식 상태 모두에서 일어났던" 일련의 둔주 경력을 가지고 있었다. 그는 전쟁 수행에 적합하지 않은 정신질환을 가진 것으로 결론이 내려졌는데, 전쟁 발발 이전부터 가지고 있었으므로 전투에 의해 유발된 것은 아니라고 했다. 1908년 이후로 꾸준히 둔주에 관해 발표하던 르네 샤르팡티에(René Charpentier)는 전시에 탈영을 반복하는 병사를 "상습범"이라고 칭했고, "기묘한 일"이라고 불렀다(1919). 오스트리아의 한 논문은 전시의 둔주 환자를 '병적 방랑벽(krankhafter Wandertrieb)'이라고 불렀다(Pilcz 1920). 한 독일 논문은 단순히 둔주라고만 기술했다(Popper 1920). 이들 사례를 정밀하게 조사해보면, 전시에 탈영하여 떠돌던 둔주 환자에 대해 프랑스와 독일의 의사들이 어떤 다른 반응을 보였는지 연구해볼 만하다. 프랑스는 히스테리아 진단을 하나로 뭉쳐 거기에 둔주를 집어넣었고, 반면 독일 정신의학계는 전시의 임상경험에 비추어서 정신질환을 선입견 없이 새로이 이해하려 했다. 그럼에도 둔주에 대해서만은 예전의 견해를 유지했다.

2 Audry(1956), Roué(1967). Verdoux, Goumilloux, Bourgeous(1993). 이들의 저술은 주요 검색어가 영어가 아니므로 미국에서는 찾을 수가 없다. 1993년 논문은 둔주를 키워드로 하는 컴퓨터 검색에 걸려져서 둔주 관계 서적 목록에 올라야 했으나 검색망에 걸리지지 않았다.

3 Kopelman(1987)은 결혼생활 문제와 경제적 어려움 혹은 자살사고 등을 트라우마와 연관시켰다. McKinney & Lang(1983)은 둔주의 가족적 양상을 기술했다. Venn(1984)은 "가족적 원인"을 가진 심인성 둔주 사례를 발표했는데, 그 사례는 다중인격 진단이 더 적합한 것 같다. 한 인터넷 통신에서는 마거릿 대처의 경제개혁이 막바지로 치닫던 영국에서 꽤 많은 소규모의 사업가가 그냥 "사라졌다"라고 보도했다. 둔주에 관해 저술한 많은 사람들은 둔주와 전쟁의 연관성을 그저 가설이 아닌 진리로 받아들여서 둔주의 트라우마 원인론을 확실시하려 했다.

4 누군가는 내가 이분론자(二分論者)라고 생각할지도 모르겠다. 심지어 의료 벡터조차 히스테리아-간질로 이분했다고. 그러나 이 쌍은 동시대적으로 일어난 사건일 뿐이고 문화적 양극성과는 아무 상관이 없다. 1890년대 둔주와는 달리 1980년대의 다중인격은 단일 분류항으로 되어 있다.

5 Micale(1995).

6 37명의 둔주 환자에 대한 사례 연구에서 대상의 절반이 의식 상실을 동반한 두부외상이 있었고 외상후 기억장애가 있었다(Berrington 등, 1956).

Stengel(1939, 1941, 1943)을 참조하라.

7 Showalter(1997).

8 기독교, 잔학성, 악마 사이의 공생적 관계에 대한 대중적 조사는 Stanford(1996)를 참조하라.

9 고전적 쌍둥이 연구는 Gottesman(1972)을 참조하라. 오랫동안 고테스먼은 정신분열증의 유전을 주장하는 유전론자였고, 이를 확인하는 데에는 쌍둥이 연구로도 충분하다고 주장했다(Gottesman 1982).

10 Peirce(1878, 1986), "How to Make Our Ideas Clear."

11 Putnam(1994).

12 Borch-Jacobsen(1997).

서플먼트1

1 모리아크(1925/1990)

2 빅토르 루이(Victor Louis)의 극장은 엄청난 초과 재정을 쏟아부은 끝에 1780년 4월에 개장하였다. 부르스 광장은 1748~50년 사이에 아버지 장 자크(Jean Jacques)의 설계와 아들 앙제 가브리엘 자크(Ange Gabriel Jacques)의 지휘에 의해 건설되었다. 보르도에 관한 미술과 예술의 역사책 중 공식적이며 올바르게 적은 것은 내가 생각하기로는 Saunier(1909)의 것으로, 모리아크와 알베르가 등을 돌렸던 보르도를 폭넓게 조명한다. Avisseau(연대 미상)의 책은 보르도 관광객이 살 만한 수백 장의 그림엽서를 모은 것이다.

3 시민공원은 지금도 거의 옛 모습 그대로여서, 약 2만 5000평의 부지에 한편에는 길이 91.4미터의 온실이 꾸며져 있다. 1743~58년 보르도 감독관이었던 투르니(Tourny) 후작에 의해 만들어졌고, 그는 보르도의 다른 뛰어난 건축물도 세웠다. 또한 1888년 보르도 외곽 7만 8340여 평의 부지에 브르들레 공원이 만들어졌는데, 그곳은 티씨에가 알베르를 데리고 나가 걷게 하며 관찰했던 장소다.

4 병원 건물을 측정해보니 143미터였는데, 보기에는 법원 건물 146미터보다 더 길어 보인다. 병원 건물의 폭은 124미터다. 병원 회랑의 바깥 주위는 가

미치광이 여행자

로세로 63미터와 47미터로서 산책하기에 충분히 넓고 비율이 잘 맞는다. 지금은 유리벽이 세워져 있어서 겨울의 추위와 여름의 더위를 막아주면서도 정원과 잔디밭을 잘 볼 수 있게 했다. 생탕드레의 정신병동은 1980년 폐쇄되었다.

5 보르도의 한 치과의사가 우리에게 편지를 보내왔다. 알베르가 넋을 놓기 시작하면 끝없이 하품을 쏟아내는데, 이를 당시에는 치과적 문제로 보았다고 했다. 특히 턱관절에 이상이 있어 신경중추를 압박하기 때문이라는 것이다.

6 이 시기에 알베르에게는 격렬한 편두통과 간헐적 발열이 일 년 내내 일어났다. 편두통은 처음에는 3일에 한 번씩 일어났다가 그가 성장하면서 2주일에 한 번, 한 달에 한 번, 석 달에 한 번 식으로 완화되어갔다. 또 심한 이명으로 거의 청각장애 수준에 이르기까지 했다. 통증이 심할 때면 눈을 감고 지냈다. 5시간가량 고통스러워하다가 구토를 하고 나면 통증이 가라앉아 잠에 빠졌다. 구토 증상은 사라졌지만 치통이 시작되었고 치아 몇 개를 발치해도 사라지지 않았다. 1887년 보고서에는 12세의 낙상 사고에 대해 적혀 있지 않다.

7 Azam(1880).

8 Pitres(1891). 책에 실린 원래 강좌는 1884~85년 여름학기 동안 이루어졌다. J. 다베작(Davezac)이 강좌를 필기하여 1886년 4월 4일부터 《보르도 의학저널》에 시리즈로 실었다. 남자 히스테리아는 여기에 등장하지 않았고 피트르가 말한 남자 히스테리아 일람표는 나중에 작성된 것이다.

9 Borch-Jacobseb(1996). 그가 말한 가장(假裝)은 매우 미묘한 뉘앙스를 풍긴다. 다른 사람들은 그가 제시한 미묘하지만 중요한 세부사항들을 놓치곤 한다. 프로이트 때리기에 몰두하는 사람들은 보르히-제이콥슨이 순수하게 정신분석을 비판했다고 간주한다. 파펜하임(안나 O.)이 증상을 꾸며냈고 브로이어를 조롱했으며, 그리하여 프로이트마저 바보로 만들면서 정신분석이라는 재앙에 시동을 걸었다고 보르히-제이콥슨이 주장했다는 것이다. 그들은 이 새 동지를 열렬히 환영했다. 프로이트 방어군도 보르히-제이콥슨을 그렇게 해석하고 그에게 분노했다. 그러나 내 생각에 보르히-제이콥슨이 저술한 것은 환자와 의사가 매우 정교하게 서로에게 맞춰나가던 동화

현상에 대한 것이었다. 주11을 보라.

10 Heilbronner(1903).

11 Duyckaerts(1992)와 거기에 수록된 델뵈프의 참고문헌을 보라. 철학자 델뵈
프는 최면에 관해 여러 가지 실험을 했다. 그는 애초부터 샤르코에 대해서
는 심히 회의적이었고 이폴리트 베른하임에게 기울어져 있었다. 정신질환
자와 관련된 대부분의 실험은 벨기에 리에주에 있는 영국병원에서 이루어
졌다. 리에주는 알베르가 좋아하던 곳이었기 때문에 실험을 통해 둘이 만
났을 가능성이 크다.

델뵈프는 철학자들 사이에서 한때는 잘 알려져 있던 인물이다. 윌리엄 제
임스는 델뵈프의 의지에 관한 견해 덕분에 자신의 의지로 신경성 발작에서
회복될 수 있었다고 했다. 나는 이사벨 스탕제(Isabelle Stengers)의 글을 읽
고서 델뵈프에 대해 평한 뒤카에트의 책을 알게 되었다. 스탕제는 내가 말
한 동화(accommodation)를 의미하기 위해 프랑스어 'complaisance'(환심을
사려는 태도)를 사용했다. 그녀는 정신분석의 진화에 대해 깊은 통찰력을
보였다. 정신분석의 전환점은 프로이트가 최면을 더 이상 사용하지 않으면
서 일어났다는 것이다. 최면 시술자와 피시술자로서 완벽한 동화가 일어나
곤 했으나 프로이트가 새로운 기술을 발전시키면서 '저항'을 발견하게 된
다. 1914년 에세이 〈정신분석 운동의 역사에 관하여〉에서 프로이트는 저항
과 억압이 정신분석의 주춧돌이라고 적었다. 저항은 동화의 정반대에 해당
한다. 보르히-제이콥슨이 주의를 환기시킨 안나 O.의 가장 행위는 동화 혹
은 complaisance와 연관지어 논의될 수 있다.

12 알베르의 형제들은 젊은 나이에 사망했지만, 누이에게는 자손이 있을 가능
성이 있다. 그래서 프랑스 전자전화번호부(Minitel)로 '다다'라는 성을 전부
검색했는데, 모로코나 터키(쿠르드계 후손)에서 최근 이민온 사람만 있었다.
알베르가 리에주를 좋아해 자주 다녔기에 벨기에 쪽도 조사했다. 우리가
접촉한 쿠르드인 한 사람은 알베르의 터키 여행에 큰 관심을 기울였다. 물
론 성을 바꿨을 가능성도 있지만 그건 프랑스 법 체제에서는 매우 어려운
일에 속한다. 프랑스 성 어원사전에는 다음과 같이 설명되어 있다. "Dadas,
Dadesse, Dadi 등은 dad라는 의성어에 뿌리를 두고 있고 '바보, 얼간이'의
의미를 함축한 별칭으로 사용되고 있다. 마찬가지로 Dadais 그리고 비교적

최근인 17세기부터 사용된 dadair가 있다."(Morlet 1991) 'Dad'은 미국 영어에서 바보스러움을 가리킬 때 내뱉는 의성어 'duh'에 상당한다.

서플먼트2

1   Rouart(1988)의 분석은 19세기 문헌에서 이 전설의 역할이 어떻게 변화되었는지를 가장 예리하게 보여준다. Anderson(1965)은 백과사전적 분량으로 전설의 여러 판본의 줄거리를 정리했다. 참고문헌의 수가 1200개를 넘는 엄청난 분량이다.

2   1880년대 말 보르도의 인구는 약 24만 명이었고, 그중 유대인은 3200명이었다.

3   Goldstein(1985)은 내가 앞서 인용한 티씨에의 문장을 "약간은 유머러스한 비유"라고 평했다. 골드스타인은 티씨에가 "알베르는 너무 자주 여행을 떠나서 유랑하는 유대인에게 정보를 귀띔해줄 수 있었을 것이라고 빈정대던" 대목에 주목했다.

4   Anderson(1965).

5   Sue(1844-45/1980). 그 구절은 이렇게 시작된다. "우리는 다음과 같은 이야기를 알고 있다……." 여기에서 말하는 '우리'는 "거의 모든 프랑스 독자들"이라고 나는 생각한다.

6   Knecht(1977).《가제트 드 프랑스》1844년 11월호에 실린 길고 심술궂은 글은 《르콩스티튀시오넬》은 유대계 신문이다"라고 주장했다. 쉬의 소설이 실제 유대인을 다룬 것도 아니고 반유대주의적이지도 않았지만 그 빈정거리는 태도는 반유대주의에 가까웠다.《가제트》는 "몽마르트가(《르콩스티튀시오넬》이 위치한 거리)는 탈세례를 받고 '유대인 거리'라고 불려야 한다"라고 적었다.

7   유랑하는 유대인 여자는 때때로 전설 속에 등장하며 어떤 때에는 유대인의 아내로 나온다. Anderson(1965)의 부록B를 보라. 쉬의 설정은 독특하다. 쉬는 저명한 학자 루이 모리(Louis F. A. Maury)가 발견한 스토리라인을 따라 유대인 여자를 헤로디아(Herodias)로 설정했다. 헤로디아는 "세례 요한의

머리를 요구한 죄로 최후의 심판일까지 방황하도록 저주를 받았다." 역사
상으로, 헤로디아는 헤롯 대왕의 손녀이자 헤로데 빌립보의 아내였으나, 빌
립보와 이혼하고 그의 형제인 갈릴리의 분봉왕 헤로데 안티파스와 재혼했
다. 세례자 요한은 그가 아내를 버리고 동생의 아내와 결혼한 것을 꾸짖었
다. 세례자 요한에게 분노한 헤로디아는 딸 살로메에게 춤의 대가로 헤로
데 안티파스에게 요한의 머리를 요구하도록 시킨다. 이러한 이야기로 인해
쉬의 뒤를 이어 이 전설에 관해 글을 쓰는 여러 작가들은 유랑하는 유대인
여자를 살로메라고 간주하게 되었다고 앤더슨은 말한다. 쉬는 1844~45년
으로 시리즈가 이어지면서 유대인 여자를 유대인의 여동생으로 바꾸었다.

8 프랑스어로는 "Marche! Marche!"로 되어 있다. 이 명령어는 흔히 "앞으로!
전진!"으로 번역된다. 그러나 나는 그 유대인이 예수에게 했을 가장 적절한
말이자 쉬의 책과 다른 책에서도 반복적으로 나오는 "가! 계속 가!"라는 표
현을 쓰기로 했다. "전진!"은 둔주 이야기에서도 고의적으로 사용되었는데,
이는 군대 명령어인 "전진!"으로 번역되어서는 안 된다고 생각한다.

9 그렇다고 아주 저속하지도 않았다. 크네흐트는 생트뵈브, 발자크, 조르주
상드, 테오필 고티에가 그 책을 어떻게 보았는지 전한다. 그중 고티에만 그
책을 좋아해서, "전체적 구상이 아주 놀랍다. 주요 인물들은 생동감이 있다.
환상과 현실이 아주 잘 어우러져 있다"라고 평했다. 한때 교권반대주의가
극심하게 팽배한 적이 있었고, 쉬는 이 기세에 힘입어 칼뱅, 츠빙글리, 루터
의 후계자라고 불리기도 했다(Knecht, 1977).

10 Gilman(1993). 이 책의 3장 "유대인의 광기와 젠더"를 그 전작(Gilman,
1984, 1992)과 함께 읽기를 권한다.

11 프로이트는 한때 샤르코에 푹 빠져 있어서 그의 책을 부지런히 독일어로
번역했다. 프로이트와 샤르코의 불화에 대해 저술한 사람은 많지만, 그중
Gelfand(1989)는 "프로이트가 샤르코로부터 학문적 결별에 이르게 된 데에
는 샤르코가 임상연구에 유대인 환자를 이용했다는 사실도 작용했다"라고
했다. 그러나 프로이트가 샤르코의 정신질환 유전론을 전복시킨 이유에는
유대인다움에 대한 탐색과 과학적 측면이 작용했다. 지금 프로이트는 몰락
했고 우리는 샤르코의 생물학적·유전적 원인론을 추구하고 있다.

12 Meige(1893). 이 책의 일부는 영어로 번역되었다(Hasan-Rokem & Dundes,

1986). 그는 유랑하는 유대인의 옛 목판화 6장을 다시 만들었다. 환자 클라인과 지그문트의 이상감각 부위를 표시하기 위해 당시의 표준적 체형의 남자 나신의 그림이 실렸다. 히스테리아로 알려진 지그문트의 시야축소를 표시하는 도형, 환자 모제르 B.가 정면을 응시하는 모습과 환자 고틀리프의 상반신 그림도 실려 있다. 이들 그림은 Gilman(1991)에서 볼 수 있다.

13 샤르코가 유대인 환자를 이용한 일이 전적으로 (정신질환의 유전성에 관한) 과학적 유용성이 없는 것은 아니라고 나는 판단한다. 반면, 메이지가 클리닉에 온 유대인 여행자들을 이용한 일은 전혀 과학적 근거가 없는 일이었다. 환자를 임의로 선택해서 가족들은 환자와 연계되지 못했고 때로는 진료받을 곳을 찾아 헤매어야 했다.

14 '영원한 유대인(Der ewige Jude)'은 아하스에로스의 전설과는 구별되는 다른 전설들과 엮여 있다. 한스 크리스티안 안데르센이 발굴해낸 것(이에 영향을 받은, 인어에 관한 드보르자크의 오페라 〈루살카〉)과 유령선 '방랑하는 네덜란드인(Flying Dutchman)'호에 탄 영원히 죽지 않는 저주를 받은 사람들에 관한 전설 등이다. 바그너의 오페라 〈파르지팔〉에 나오는 쿤드리 역시 속죄받을 때까지 죽지 못한다. 샌트너는 바그너가 비열한 목적으로 이 전설을 이용했다고 주장한다. 이제와 명확해진 것이지만, 유랑하는 유대인은 항상 "그 독일 작곡가의 반유대주의적 민족주의를 비꼬는 데" 이용되곤 했다. Rouart(1988)는 1878년 프리츠 마우트너(Fritz Mauthner)가 출간한, 바그너를 모방한 음악적 라이트모티프가 있는 3막 희곡을 상기시킨다. (여담이지만, 마우트너의 저서 《언어학과 철학 사전 비판 논고》가 언어철학 역사학자들에 의해 복간될 예정이다.) 마우트너의 〈알려지지 않는 아하스에로스, 혹은 의지와 표상으로서의 물자체〉는 예술적으로는 간결하지만 극히 논쟁적인 작품이다.

낭만주의 시대에 영원한 유대인에게 헌정된 초기 독일 시는 대개 비극적이고 애통하여 도리어 아름답기까지 하다. Zirus(1928)에 참조할 내용과 발췌된 시가 들어 있다. 이후 전설의 다른 측면이 부각된다. 많은 민간설화가 암시하는 적그리스도로서의 유대인이 프랑스 문학보다 더 일찍 19세기 독일 문학에 나타났는데, 그 결말은 역겹기 짝이 없었다. 프리츠 히플러(Fritz Hippler) 감독의 프로파간다 다큐멘터리 영화 〈영원한 유대인〉(1940)에 나오는 유대인은 구원을 기다리는 고통받는 인간이 아니라, 세계 어디에도 집이 없고 세계 어디에나 들러붙는 추악한 유대인 사회를 상징한다.

15 길먼, 겔러, 샌트너는 유대인의 여성화에 대해 토론한 바 있다. 이는 슈레버가 유랑하는 유대인과 여성화를 연결시켰기 때문이기도 했다. 메이지의 첫 번째 사례인 클라인은 클리닉을 찾았을 때 성기능장애가 있었고 치료되었다. 이 사례가 샤르코 클리닉에게는 여성화 주제를 내세울 좋은 먹잇감이 된 셈이다. 사례2는 신경증적 성기능장애로 보인다.

16 길먼은 메이지가 "유럽의 유대인 남자에 관한 일련의 사례연구"를 했다고 썼는데, 실제로는 남자 4명과 여자 1명이었다. 메이지는 이렇게 썼다. "유랑하는 유대인 여자는 남자보다 인기가 없다. 전설로도 삽화로도 여자에 관한 역사는 관심을 받지 못한다. 뵈부아(Vieuxbois) 후작부인 덕에《유랑하는 유대 여자》라는 제목의 작품 하나가 약간의 흥미를 끌 뿐이다." 그 책은 1845년 파리에서 출간된 2권짜리 소설인데, 찾지 못했다. 그러나 앞서 말했듯이, 쉬의 소설로 유대인 여자가 널리 알려지게 되었다. 뵈부아 후작부인은 레오 레스페(Leo Lespès)로 불렸던, 왕성한 언론 활동을 하던 나폴레옹 레스페(Napoléon Lespès)의 필명이었다.

17 뚜렛은 식민지의 '라타'에 관한 보고서와 살페트리에르의 환자를 비교해서 뚜렛증후군의 아이디어를 얻었다.

18 Tissié(1901, 24).

서플먼트3

1 아우구스테 헨리 포렐(Auguste-Henri Forel)의 조수였던 Naef(1895)는 둔주나 보행성 자동증으로 진단될 만한 증상을 기록했으나 그 진단명을 언급하지는 않았다.(2장 주22를 보라.)

2 Westphal(1883). 베를린 군법정 항소심리 기록 참조.

3 독일에서 히스테리아에 관심이 없었다는 의미는 아니다. P. 뫼비우스(Möbius)는 1888년 히스테리아 개념에 관한 중요한 논문을 출간했다. 오토 빈스방거(Otto Binswanger)도 1904년 히스테리아에 관한 견해를 발표했다.

그러나 독일어권의 히스테리아는 프랑스의 히스테리아와는 그 의미가 크게 달랐다.

4 Bregman(1899)은 독일의 주요 신경학 저널에 실은 〈'보행성 자동증' '둔주' '방랑광'에 관하여〉라는 제목의 글에서 흥미로운 사례를 제시했다. 환자는 7살 때부터 도주 행동을 보인 14살 소년이었다. 단순한 도주 행동이 아니라 둔주의 특징을 다 갖춘 것이어서, 먹을 게 없고 혹독한 추위를 견딜 옷이 없어도 걸어가고자 하는 욕구에 집착하며 둔주 후에 기억상실을 동반하는 증상을 보였다. 어릴 적에 간질발작이 한 번 있었지만 브레그만은 히스테리아나 간질 어느 한쪽으로 확신할 수가 없었다. 소년은 길 위에서 환각을 겪었지만, 브레그만은 이를 저체온증과 허기로 인한 증상으로 보았다. 슐체는 이 논문을 묵살했다.

5 Donath(1899)는 자신의 첫 환자를 1898년 부다페스트의 한 의학저널에 발표했다. 인용처는 S. Pester medic. chir. Presse 24, 22(1898)이다. 따라서 그가 슐체보다 더 먼저였다고 주장할 만하다.

6 뉘른베르크의 Burgl(1900)의 환자 중 한 명은 능력도 있고 주위로부터 호감을 사던 사람이었는데, 발작 중에 자살하려고 연발권총을 샀다. 폴란드의 실레시아, 슈바이트니츠(시비드니차)의 의료검열관이었던 Krau(1900)는 한 청년에 관해 기술했다. 자살하려고 권총을 쏘았으나 실패했고, 독을 먹기도 하고, 호수로 뛰어들고, 일산화탄소로 질식을 시도하기도 했다. 그는 16일간 둔주를 했다. 브로추아프에서부터 블랑켄베르크, 드레스덴을 거쳐 파리까지 갔고, 여러 마을을 헤매고 돌아다녔다. 살인을 했고 집주인의 9살과 12살 난 두 딸을 폭행했다고 자수했으나 어떤 근거도 없었다.

7 킬(Kiel)에 살던 Raeck(1906, 1908)는 민간인 5명의 방랑벽에 관한 뛰어난 임상보고서를 저술했다. 제1차 세계대전 후 프랑크푸르트에서 교수로 재직하면서 전쟁 중의 탈영과 방랑벽에 대해 발표했다(Raecke, 1919).

8 Raymond(1895) 이후 부랑하는 어린이에 대한 연구가 많이 있었고, Hélie(1899)도 그중 하나다. 프랑스의 어린 부랑자와 아동 둔주의 관계에 관한 참고문헌은 Cantégrit(1933)를 보라. 그 외《법률의학협회 회보》《공중위생과 법률의학 연보》등에 어린이 둔주 환자에 대한 논문이 다수 실렸다. 빅토르 파랑은 1907년 제대군인 후원을 위한 툴루즈 국민회의에서 부랑 어

린이에 대해 발표했다. 이 주제에 대한 관심은 지속되었지만, 프랑스에서만 둔주 환자로 분류되었다(Claude 1925, Néron 1928). Kohler(1949)는 〈어린이와 청소년기의 둔주와 부랑에 대한 소고〉를 저술했다.

기록1

1 1881년 5월 10일 합스부르크 왕가의 후계자인 황태자 루돌프가 벨기에의 레오폴 2세 왕의 공주 스테파니와 결혼했다. (1889년 1월 30일 루돌프는 정부인 마리아 베체라 남작부인과 함께 사냥터 별장에서 총에 맞아 죽어 있는 게 발견되었다. 총은 그의 손에 들려 있었다.) 알베르는 날짜와 사건을 조금 다르게 기억해냈는데, 이게 도리어 그의 이야기에 신빙성을 더해주었다. *그가 사건과 날짜, 장소 등을 모두 정확하게 말했다면 누군가가 사실 여부를 점검해줬을 거라고 추측할 수 있기 때문이다.*

2 알렉산드르 2세는 1881년 3월 13일 폭탄으로 암살당했다. 알베르는 7월 후반까지 모스크바에 도착하지 못했을 것이다. "치안 유지에 관한 특별법령"이 제정된 1881년 8월 26일(러시아 달력상 8월 14일) 이후일 것으로 추정된다. 이 법령으로 어떤 지역이든 "최고 수준의 특별치안" 대상이 될 수 있었다.

기록3

1 발포제는 피부에 물집이 잡히게 하는 고약으로 결핵에 효과가 있다고 알려졌다.

2 뜨거운 바늘로 피부를 꿰뚫어 결핵의 독기를 빼준다고 믿었다.

3 공영전당포(mont de Piété)는 디킨스를 통해 알고 있는 영국식 전당포가 아니다. 이탈리아어로 monti de pietá인 전당포는 프란치스코회 수도사들에 의해 빈자들을 위한 사회적 안전망으로 설립되었다. 프랑스 역시 약간의 변형된 제도로 받아들여서, 주(州)에서 규제하고 저리(低利)로 지방자치로 운영했다. 알베르 시대의 보르도는 프랑스에서는 꽤 높은 이자를 받고 있

었던 것으로 보인다.

4　티씨에가 1900년에 이사간 포(Pau)는 보르도에서 기찻길을 따라 남동쪽으로 233킬로미터 떨어져 있다.

5　알베르는 그 연극의 제목이 〈부정한 여자(Une Femme qu'on garde mal)〉라고 했지만 실제는 외젠 마랭 라비슈(Eugene Marin Labiche, 1815~1888)가 쓴 〈잘 보호받는 딸(Une fille bien gardée)〉이었다. 라비슈는 당시 가장 인기 있는 익살극 극작가로서, 그의 희곡선집은 10권이 넘는다. 이 기록의 말미에 티씨에가 알베르의 꿈과 사용한 단어를 분석한 것이 나온다. 단어치환이 일어난 것은 명백하다. 딸 혹은 소녀(Fille)가 여자 혹은 아내(femme)로 바뀌었다. 그런데 실제 연극 제목의 fille은 사교계 여성의 딸, 혹은 매춘부를 의미하는 것으로서 사교계 여성 자신, 두 가지를 다 의미할 수 있다.

6　케이리 강변도로(Quai de Queyrie)는 가론강 너머 구(舊)보르도 중심가에서부터 뻗어 나온다. 바스티드는 이 강변도로 너머의 교외다. 바스티드와 보르도를 잇는 다리는 피에르교(橋)다. 이 다리의 보르도 쪽 강변도로 이름이 살리니에르(Salinières)다. 알베르가 항상 북으로 향하는 기차를 탔던 오를레앙 기차역은 이 다리 근처 도로와 인접해 있고 현재 화물역으로부터 약간 떨어져 있다. 현재 보르도의 주 기차역인 생장(St. Jean)역은 최근에 건설된 것이다.

7　오랫동안 불모지대였던 랑드(Landes) 숲은 보르도의 남쪽으로는 비아리츠(Biarritz)까지 내륙으로 약 100킬로미터가량 뻗어 있다. 19세기 중반부터는 관개시설을 설치하여 비옥한 땅으로 변모했고 방목장으로도 사용되었다. 알베르의 시대에는 어느 정도 야생인 땅이었으나 지금은 거의 인공적으로 보일 정도로 잘 가꾸어져 있다.

8　[티씨에의 주석] 알베르의 꿈에 나온 아게르(Aguer)는 살인자로서, 경찰견을 떼로 풀어 8일간 추격전을 벌인 끝에 랑드 숲에서 체포되었다. 당시 지역 신문에는 그에 관한 소식이 도배되다시피 했다.

9　닥스(Dax)는 기차로 보르도 남쪽으로 148킬로미터를 가야 한다. 25킬로미터 더 남쪽으로 가면 퓌유(Puyoo)가 있다. 거기에서 4킬로미터 떨어진 들판의 양떼 사이에서 알베르가 깨어났다.

10　병인론적 꿈을 들여다보면, 알베르가 아내의 정절에 대해 깊이 걱정하고

있음을 알 수 있다. 티씨에가 미묘하게 암시를 준 것일 수도 있다. 자기 같은 남자와 살기가 얼마나 어려울지, 그래서 아내가 떠날지 모른다고 걱정하면서 알베르가 자신을 범죄자와 동일시하고 있다는 암시를.

기록5

1 불운하게도 33개의 사진은 소실되었다. "즉석사진"이라고 했지만, 당시 기술로 미루어보면, 사진 한 장당 최소한 3초는 필요했을 것이다. 단, 알베르가 한 상태에서 다른 상태로 전환되는 데 2초가 걸렸다고 티씨에가 말한 한 번만 제외하고.

기록6

1 *Le Petit Parisien*, 1907년 12월 8일자, 2면(국립도서관, 마이크로필름 D64, bobine 105).
2 1907년 12월 9일자《르 프티 파리지앵》은 가브리엘 사건은 물론 우물 속 시체 사건의 수사도 진전이 없다고 보도했다. "다다 양 실종사건에 관한 한, 파리 시내와 인근 외곽까지 모두 꼼꼼하게 심문 수사를 하고 있으나 현재까지 그 소녀를 찾지는 못하고 있다." 이후 더 이상의 기사는 나오지 않았다.

참고문헌

Akhtar, Salman, and Ira Brenner. 1979. Differential diagnosis of Fugue-like states. *Journal of Clinical Psychiatry* 40:381-85.

Alcindor, L., and Maurat. 1889. Un cas d'hystérie avec automatisme ambulatoire et tremblement. *Gazette des Hôpitaux* 8 March, 253-54

American Psychiatric Association. 1980. *Diagnostic and Statistical Manual of Mental Disorders*. 3d ed.(DSM-III) Washington, D.C.

———. 1987. *Diagnostic and Statistical Manual of Mental Disorders*. 3d ed., rev. (DSM-III-R) Washington, D.C.

———. 1994. *Diagnostic and Statistical Manual of Mental Disorders*. 4th ed.(DSM-IV) Washington, D.C.

Anderson, George K. 1965. *The Legend of the Wandering Jew*. Providence, R.I.: Brown Univ. Press.

Angell, E. B. 1906. A case of double consciousness-amnesic type, with fabrication of memory. *Journal of Abnormal Psychology* 1:155-69.

Audry, Maurice Paul. 1956. *Etude médico-légale de quelques cas de désertion-Fugue en temps de paix*. Lunéville: Bastien.

Aveta, F. 1892. Automatismo ambulatorio in alienato. *Bolletino del Manicomio Fleurent*.

Avisseau, Jean Paul. n.d. *Bordeaux à la Belle Epoque*. Bruxelles: Editions Libro-Sciences SPRL.

Azam, Eugène. 1876. Amnésie périodique ou dédoublement de la vie. *Annales Médico-Psychologiques* sér. 5, 16:5-35 ·

———. 1880. De l'amnésie retrograde d'origine traumatique. *Gazette Hebdomadaire des Sciences Médicales de Bordeaux* 1:219-22.

———.1893. *Hypnotisme et double conscience: Origine de leur étude et divers travaux sur des sujets analogues*. Paris: Félix Alcan.

Babinski, Joseph. 1887. *Recherches servant à établir que certaines manifestations hystériques peuvent être transférées d'un sujet à un autre sujet sous l'influence de l'aimant.* Paris: Progrès médical.

———. 1899. Automatisme ambulatoire et somnambulisme hypnotique. *Revue de l'Hypnoptisme* 14:81-86.

Babinski, Joseph, and Jules Froment. 1917. *Hystérie-pithiatisme et troubles nerveux d'ordre réflexe en neurologie de guerre.* Paris: Masson. Trans. as Babinski, Joseph, and J. Froment. 1918. *Hysteria or Pithiatism and Reflex Nervous Disorders in the Neurology of War.* London: Univ. of London Press.

Beaune, Jean-Claude. 1983. *Le Vagabond et la machine, Essai sur l'automatisme ambulatoire: Médecine, technique, et société en France, 1880-1910.* Seyssel, France: Champ-Vallon.

Beck, René. 1902. *Contributions à l'étude des rapports du vagabondage et de la folie.* Lyon: Prudhomme.

Beliaev, K. A. 1907. K kazuistike patologicheskikh bluzhdanii. *Sovremenniaia psikhiatriia* 9-16, 67-71.

Benon, R., and P. Froissart. 1908. Fugues et vagabondage: Definition et etude clinique. *Annales Médico-Psychologiques* sér. 9, 8:305 ·

———. 1909a. Vagabondage et simulation. *Annales d'Hygiène Publique et de Médecine Légale* March.

———. 1909b. Conditions sociales et individuelles de l'état de Fugue. *Annales Médico-Psychologiques* sér. 9, 10:289-94 ·

———. 1909c. Fugues diverses chez un obsédé alcoolisé: Conditions de la Fugue. *Journal de Psychologie Normale et Pathologique* no. 3, May-June: 217-26.

———. 1909d. Les Fugues en pathologie mentale. *Journal de Psychologie Normale et Pathologique* no. 4, July-August: 293-330.

———. 1909e. L'Automatisme ambulatoire. *Gazette des Hôpitaux* 31 June.

Berger, Charles. 1895. Des Fugues dans la paralysie generale. *Archives Cliniques de Bordeaux* 4:25-34.

Berger, M. A. 1902. Sluchai ambulatornogo avtomatisma i isterii u matrosa. *Meditsinskoe prilozhenie k morskomu sborniku* 262-75.

Bérillon, Edgar. 1889. *Congrès international de l'hypnotisme expérimental et*

미치광이 여행자

thérapeutique, Paris, 8-12 Aug. 1889. Paris: Doin.

Bernheim, Hippolyte. 1918. Du somnambulisme dans l'hystérie et l'épilepsie. *Progrès Médical* 91.

Berrington, W. P., D. W. Liddell, and G. A. Foulds. 1956. A re-evaluation of the Fugue. *Journal of Mental Science* 102:280-86.

Bertrand, René. 1909. *De l'épilepsie procursive et Fugues épileptiques*. Paris: Michalon.

Boeteau, M. 1892. Automatisme somnambulique avec dédoublement de la personnalité. *Annales Médico-Psychologiques* sér. 7, 15:63-79.

Borch-Jacobsen, Mikkel. 1996. *Remembering Anna O.: A Century of Mystification*. London: Routledge.

Boyle, Mary. 1990. *Schizophrenia: A Scientific Delusion?* London: Routledge.

Bramwell, Byrom. 1908. Case XXXII: Post-epileptic automatism. *Clinical Studies* 6:261-64.

Braun, Karl. 1883. *Die Vagabunden-Frage*. Berlin: Simion.

Bregman, L. E. 1899. Ueber den "Automatisme ambulatoire," "Fugues," "Dromomanie." *Neurologisches Centralblatt* 18:776-81.

Brendon, Piers. 1991. *Thomas Cook: 150 Years of Popular Tourism*. London: Secker & Warburg.

Brody, Jane E. 1997. Quirks, oddities may be illnesses. *New York Times* 4 Feb., C1.

Buck-Morss, Susan. 1989. *The Dialectics of Seeing: Walter Benjamin and the Arcades Project*. Cambridge, Mass.: MIT Press.

BurgI, Georg. 1900. Eine Reise in die Schweiz im epileptischen Dämmerzus tande und die transitorischen Bewusstseinstörungen der Epileptiker vor dem Stafrichter. *Münchener Medicinische Wochenschrift* 47:1270-72.

Cabadé, E. 1895. Un cas d'automatisme comitial. *Archives Cliniques de Bordeaux* 4:45-63.

Cantégrit, Marcel. 1933. *Le Vagabondage des enfants*. Lyon: Faculté de Médecine et de Pharmacie de Lyon.

Chabé, Alexandre-Alfred. 1948. *Histoire de la Société de Médecine et de Chirurgie de Bordeaux*. Samie: Bordeaux.

Chantemesse, André. 1890. Automatisme comitial ambulatoire. *Bulletin Médical* 4:602-3. With a comment by Duponchel on Albert Dad.

Charcot, Jean-Martin. 1888a. *Leçons du mardi*. Vol. 1. Paris: Progrès médicale.

———. 1888b. Ambulatory automatism. *Medical News* 52:309-12.

———. 1889a. *Leçons du mardi*. Vol. 2. Paris, Progrès médicale.

———. 1889b. Accés d'automatisme ambulatoire de nature comitiale. *Bulletin Médical* 3:275-76.

Charpentier, René. 1919. Désertion paradoxale: Fugue délirante récidiviste. *Annales Médico-Psychologiques* sér. 12, 4:63-69.

Chavigny, P., and A. Laurens. 1917. Un Fugueur pendant la guerre. *Presse Médicale* 25 (4 June).

Chorover, Stephen. 1980. Mental health as a social weapon. In *New Religions and Mental Health: Understanding the Issues*, ed. Herbert Richardson, 14-19. New York: Edwin Mellen Press.

Claretie, Jules. 1881. *La Vie à Paris*, 1881. Paris: Havard.

———. 1905. Moi et l'autre. *Je sais tout* 1:117-28, 243-56, 371-84, 499-512, 625-40, 753-68, 2:79-84.

———. 1908. *Obsession: Moi et l'autre*. Paris: Lafitte.

Claude, Henri. 1925. Les Fugues chez l'enfant. *Journal des Praticiens* 39:497-500.

———. 1937. Rapports de l'hystérie avec la schizophrénie. *Annales Médico-Psychologiques* 95, 2:241-64

Claude, Henri, D. Santenoise, and R. Targowla. 1923a. Fugues et perversions instinctives à manifestations périodiques, *Bulletin de la Société Clinique de Médecine Mentale* July.

———. 1923b. Fugues, perversions instinctives, et psychose périodique. *Annales Médico-Psychologiques* sér. 12, 12 [2]:287.

Colin, Henri. 1890. Deux cas d'automatisme ambulatoire: 1° automatisme d'origine alcoolique; 2° automatisme hystérique. *Gazette des Hôpitaux* 794-97, 852-54

Colleville, O. 1891. Sur un cas de crises comitiales ambulatoires. *Union Médicale du Nord-Est* 15:181-85.

———. 1892. Automatisme ambulatoire. *Union Médicale du Nord-Est* 16:277-78.

Colman, W. S. 1903. A case of automatic wandering lasting five days. *Lancet* 29 Aug., 593–94.

A Correspondent. 1889. Ambulatory automatism. *Lancet* 20 April, 807.

Cotard. 1909. Du rôle du sentiment d'automatisme dans la genèse de certain états délirants. *Journal de Psychologie* March–April.

Courbon, Paul. 1907. Automatisme ambulatoire: Observations cliniques. *Annales Médico-Psychologiques* sér. 9, 5:22–48.

Courtney, J. W. 1906. On the clinical differentiation of the various forms of ambulatory automatism. *Journal of Abnormal Psychology* 1:123–34.

Cullerre, A. 1895. Contribution à la psychologie du vagabondage: Un Vagabond qui lui se range. *Annales Médico-Psychologiques* sér. 8, 2:214–26.

Davenport, Charles B. 1915. *The Feebly Inhibited. Nomadism, or the Wandering Impulse, with Special Reference to Heredity. Inheritance of Temperament.* Washington, D.C.: Carnegie Institution of Washington.

Davezac, J. 1891. Review of Pitres 1891. *Journal de Médecine de Bordeaux* 20:443–44.

Delov. 1907. Ob ambulatornom avtomatismae. *Uchennye zapiski meditsinskogo obshchestva Kavkaza* no. 69.

Denommé, Paul. 1894. *Des impulsions morbides à la déambulation au point de vue médico-légal.* Lyon: Storck.

Desgraves, Louis, and Georges Depeux. 1969. *Bordeaux aux XIXe siécle.* Bordeaux: Fédération historique du Sud-Ouest.

Dezwarte, A. 1898. De l'origine épileptique de l'automatisme ambulatoire. *Progrès Médical* no. 46. Reviewed in *Annales Médico-Peychologiques* sér. 8, 9 [2] (1898): 465.

Donath, Julius. 1899. Der epileptische Wandertrieb Poriomanie. *Archiv für Psychiatric und Nervenkrankheiten* 32:335–55.

———. 1907. Weitere Beiträge zur Poriomanie. *Archiv für Psychiatrie und Nervenkrankheiten* 42:752–60.

Donzelot, Jacques. 1979. *The Policing of Families.* Trans. R. Hurley. New York: Macmillan.

Drewry, William Francis. 1896. Duplex personality: Report of a case. *Medical*

News 68:407-8.

Dubourdieu, F. 1894. *De la dromomanie des dégénérés*. Bordeaux.

Ducosté, Urbain-Joseph-Maurice. 1899. *De l'épilepsie conscienie et mnèsique et en barticulier d'un de ses équivalents psychiques: Le suicide impulsif conscient*. Bordeaux.

——.1906. Les Fugues dans la démence précoce. *Encéphale* Dec.

——. 1907. Les Fugues dans les psychoses et les démences. *Archives de Neurologie* sér. 3, 1:38-48, 121-34 ·

Duponchel, Emile. 1888. Etude clinique et médico-légale des impulsions morbides a la déambulation observées chez des militaires. *Annales d'Hygiène Publique et de Médecine Légale* sér, 3, 5-26.

Dupouy, Roger. 1910. Review of Pagnier 1910. *Annales Médico-Psychologiques* sér. 9, 12 [2]: 495-97.

Dupouy, Roger, and Paul Schiff. 1923. Sur l'étiologie et les caractères cliniques de certaines Fugues: Automatisme ambulatoire et ambulomanie constitutionnelle. *Annales Médico-Psychologiques* sér. 12, 12 [2]: 314-32.

Durou, Bernard. 1966. *Vagabonds et clochards: Etude biologique, psychopathologique, et sociale du vagabondage*. Toulouse.

Duyckaerts, F. 1992. *Joseph Delboeuf, philosophe et hypnotiseur*. Paris: Synthélabo,

Ellenberger, Henri. 1970. *The Discovery of the Unconscious*. New York: Basic Books.

Elliotson, John. 1846-47. Instances of double states of consciousness independent of mesmerism. *Zoist* 4:157-87.

Ellis, David W., and Anne-Lise Christensen. 1989. *Neuropsychological Treatment after Brain Injury*. Boston: Kluwer.

Evans, Ivor H. N. 1920. Further notes on the aboriginal tribes of Pahang. *Journal of the Federated Malay States Museums* pt. 1, Jan. 1920; 9 (1920-22): 16-33.

Ferrarini, Corrado. 1893. Sopra un caso di automatismo ambulatorio epilettico. *La Riforma Medica* 1:831-35, 842-45 ·

Feuerbach, Paul J. A. 1833/1846. *Narratives of Remarkable Criminal Trials*. Trans. Lady Duff Gordon. New York: Harper.

Filippi, Angiolo. 1889. Le Fughe. *Lo Sperimentale: Giornale Italiano de Scienze Mediche* 63:433–42.

Fisher, Charles. 1945. Amnestic states in war neuroses: The psychogenesis of Fugues. *Psychoanalytic Quarterly* 14:437–68.

———. 1947. The psychogenesis of Fugue states. *American Journal of Psychotherapy* 1:211–20.

Fisher, Charles, and E. D. Joseph. 1949. Fugue with loss of personal identity. *Psychoanalytic Quarterly* 18:480–93–

Fisher, James T. 1907. Epileptic and hysteric automatism. *California Medical and Surgical Reporter and Los Angeles Medical Journal* 3:129.

Flournoy, Théodore. 1900. *Des Indes à la planète Mars: Etude sur un cas de somnambulisme avec glossolalie.* Geneva: Atar. 1994. Trans. by Sonu Shamdasani as *From India to the Planet Mars: A Case of Multiple Personality with Imaginary Languages.* Princeton: Princeton Univ. Press, 1994 ·

Fournier, Alfred, J. C. Kohne, and Georges Gilles de La Tourette. 1895. Rapport médico-légale sur un militaire déserteur atteint d'automatisme ambulatoire. *Nouvelle Iconographie de la Salpêirière* 6:348–53.

Fourquet, E. 1899. Les Vagabonds criminels. *Revue des Deux Mondes* 15 March, 399–437.

Foveau de Courmelles, François Victor. 1890. *L'Hypnotisme.* Paris: Hachette.

———. 1891. *Hypnotism.* Philadelphia: McKay. (Perhaps a pirate edition of the British edition of 1890, London: Longman.)

Foville, Achille. 1875. Les Aliénés voyageurs, ou migrateurs. *Annales Médico-Psychologiques* sér. 5, 14:5–45.

Fox, Charles D. 1909. Report of a case of dissociated personality, characterized by the presence of somnambulistic states and ambulatory automatism, which recovered, following the employment of hypnotic suggestion. *Journal of Abnonnal Psychology* 4:201–17.

Frankel, Henri. 1890. *Etude psycho-pathologique sur l'automatisme dans l'épilepsie et dans les autres maladies nerveuses.* Lyon: Association typographique.

Frazer, James George, trans. and ed. 1921. *Apollodorus: The Library.* 2 vols. London: Heinemann.

Funaioli, Paolo. 1893. Di un caso di determinismo ambulatorio. *La Riforma Medica* 1:170-74, 183-88.

Gauld, Alan. 1992. *A History of Hypnotism*. Cambridge: Cambridge Univ. Press.

Céhin, Henri-Barthélemy. 1892. *Contribution à l'étude de l'automatisme ambulaioire, ou vagabondage impulsif*. Bordeaux: Lanefranque.

Gelfand, Toby. 1989. Charcot's response to Freud's rebellion. *Journal of the History of Ideas* 293-307.

Geller, Jay. 1992. The unmanning of the Wandering Jew. *American Imago* 49, 2:227-62.

———. 1994. Freud v. Freud: Freud's readings of Daniel Paul Schreber's *Denkwürdigkeit eines Nervenkranken*. In *Reading Freud's Reading*, ed. S. Gilman et al., 180-211. New York: New York Univ. Press.

Gigard, A. 1895. Automatisme ambulatoire. *Journal de Médecine et Chirurgie Pratiques* 66:765.

Gilbert, J. Allen. 1902. A case of multiple personality. *Medical Record* 9 Aug. 1902, 207-11.

Gilles de La Tourette, Georges. 1884. Jumping, latah, myriachit. *Archives de Neurologie* 8:68-74.

———. 1885. Etude sur une affection nerveuse characterisé par l'incoordination motrice accompagnée de écholalie et copralie. *Archives de Neurologie* 9:19-42.

———. 1889. L'Automatisme ambulatoire au point de vue médico-légale. *Le Bulletin Médical* B44. Read at the Societé de Médecine Légale, 11 March 1889, published 19 March.

Gilman, Sander. 1984. Jews and mental illness: Medical metaphors, anti-Semitism, and the Jewish response. *Journal of the History of the Behavioral Sciences* 20:150-59.

———. 1991. *The Jew's Body*. New York: Routledge.

———. 1992. Freud, Race, and Gender. *American Imago* 49, 2:155-84.

———. 1993. *Freud, Race, and Gender*. Princeton: Princeton Univ. Press.

Gleyse, Jacques. 1995. *Archéologie de l'éducation physique au XXe siècle en France: Le Corps occulté*. Paris: Presses Universitaires de France.

Godyzatskii, F. K. 1898. K voprosu ob ambulatornom avtomatizme. *Voenno-*

meditsinkii zhurnal 455-77.

Goetz, C. G. 1987. *Charcot the Clinician: The Tuesday Lessons.* New York: Raven Press.

Goldstein, Jan. 1985. The Wandering Jew and the problem of psychiatric anti-Semitism in fin-de-siècle France. *Journal of Contemporary History* 20:521-52.

Gosling, Francis G. 1987. *Before Freud: Neurasthenia and the American Medical Community.* Chicago: Univ. of Illinois Press.

Gottesman, I. I. 1972. *Schizophrenia and Genetics: A Twin Study Vantage Point.* New York: Academic Press.

———. 1982. *Schizophrenia: The Epigenetic Puzzle.* Cambridge: Cambridge Univ. Press.

———. 1991. *Schizophrenia Genesis: The Origins of Madness.* New York: W. H. Freeman.

Grasset, Joseph. 1889. Hystérie. In A. Dechambre and L. Lereboullet, eds., *Dictionaire encyclopédique des sciences médicales* 4th sér., 15:240-352.

———. 1895-98. *Leçons de clinique médicale faites à l'hôpital Saint-Eloi de Monpellier.* 3d ser. Montpellier: Coulet.

———. 1905. Le psychisme inférieure. *Revue des Deux Mondes* 26:314-47.

———.1908. Les Maladies mentales dans l'armée et les Fugues en psychiatrie: Histoire d'un déserteur voyageur. *L'Encéphale* 3:370-85.

Graves, Robert. 1955. *The Greek Myths.* Harmondsworth, Eng.: Penguin.

Gronwall, Dorothy, Philip Wrightson, and Peter Waddell. 1990. *Head Injury, the Facts: A Guide for Families and Care-Givers.* Oxford: Oxford Univ. Press.

Guillon, Albert. 1897. *Les Maladies de la mémoire: Essaie sur les hypermnésies.* Paris: Doin.

Hacking, Ian. 1983. *Representing and Intervening.* Cambridge: Cambridge Univ. Press.

———. 1988. Telepathy: Origins of randomization in experimental design. *Isis* 79:427-51.

———. 1995. *Rewriting the Soul: Multiple Personality and the Sciences of Memory.* Princeton: Princeton Univ. Press.

Hasan-Rokem, Galit, and Alan Dundes. 1986. *The Wandering Jew: Essays in the*

Interpretation of a Christian Legend. Bloomington: Indiana Univ. Press.

Heilbronner. 1901 Ueber Fugues und Fugue-ähnliche Zustände. *Jahrbücher für Psychiatrie und Neurologie* 23:107-206.

Hélie, Jean. 1899. *Le Vagabondage des mineurs.* Mayenne: Soudée et Colin.

Hinrichsen, Alex. 1979. *Baedeker's Reisehandbücher, 1828-1945.* Holzminden: Ursula Hinrichsen.

Hodgson, Richard. 1891. A case of double consciousness. *Proceedings of the Society for Psychical Research* 7:221-55.

Horwich, Paul, ed. 1993. *World Changes: Thomas Kuhn and the Nature of Science.* Cambridge, Mass.: MIT Press.

Iragui, Vincente J. 1986. The Charcot-Bouchard controversy. *Archives of Neurology* 43:290-95.

Jackson, John Hughlings. 1888. On a particular variety of epilepsy intellectual aura: One case with symptoms of organic brain disease. *Brain* 11:200-207.

Jackson, John Hughlings, and W. S. Coleman. 1898. Case of epilepsy with tasting movements and "dreamy state": Very small patch of softening in the left uncinate gyrus. *Brain* 21:580-90.

James, William. 1889. Report on the Congress of Physiological Psychology at Paris. *Mind* 14:614-15. Rept. in James 1983, 243-46.

———. 1890. Notes on Ansel Bourne. In James 1983, 269.

———. 1983. *Essays in Psychology.* Cambridge, Mass.: Harvard Univ. Press.

Janet, Pierre. 1907. *The Major Symptoms of Hysteria.* London: Macmillan.

Joffroy, A., and Roger Dupouy. 1909. *Fugues et vagabondage: Etude clintque et psychologique.* Paris: Alcan.

Kapur, Narinder. 1991. Amnesia in relation to Fugue states: Distinguishing a neurological from a psychogenic basis. *British Journal of Psychiatry* 159:872-77. Cf. Phaterpekar 1992.

Kenny, Michael. 1978. *Latah*: The symbolism of a putative mental disorder. *Culture, Medicine, and Psychiatry* 2:209-31.

———. 1986. *The Passion of Ansel Bourne.* Washington, D.C.: Smithsonian.

———. 1990. Latah: The logic of fear. In *Emotions of Culture: A Malay Perspective,* ed. W. J. Karim. Singapore: Oxford Univ. Press.

Knecht, Edgar. 1977. *Le Mythe du Juif errant: Essai de mythologie litteraire et de sociologie religieuse.* Grenoble: Presses Universitaires de Grenoble.

Kohler, Claude. 1949. Réflexions sur la Fugue et le vagabondage chez l'enfant et l'adolescent. *Revue de Criminologie* 266-74.

Kopelman, M. D. 1987a. Crime and amnesia: A review. *Behavioral Sciences and the Law* 5:323-42.

———. 1987b. Amnesia: Organic and psychogenic. *British Journal of Psychiatry* 150:428-42.

Krau, J. 1900. Ein Fall von epileptischem Wandertrieb. *Psychiatrische Wochenschrift* Nr. 15, 7 July: 149-56.

Kuhn, Thomas. 1977. Second thoughts on paradigms. In *The Essential Tension*, 293-319. Chicago: Univ. of Chicago Press.

Lalanne, C. 1910. *Des Fugues chez les mélancoliques et les persécutés mélancoliques.* Nantes: Dugas. A paper for the XIXe Congrés des Aliénistes et Neurologistes, Nantes, 2-8 Aug. 1909.

Laserre, Charles. 1978. Le Professeur Azam. *Bordeaux Médical* 11:1583-95.

Lasse, S. J. 1911. Ob Ambulatornom avtomatisme. *Obozrenie psikhiatrii, nevrologii i eksperimen-tal'noi psikhologie.*

Laughlin, Henry P. 1967. Clinical features of Fugue states. Case 170 in *The Neuroses*. Washington, D.C.: Butterworths.

Laurent, Louis-Henri-Charles. 1892. *Des états seconds: Variations paihologiques du champ de la conscience.* Bordeaux: Imprimerie Vve Cadoret.

Legrand, Fabienne C. 1970. *L'Education physique au 1ge et au 20e siècles.* Paris: Armand Colin (Collection Bourrelier).

Legrand du Saulle, Henri. 1877. *Etude médico-légale sur les épileptiques.* Paris: V.-A. Delahaye.

Leupoldt, C. von. 1905. Zur klinischen Bewertung pathologischer Wanderzustände. *Allgemeine Zeitshchrift für Pyschiatrie und Psychisch-Gerichtliche Medizin* 62:303-24.

Libbrecht, Katrien. 1995. *Hysterical Psychosis: A Historical Survey.* New Brunswick, N.J.: Transaction Press.

Lindsay, James Alexander. 1915. Notes on three cases of nervous disease.

Transactions of the Royal Academy of Medicine in Ireland 33:60-67.

Loewenstein, Richard J. 1991. Psychogenic amnesia and psychogenic Fugue: A comprehensive review. *Review of Psychiatry* 10:189-222.

Logre, B.-I. 1916. Sur quelques cas de Fugue patho,logique devant l'ennemi. *Revue Neurologique* 29:20-24.

Lucas-Championnière, Just. 1895. Sur l'automatisme ambulatoire. *Journal de Médecine et Chirurgie Pratiques* 66:561-66.

Luparello, T. J. 1970. Features of Fugue: A unified hypothesis of regression. *Journal of the American Psychoanalytic Association* 18:379-98.

Luys, J. 1890a. De la fascination: Petit hypnotisme. *Revue d'Hypnologie* 1:31-38.

———. 1890b. Automatisme ambulatoire dans l'état de fascination. *Bulletin Médical* 4:366.

MacAloon, John J. 1981. *This Great Symbol: Pierre de Coubertin and the Origins of the Modem Olympic Games.* Chicago: Univ. of Chicago Press.

Mairet, A. 1911. Le Vagabondage constitutionnel, ou des dégénérés, *Annales Médico-Psychologiques* sér. 9, 14:5-17, 215-50, 353-72; sér. 10, 1:10-32.

Mallarmé, Stéphane. 1994. *Collected Poems.* French with facing English trans. by Henry Weinfield. Berkeley and Los Angeles: Univ. of California Press.

Marchand, Louis. 1933. L'Automatisme ambulatorie épileptique. *Annales Médico-Psychologiques* sér. 14, 2:609-51.

Masselon. 1904. La Démence précoce. Paris: Joanin.

Mauriac, François. 1925/1990. *Bordeaux: Une Enfance.* Paris: Contrastes/L'Esprit du Temps. Original in *La Revue Hebdomadaire*; Les Pays de France (Paris: Emile-Paul) 총서의 한 권으로 출간된 1926년판에서는 보르도 시민들이 달가워하지 않는 문단들이 축약되거나 삭제되었다.

McKinney, K., and M. Lange. 1983. Familial Fugue: A case report. *Canadian Journal of Psychiatry* 28:654-56.

Meige, Henry. 1893. *Etudes sur certains névropathes voyageurs: Le Juif-errant à la Salpêtrière.* Paris: Battaile.

Merskey, H. 1992. The manufacture of personalities: The production of multiple personality disorder. *British Journal of Psychiatry* 160:327-40.

———. 1995. *The Analysis of Hysteria: Understanding Conversion and Dissociation.* 2d ed. London: Gaskell.

Meschede. 1880. Ein Fall von Epilepsie mit Zwangsbewegungen und Zwangsvorstellungen und Sclerose einer Kleinhirn-Hemisphäre. *Virchows Archiv:Archiv für pathologische Anatomie und Physiologie* 81:569-74.

Mesnet, Ernest. 1887. Etude médico-légale sur le somnambulisme spontané et le somnambulisme provoqué. *Annales Médico-Psychologiques* sér. 7, 5:481-97.

Micale, Mark S. 1993. On the disappearance of hysteria: A study in the clinical deconstruction of a diagnosis. *Isis* 84:496-526.

———. 1995. *Approaching Hysteria: Disease and Its Interpretations.* Princeton: Princeton Univ. Press.

Montaigne, Michel. 1983. *Travel Journal.* Trans. Donald M. Frame. San Francisco: North Point Press.

Morel, Bénédict-Auguste, 1859. *Traité des maladies mentales.* Paris: Masson.

Morike, Eduard. 1972. *Friedrich Hölderlin and Eduard Mörike: Selected Poems.* German with facing English trans. Christopher Middleton. Chicago: Univ. of Chicago Press.

Morlet, Marie-Thérèse. 1991. *Dictionnaire étymologique des noms de famille.* Pris: Perrin.

Motet. 1886. Comment on Rouillard's paper in discussion of 26 Oct. 1895. *Annales Médico-Psychologiques* sér. 7, 3 [1]: 127-31.

Nadal. 1910. Automatisme et dédoublement de la personnalité chez un dément précoce. *Annales Médico-Psychologiques* sér. 9, 11 [1]: 46-55.

Naef, M. 1897. Ein Fall von ternporarter theilweise retrograder Amnesie durch Suggestion geheilt. *Zeitschrift für Hypnotismus, Psychotherapie, sowie andere psychophysiologische und peychiatrische Forschungen* 6:321-54.

Neki, J. S. 1973- Psychiatry in South-East Asia. *British Journal of Psychiatry* 123:257-69.

Néron, Guy. 1928. *L'Enfant vagabond.* Paris: Arnette.

Nye, R. A. 1984. *Crime, Madness, and Politics in Modem France: The Medical Concept of National Decline.* Princeton: Princeton Univ. Press.

Pagnier, A. 1906. *Du vagabondage et des vagabonds.* Lyon: Storck.

———. 1910. *La Vagabond, ses origines, sa psychologie, ses formes: La lutte contre le vagabondage*. Paris: Vigot Fréres.

Parant, Victor. 1895. Impulsions irrésistibles des épileptiques. *Archives Cliniques de Bordeaux* 4:241–67.

——. 1909. Les Fugues en psychiatrie. *Revue Neurologique* 27:1016–21. Discussion 1022–25.

Parfitt, D. N., and C. M. Caryle Gall. 1944. Psychogenic amnesia: The refusal to remember. *Journal of Mental Science* 90:519–31.

Patrick, Hugh T. 1907. Ambulatory automatism. *Journal of Nervous and Mental Disease* 34:353–90.

Peirce, Charles Sanders. 1986. *The Collected Works of C. S. Peirce*. Bloomington: Indiana Univ. Press.

Penfield, Wilder. 1941. *Epilepsy and Cerebral Localization*. Baltimore: Charles Thomas.

Phaterpekar, Hem. 1992. Letter. *British Journal of Psychiatry* 161:133. Cf. Kapur 1991.

Pilcz, Alexander. 1920. Wiederholte Desertion, krankhafter Wandertrieb bei periodischen Verstimmungzuständen. *Wiener Medizinische Wochenschrift* 70:186–87.

Pipes, Richard. 1974. *Russia under the Old Regime*. London: Wiedenfield and Nicolson.

Pitres, Albert. 1887. *Des anesthésies hystériques*. Bordeaux: Gouniouilhou.

——. 1891. *Leçons cliniques sur l'hystérie et l'hypnotisme faites à l'hôpital Saint-André à Bordeaux*. 2 vols. Paris: Doin.

Pitres, Albert, and Etienne Régis. 1902. *Les Obsessions et les impulsions*. Paris: Doin.

Popper, Erwin. 1920. Zur Psychopathologie der Fugue: Kasuistischer Beitrag nebst Bemerkungen über die Pseudologia phantastica und verwandte Krankheitsbilder. *Monatschrift für Psychiatrie und Neurologie* 47:173–84.

Powers, Herbert W. 1917–18. Ambulatory automatism. *Wisconsin Medical Journal* 16:404–5.

Proust, Adrien. 1890. Automatisme ambulatoire chez un hystérique. *Le Bulletin Médical* 4:107–9. Read to the Academy of Moral Sciences, 20 Jan. 1890.

Putnam, Hilary. 1994. Sense, nonsense, and the senses: An inquiry into the powers of the human mind. *Journal of Philosophy* 91:445-517.

Raecke, E. 1906. Fahnenflucht und Fuguezustände, *Allgemeine Zeitschrift für Psychiatric* 63:869-70.

———. 1908. Ueber epileptische Wanderzustände: Fugues, Poriomanie. *Archiv für Psychiatrie un Nervenkrankheiten* 43:398-423.

———. 1919. Ueber krankhaften Wandertrieb und seine Beziehungen zur unerlaubten Entfernung. *Vierteljahrschrift für gerichtliche Medicin und öffentliches Sanitätswesen* 57:253-306.

Ratey, John J., and Catherine Johnson. 1997. *Shadow Syndromes*. New York: Pantheon.

Raymond, Fulgence. 1895. Les Délires ambulatoires au les Fugues. *Gazette des Hôpitaux* 68 (2, 8 July): 754-62, 787-93. 샤르코의 후계자인 레이몽의 강연을 피에르 자네가 기록했고 그대로 출판되었다.

Régis, Etienne. 1893a. Automatisme ambulatoire de nature hystérique. *Journal de Médecine de Bordeaux* 23:88-91. 피트르와 레지스 간의 긴 토론이 수록되어 있다.

———. 1893b. Un Cas d'automatisme ambulatoire hystérique. *Journal de Médecine de Bordeaux* 23:297-99,309-11.

———. 1895. Dromomanie des dégénérés. *Annales Médico-Psychologiques* sér. 8, 2:204-13.

Rice, Emanuel, and Charles Fisher. 1976. Fugue states in sleep and wakefulness: A psychophysiological study. *Journal of Nervous and Mental Disease* 163:76-87.

Riether, Anne Marie, and Alan Stoudemire. 1988. Psychogenic Fugue states: A review. *Southern Medical Journal* 81:568-71.

Rosental, Stefan. 1911. Eine Verstimmung mit Wandertrieb und Beziehungs wahn. *Jahrbücher für Psychiatrie und Neurologie* 32:330-57 ·

Ross, C. A. 1989. *Multiple Personality Disorder: Diagnosis, Clinical Features, and Treatment*. New York: Wiley.

———. 1990. Letter. *British Journal of Psychiatry* 156:149.

Roth, Michael S. 1991. Remembering forgetting: *Maladies de la mémoire* in nineteenth-century France. *Representations* 26:49-68.

Roué, René. 1967. *Les Conduites du Fugue en milieu militaire*. Bordeaux: Bergeret.

Rouillard, A.-M.-P. 1885. *Essaies sur les amnésies, principalement au point de vue étiologique*. Paris: Leclerc.

———. 1886. Observation d'amnésie traumatique, avec automatisme de la mémoire. *Annales Médico-Psychologiques* sér. 7, 3 [1]: 39-49; discussion 127-43. Cf. Motet 1886.

Rowan, A. James, and David H. Rosenbaum. 1991. Ictal amnesia and Fugue states. *Advances in Neurology* 55:357-67.

Rowland, Lewis P., ed. 1989. *Merritt's Textbook of Neurology*. 8th ed. Philadelphia: Lea & Febiger.

Sabrazès and de Batz. 1897. Automatisme ambulatoire symptomatique d'une cysticerose de l'encéphale: Le tournis chez l'homme. *Journal de Médecine de Bordeaux* 27:285-91.

Saint-Aubin, Louis. 1890. *Des Fugues inconscientes hystériques et diagnostic différential avec l'automatisme de l'épilepsie*. Paris: Henri Jouve.

Santner, Eric L. 1996. *My Own Private Germany: Daniel Paul Schreber's Secret History of Modernity*. Princeton: Princeton Univ. Press.

Saunier, Charles. 1909. *Bordeaux*. In the series Les Villes d'Art célèbres. Paris: Renouard.

Schlieps, Wilhelm. 1912. Wandertrieb psychopathischer Knaben und Mädchen. *Monatschrift für Kinderheilkund* 10:65-76.

Schnitzler, Arthur. 1926. *Traumnovelle*. Trans. by Otto P. Schinnerer as *Dream Story*. Los Angeles: Sun & Moon Press, 1990.

Schultze, Ernst. 1898. Beitrag zur Lehre von den pathologischen Bewusst seinsstorungen. *Allgemeine Zeitshchrift für Pyschiatrie und Psychisch-Gerichtliche Medizin* 55:748-79.

———. 1900. Ueber epileptische Aequivalente. *Münchener Medicinische Wochen schrift* 47:416-19, 465-68.

———. 1903. Ueber krankhaften Wandertrieb. *Allgemeine Zeitschrift für Pyschiatrie und Psychisch-Gerichtliche Medizin* 60:794-832.

Semelaigne, René. 1894. Automatisme ambulatoire. *Annales Médico-Psychologiques*

미치광이 여행자

sér. 7, 19:71–87

Shapiro, Arthur K., and Elaine Shapiro. 1982. Tourette's syndrome and present status. In *Gilles de La Tourette's Syndrome*, ed. A. J. Friedhoff and T. N. Chase. New York: Raven.

Shorter, Edward. 1992. *From Paralysis to Fatigue: A History of Psychosomatic Illness in the Modern Era*. New York: Free Press.

Showalter, Elaine. 1997. *Hystories: Hysterical Epidemics and Modern Culture. Alien Abduction, Chronic Fatigue Syndrome, Satanic Ritual Abuse, Recovered Memory, Gulf War Syndrome, Multiple Personality Syndrome*. New York: Columbia Univ. Press.

Simons, Ronald C. 1996. *BOO! Culture, Experience, and the Startle Reflex*. New York: Oxford Univ. Press.

Souques, A. 1892. Automatisme ambulatoire chez un dipsomane. *Archives de Neurologie* 4:61–67.

Sous, M. C. 1890. *De l'automatisme comitial ambulatoire*. Paris: Henri Jouve.

Stanford, Peter. 1996. *The Devil: A Biography*. London: Routledge.

Starr, M. Allen. 1889. Automatic ambulation. *Medical News* 54:391.

Steinberg, Marlene. 1995. Dissociative Fugue. In *Handbook for the Assessment of Dissociation: A Clinical Guide*, 274–75. Washington, D.C.: American Psychiatric Press.

Stengel, E. 1939. Studies on the psychopathology of compulsive wandering. *British Journal of Medical Psychology* 18:250–54.

——. 1941. On the aetiology of Fugue states. *Journal of Mental Science* 87:572–99.

——. 1943. Further studies on pathological wandering Fugues with the impulse to wander. *Journal of Mental Science* 89:224–41.

Stevens, C. W., and C. H. Hughes. 1880. Apparently conscious epileptic automatism with a sequel of aphasia. *Alienist and Neurologist* 1:190–92.

Stevenson, Robert Louis. 187911988. *Travels with a Donkey in the Cévennes*. London: Chatto & Windus.

——. 1883/1996. *The Silverado Squatters*. San Francisco: Mercury House.

Stewart, Purves. 1910. A clinical demonstration at the polyclinic. *Clinical Journal*

36:354-57.

Sue, Eugène. 1844-45/1980. *Le Juif errant*. Paris: Hachette. A reprint of the first edition illustrated by Ferdinandus, Paris: Jules Rouff, 1883.

Suerin, Pierre. 1961. *L'éducation physique dans le monde*. Bordeaux: Editions Biere.

Taylor, E. 1983. *William James on Exceptional Mental States: The 1896 Lowell Lectures*. New York: Charles Scribner's Sons.

Temkin, Owsei. 1971. *The Falling Sickness: A History of Epilepsy from the Greeks to the Beginning of Modern Neurology* 2d ed. Baltimore: Johns Hopkins Univ. Press.

Thibault, Jacques. 1972. *L'Influence du mouvement sportif sur l'évolution de l'éducation physique dans l'enseignement secondaire français: Etude historique et critique*. Paris: Vrin.

———. 1981. Philippe Tissié, 1852-1935. In *Le Corps en mouvement: Précurseurs et pionniers de l'éducation physique*, ed. P. Arnaud. N.p.: privat.

———. 1985. Le Livre et le sport: Le docteur Philippe Tissié et ses oeuvres, 1852-1935. *Revue Française d'Histoire du Livre* n.s. 49:543-49.

Thompson, Christopher. 1997. "The Third Republic on Wheels: A Social, Cultural, and Political History of Bicycling in France from the Nineteenth Century to World World War II." Ph.D. diss., New York University.

Tissié, Philippe. 1887. *Les Aliénés voyageurs*. Paris: Doin.

———. 1888a. *L'Hygiène du vélocipédiste*. Paris: Doin.

———. 1888b. *Le Captivé au point du vue médico-légal*. Bordeaux: Ouvelle A. Bellier. Extract from *Bulletins de la Société d'Anthropologie de Bordeaux et du Sud-Ouest* 4 (1887).

———. 1890. *Les Rêves: Physiologie et paihologie*. Paris: Alcan.

———. 1891. *Un Cas d'obsession intellectuelle et emotive guérie par la suggestion, reniorcée par le parfum du corylopsis, l'isolement, et les douches; et De la captivation: Création de zones idéogènes*. Melun: Imprimerie Administrative. Extrait des *Comptes rendus du Congrès de Médecine mentale*, Paris, 5-10 Aug. 1889.

———. 1893. *Le Guide du vélocipédiste, pour l'entraînement, la course, et le tourisme*. 2d ed. of Tissié 1888a. Paris: Doin.

———. 1894. Un Cas d'instabilité mentale avec impulsions morbides traitée par la gymnastique medicale. *Archives Cliniques de Bordeaux* 3:232-44. Read to the

IIe Congrès national de l'Éducation physique, Bordeaux, 25-28 Oct. 1893.

———. 1896. *Les Rêves: Rêves pathogènes et thérapeutiques; Rêves photo graphiés*. Bordeaux: C. Counouilhou.

———. 1897. *La Fatigue et l'entrainement physique*. Paris: Alcan.

———. 1899. Pratiques de gymnastiques suédoise dans la céphalée congestive de fatigue intellectuelle. *Journal de Médecine de Bordeaux* 29:18-21.

———. 1901. *L'Education physique au point de vue historique, scientifique, technique, critique, pratique, et esthétique*. Paris: Larousse.

———. 1930. Aliénation mentale et éducation physique. *Revue des leux Scolaires et d'Hygiène Sociale* 41:101-8.

Torrie, A. 1944. Psychomatic casualties in the Middle East. *Lancet* 246, 1:139-43·

Trillat, E. 1986. *Historie de l'hystérie*. Paris: Seghers.

Trowbridge, C. R. 1891. A case of epilepsy with double consciousness. *Medical News* 58 (21 Feb.): 201-2. Also in *Proceedings of the Society for Psychical Research* 7:256-57.

Tschije, W. F. 1900. Latentnaia epilepsiia. *Obozrenie psikhiatrii* 5.

Van der Hart, Onno. 1996. Ian Hacking on Pierre Janet: A critique with further observations. *Dissociation* 9:80-84.

Venn, Jonathan. 1984. Family etiology and remission in a case of psychogenic Fugue. *Family Process* 23:429-35.

Verdoux, H., R. Goumilloux, and M. Bourgeois. 1993. Voyages et pathologie psychiatrique: Une Série de 29 cas. *Annales Médico-Psychologiques* 51:581-85.

Verga, G. B. 1891. Considerazioni intorno ad un caso di determinismo ambulato rio. *Cazzetta Medica Lombarda* 50:425-29.

Voisin, Jules. 1889a. Automatisme ambulatoire avec crises de sommeil, chez une hystérique: Dédoublement de la personnalité, *Bulletin de Médecine* 3:1173-74.

———. 1889b. Automatisme ambulatoire chez une hystérique, avec crises de sommeil: Dédoublernent de la personnalité. *Annales Médico-Psychologiques* sér. 7, 10:418-27.

———. 1889c. Fugues inconscientes chez les hystériques. *Semaine Medicale* 9:291. Includes a comment by Tissié.

Wahl. 1903. Trois observations des dégénérés migrateurs. *Annales Médico-Psychologiques* sér. 8, 18:425–36.

Westphal. 1883. Superarbitrium der K. wissenschaftl: Deputation für das Medicinalwesen über den wegen unerlaubter Entfernung im wiederholten Rückfalle angeklagten Musketier J.M. der 1. Comp. 1. Nass. Inf.-Regts. No. 87. *Vierteljahrsschrift für gerichtliche Medizin und öffentliches Sanitätswesen* n.f 38:198–213.

Winzeler, Robert L. 1995. *Latah in South-East Asia: The History and Ethnography of a Culture-Bound Syndrome*. New York: Cambridge Univ. Press.

Wittgenstein, Ludwig. 1953. *Philosophical Investigations*. Oxford: Blackwell.

Woltär, Oskar. 1904. Wandertrieb bei einer Hysterischen. *Prager Medizinische Wochenschrift* 29:565–68.

——. 1906. Ueber den Bewusstseinszustand während der Fugue. *Jahrbücher für Psychiatrie und Neurologie* 27:125–43.

World Health Organization. 1992. *The ICD-10 Classification of Mental and Behavioural Disorders: Clinical Descriptions and Diagnostic Guidelines*. Geneva: World Health Organization.

Young, Allan. 1995. *The Harmony of Illusions*. Princeton: Princeton Univ. Press.

Zirus, Werner. 1928. *Der ewige Jude in der Dichtung, vornehmlich in der Englischen und Deutschen*. Leipzig: Mayer und Müller.

Zoro, Jean, et l'Assocation des Enseignements de E.P.S. 1986. Tissié, Philippe, 1852–1935. *Images de 150 ans de E.P.S.: L'éducation physique et sportive à l'école, en France*. Clichy: Edition Amicale E.P.S., 32–34.

찾아보기

미치광이 여행자

초판 1쇄 발행   2021년 12월 10일

지은이   이언 해킹
옮긴이   최보문
책임편집   이기홍 박소현
디자인   주수현

펴낸곳   (주)바다출판사
발행인   김인호
주소   서울시 마포구 어울마당로5길 17 5층
전화   02-322-3885(편집), 02-322-3575(마케팅)
팩스   02-322-3858
e-mail   badabooks@daum.net
홈페이지   www.badabooks.co.kr

ISBN   979-11-6689-070-3 03900